Reinhard Baumgarten

Führungsstile und Führungstechniken

Walter de Gruyter · Berlin · New York 1977

Dr. rer. pol. *Reinhard Baumgarten*
Akademischer Rat am Lehrstuhl B für Betriebswirtschaftslehre der Technischen
Universität Hannover und Dozent an der Verwaltungsakademie Berlin

Mit 66 Abbildungen, 5 Fragebögen,
Fragen zur Lernkontrolle und Lösungshinweisen

CIP-Kurztitelaufnahme der Deutschen Bibliothek

Baumgarten, Reinhard

Führungsstile und Führungstechniken. – 1. Aufl. –
Berlin, New York: de Gruyter, 1977.
(De-Gruyter-Lehrbuch)
ISBN 3-11-006541-X

Satz: Satzdienst Niko Jessen, Hamburg. – Druck: Color Druck, Berlin. – Bindearbeiten:
Dieter Mikolai, Berlin. – Printed in Germany

Vorbemerkung

Das Buch wendet sich an einen breiten Leserkreis: Zum einen spricht es die in Unternehmungen und Behörden tätigen *Vorgesetzten aller Ebenen* an, die täglich mit Problemen der Mitarbeiterführung konfrontiert werden. Da sie selten in Fragen der Personalführung geschult sind, resultiert ihr praktiziertes Führungsverhalten vornehmlich aus eigenen Erfahrungen. Ihnen eröffnet sich hier die Möglichkeit, ihren Führungsstil und die eingesetzten Führungsmittel auf wissenschaftlich-empirischer Grundlage zu überprüfen und gegebenenfalls zu verändern.

Zum anderen ist das Buch besonders für *Studenten der Wirtschaftswissenschaften* gedacht, für die bisher – trotz der Fülle an Spezialuntersuchungen – eine geschlossene Darstellung des Bereiches ,Führungsstile und Führungstechniken' weitgehend fehlt. Darüber hinaus wird das Buch für alle von Nutzen sein, die sich zentral mit dem Menschen als Untersuchungs,objekt' beschäftigen, also für Soziologen, Psychologen, Pädagogen, Politologen, Verwaltungswissenschaftler u. a.

Das Werk ist als *Lehrbuch* konzipiert und eignet sich in hohem Maße zum Selbststudium. Zu diesem Zweck finden sich am Ende jedes größeren Abschnitts ,Fragen zur Lernkontrolle', eingeteilt in zwei Kategorien. Vor der Beschäftigung mit dem Text sollte der Leser versuchen, die ,Fragen zum Text' zu beantworten und die Lösungen schriftlich zu fixieren. Das Lesen des Textes erfolgt dadurch konzentrierter. Am Ende jedes Abschnittes muß der Leser prüfen, inwieweit er die zuvor gegebenen Antworten aufrecht erhalten kann. An die ,Fragen zur Vertiefung' sollte der Leser erst nach gründlichem Erarbeiten des Stoffes herangehen, da diese Fragen den Text als Grundlage haben, sich aber dennoch nicht unmittelbar aus ihm beantworten lassen. Für die Fragen gibt es Lösungsvorschläge und oft auch weiterführende Literatur am Ende des Buches.

Der zugrunde liegende *wissenschaftliche Ansatz* ist durch ein mehrdimensionales Vorgehen zur Erfassung des Führungsverhaltens gekennzeichnet. Aussagen zur Führungseffizienz werden auf der Grundlage eines umfassenden Situationsmodells getroffen. Dieses Modell enthält eine größere Anzahl von Variablen, die sonst nicht unbedingt im Zusammenhang gesehen werden. Dadurch gelingt es, angebliche Widersprüche verschiedener Einzeluntersuchungen zu reduzieren und ansatzweise Hypothesen über effizientes Führungsverhalten zu formulieren.

Berlin, im September 1976   *Reinhard Baumgarten*

Inhalt

1. Grundlagen

1.1 Der Zentralbegriff ‚Führung'

Durch eine rangmäßige Differenzierung der Stellen wird das Problem der Führung zum Problem jeder Organisation: rangmäßig übergeordnete Stelleninhaber besitzen gegenüber rangmäßig untergeordneten Stelleninhabern ein Entscheidungs-, Anordnungs- und Kontrollrecht. Jeder Stelleninhaber – mit Ausnahme der nur ausführenden – übt Führungsverhalten aus. Auch in Organisationen, in denen die rangmäßige Differenzierung der Stellen abgebaut ist, findet Führung in hohem Umfang statt. An die Stelle der formalen tritt häufig eine tiefgegliederte informale Rangabstufung.

Die Literatur zum Problem „Führungsverhalten" oder „Führungsstil" ist kaum noch zu überblicken. Trotz der Vielzahl an Veröffentlichungen existiert bislang keine einheitliche Terminologie; systematische Ansätze bilden die Ausnahme. Im folgenden wird ein systematisches Vorgehen versucht.

Geht man vom Führungsprozeß aus, der sich zwischen den Organisationsmitgliedern zur Erfüllung bestimmter Ziele abspielt, läßt sich Führung wie folgt kennzeichnen (vgl. auch Tannenbaum/Weschler/Massarik, Leadership, S. 24):

> Führung ist jede
> zielbezogene, interpersonelle Verhaltensbeeinflussung mithilfe von
> Kommunikationsprozessen

In dieser Definition ist Führung anwendbar auf alle interpersonellen Beziehungen, die zugleich Beeinflussungsversuche darstellen. Zum besseren Verständnis erscheint eine kurze Erläuterung der Merkmale angebracht.

Führung ist
(1) Verhaltensbeeinflussung
Führung bezeichnet eine *Tätigkeit* im Sinne von ‚jemanden beeinflussen'. Sie äußert sich in den Teilprozessen der Willensbildung und Willensdurchsetzung sowie der Kontrolle der Willensdurchsetzung. Aus dem Begriff der Führung sind für die weiteren Überlegungen alle Deutungen ausgeschlossen, die entweder auf die *Institution Führung* (z. B. Unternehmensführung) oder bestimmte *Charakterzüge einer Person* (Führungseigenschaften) abstellen.

Die Beeinflussung von Personen erfolgt dadurch, daß eine physische oder psychische ‚Kraft' wirksam wird, die auf die Änderung der Einstellungen, Überzeugungen und des Verhaltens abzielt (zum Begriff der Beeinflussung vgl. Cartwright, Influence, S. 4; Klis, Überzeugung, S. 23). Das Verhalten besteht aus einer Reihe von Handlungen, die ihren Grund entweder im Menschen selbst haben (z. B. Kenntnisse, Fähigkeiten, Motivationsstruktur) oder durch den Bereich der Umwelt des Menschen (z. B. sachliche, soziale, organisatorische Umwelt) bewirkt werden. Verhalten (V) läßt sich damit als Funktion (f) des Zusammenwirkens von Eigenschaften der Person (P) und der Umwelt (U) in einer bestimmten Situation auffassen (vgl. Lewin, bei Irle, Führungsprobleme, Sp. 583):

$$V = f\,(P,\ U)$$

Zu der funktionalen Verknüpfung zwischen (V) einerseits und (P) und (U) andererseits ist anzumerken:

– In welcher Weise Umwelt und Zustand einer Person das Verhalten bestimmen, kann bis heute nicht exakt im Sinne mathematisch-statistischer Abhängigkeiten angegeben werden. Das Verhalten des Menschen ist weit variabler und weniger prognostizierbar als das Verhalten jedes anderen Lebewesens. Dies erklärt sich vor allem daraus, daß das menschliche Verhalten nicht so sehr durch Instinkte als vielmehr durch Lernprozesse gesteuert wird.
– Der Zustand einer Person und ihre Umwelt bedingen sich wechselseitig. Die Umwelt ist eine Funktion des Zustandes der Person und dieser wiederum ist abhängig von der Umwelt (vgl. auch Müller, Kaderentwicklung, S. 41).

Führung als Beeinflussungsprozeß ist weitgehend unabhängig von Effizienzgesichtspunkten. Jemand, der andere zu beeinflussen sucht, dabei aber nur geringen Erfolg hat, ist ebenso als Führer – wenngleich als wenig effizienter – anzusehen, wie derjenige, der dabei sehr erfolgreich ist. Eine in diesem Zusammenhang hilfreiche sprachliche Unterscheidung zwischen ‚versuchter‘, ‚erfolgreicher‘ und ‚effizienter‘ Führung stammt von *Bass* (Leadership, S. 90). Auf die ‚effiziente‘ Führung wird in Pkt. 2.3 ausführlich eingegangen.

Führung ist
(2) interpersonell
Führung ist ein soziales Phänomen und taucht erst bei dem Zusammenwirken mehrer (zumindest: zwei) Personen auf. Die Beschränkung auf die sozialen Aspekte besagt, daß nur Verhaltensbeeinflussungsprozesse betrachtet werden, die sich in Form von Mensch-Mensch-Beziehungen abspielen. Mensch-Sach- und Sach-Sach-Beziehungen sowie die intra- und extrapersonelle Verhaltensbeeinflussung bleiben außer Betracht. Zu beachten ist allerdings, daß Sachmittel und dritte Personen eine Mittlerfunktion im Prozeß der interpersonellen Verhaltensbeeinflussung übernehmen können (Bote, Telefon, Video-Recorder, EDV-Anlage). In diesen Fällen liegt keine direkte (face-to-face) Führung vor, sondern eine indirekte, die stets der Gefahr von Verzerrungen unterliegt.
Neben dem Begriff der Führung enthalten auch Begriffe wie Leitung, Management, Erziehung den interpersonellen Aspekt. Auf eine Abgrenzung der Begriffe wird hier verzichtet (vgl. Baumgarten, Führungsstile, S. 14 ff.).
Führungsprozesse spielen sich in Organisationen wie Unternehmungen oder Behörden herkömmlicherweise so ab, daß auf der einen Seite der *Führer* (Vorgesetzte) und auf der anderen Seite die *Geführten* (Mitarbeiter) stehen. Führung ist jedoch nicht einseitig eine Beeinflussung der Geführten durch einen Führer, sondern eine wechselseitige Beziehung. Je nach der Intensität der Verhaltensbeeinflus-

sung können auch andere als die von der Organisation vorgesehenen Personen die Führungsfunktionen ausüben (informale Führer). Denkbar ist ferner, daß die verschiedenen Mitglieder einer Gruppe/Abteilung alternierend für bestimmte Aufgabenaspekte die Führungsrolle übernehmen: eine dauerhafte Zuordnung zu bestimmten Führungs-/Geführtenpositionen ist hier nicht möglich. Für die praktische Beschäftigung von Führungsprozessen in strukturierten Organisationen dürfte es jedoch ausreichen, sich auf die Verhaltensbeeinflussung durch die Vorgesetzten zu beschränken, da sie, wie eine Studie von *Likert* ergab, ungleich stärker wirkt, als die entgegengerichtete Verhaltensbeeinflussung von Seiten der Mitarbeiter auf die Vorgesetzten (vgl. Likert, Unternehmungsführung, S. 60 ff.).

Zu beachten ist, daß es eine Reihe von Faktoren gibt, ohne die eine zwischenmenschliche Verhaltensbeeinflussung nicht zustande kommt. Für die Beantwortung der Frage:

„Weshalb ist ein Mensch bereit, einem anderen zu folgen?"

sind es vor allem folgende:

– Autorität,

– spezifische Situationsfaktoren.

Autorität bezeichnet die Möglichkeit einer Person, aufgrund einer allgemeinen oder spezifischen Überlegenheit das Handeln einer anderen Person zu beeinflussen (Landwehrmann, Autorität, Sp. 269). Insofern schafft Autorität Abhängigkeiten, ohne die eine Verhaltensänderung bei anderen Personen nicht erreicht werden kann. Je nachdem, wie die Autorität begründet wird, lassen sich verschiedene Autoritätsformen unterscheiden (vgl. auch Landwehrmann, Autorität, Sp. 269 ff.):

– Positions- (Herrschafts-, Amts-, objektive, formale) Autorität:
   Bei dieser Autoritätsform sind die Träger Inhaber einer Hierarchieposition , die mit einem bestimmten Maß an Anordnungs- und Kontrollrechten ausgestattet ist. Je höher in der Hierarchie der Stelleninhaber seine Position hat, desto größer ist seine Autorität.
– Fachliche (funktionale, Sach-) Autorität:
   Bei dieser Autoritätsform sind die Träger Experten, die eine spezifische Qualifikation (Kenntnisse und Fähigkeiten) zur Lösung bestimmter Sachaufgaben (z. B. technischer, wirtschaftlicher, organisatorischer Art) besitzen.
– Persönliche (personale) Autorität:
   Bei dieser Autoritätsform gründet sich die Überlegenheit der Träger auf eine rationale oder emotionale Komponente wie z. B. Intelligenz oder Begeisterungsfähigkeit.

In jeder Organisation stellt die faktische Autorität des Vorgesetzten eine Mischung aus den drei Arten dar. Versucht man eine Bewertung, so ist für die *Positionsautorität* zu prognostizieren, daß sie als alleinige Grundlage für Führungsverhalten in Zukunft immer weniger ausreichen wird. Vorgesetzte, die sich allein auf sie stützen, dürften zunehmend infolge der anhaltenden fachlichen wie persönlichen Emanzipierung der Geführten (vgl. Pkt. 2.3.2.1) scheitern. Für die *funktionale* und die *persönliche Autorität* läßt sich keine so eindeutige Aussage treffen. Geht man von der heutigen Situation aus, so ist zu vermuten, daß auf den niederen Ebenen der Hierarchie die fachliche Autorität ein stärkeres Gewicht im Führungsprozeß zwischen Vorgesetzten und Mitarbeitern besitzt als auf den höheren Ebenen, während der persönlichen Autorität auf allen Ebenen große Bedeutung zukommt. Diese

Vermutung beruht auf der Tatsache, daß der Grad der Selbständigkeit bei der Aufgabenerfüllung heute auf höheren Ebenen weit größer ist als auf niederen Ebenen.

Die Mitarbeiter auf höheren Ebenen dürften demzufolge nicht einer so starken fachlichen Kontrolle ausgesetzt sein, wie dies auf den niederen Ebenen der Fall ist. Während auf höheren Ebenen die Vorgesetzten bis zu einem gewissen Grad von dem Zwang entbunden sind, Fachspezialisten sein zu müssen, trifft dies gerade für Vorgesetzte auf unteren Ebenen zu: sie müssen häufig bis in die Details fachlich Bescheid wissen.

Im Zusammenhang mit der Bedeutung der persönlichen Autorität im Führungsprozeß ist die *Persönlichkeits-* oder *Eigenschaftstheorie* zu sehen, die – zumindest bis Ende der 50er Jahre – die Diskussion zum Sachverhalt ‚Führen' einseitig bestimmte. Die Fragestellung lautete: In welchen Persönlichkeitseigenschaften unterscheiden sich erfolgreiche von erfolglosen Führern bzw. von unterstellten Mitarbeitern? (Irle, Führungsverhalten, S. 521 ff.). Die aufgrund von vielen Untersuchungen ermittelten Ergebnisse zu dieser Frage sind uneinheitlich, widersprüchlich und inkonsistent, so daß eine plausible theoretische Interpretation nicht möglich ist. Am ehesten zeichnen sich erfolgeiche Führer von Nicht-Führern noch durch ‚höhere Intelligenz' aus und in fallender Folge der Häufigkeit dann durch ‚Anpassungsfähigkeit', ‚Extraversion', ‚Dominanztendenz', ‚Maskulinität' (Irle, Führungsverhalten, S. 522). Aber schon bei der Dominanztendenz sind die Ergebnisse widersprüchlich. Selbst das Merkmal „Intelligenz" als relativ beste Prognosevariable für erfolgreiche Führer ist keine Garantie für die richtige Besetzung von Führungspositionen, wenn nicht simultan andere Situationsvariable berücksichtigt werden (vgl. Pkt. 2.3.2.2.3). Heute ist man sich darüber einig, daß die *Persönlichkeits-* oder *Eigenschaftstheorie* als alleinige Erklärung des Führungsverhaltens keine geeignete Grundlage darstellt und es falsch wäre, allein auf dieser Basis Führungspositionen zu besetzen.

Unter anderem wurde übersehen, daß das zu fordernde Anforderungsprofil effizienter Führungspersonen mit der Situation, in der sich Führung abspielt, variieren muß.

Unter dem Aspekt der möglichst genauen Beschreibung der Situation trat an die Stelle der *Eigenschaftstheorie* die *Situationstheorie*. Ihre Vertreter, die Führung vor allem als Interaktionsphänomen zwischen der Gruppe und dem Führer in einer spezifischen Situation sehen (zu Einzelheiten Irle, Führungsverhalten, S. 523 ff.), begnügten sich jedoch meist mit der bloßen Aufzählung von Faktoren. Bis heute bereitet die Prognose der Wirkweise derartiger Faktoren im Führungsprozeß Schwierigkeiten. Auf experimentelle Untersuchungen zu relevanten *Situationsfaktoren* wird ausführlich in Pkt. 2.3.2 eingegangen. Es handelt sich insbesondere um

– organisationsspezifische Situationsfaktoren
– gruppenspezifische Situationsfaktoren
– individualspezifische Situationsfaktoren.

Führung ist

(3) zielbezogen

Führungsziele können unterschiedlichster Art sein. Nach ihrer Zugehörigkeit zu unterschiedlichen Ebenen bzw. Trägern lassen sich drei Zielkategorien unterscheiden, zwischen denen komplementäre, indifferente oder konkurrierende Beziehungen bestehen können:

1. *Organisationsziele* (Zielträger: Organisation):

   Sie werden von den Kerngruppen formuliert und bilden die technisch-ökonomischen Ziele der formalen Organisation, auf die offiziell alle Organisationsmitglieder durch die Führungsprozesse ausgerichtet werden sollen. Teilweise haben sie nur geringe motivierende Wirkung, da ihre Erfüllung nicht mit besonderen Anreizen gekoppelt sein muß.

   Die Skala der formalen Organisationsziele ist breit: Dimensionen sind z. B. Rentabilität, Gewinn, Sicherheit, Flexibilität, Umsatz, Kosten, u. a. m.

2. *Gruppenziele* (Zielträger: Gruppe):

   Sie entstehen im Interaktionsprozeß von Gruppenmitgliedern, sind Ausdruck der Einstellungen und Erwartungen zur Gruppentätigkeit und beziehen sich auf Leistungs- und Verhaltensaspekte. Auf die Formulierung der Gruppenziele (-normen) haben einzelne Gruppenmitglieder (oft: informale Führer) einen stärkeren Einfluß als andere. Von den Gruppenzielen geht – vor allem auf den unteren Hierarchieebenen – eine stärkere Motivationswirkung als von den Organisationszielen aus, da sie nicht formal gesetzt sind, sondern von den Mitgliedern im Wege eines (auch unbewußt ablaufenden) Zielbestimmungsprozesses selbst erstellt und verändert werden können. Über die Akzeptierung der Ziele durch ihre Mitglieder erreicht die Gruppe einen starken Zusammenhalt und oft ein Einheits- oder Wir-Bewußtsein (Mayntz, Organisation, S. 70).

   Derartige Gruppenziele können sein: Sicherung der Arbeitsplätze gegen Kündigung, Vermeidung der Über/Unterschreitung eines Leistungssolls, Beibehaltung von Überstunden auch in Krisenzeiten, bestimmte Kleidung, Vertretung der Gruppeninteressen auf der Geschäftsleitungsebene, u. a. m. Gruppenziele können sich als Führungsziele mit Organisationszielen decken (formale Gruppenziele; z. B. Einführung von Maßnahmen zur Verringerung der Unfallhäufigkeit), unabhängig von diesen verfolgt werden (z. B. Wahl ‚einer bestimmten Partei') oder entgegenstehen (z. B. ‚Zielerfüllung unterhalb des von der Organisation festgelegten Leistungssolls'). Die beiden letzten Fälle sind als informale Gruppenziele zu bezeichnen. Weisen Gruppen- wie Organisationsziele die gleichen Zieldimensionen auf, unterscheiden sie sich meist im Erfüllungsanspruch.

3. *Individualziele* (Zielträger: Individuum):

   Als Mitglied einer Organisation verfolgt jedes Individuum im Rahmen seines Handelns neben den formalen Organisationszielen und den Gruppenzielen eigene Ziele. Diese werden durch die individuellen Bedürfnisse (Motive) bestimmt. Die Gesamtheit und die Rangfolge der Bedürfnisse eines Individuums bezeichnet man als seine ‚Bedürfnisstruktur' (Vgl. Pkt. 2.2.2.1.).

Individualziele (Bedürfnisse, Motive) sind Führungsziele, wenn und soweit Personen aufgrund ihrer Position, Tüchtigkeit oder Beliebtheit bestimmenden Einfluß auf andere ausüben und dabei ihre persönlichen Zielvorstellungen erfüllen. Diese Ziele können in Einklang mit den Organisations-/Gruppenzielen stehen, unabhängig von ihnen verfolgt werden oder ihnen entgegenstehen.

Beispiel:
Ist ein Vorgesetzter leistungsorientiert und gefällt ihm sein Aufgabengebiet, so kann er seine höchste Befriedigung im Erreichen der von der Organisation vorgegebenen Ziele finden. In der Übertragung einer neuen Aufgabe sieht er z. B. eine Herausforderung an sein Leistungsvermögen, für deren Lösung er bereit ist, sich mit viel Energie einzusetzen und seine Mitarbeiter entsprechend anzuspornen. Die Individualziele des Vorgesetzten decken sich hier mit den Organisationszielen und stellen für seine Mitarbeiter Führungsziele dar (komplementäre Zielbeziehung).
Ist ein Vorgesetzter nicht sehr leistungsorientiert oder sagt ihm sein Aufgabengebiet nicht zu, so erfährt er seine höchste Arbeitszufriedenheit in anderen Bereichen wie z. B. in der Aufnahme und Pflege zwischenmenschlicher Beziehungen. In diesem Fall können die Individualziele (häufiger Schwatz mit den Mitarbeitern, ausgedehnte Kaffeepausen, lange Diskussionen über außerbetriebliche Dinge) der Erfüllung der Organisationsziele entgegenstehen (konfliktäre Zielbeziehung).

Der Idealfall für die Organistion wie für das einzelne Organisationsmitglied tritt ein, wenn die Organisations-, Gruppen- und Individualziele komplementär sind. In diesem Fall besteht die Möglichkeit, daß die höchste Leistung für die Organisation mit höchster individueller Zufriedenheit gekoppelt ist. Von den 27 möglichen Fällen – die sich ergeben, wenn jedes Ziel (Organisations-, Gruppen-, Individual-) zu den beiden anderen in komplementärer, indifferenter oder konfliktärer Beziehung steht – weisen die meisten in irgendeiner Weise konfliktäre (Teil-)Beziehungen auf. Hier ist zu fragen, auf welchen Ursachen sie beruhen und welche Maßnahmen zu ihrer Reduzierung ergriffen werden können (vgl. z. B. Pkt. 2.2.2.1, 3.8).

Führung erfolgt
(4) *mithilfe von* **Kommunikationsprozessen**
Führung als Beeinflussung von Menschen durch Menschen wird als geistiger Akt auf der Grundlage der Kommunikation gesehen. (In)direkte physische Einflußnahmen (z. B. Schlagen, Einsperren) sind heute infolge geänderter gesellschaftlicher Wertvorstellungen nicht mehr mit dem Tatbestand ‚Führen‘ vereinbar und besser mit anderen Termini (z. B. ‚Züchtigung‘) zu belegen.
Kommunikation ist zu verstehen als „ein an *interpersonalen* Beziehungen und Wirkungen orientierter Prozeß der ein- oder wechselseitigen Informationsübermittlung zwischen einem Sender und einem oder mehreren Empfängern" (Bartram, Kommunikation, S. 44). Kommunikationsprozesse in Form von Mensch-Sach- oder Sach-Sach-Beziehungen sollen für die weitere Betrachtung ausgeschlossen sein. Die Kommunikation kann in verschiedenster Weise eine Verhaltensbeeinflussung erzeugen, z. B. durch Befehl, Auftrag, Empfehlung, Anregung, Lob, Beschimpfung, Überzeugung, Manipulation, Suggestion usw. (vgl. Cartwright, Influence, S. 12 ff.;

Irle, Führungsverhalten, S. 529 ff.). Neben der freiwilligen schließt der Begriff Führung so auch die ‚unfreiwillige‘ Führung ein, in der das Willens- und Entscheidungszentrum des Geführten weitgehend ausgeschaltet ist.

Für Führung ist Kommunikation das Medium, durch welches das Verhalten der Geführten beeinflußt wird. Dabei können Führer und (Kommunikations-) Sender bzw. Geführte(r) und (Kommunikations-) Empfänger jeweils in einer Person zusammenfallen, müssen es aber nicht (indirekte Führung). Durch die Festlegung der Kommunikationskanäle (z. B. einseitig, zweiseitig, direkt, indirekt) wird die Führung entscheidend geprägt.

Neben den bei Informationsübertragungen üblichen Aspekt der Wissensvermittlung tritt im Rahmen von Führungsprozessen der motivationale Aspekt. Im Bereich der Semiotik (Zeichenlehre) ergeben sich für die interpersonelle Verhaltensbeeinflussung damit in erster Linie Probleme, die unter Einschluß der Sprachbenutzer der pragmatischen Stufe zuzuordnen sind: nicht so sehr die sprachlichen Ausdrücke oder die Bedeutungen der im Kommunikationsprozeß vorkommenden Wörter spielen die dominierende Rolle, sondern die Zielsetzung, das Ergebnis und die Bewertung der Verhaltensbeeinflussung durch Führer und Geführte.

1.2 Der Begriff des ‚Führungsstils‘ und der ‚Führungstechnik‘

Der Ausdruck „Stil“ (von lat. ‚stilus‘: Griffel, Schreibart), der ursprünglich den Gebieten Kunst und Literatur vorbehalten war, findet sich heute in fast allen Lebensbereichen (z. B. im Sport: Laufstil; in der Wirtschaft: Betriebsstil, Kaufmannsstil; bei Personen: Persönlichkeitsstil, speziell: Altersstil). Er bezeichnet generell das ‚durchgehende, eigentümliche und einheitliche Gepräge menschlicher Lebensformen und menschlicher Leistungen‘ (Der Neue Brockhaus, Stil, S. 133). Übertragen auf den Bereich der Führung ist unter einem Führungsstil das durchgehende, eigentümliche und einheitliche Gepräge der Führung (Führung s. o.) zu verstehen.

Zumeist wird in dem ‚Stil‘ der Ausdruck einer ganz bestimmten Zeit(epoche) gesehen (Kunze, Wandlung, S. 285). Demnach wäre der Führungsstil eine allgemeine raum- und epochen-spezifische Art des Führungsverhaltens. Im deutschen Sprachraum ließen sich in dieser Sichtweise der Führungsstil des Absolutismus, des Liberalismus, des Frühindustrialismus ... unterscheiden. Es erscheint jedoch wenig aussagekräftig, bestimmte Führungsstile mit bestimmten Zeitepochen identifizieren zu wollen, da gleiches Führungsverhalten in unterschiedlichen Zeitepochen vorfindbar ist: heute gelten zum Teil noch die gleichen autoritären Führungspostulate wie zur Zeit des Frühindustrialismus. Besser erscheint daher der Ansatz, Führungsverhalten nach Einzelmerkmalen (z. B. Art der Entscheidungsfindung, Art der Kommunikation) zu klassifizieren. Die von *Bleicher* vorgeschlagene Unterscheidung zwischen zeit(epochen)spezifischen Führungs*stilen* einerseits und situations-(personen-, aufgaben-)spezifischen Führungs*formen* trägt diesem Sachverhalt sprachlich Rechnung (Bleicher, Führungsstile, S. 31 ff.). Da diese Unterscheidung jedoch wenig gebräuchlich ist und terminologisch zu aufwendig wäre, erfolgt die Verwendung der Termini Führungs*stil* und Führungs*form* synonym.

> Führungsstil(-form) ist zu verstehen als:
> einheitliches, durch die spezifischen Ausprägungen einer Reihe von Einzel-
> merkmalen beschreibbares Führungsverhalten.

Während der Terminus ‚Stil' die besondere Ausübung einer Gestaltungstätigkeit bezeichnet, kennzeichnet der Terminus ‚Technik' die Gestaltungstätigkeit an sich (z. B. Schreibtechnik, Organisationstechnik).

> Unter Führungstechnik sind zu verstehen:
> sämtliche Instrumente und Methoden formalorganisatorischer und sozial-
> psychologischer Art, die zur Verwirklichung eines Führungsstils eingesetzt
> werden können.

Die Behandlung der verschiedenen Führungstechniken formalorganisatorischer Art (z. B. Stellenbeschreibungen, Gruppenorganisationsformen, Management-by-Techniken) und sozialpsychologischer Art (z. B. Gesprächstechniken, Sensitivitätstechniken) erfolgt in Pkt. 3. Eine klare Trennung zwischen den formalorganisatorischen und den sozialpsychologischen Techniken ist oft schwer zu ziehen (z. B. Gruppenorganisationsformen – gruppendynamische Veranstaltungen).

Die Praktizierung bestimmter Techniken ist Voraussetzung für die sinnvolle Realisierung eines bestimmten Führungsstils. Eine Konzeption der Führung kann nur schwer ohne, außerhalb oder gegen bestehende Führungsinstrumente verwirklicht werden. Allerdings reichen Techniken allein nicht aus, um ein gewünschtes Führungsverhalten zu erreichen; eine entsprechende Führungseinstellung muß gewährleistet sein. Generell gilt, daß eine bestimmte Führungseinstellung nicht automatisch bestimmte Führungstechniken nach sich zieht, wie umgekehrt bestimmte Führungstechniken nicht automatisch eine bestimmte Führungseinstellung bewirken. Dieses Auseinanderklaffen führt häufig dazu, daß die bestmögliche Ausgestaltung des Führungsverhältnisses verpaßt wird. Eine bewußte Abstimmung ist notwendig. In diesem Sinne bedingen sich Führungsstil und Führungstechnik wechselseitig.

Den Zusammenhang zwischen Führungsstil und Führungstechniken verdeutlicht Abb. 1.

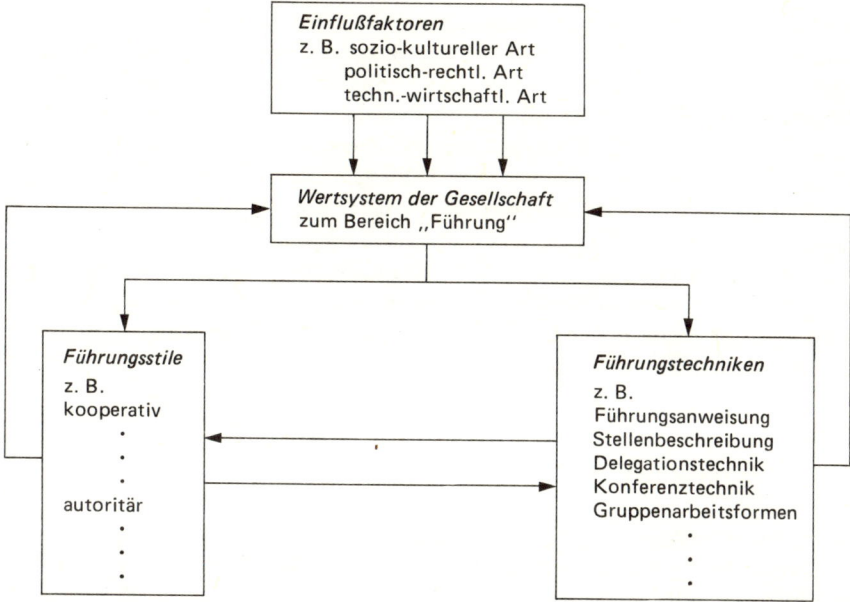

Abb. 1. Der Zusammenhang zwischen Führungsstilen und Führungstechniken

Vorstellungen über den „richtigen" Führungsstil und den Einsatz entsprechender Führungstechniken resultieren vor allem aus dem Wertsystem der Gesellschaft. Das Wertsystem unterliegt einer ständigen Beeinflussung durch eine Reihe externer Faktoren, die sozio-kultureller, politisch-rechtlicher oder technisch-wirtschaftlicher Art sein können (vgl. Pkt. 2.3.2.1). Auf die Wertvorstellungen vom „richtigen" Führungsverhalten wirken weiter Erfahrungen mit bestimmten Führungsstilen und Führungstechniken. Diese beeinflussen sich – wie ausgeführt – in ihren Ausprägungen wechselseitig.

1.3 Ansatzpunkte zur Betrachtung des Führungsstils

1.3.1 Allgemeines

Zwischen den Mitgliedern jeder Organisation (Unternehmung, Verwaltungsbehörde u. a.) gibt es ein System wechselseitiger sozialer Beziehungen. Während die „traditionelle" Organisationslehre derartige Beziehungen wie z. B. Leitungsbeziehungen oder Kommunikationsbeziehungen unter dem Aspekt der Strukturwirksamkeit (Kosiol, Organisation, S. 18) untersucht, analysiert die soziologisch/psychologisch ausgerichtete Organisationslehre derartige Beziehungen bevorzugt als Interaktions- und Motivationsprozesse (z. B. Barnard, Führung, S. 65 ff.). Im folgenden werden diese unterschiedlichen Sichtweisen als „strukturaler Ansatz" und „motivationaler Ansatz" des Führungsverhaltens bezeichnet (ähnlich Gebert, Organisationsentwicklung, S. 23 ff.; Hill/Fehlbaum/Ulrich, Organisationslehre 1, S. 106). Bezogen auf die in Organisationen allgemein verfolgten drei Zielkategorien (Organisationsziele, Gruppenziele, Individualziele) ist der strukturale Ansatz stark an den formalen Organisationszielen ausgerichtet, während der motivationale Ansatz von den Gruppen- und Individualzielen ausgeht.

Da eine sich nur auf einen Ansatz beschränkende Betrachtung des Führungsphänomens die zwischen den Zielen bestehenden Konflikte weder erkennen noch lösen kann, sollte das Phänomen Führung aufgrund eines „mehrdimensionalen Ansatzes" analysiert werden.

1.3.2 Strukturaler Ansatz

Im strukturalen Ansatz werden das Führungsverhalten als abhängige Variable und die Organisationsstruktur als unabhängige Variable angesehen. Schematisch ergibt sich folgendes Bild:

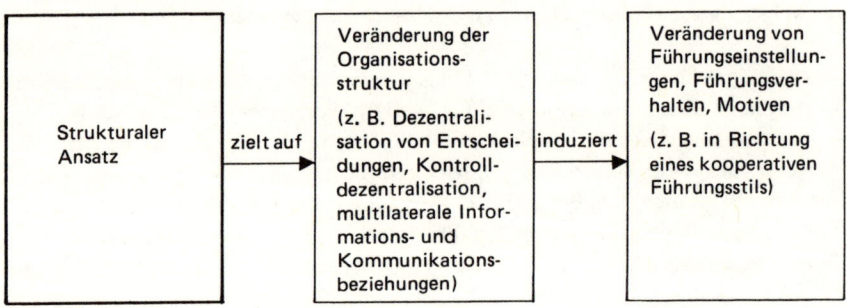

Der Führungsstil resultiert bei diesem Ansatz zwangsläufig aus einer bestimmten Organisationsstruktur, so daß er sich durch eine spezifische Konstellation organisatorischer Merkmale angeben läßt. Als organisatorisch relevante Merkmale, in denen sich verschiedene Führungsstile unterscheiden, werden vor allem folgende Größen angesehen (Bleicher, Organisation, S. 57 ff.):

> *Organisatorisch relevante Merkmale des Führungsverhaltens*
> – Art der Willensbildung
> – Verteilung von Entscheidungsaufgaben
> – Art der Willensdurchsetzung
> – Art der Kontrolle
> – Informations- und Kommunikationsbeziehungen
> – Formalisierungs- und Organisationsgrad

Je nach Führungsstil sind diese Merkmale unterschiedlich ausgeprägt (vgl. Pkt. 2.1.2.2 und 2.1.3.2). Indem man sich in der betrieblichen Organisationslehre lange Zeit damit begnügte, für bestimmte Führungsstile die Merkmalsausprägungen zu bestimmen, gelang der Transfer nur unzureichend: Als wünschenswert erachtete Führungsstile konnten selten allein durch organisatorische Regelungen realisiert werden (vgl. die Ergebnisse verschiedener Untersuchungen bei Gebert, Organisationsentwicklung, S. 27). Dies dürfte vor allem auf die verfehlte Annahme eines Quasi-Automatismus zurückzuführen sein: man unterstellte, daß bestimmte Organisationsänderungen bestimmte Einstellungs-, Verhaltens- und Motiveränderungen induzieren würden. Daß dieser Automatismus häufig nicht funktionierte, läßt sich damit erklären, daß die „äußere" und die „innere" Situation des Individuums weitgehend unabhängige Größen sind. Eine Veränderung der „äußeren" Situation (der organisatorischen Umwelt) allein reicht nicht aus, um eine nachhaltige Veränderung der „inneren" Situation zu bewirken.

1.3.3 Motivationaler Ansatz

Im motivationalen Ansatz werden das Führungsverhalten als unabhängige Variable und die Organisationsstruktur als abhängige Variable gesehen. Hier ergibt sich folgender Zusammenhang:

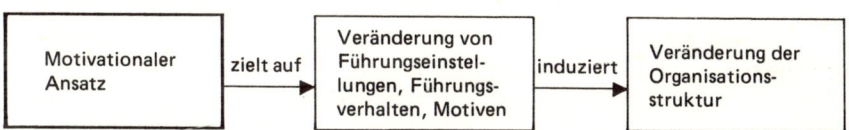

Eine Veränderung der Einstellungen, des Verhaltens und der Motive z. B. in Richtung auf mehr Selbständigkeit zieht nach diesem Ansatz regelmäßig eine Veränderung der Organisationsstruktur nach sich, ohne daß es dazu einer bewußten oder nachdrücklichen Änderungsstrategie bedarf. Führungsstile lassen sich folglich durch die Angabe ihrer sozialpsychologischen Implikationen beschreiben. Als sozialpsychologisch relevante Merkmale des Führungsverhaltens werden angesehen (vgl. auch Bornemann, Betriebspsychologie, S. 100 ff.):

Sozialpsychologisch relevante Merkmale des Führungsverhaltens
– Einstellung des Vorgesetzten zum Mitarbeiter
– Einstellung des Mitarbeiters zum Vorgesetzen
– Grundlage des Kontaktes zwischen Vorgesetztem und Mitarbeiter
– Häufigkeit des Kontaktes zwischen Vorgesetztem und Mitarbeiter
– Handlungsmotive des Vorgesetzten
– Handlungsmotive des Mitarbeiters
– Bindung der Mitarbeiter an das Führungssystem
– Soziales Klima

Nach dem motivationalen Ansatz hängt die Realisierung eines bestimmten Führungsstils allein davon ab, inwieweit es mithilfe psychologischer Beeinflussungstechniken gelingt, bei Vorgesetzten und Mitarbeitern Einstellungs-, Verhaltens- und Motivänderungen zu bewirken. Hier gilt die Annahme: Bestimmte Einstellungs-, Verhaltens- und Motivänderungen induzieren spezifische Organisationsänderungen. Es wird damit bei Vorgesetzten und Mitarbeitern die Fähigkeit und die Bereitschaft zur Selbstorganisation (eventuell sogar gegen Widerstände) unterstellt.

Der motivationale Ansatz ist jedoch – wie Erfahrungen verschiedentlich gezeigt haben (vgl. French bei Gebert, Organisationsentwicklung, S. 24) – unzureichend, wenn die neuen Verhaltensmuster nicht nachdrücklich auch organisatorisch verankert werden. Für eine Stabilisierung veränderten Verhaltens reicht eine Veränderung der „inneren" Situation des Individuums allein nicht aus, sondern muß durch eine gezielte Veränderung der organisatorischen Umwelt abgesichert werden.

1.3.4 Mehrdimensionaler Ansatz

Daß die Umstellung auf ein neues Führungsverhalten in der Vergangenheit häufig nicht erreicht werden konnte, ist vor allem darauf zurückzuführen, daß man einseitig entweder nur im Sinne des strukturalen oder nur im Sinne des motivationalen Ansatzes vorging. Ein Vorgehen, das simultan beide Aspekte berücksichtigt und welches hier als „mehrdimensionaler Ansatz" bezeichnet wird, erscheint erfolgversprechender. Der strukturale und der motivationale Ansatz sind danach eher komplementäre als alternative Strategien (ebenso Gebert, Organisationsentwicklung, S. 28). In der Sicht des mehrdimensionalen Ansatzes ist die Annahme einer unabhängigen und einer abhängigen Variablen sowie einer Ursache-Wirkungs-Beziehung aufzugeben. Vielmehr dürften sich stabile Verhaltensänderungen besser erreichen lassen, wenn man die Wechselwirkungen beider Ansätze simultan einbezieht.
Am Beispiel der *Einführung von Delegation* sei aufgezeigt, wie ein mehrdimensionales (struktural-motivationales) Vorgehen zu erfolgen hat (vgl. Abb. 2).

Ausgangspunkt der Delegation in formalorganisatorischer Sicht ist die Verlagerung von Aufgaben, Kompetenzen und Verantwortung, die mithilfe von Stellenbeschreibungen, Funktionendiagrammen und Führungsanweisungen (siehe Pkt. 3) abgesichert werden sollte. Allerdings ist diese formalorganisatorische Regelung solange ungenügend, wie sie nicht von der motivationalen Seite unterstützt wird. Hier sind die Selbständigkeits- und Leistungsbedürfnisse der betroffenen Organisationsmitglieder zu aktivieren. Um die notwendigen Verhaltens-, Einstellungs- und Motivänderungen zu bewirken, bietet sich der Einsatz von Rollenspielen, Kleingruppenarbeit und Einzelgesprächen an. In formalorganisatorischer Hinsicht bedingt die Delegation weiter eine starke Kontrolldezentralisation. Sie läßt sich beispielsweise

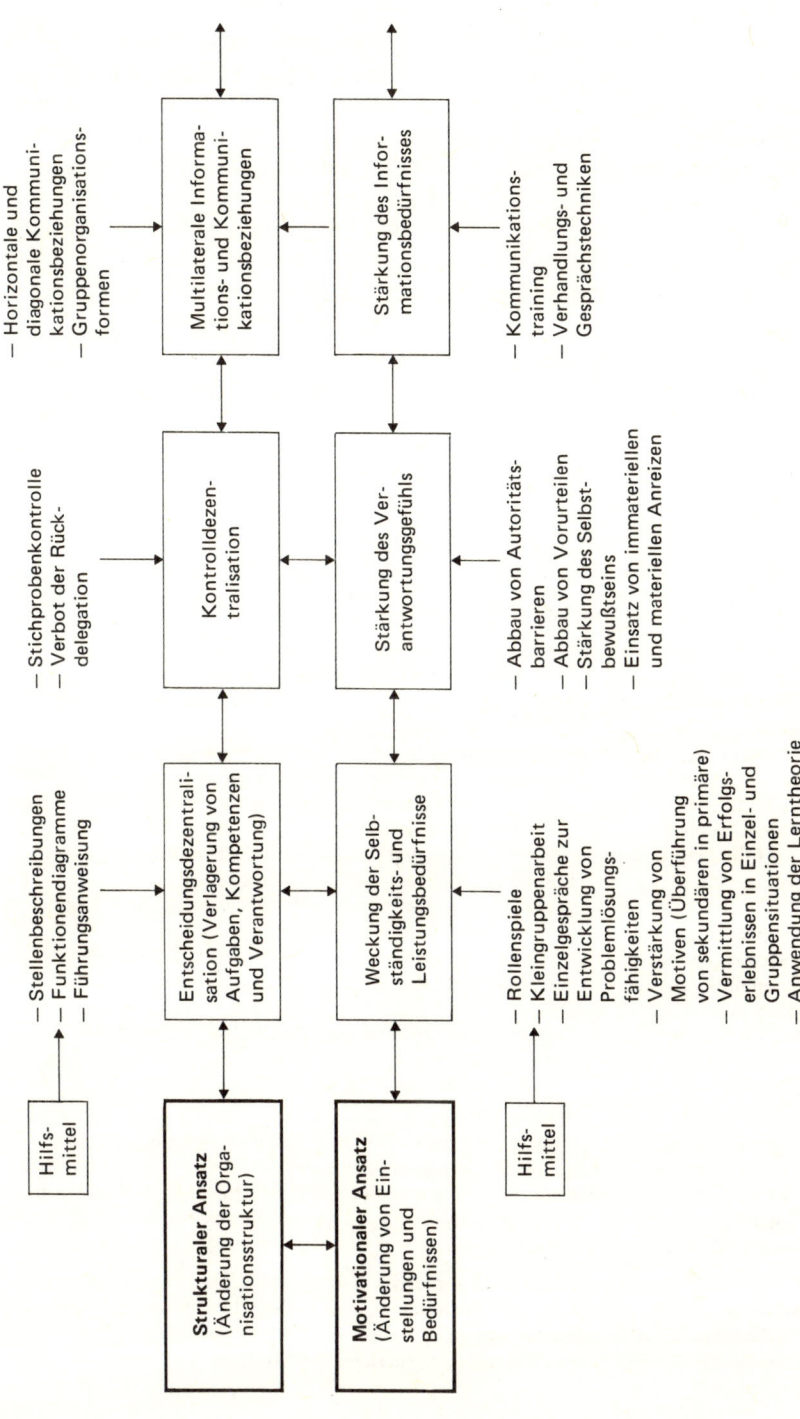

Abb. 2. Mehrdimensionaler Ansatz zur Einführung von Delegation

durch das explizit formulierte Verbot der Rückdelegation und die Aufforderung zur Stichprobenkontrolle in der Führungsanweisung absichern. Die strukturellen Regelungen sind zu ergänzen durch den motivationalen Ansatz zur Stärkung des Verantwortungsgefühls. Hierzu eignen sich Techniken, die beispielsweise auf den Abbau von Autoritätsbarrieren und Vorurteilen zielen, die die Stärkung des Selbstbewußtseins der Organisationsmitglieder zum Inhalt haben und die mit spezifischen materiellen und immateriellen Anreizen arbeiten. In gleicher Weise bestehen enge Wechselwirkungen zwischen der strukturalen und der motivationalen Seite hinsichtlich der Informationsgestaltung, der Stärkung der Informationsbedürfnisse und weiterer Aspekte.

Fragen zur Lernkontrolle zu Abschnitt 1

I Fragen zum Text

Können Sie eine Frage nicht beantworten, blättern Sie bitte im Text zurück!

1. In welchen gesellschaftlichen Bereichen spielen sich Führungsprozesse ab?
2. Durch welche Merkmale läßt sich das Phänomen ‚Führung' hinreichend beschreiben?
3. Weshalb ist die Formel $V = f (P, U)$ als Grundlage für die Prognose des Ablaufes von Führungsprozessen ungeeignet?
4. Erläutern Sie, weshalb selbst in hierarchisch aufgebauten Organisationen keine eindeutigen und dauerhaften Zuordnungen von Führungs- und Geführtenpositionen möglich sind!
5. Weshalb ist die Positions- (Amts-)autorität heute keine geeignete Grundlage für Führungsprozesse mehr?
6. Ist erfolgreiche Führung vor allem das Resultat persönlicher, nicht erlernbarer Eigenschaften oder eher Folge von Lernprozessen?
7. Wie lassen sich Führungsziele grob klassifizieren und welche Beziehungen bestehen zwischen ihnen?
8. Inwiefern bedingt ein Führungsstil bestimmte Führungstechniken und umgekehrt?
9. Worin unterscheidet sich der ‚strukturale' Ansatz des Führungsverhaltens vom ‚motivationalen' Ansatz?
10. Welche Nachteile der beiden Ansätze vermeidet ein ‚mehrdimensionaler' Ansatz?

II Fragen zur Vertiefung

Die folgenden Fragen sind als Anregung zur Weiterbeschäftigung mit Führungsproblemen gedacht und sollen Ihnen die Möglichkeit bieten, auf der Grundlage des Gelesenen eigene Überlegungen anzustellen. Fixieren Sie Ihre Antworten am besten schriftlich, ehe Sie die Lösungshinweise auf S. 214 ff. benutzen. Die Lösungshinweise sind vor allem Orientierungshilfen; Ihre Antworten können durchaus abweichen!

1. Welche Bedeutung messen Sie der Führung im Rahmen der Unternehmenspolitik zu?
2. Welche Probleme stehen bei einer institutionell orientierten Betrachtung des Führungsphänomens im Vordergrund, welche bei einer prozeßorientierten Betrachtung?
3. Nehmen Sie Stellung zu der Aussage: „Erfolgreiche Führung kann auf Manipulation nicht verzichten."

4. Diskutieren Sie Vor- und Nachteile der ,direkten' gegenüber der ,indirekten' Führung.
5. Erstellen Sie einen Maßnahmekatalog zum Thema: „Wie können unterstellte Mitarbeiter ihre Vorgesetzten führen?"
6. Erstellen Sie einen Maßnahmekatalog zur Beseitigung von Konflikten zwischen formalen und informalen Führungszielen.
7. Wie sind Schulungsmaßnahmen zur Veränderung des Führungsverhaltens zu gestalten?

2. Führungsstile

2.1 Das eindimensionale Konzept des „autoritären" und des „kooperativen" Führungsstils

2.1.1 Überblick

Die Literatur kennt Führungsstile unter den verschiedensten Bezeichnungen. Meist handelt es sich bei den Einteilungen um idealtypische und eindimensionale (einfaktorielle) Führungsstile, die sich grafisch auf einer Strecke abtragen lassen (Abb. 14).

Überaus wichtig in historischer Sicht und prägend für das heutige Verständnis vom Führungsstil sind die Einteilungen von *Max Weber* und *Lewin/Lippit/White*. *Max Weber* unterscheidet nach dem Herrschaftsanspruch der Führenden drei idealtypische Grundformen: charismatische, traditionale und bürokratische Herrschaft (Weber, Wirtschaft, S. 159 ff.). Diese Einteilung findet sich modifiziert auch bei *Witte* und *Häusler*, die zusätzlich die Sonderformen der patriarchalischen und autokratischen Herrschaft beschreiben (Witte, Führungsstile, Sp. 595 ff., Häusler, Betriebsführung, S. 59 ff.). Während für *Weber* die Untersuchung der Frage im Vordergrund stand, woher der Anspruch abgeleitet und gerechtfertigt wird, daß die Führenden für spezifische Befehle bei einer angebbaren Gruppe von Menschen Gehorsam finden, beschäftigen sich die neueren sozialwissenschaftlichen Untersuchungen vor allem mit der Frage, wie und unter welchen Bedingungen Führung effizient (im Sinne von Leistungs- und Zufriedenheitssteigerung) ausgeübt werden kann. Diese Frage wurde bereits 1939 von *Lewin/Lippit/White* in ihrer berühmt gewordenen Untersuchung über die Auswirkungen des „autoritären", „demokratischen" und „laissez-faire"-Führungsstils bei amerikanischen 10−12jährigen Schulkindern aufgeworfen.

An der Untersuchung interessiert hier insbesondere, daß mit dem „autoritären" und dem „demokratischen" Führungsverhalten extreme Bezugspunkte auf einem Führungskontinuum geschaffen wurden, an denen sich die meisten anderen Führungsstile explizit oder implizit orientieren. Im folgenden wird – in leichter Abwandlung – von dem Begriffspaar „autoritär" – „kooperativ" ausgegangen, da es am weitesten verbreitet ist.

Weitgehend synonym werden im Schrifttum verwendet für

„autoritär"	*„kooperativ"*
autokratisch	demokratisch
autoritativ	partizipativ
direktiv	nicht direktiv
Führer-zentriert	Gruppen-zentriert
überwachend	sozial-integrativ

(vgl. die Zusammenstellungen bei Bass, Leadership, S. 86 ff.; Tillmann, Führungsstile, Tabelle 1). Da das „laissez-faire"-Prinzip in der hier vertretenen Auffassung
nicht den Tatbestand der Führung erfüllt (es mangelt an der notwendigen Zielorientierung, vgl. Pkt. 1.1), wird es als Führungsstil explizit nicht weiter betrachtet.

Die Grundformen des kooperativen und des autoritären Führungsstils weisen ein
weites Spektrum an Variationsmöglichkeiten auf und decken bei verschiedenen
Autoren einen unterschiedlichen Begriffsinhalt. Zu welch verhängnisvollen Schlußfolgerungen eine fehlende einheitliche Terminologie führen kann, zeigt folgendes
Beispiel (Fittkau-Garthe, Dimensionen, S. 157):

Es wurde festgestellt, daß in vielen Untersuchungen als Gegenpol des „autoritär-distanziert
lenkenden Verhaltens", verbunden mit einer „hohen Strukturierung der Arbeitssituation" ein
„freundlich-demokratisches, wenig lenkendes Verhalten" gesehen wird, das mit einer
„geringen Strukturierung der Arbeitssituation" verbunden ist. Häufig erwies sich ein so de-
finierter „autoritärer" Führungsstil gegenüber einem so definierten „demokratischen" Führungsstil leistungsmäßig überlegen. Wenngleich dies aufgrund der verwendeten Begriffsfassun-
gen nicht weiter verwunderlich ist, wäre es voreilig, daraus den Schluß zu ziehen, daß für eine
höhere Produktion generell „autoritäre" Vorgesetzte günstiger seien als freundlich zuge-
wandte „demokratische" Vorgesetzte. Denn hohe „Arbeitsstrukturierung" und „Aktivität"
müssen nicht – wie beim hier definierten „autoritären" Verhalten – notwendig mit „Distan-
ziertheit" verbunden sein. Auch „demokratisch" aktive Vorgesetzte, die die Arbeitssituation
strukturieren, können in ihrer Abteilung eine hohe Produktion bewirken.

Abweichungen in den Aussagen über die Effizienzwirkungen von unterschiedlichen
Führungsstilen dürften auf der Ebene der Begriffsbildung u. a. folgende Gründe
haben:

(1) Die den Führungsstil kennzeichnenden Merkmale differieren nach Art und
    Anzahl je nach dem verfolgten Untersuchungsziel.
(2) Bei gleicher Art und Anzahl der Merkmale werden unterschiedlichen Merk-
    malen die Eigenschaften von Leit-(Haupt-)merkmalen zuerkannt.
(3) Bei gleicher Art und Anzahl der Merkmale werden unterschiedliche Merkmals-
    ausprägungen zur Charakterisierung eines Führungsstils verwendet.
(4) Das subjektive Bild des Autors von dem Wert eines bestimmten Führungsstils
    bestimmt bis zu einem gewissen Grad die Arten seiner Verallgemeinerungen,
    Schlußfolgerungen und generell seines Verständnisses vom Führungsverhalten.

Während der letzte Punkt immer auftritt, besonders wenn Interpretationen empirischer Befunde notwendig werden, lassen sich Abweichungen als Folge der drei
ersten Gesichtspunkte durch eine sorgfältige Begriffsbildung minimieren.
Im folgenden wird versucht, ein Begriffsraster aufzustellen, in das sich die gängigen
Auffassungen vom „autoritären" bzw. „kooperativen" Führungsstil einfügen lassen. Da autoritärer und kooperativer Führungsstil allgemein als Gegensatzpaar
gesehen werden, liegt der Betrachtung eine eindimensionale („Entweder–oder-")
Auffassung zugrunde (zur Kritik vgl. Pkt. 2.1.4).

2.1.2 Der autoritäre Führungsstil und seine Formen

2.1.2.1 Merkmale und Merkmalsausprägungen des autoritären Führungsstils

Autoritäre und kooperative Führungsstile unterscheiden sich bei den gleichen zugrundeliegenden Merkmalen hinsichtlich ihrer Merkmalsausprägungen. Als die das Führungsverhalten in groben Zügen bestimmenden Merkmale können die in Pkt. 1.3.2/1.3.3 aufgeführten organisatorischen und sozialpsychologischen Kategorien angesehen werden. Sie sind eine – keineswegs vollständige – Zusammenstellung aus der relevanten Literatur.

Nachfolgend sind die Merkmale in Form eines Polaritätsprofils abgestuft dargestellt (Abb. 3). Sie umfassen in den Ausprägungen von 1 bis 7 die gesamte Spanne des

Merkmal		1	2	3	④	5	6	7	
① Art der Willensbildung	individuell								kollegial
② Verteilung von Entscheidungsaufgaben	zentral								dezentral
③ Art der Willensdurchsetzung	bilateral								multilateral
④ Informationsbeziehungen	bilateral								multilateral
⑤ Art der Kontrolle	Fremd-kontrolle								Selbst-kontrolle
⑥ Formalisierungs- und Organisationsgrad	stark								schwach
⑦ Einstellung des Vorgesetzten zum Mitarbeiter	Mißtrauen								Offenheit
⑧ Einstellung des Mitarbeiters zum Vorgesetzten	Respekt, Abwehr								Achtung, Vertrautheit
⑨ Grundlage des Kontaktes zwischen Vorgesetztem und Mitarbeitern	Abstand								Gleichstellung
⑩ Häufigkeit des Kontaktes zwischen Vorgesetztem und Mitarbeitern	selten								oft
⑪ Handlungsmotive des Vorgesetzten	Pflichtbewußtsein, Leistung								Integration
⑫ Handlungsmotive des Mitarbeiters	Sicherheit, Zwang								Selbständigkeit, Einsicht
⑬ Bindung der Mitarbeiter an das Führungssystem	schwach								stark
⑭ Soziales Klima	gespannt								verträglich

(In den Spalten 1 und 7 vertikal: *Extrem autoritärer Führungsstil* bzw. *Extrem kooperativer Führungsstil*.)

Abb. 3. Schema zur Erfassung des Führungsverhaltens

Führungsverhaltens von extrem-autoritär bis extrem-kooperativ. In detaillierter Weise kann man für jedes Merkmal eine Abstufung von 1 bis 7 so vornehmen, wie sie exemplarisch für das erste Merkmal „Art der Willensbildung" in Abb. 5 angegeben ist. Generell kann im Befragungsfall folgende Einteilung verwendet werden (hier am Beispiel des ersten Merkmals „Art der Willensbildung", von links nach rechts):

1 : in hohem Ausmaß individuell
2 : in mittlerem Ausmaß individuell
3 : in geringem Ausmaß individuell
4 : kaum individuell und kaum kollegial
5 : in geringem Ausmaß kollegial
6 : in mittlerem Ausmaß kollegial
7 : in hohem Ausmaß kollegial

Ein anderes, sich auf die fünf Hauptkategorien

– Vertrauen
– Motivation
– Kommunikation
– Entscheidungsfindung
– Zielsetzung

erstreckendes Schema zur Erfassung unterschiedlichen Führungsverhaltens hat folgendes Aussehen (Abb. 4; o. Vf., Management-Stile, S. 66; vgl. daneben auch Braun, Personalpolitik, S. 348 f.). Die vier senkrechten Antwortspalten stehen jeweils für einen bestimmten Führungsstil. Von links nach rechts sind dies: der autokratische, der patriarchalische, der konsultative, der partizipative Führungsstil. Da dieser Fragebogen sich weitgehend mit Abb. 3 deckt, wird er nicht weiter betrachtet.

Einsatz finden solche Schemata u. a. im Bereich der Aus- und Weiterbildung zur Einstufung des Führungsverhaltens, zur Messung von Verhaltensänderungen nach Schulungskursen oder im Bereich der Personalbeurteilung (Pkt. 3.7).

Ein *extrem-autoritärer* Führungsstil liegt in Abb. 3 vor, wenn sämtliche Merkmale in der Ausprägung „1" auftreten. Geht man das Schema durch, ergibt sich folgende Kennzeichnung:

1) Der Vorgesetzte trifft komplexe Entscheidungen allein ohne Konsultation der Mitarbeiter.
2) Der Vorgesetzte trifft alle Entscheidungen selbst, während seine Mitarbeiter diese Entscheidungen nur auszuführen haben. Der Vorgesetzte hat die ungeteilte Entscheidungs- und Anweisungskompetenz.
3) Der Vorgesetzte verkehrt mit jedem Mitarbeiter isoliert und individuell. Gruppenbesprechungen finden nicht statt.
4) Der Vorgesetzte empfängt Informationen nur über den Dienstweg und gibt sie ausschließlich über diesen ab. Die Möglichkeiten horizontaler oder diagonaler Kommunikationswege bleiben ungenutzt.
   Der Vorgesetzte beschränkt sich in seiner Informationsabgabe auf die zur Aufgabenerfüllung unumgänglich notwendigen Informationen. Informationen, die sich auf sonstige betriebliche, außerbetriebliche oder persönliche Tatbestände beziehen, werden nach Möglichkeit von den Mitarbeitern ferngehalten. Andernfalls wäre damit zu rechnen, daß sie

aus derartigen Informationen ein Mitsprache- und Kontrollrecht ableiten würden (v. Eckardstein/Schnellinger, Personalpolitik, S. 96).

5) Der Vorgesetzte betreibt die Kontrolle der Aufgabenerfüllung ausschließlich als Fremd-kontrolle, ohne daß den Mitarbeitern eine Form der gemeinsamen oder gar Selbstkontrolle eingeräumt wird. Den Mitarbeitern steht kein Kontrollrecht gegenüber dem Vorgesetzten zu (v. Eckardstein/Schnellinger, Personalpolitik, S. 88).

6) Der Vorgesetzte wird gleichermaßen wie die Mitarbeiter durch eine Vielzahl organisato-rischer Regeln und einen nur geringen Spielraum für informale Beziehungen eingeengt. Als Zeichen eines hohen Formalisierungsgrades werden Regeln, Prozeduren, Anweisun-gen und Mitteilungen gewertet, wenn sie schriftlich fixiert in großer Zahl vorliegen (Pugh u. a., Dimensions, S. 75 f.). Indes kann aus dem Vorhandensein von Stellenbeschreibun-gen nicht zwingend auf einen hohen Formalisierungsgrad geschlossen werden (vgl. dazu Pkt. 3.4).

7) Der Vorgesetzte läßt sich in seiner Einstellung zum Mitarbeiter davon leiten, daß er über den größeren Sachverstand verfügt. Insofern sieht er sich berechtigt, alle Handlungen seiner Mitarbeiter anzuleiten, zu kontrollieren und mit Mißtrauen zu verfolgen, da andern-falls zu befürchten ist, daß sie sich nicht in angemessener Weise für die Organisationsziele einsetzen.

8) Der Vorgesetzte wird von den Mitarbeitern – sofern diese den größeren Sachverstand anerkennen oder durch ihre Erziehung/Ausbildung die Befehlsgewalt anderer gewohnt sind – persönlich und fachlich respektiert. Können die Mitarbeiter jedoch keine fachliche bzw. persönliche Überlegenheit feststellen und sind sie eine freie Diskussion gewohnt, dürfte ihre Einstellung zum autoritären Vorge-setzten eher durch Gleichgültigkeit, Feindseligkeit oder auch passiven Widerstand bestimmt sein. Tendenziell dürfte die letztere Einstellung heute vorherrschen.

9) Der Vorgesetzte tritt den Mitarbeitern gegenüber distanziert auf. Die Betonung von Abstand erklärt sich aus dem Festhalten an der Amtsautorität, die von den hierarchischen Positionen der Über- und Unterordnung ausgeht. Bestimmte, häufig unfunktionale Status-symbole signalisieren für jedermann die Wichtigkeit der Stellung und ihre Ranghöhe. (Zur Funktionalität von Statussymbolen siehe Trebesch/Jäger, Status-Symbole, S. 386 ff.).

10) Der Vorgesetzte achtet darauf, daß dieser Abstand nicht durch zu häufigen Kontakt mit den Mitarbeitern in Frage gestellt wird. Gerade die Seltenheit einer persönlichen Begegnung stärkt seine Position als Vorgesetzter.

11) Für den Vorgesetzten gelten als Hauptmotive seines Handelns die Pflichterfüllung und die Leistungsorientierung. Er sieht sich gezwungen, einer vermeintlichen Arbeitsscheu seiner Mitarbeiter entgegenzutreten. Häufig vermittelt er das Bild eines sich pflichtbewußt auf-opfernden, um alle Details kümmernden, überarbeiteten Menschen, der glaubt, daß ohne sein ständiges Eingreifen keine Leistung zustande kommt.

12) Die Mitarbeiter werden beim autoritären Führungsstil entweder infolge der Befriedigung ihres dominierenden Sicherheitsmotivs relativ zufrieden sein und die ihnen gegebenen Anweisungen pflichtbewußt erledigen, oder die Art der Aufgabenerfüllung als Zwang empfinden, da sie es ihnen nicht gestattet, andere als nur zweitrangige Sicherheitsmotive zu befriedigen.

13) Die Bindung der Mitarbeiter an das Führungssystem dürfte heute gering sein; aufgrund der einseitigen Anweisungskompetenz besitzen die Mitarbeiter kaum Spielraum für eigene Erfolgserlebnisse. Sollten die Mitarbeiter in ihrer Einstellung ein solches Befehl-Gehor-sam-Verhältnis jedoch bejahen, dürfte auch ihre Bindung an das Führungssystem groß sein; unter veränderten Bedingungen (Übertragung von Verantwortung, Aufforderung zur Entwicklung von Aktivität und Initiative) könnten sie sich eventuell erst nach einer sehr langen Umstellungsphase zurechtfinden.

14) Das soziale Klima ist – bei entsprechender Bedürfnisstruktur der Mitarbeiter („höhere" Bedürfnisse dominieren) – durch Spannung und Mißtrauen (z. B. infolge unklarer Verantwortungsregeln) geprägt, so daß Erscheinungen wie Cliquenbildung oder sogar Isolierung des Vorgesetzten auftreten können.

Führungsstil

	Autokratisch	Patriarchalisch	Konsultativ	Partizipativ
Vertrauen				
1. Wieviel Vertrauen wird den Mitarbeitern entgegengebracht?	sehr wenig ○	wenig ○	ziemlich viel ○	sehr viel ○
2. Wie frei fühlen sich die Mitarbeiter, mit Vorgesetzten zu sprechen?	sehr gehemmt ○	etwas gehemmt ○	ziemlich frei ○	vollkommen frei ○
3. Sind Anregungen von Mitarbeitern erwünscht und werden brauchbare Vorschläge realisiert?	selten ○	manchmal ○	meistens ○	immer ○
Motivation				
4. Wie werden Mitarbeiter motiviert?	durch Druck und Sanktionen ○	durch Geld ○	durch Anerkennungen ○	durch Mitarbeit und Selbstführung ○
5. Auf welchen Ebenen fühlen sich die Mitarbeiter für den Erfolg des Betriebes verantwortlich?	auf Geschäftsleiter-Ebene ○	auf Geschäfts- und Abteilungsleiter-Ebene ○	auf vielen Ebenen ○	auf allen Ebenen ○
Kommunikation				
6. Wieviel Kommunikation wird darauf verwendet, die Ziele des Betriebes bekanntzumachen?	sehr wenig ○	wenig ○	ziemlich viel ○	sehr viel ○
7. Welche Richtung hat der Informationsfluß?	nur nach unten ○	meist nach unten ○	nach oben und unten ○	nach allen Seiten ○
8. Wie werden Mitteilungen nach unten aufgenommen?	mit großem Argwohn ○	mit Argwohn ○	mit Vorsicht ○	ohne jeglichen Argwohn ○
9. Wie zuverlässig fließen Mitteilungen nach oben?	oft falsch ○	für den Chef frisiert ○	etwas gefiltert ○	ungefiltert ○
10. Wie genau wissen Vorgesetzte über Probleme ihrer Mitarbeiter Bescheid?	sehr ungenau ○	ungenau ○	ziemlich genau ○	ganz genau ○

Fortsetzung

| | Führungsstil | | | |
	Autokratisch	Patriarchalisch	Konsultativ	Partizipativ
Entscheidungsfindung				
11. Auf welchen Ebenen werden Entscheidungen gefällt?	meist oben ○	Richtlinien oben, etwas Delegation ○	Richtlinien oben, viel Delegation ○	auf fast allen Ebenen ○
12. Bis zu welchem Grad fällen Mitarbeiter Entscheidungen, die in ihr eigenes Arbeitsgebiet fallen?	gar nicht ○	manchmal ○	häufig ○	beinahe immer ○
Zielsetzung				
13. Wie werden die Ziele des Betriebes festgelegt?	durch Anweisung ○	durch Anweisung und Einladung zu Kommentaren ○	durch Anweisung nach Diskussion ○	in Arbeitsgruppen ○
14. Wieviel Widerstand wird diesen Zielen entgegengesetzt?	sehr viel ○	viel ○	wenig ○	gar keiner ○
15. Von welcher Ebene aus wird Kontrolle ausgeübt?	ganz oben ○	ziemlich weit oben ○	durch Delegation bis zum Mittelbau ○	auf fast allen Ebenen ○

Der Fragebogen wurde im Mai 1972 im Fortune Magazine veröffentlicht.

Abb. 4. Fragebogen zur Erfassung des Führungsverhaltens

Für die Begriffsbildung von eindimensionalen Führungsstilen spielen die Haupt-(Leit-)Merkmale eine dominierende Rolle.

Leitmerkmale sind solche, die begriffskonstituierend (typprägend) wirken, während die anderen Merkmale den Charakter von Nebenmerkmalen tragen (Tietz, Typen, S. 57 ff.). Durch bestimmte Ausprägungen in den Nebenmerkmalen wird zwar ein Begriff (z. B. der des autoritären Führungsstils) näher erläutert; Nebenmerkmale reichen jedoch nicht aus, um den Begriff selbst festzulegen. Zwischen Leit- und Nebenmerkmalen bestehen damit bestimmte Abhängigkeitsbeziehungen: im Extremfall determinieren die Ausprägungen des Leitmerkmals (der Leitmerkmale) die Ausprägungen in den Nebenmerkmalen vollständig.

Sofern in der Führungsstilliteratur bei der Untersuchung autoritären und kooperativen Führungsverhaltens nicht auf die Angabe von Leitmerkmalen verzichtet wird, bezeichnet man üblicherweise das in Abb. 3 an erster Stelle angegebene Merkmal „Art der Willensbildung" als Leitmerkmal (Zepf, Führungsstil, S. 25 f.; v. Eckardstein/Schnellinger, Personalpolitik, S. 87). Eine detaillierte Abstufung dieses Merkmals geben Tannenbaum/Schmidt (Leadership, S. 96) (Abb. 5).

Die Ausprägungen dieses einen Leitmerkmals bestimmen die Ausprägungen sämtlicher anderen Merkmale und damit die Art des Führungsstils. Allerdings brauchen im Bereich des autoritären Führungsstils die Ausprägungen in den anderen Merkmalen nicht unbedingt mit der des Leitmerkmals (z. B. Ausprägung „1") identisch zu sein; es gibt zahlreiche Variationsmöglichkeiten (vgl. Pkt. 2.1.2.2). Denkbar wäre auch, daß anstelle des Merkmals „Art der Willensbildung" ein anderes Merkmal die Leitfunktion übernimmt, z. B. das Merkmal „Einstellung des Vorgesetzten zum Mitarbeiter" oder das Merkmal „Einstellung des Mitarbeiters zum Vorgesetzten". Hier ergäben sich andere Interpretationsmöglichkeiten des autoritären Führungsstils.

Hervorzuheben ist, daß bei der Betrachtung „autoritärer" – „kooperativer" Führungsstil nur *ein* Merkmal Leitmerkmal ist. Würden mehrere, voneinander unabhängige Merkmale als Leitmerkmale postuliert, verließe man die eindimensionale Betrachtungsebene und ginge zu einer mehrdimensionalen über (Pkt. 2.2).

Zu fragen bleibt, bis zu welchen Ausprägungen in den einzelnen Merkmalen man sich noch im „autoritären" Bereich befindet und wann man ihn verläßt. Eine allgemeingültige Antwort kann nicht gegeben werden; dennoch soll eine Abgrenzung versucht werden. Der als Idealtypus im Grunde realitätsfremde extrem-autoritäre Führungsstil läßt sich dadurch kennzeichnen, daß er in allen Merkmalen die Abstufung „1" aufweist. Der gesamte Bereich der autoritären Führungsstile erstreckt sich dagegen bis zur Ausprägung „3"; die Ausprägung „4" signalisiert nach Abb. 5 den Übergang zu einer effektiven Einflußnahme der Mitarbeiter auf die Entscheidung. Hinsichtlich aller anderen (Neben-)Merkmale ist die Zuordnung zum autoritären Bereich einfach, so lange sich die Abstufungen in Kombinationen mit dem Hauptmerkmal ebenfalls im Bereich von „1" bis „3" bewegen. Zweifelhaft wird die Zuordnung erst, wenn das Hauptmerkmal im Bereich der Abstufungen von „1" bis „3" und einzelne (im Extremfall: alle anderen) Merkmale im Bereich der Abstufungen „größer „4" " auftreten. Hier dürfte das subjektive Bild des Beurteilers vom

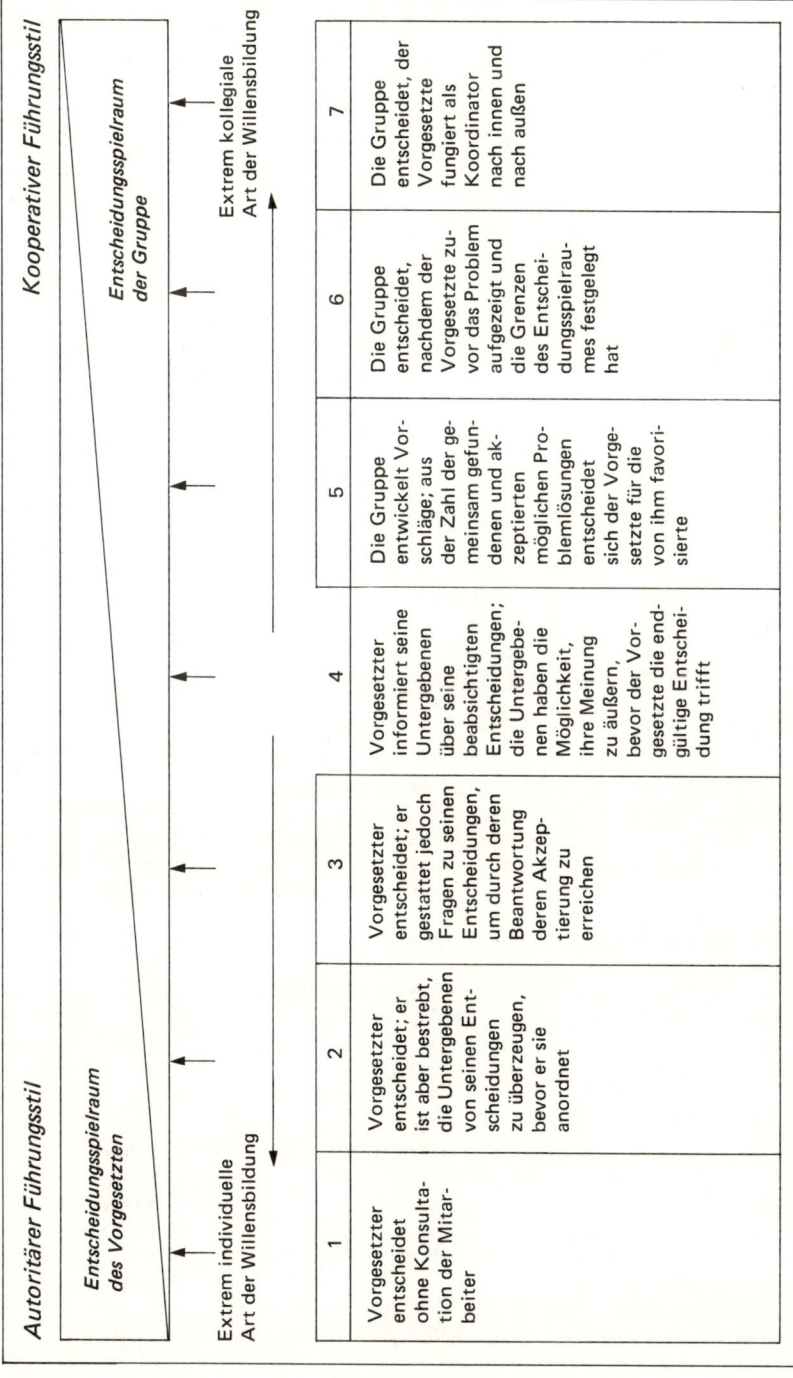

Abb. 5. Abstufung des Merkmals ,Art der Willensbildung' zur Festlegung verschiedener Führungsstile

Wert eines bestimmten Führungsstils die Zuordnung entweder zum Bereich der „abgeschwächt-autoritären", zum Bereich der „autoritär-kooperativen" oder zum Bereich der „realisierbaren-kooperativen" Führungsstile bestimmen.

2.1.2.2. Formen des autoritären Führungsstils

Unterschiedliche Ausprägungsgrade in den einzelnen Merkmalen und spezifische Besonderheiten führen zu unterschiedlichen autoritären Führungsstilen. Nachfolgend werden – basierend auf der Einteilung von *Witte* – zwei Formen des autoritären Führungsstils vorgestellt (*Witte*, Führungsstile, Sp. 595 ff.).

(1) **Der patriarchalische Führungsstil**

Erstellt man ein Profil des patriarchalischen Führungsstils, so dürfte es – mit einigen Abwandlungen (vgl. z. B. Abb. 4) – folgendes Aussehen haben (Abb. 6).

Nachfolgend wird dieser Führungsstil in seinen Kennzeichen, seiner Organisationsform und den Bedingungen und Wirkungen der Realisierung erläutert.

Kennzeichen:

Das Leitbild ist die Autorität (Macht) des Vaters in der Familie, das für die Wirtschaft übernommen wurde. In der Unternehmung wird die Autorität aus dem Eigentum abgeleitet. Der Patriarch führt in dem Bewußtsein, Belegschaftskinder unter sich zu wissen, die in keiner Weise an den Entscheidungen beteiligt werden können. Durch die Annahme eines Generationen- (Alters-) und Reifeunterschiedes (geringere Qualifikation, geringere Begabung) zwischen Führendem und Geführten wird der absolute Herrschaftsanspruch des Patriarchen gegenüber den Geführten begründet. Der Patriarch hat das Recht zur Alleinentscheidung ohne Anhörung oder Mitwirkung der Beteiligten. Deren Verpflichtung beschränkt sich auf Gehorsam bis in alle Detailanordnungen.

In der Treue- und Fürsorgeverpflichtung zeigt sich ein spezifisches Merkmal des patriarchalischen Führungsstils, welches heute zur Charakterisierung von Führungsstilen keine Rolle mehr spielt, da diese Aufgabe weitgehend staatlichen Institutionen obliegt. Insofern ist es im Führungsprofil auch nicht enthalten.

Organisationsform:

Die Organisationsform der patriarchalischen Führung ist einfach, durchschaubar, sparsam und genießt den Vorteil, keinerlei Koordinierungsprobleme aufzuwerfen, denn es gibt nur eine Instanz mit der vollständigen, ungeteilten Gesamtkompetenz und unmittelbarer Kontrolle. Das Patriarchat kennt weder Zwischeninstanzen noch Stäbe. Die Geführten haben jederzeit unmittelbaren Zugang zum Patriarchen. Organisations- und Formalisierungsgrad sind tendenziell schwach, da der Patriarch nur selten allgemeine Regeln (noch seltener: in schriftlicher Form) aufstellt, vielmehr mithilfe dispositiver und improvisatorischer Regelungen führt. Aus den häufigen Einzelanordnungen resultiert zwangsläufig ein enger arbeitsmäßiger Kontakt zwischen Führendem und Geführten. Insgesamt ist der patriarchalische Führungsstil stark persön-

		1	2	3	④	5	6	7	
① Art der Willensbildung	individuell								kollegial
② Verteilung von Entscheidungsaufgaben	zentral								dezentral
③ Art der Willensdurchsetzung	bilateral								multilateral
④ Informationsbeziehungen	bilateral								multilateral
⑤ Art der Kontrolle	Fremd-kontrolle								Selbst-kontrolle
⑥ Formalisierungs- und Organisationsgrad	stark								schwach
⑦ Einstellung des Vorgesetzten zum Mitarbeiter	Mißtrauen								Offenheit
⑧ Einstellung des Mitarbeiters zum Vorgesetzten	Respekt, Abwehr								Achtung, Vertrautheit
⑨ Grundlage des Kontaktes zwischen Vorgesetztem und Mitarbeitern	Abstand								Gleich-stellung
⑩ Häufigkeit des Kontaktes zwischen Vorgesetztem und Mitarbeitern	selten								oft
⑪ Handlungsmotive des Vorgesetzten	Pflichtbewußt-sein, Leistung								Integration
⑫ Handlungsmotive des Mitarbeiters	Sicherheit, Zwang								Selbständig-keit, Einsicht
⑬ Bindung der Mitarbeiter an das Führungssystem	schwach								stark
⑭ Soziales Klima	gespannt								verträglich

Abb. 6. Profil des patriarchalischen Führungsstils

lichkeitsbezogen und beruht auf einer weitgehenden Identifikation zwischen Person und Organisation. Grafisch ergibt sich folgendes Bild:

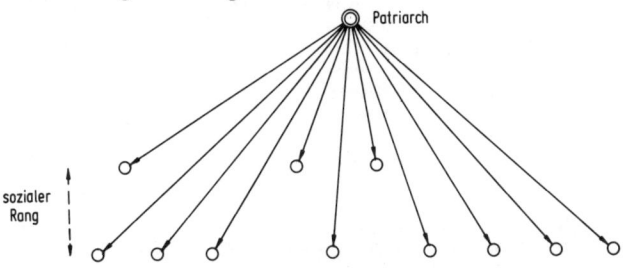

Abb. 7. Organisationsform der patriarchalischen Führung

Bedingungen und Wirkungen der Realisierung:

Zunächst war der patriarchalische Führungsstil zu finden beim patriarchalischen Gutsherrn, dann im Frühindustrialismus. Modifiziert (ohne Fürsorge*pflicht*) findet man ihn heute noch in kleinen bis mittelgroßen Betrieben, in denen der Unternehmer (Meister) sich noch um sämtliche Arbeitsvorgänge kümmern kann. Neben einer nicht zu großen Subordinationsspanne sind Bedingungen für das Realisieren die Existenz eines Patriarchen und die Duldung seines Führungsanspruchs durch die Geführten. Häufig wollen heutzutage die Mitarbeiter nicht mehr Objekt von Fürsorge sein.

(2) Der autokratische Führungsstil

Das Profil des autokratischen Führungsstils sieht – mit Abwandlungen (vgl. z. B. Abb. 4) – wie folgt aus:

		links	1	2	3	④	5	6	7	rechts
①	Art der Willensbildung	individuell								kollegial
②	Verteilung von Entscheidungsaufgaben	zentral								dezentral
③	Art der Willensdurchsetzung	bilateral								multilateral
④	Informationsbeziehungen	bilateral								multilateral
⑤	Art der Kontrolle	Fremdkontrolle								Selbstkontrolle
⑥	Formalisierungs- und Organisationsgrad	stark								schwach
⑦	Einstellung des Vorgesetzten zum Mitarbeiter	Mißtrauen								Offenheit
⑧	Einstellung des Mitarbeiters zum Vorgesetzten	Respekt, Abwehr								Achtung, Vertrautheit
⑨	Grundlage des Kontaktes zwischen Vorgesetztem und Mitarbeitern	Abstand								Gleichstellung
⑩	Häufigkeit des Kontaktes zwischen Vorgesetztem und Mitarbeitern	selten								oft
⑪	Handlungsmotive des Vorgesetzten	Pflichtbewußtsein, Leistung								Integration
⑫	Handlungsmotive des Mitarbeiters	Sicherheit, Zwang								Selbständigkeit, Einsicht
⑬	Bindung der Mitarbeiter an das Führungssystem	schwach								stark
⑭	Soziales Klima	gespannt								verträglich

Abb. 8. Profil des autokratischen Führungsstils

Kennzeichen:

Beim autokratischen Führungsstil ging die Herrschaft in früheren Zeiten vom souveränen, mit unbeschnittener Machtfülle ausgestatteten Alleinherrscher aus, später von einem – auch mehr-köpfigen – einheitlichen Willenszentrum an der Spitze der Organisationshierarchie. Daneben gibt es keine sonstigen Willens- und Machtzentren. Es wird weiter angenommen, daß die Organisationsmitglieder ihre eigenen Zielvorstellungen den vom obersten Leitungsorgan formulierten Organisationszielen bedingungslos unterordnen, so daß Zielkonflikte zwischen Organisations-, Gruppen- und Individualzielen nicht auftreten.

Im Unterschied zum patriarchalischen Führungsstil führt das oberste Leitungsorgan (Autokrat) nicht mehr unmittelbar, sondern bedient sich eines streng-hierarchisch gegliederten Führungsapparates (sachlich-institutionelle Führung). Durch das Merkmal der Hierarchie erlaubte der autokratische Führungsstil in der historischen Entwicklung erstmals den Aufbau sehr großer Organisationen (Heere, Kirchen, Großunternehmungen). Ursprünglich (im absolutistischen Staat) basiert diese Führung auf dem Gottesgnadentum, heute auf dem Eigentum.

Organisationsform:

Die hierarchische Führungsstruktur beruht auf einer klaren Trennung von Entscheidung und Ausführung. Es wird davon ausgegangen, daß die Entschlüsse unwiderruflich von dem obersten Leitungsorgan getroffen werden und daß die in der Linienorganisation gestaffelten Instanzen diese Entschlüsse unverfälscht und zuverlässig durchzusetzen haben. Sofern den Zwischen-instanzen Entscheidungsaufgaben übertragen werden, wird unterstellt, daß sie diese im Sinne des obersten Leitungsorgans treffen und anordnen.

Insgesamt ergibt sich – mit Ausnahme der obersten Ebene – ein hoher Organisationsgrad, da dauerhafte und eindeutige Regelungen zur Aufgaben-, Kompetenz- und Verantwortungsab-grenzung angestrebt werden. Für das oberste Leitungsorgan gibt es keine Regelungen. Es ist frei, Regeln jederzeit zu verändern und in Arbeitsabläufe willkürlich einzugreifen.

Die Unterstellungsverhältnisse sind geprägt durch das Befehl-Gehorsam-Verhältnis und den *Fayol*'schen Grundsatz der „Einheit der Auftragserteilung" bzw. „Einheit des Auftrags-empfangs", der, über mehrere Ebenen angewendet, zur Form des Einliniensystems bzw. des Stabliniensystems führt. Das Stab-Liniensystem ist eine Modifizierung des Einliniensystems und bewirkt lediglich eine Vergrößerung der Kapazität bestimmter Leitungsstellen, ohne den Grundsatz der „Einheitlichkeit der Auftragserteilung" in Frage zu stellen. Während ursprüng-lich das Einliniensystem die typische Organisationsform für den autokratischen Führungsstil war, erfolgte infolge einer verstärkten Einbeziehung der Kenntnisse der Geführten eine Modi-fizierung zum Stab-Linien-System, welches heute in z. T. abgewandelter Form noch immer die vorherrschende Organisationsform in der Wirtschafts- wie Verwaltungspraxis ist. Auf eine grafische Abbildung dieser Leitungssysteme kann verzichtet werden (Lehmann, Leitungs-systeme, Sp. 932 ff.; Hill/Fehlbaum/Ulrich, Organisationslehre 1, S. 191 ff.). Für den auto-kratischen Führungsstil sind sie nur insoweit zu modifizieren, als das oberste Willenszentrum *direkt* jedem anderen Organisationsmitglied Weisungen erteilen kann.

Bedingungen und Wirkungen der Realisierung:

Der autokratische Führungsstil findet sich vor allem in größeren sozialen Gebilden. Typisch für diesen Führungsstil im wirtschaftlichen Bereich war die Zeit der Industrialisierung und als sein Repräsentant der „Fabrikherr". Die reine Form der autokratischen Führung wurde zuneh-mend gefährdet, als die Geführten über Spezialkenntnisse verfügten und eigene Vorstellungen über Organisationsziele sowie deren Vereinbarkeit mit Individual- und Gruppenzielen zu ent-wickeln begannen.

Heute werden autokratische Führungsvorstellungen in den Bereichen von Wirtschaft und Ver-waltung häufig in stark modifizierter Form angetroffen. Infolge der in Organisationen üblichen

Funktionsteilung und Spezialisierung haben hierarchische Vorgesetzte, vor allem auf den oberen und mittleren Ebenen, einen bestimmten Autonomiebereich, der es ihnen gestattet, in ihrer Abteilung ähnlich unumschränkt zu führen, wie früher das oberste Leitungsorgan dies für die gesamte Organisation praktizierte. Ein „kooperativer" Führungsstil auf oberster Ebene zieht noch längst nicht kooperatives Führungsverhalten auf nachgeordneten Ebenen nach sich, wenngleich dies eine wichtige Voraussetzung dafür ist. Allerdings können es sich autokratische Vorgesetzte heute kaum noch leisten, mürrisch und rein befehlend aufzutreten; sie sind nach außen eher freundlich und liebenswürdig und meiden nicht mehr unbedingt den Kontakt mit den Mitarbeitern. Statt von „Befehl" sprechen sie von „Empfehlung" oder „Ratschlag", ohne indes ihre mißtrauische und auf Abstand bedachte Grundeinstellung geändert zu haben. Man kann diesen Führungsstil als „humane" Variante bezeichnen. In den autokratisch geführten Abteilungen/Bereichen zeigt sich oft infolge der unzureichenden Befriedigung der dominanten Motive der Mitarbeiter eine nur schwache Bindung der Mitarbeiter an die Organisation. Auch ist das soziale Klima häufig gespannt.

Exkurs: Bürokratischer Führungsstil

Historisch ist aus dem Führungsapparat der Autokratie der bürokratische Führungsstil hervorgegangen, der, zunächst als Idealtypus beschrieben (Weber, Wirtschaft, S. 160), dann popularisiert, heute oft mit dem Führungssystem der Öffentlichen Verwaltung gleichgesetzt wird. Da Großunternehmen weitgehend gleiche Charakteristika aufweisen, scheint eine Beschränkung der Betrachtung auf die Öffentliche Verwaltung zu eng. Auf eine gesonderte Behandlung des bürokratischen Führungsstil wird verzichtet werden, da er ein weitgehend gleiches Führungsprofil wie der autokratische Führungsstil aufweist. Auch in der Organisationsform (Einlinien-, Stab-Linien-System) besteht eine weitgehende Entsprechung, allerdings mit dem Unterschied, daß das oberste Willenszentrum nicht mehr direkt und unumschränkt Weisungen erteilen kann.

In dem bürokratischen Führungssystem als Idealtypus wird die unkontrollierte Willkür des Autokraten ersetzt durch die Legalität, das Reglement und die fachliche Kompetenz der bürokratischen Instanzen. Es gibt keine alles beherrschende Führungsperson mehr. Als Einzelcharakteristika der Bürokratie sind u. a. folgende Merkmale anzusehen (Aufzählung unvollständig; vgl. Hall, Strukturen, S. 70 f.; Janowsky, Bürokratie, Sp. 355):
– Arbeitsteilung, die auf Spezialisierung beruht
– Hierarchie (setzt eine Ordnung von Kontroll- und Aufsichtsbehörden fest)
– System abstrakter Regelungen, das Rechte und Pflichten der Positionsinhaber festlegt
– System von Verfahrensweisen zur Erledigung von Arbeitssituationen
– Unpersönlichkeit der zwischenmenschlichen Beziehungen
– Beförderung und Aufstieg aufgrund von fachlicher Kompetenz; Möglichkeit einer Laufbahn
– Sicherheit vor Übergriffen und lebenslange Versorgungsansprüche
Durch das System abstrakter Regelungen wird auch eine Disziplinierung der obersten Führungskräfte erreicht.
Kritik an dem bürokratischen Führungssystem, wie es sich heute in der Realität zeigt, wird verschiedentlich geübt (Janowsky, Bürokratie, Sp. 326).

2.1.3 Der kooperative Führungsstil und seine Formen

2.1.3.1 Merkmale und Merkmalsausprägungen des kooperativen Führungsstils

Ist das Leitmerkmal „Art der Willensbildung" in der Weise ausgeprägt, daß den Mitarbeitern der Gruppe ein starkes Maß an Einflußnahme auf die zu treffenden

Entscheidungen eingeräumt wird, spricht man von einem „kooperativen" Führungsstil. In Abb. 5 wird mit der Ausprägung „4" der Übergang zum Bereich kooperativen Führens vollzogen. Hier erhalten die Mitarbeiter die Möglichkeit, ihre Meinung zu äußern, bevor der Vorgesetzte die Entscheidung trifft. Erstmals auf der Skala verfügen sie über ein Instrument effektiver Einflußnahme. Obwohl formal gesehen der Vorgesetzte noch allein entscheidet, besitzen die Mitarbeiter aufgrund ihrer informalen Machtposition – die vergleichbar ist mit der des Stabes gegenüber Linienstellen (Schwarz, Betriebsorganisation, S. 122 ff.) – realiter eine starke Position. Im folgenden soll von einem „kooperativen" Führungsstil immer dann gesprochen werden, wenn den Mitarbeitern gegenüber dem Vorgesetzten ein in etwa gleichwertiger Einfluß auf die Entscheidung zugestanden wird. Auffassungen, nach denen ein „kooperativer" Führungsstil bereits vorliegt, wenn der extrem-autoritäre Führungsstil in nur abgeschwächter Form auftritt (z. B. Ausprägung „2" oder „3" im Leitmerkmal), kann nicht gefolgt werden.

Im Interesse einer klaren Kennzeichnung wurde beim autoritären Führungsstil idealtypisch zunächst die extrem-autoritäre Form in ihren Merkmalsausprägungen vorgestellt. Dieses Vorgehen soll auch für den kooperativen Führungsstil beibehalten werden. Jedoch ist darauf hinzuweisen, daß es mangels Kenntnis und Vorstellungskraft nur schwer möglich ist, über die extreme Ausprägung „totaler Kooperation" bei der Führung in hierarchisch strukturierten Organisationen Aussagen zu treffen (v. Eckardstein/Schnellinger, Personalpolitik, S. 100 f.). Während der extrem-autoritäre Führungsstil zumindest in bestimmenden Elementen häufig genug aufgetreten ist, liegen Erfahrungen mit dem extrem-kooperativen Führungsstil nur für isolierte Kleingruppen, nicht jedoch für integrierte Gesamtorganisationen wie Unternehmungen oder Verwaltungsbehörden vor.

Für die folgenden Überlegungen ist davon auszugehen, daß im Führungsprozeß prinzipiell kein Unterschied mehr zwischen dem Vorgesetzten (Führer) und den Mitarbeitern (Geführten) besteht. Ein *extrem-kooperativer* Führungsstil (Merkmalsausprägungen jeweils „7") läßt sich dann wie folgt kennzeichnen (vgl. Abb. 3):

1) Komplexe Entscheidungen werden in der Arbeitsgruppe/Abteilung nach eingehender Diskussion entweder einstimmig oder mit Mehrheit getroffen; der Vorgesetzte ist hierbei Gruppenmitglied wie jedes andere Mitglied ohne prinzipielle Vorrechte. Ihm kommt eventuell die Funktion eines Koordinators zu, der nach innen den Entscheidungsmechanismus aufrecht zu erhalten und nach außen diese Entscheidung als Sprecher zu vertreten hat. Jedoch können diese Funktionen nach einem bestimmten Modus wechseln.

2) Die Verteilung von Entscheidungsaufgaben erfolgt dezentral. Dies bedeutet, daß die Mitarbeiter bei den Entscheidungen, bei denen keine Abstimmungen erforderlich sind, die Entscheidungen selbst treffen. Jeder Mitarbeiter ist für einen bestimmten Bereich entscheidungskompetent.

3) Die beim autoritären Führungsstil übliche interpersonelle Trennung zwischen Entscheidung und Anweisung einerseits und Ausführung andererseits entfällt. Vielmehr führt der Mitarbeiter seine Entscheidungen oder die Entscheidungen, an deren Zustandekommen er mitgewirkt hat (siehe oben) auch aus, so daß eine gesonderte Anweisung ihren Sinn verliert. Entscheidung, Anweisung und Ausführung fallen tendenziell im Mitarbeiter/Vorgesetzten zusammen.

4) Informationen sind nicht auf ein Minimum und auf den Dienstweg beschränkt, sondern reichlich vorhanden, leicht zugänglich und können über sämtliche Kommunikationswege (horizontale, diagonale, vertikale) laufen.
Die Notwendigkeit eines reibungslosen Informationsflusses ergibt sich dadurch, daß
– das Individuum sachgemäße Einzel- bzw. Gruppenentscheidungen zu treffen hat. Eine Zurückhaltung von Informationen bedeutet hier die Gefahr unsachgemäßer (nicht ausreichend fundierter, einseitiger) Entscheidungen.
– das Individuum über die Aufgabenbereiche seiner Kollegen, „Vorgesetzten", Mitarbeiter und die Organisation insgesamt orientiert sein muß.
Ein zuwenig an Informationen bedeutet hier, daß die Entscheidungen anderer Personen nicht nachvollzogen werden können und ein falsches Bild von der Organisation insgesamt entsteht. Positiv sind von solchen über das eigene Aufgabengebiet hinausgehenden Informationen zu erwarten: eine bessere Einschätzung des Stellenwertes der eigenen Arbeit; ein höheres Verständnis für die Arbeitsprobleme anderer; höhere Identifikationsmöglichkeiten mit der Organisation insgesamt; eventuell eine höhere Arbeitszufriedenheit (vgl. Pkt. 2.3.2.2.1).

5) Die Gruppenmitglieder kontrollieren ihre Aufgabenerfüllung ausschließlich selbst. Darüber hinaus besitzen sie ein besonderes Kontrollrecht gegenüber dem als Koordinator fungierenden „Vorgesetzten".
So wünschenswert unter kooperativen Vorzeichen der größtmögliche Abbau von Fremdbestimmung und -kontrolle ist, so muß dennoch vor einer ausschließlichen Selbstkontrolle quantitativer und qualitativer Leistungen infolge des Phänomens der „kognitiven Dissonanz" (Kirsch, Entscheidungsprozesse I, S. 118 ff.) gewarnt werden. Die kognitive Dissonanz bewirkt, daß bei einem Auseinanderklaffen zwischen erbrachter Leistung und individuell gesetztem Anspruchsniveau das Individuum nicht in der Lage ist, eine objektiv richtige Bewertung seiner Leistung durchzuführen. Vor allem bei größeren Soll-Ist-Abweichungen müßte es eine für sich negative Diskrepanz registrieren und würde dadurch in einen Konflikt hinsichtlich des selbst gesetzten Leistungsanspruchs und der erbrachten Leistung geraten. Um diese unangenehme konfliktäre Situation zu vermeiden, leugnet das Individuum unbewußt den Konflikt, indem es bestimmte Kontrollinformationen gar nicht erst aufnimmt/verarbeitet. Es sucht vielmehr solche Informationen, die die erreichte Leistung/getroffene Entscheidung/durchgeführte Handlung rechtfertigen. Infolge des Mechanismus der Konfliktleugnung schätzt das Individuum seine Leistung falsch ein und sieht folglich wenig Veranlassung, seine Leistung in Zukunft zu verbessern. Die Stärke der Konfliktleugnung variiert von Individuum zu Individuum.

6) Organisations- und Formalisierungsgrad sind minimal. Diese Bedingung kooperativen Führens könnte – bei extremer Ausprägung – in gewissem Widerspruch zu dem Postulat der kontinuierlichen und effizienten Aufgabenerfüllung stehen. In autoritärer Sicht wird denn auch so argumentiert: Legt man die Aufgabenerfüllung in keiner Weise durch Regeln (schriftlich) fest, sondern begnügt sich lediglich mit Zielangaben, so ist eine kontinuierliche Aufgabenerfüllung selbst für Routinetätigkeiten nicht mehr gewährleistet. In kooperativer Sicht argumentiert man anders:
Ein geringer Organisations- und Formalisierungsgrad räumt dem Individuum ein großes Maß an Freiheit bei der Aufgabenerfüllung ein. Diesen Autonomiebereich wird das Individuum mit eigenen Regeln füllen, je nachdem wie es die Aufgabenerfüllung für zweckmäßig hält. Daß das Individuum sich intensiv um seinen Aufgabenbereich kümmert, folgt aus der Möglichkeit zu vermehrter Identifikation infolge höherer Selbständigkeit. Von der Möglichkeit der Selbstorganisation erwartet man sich so gesehen eine adäquatere (selbstverständlich auch: kontinuierliche und effiziente) Aufgabenerfüllung und zudem eine flexiblere Anpassung an veränderte Datenkonstellationen. Letztlich bleibt offen, ob das Individuum seine eigene Aufgabenerfüllung nicht in gleicher Weise reglementiert, wie für den Fall, daß die Erfüllungsgrößen von der formalen Organisation detailliert (nach Person, Gegenstand, Mittel, Bedingungen, Raum und Zeit) festgelegt werden.

7) In seiner Einstellung zu den Mitarbeitern läßt der „Vorgesetzte" sich vom Prinzip der Partnerschaft und dem Grundsatz der Offenheit leiten. Bei komplexen Problemen sucht er im Interesse einer guten Lösung die fachlich-fundierte Gruppenentscheidung. An den Mitarbeitern schätzt er besonders Eigenschaften wie Selbständigkeit, fachlicher Rat, Initiative, Offenheit und Standvermögen. Durch offene Aussprache über fachliche und persönliche Angelegenheiten begegnet er der Gefahr, daß Konflikte unterdrückt werden, die, wenn sie persönlich bedingt sind, sich negativ auf die Zusammenarbeit auswirken können (Senghaas, Konflikte, S. 31 ff.).

8) Von den Mitarbeitern wird der „Vorgesetzte" fachlich und/oder persönlich geachtet und ist ihnen vertraut. In der Arbeitsgruppe empfinden sich die Mitarbeiter gegenüber dem „Vorgesetzten" als gleichberechtigt.

9) Als Grundlage seines Verhaltens den Mitarbeitern gegenüber geht der „Vorgesetzte" von einer potentiellen Gleichstellung aus. Ein hierarchischer Abstand wird von ihm für die Zusammenarbeit eher als hinderlich angesehen. Förmlichkeiten und Statussymbole empfindet er als störend und versucht, sie soweit wie möglich abzubauen.

10) Der „Vorgesetzte" unterhält einen ständigen und intensiven Kontakt zu den Mitarbeitern. Dadurch erhofft er sich, daß Abstimmungen bei gemeinsamen Entscheidungen besser fundiert sind und die Distanz zu den Mitarbeitern sich verringert.

11) Als Hauptmotiv seines Handelns sieht der „Vorgesetzte" die Integration an. Er ist in höchstem Maße daran interessiert, Bedingungen zu schaffen, unter denen die Mitarbeiter so arbeiten, daß sie ihre eigenen Ziele (Motive) erreichen, wenn sie sich für die Leistungsziele der Organisation einsetzen.

12) Die Handlungsmotive der Mitarbeiter sind stark auf eine selbständige Aufgabenerfüllung ausgerichtet. In ihrem Handeln werden sie vor allem durch Einsicht und Verantwortungsbereitschaft geleitet.

13) Alle Beteiligten (Vorgesetzte und Mitarbeiter) fühlen sich dem Führungssystem eng verbunden. Dies bedeutet eine rege Anteilnahme an allen Plänen, Erfolgen und Mißerfolgen und somit eine weitgehende Identifizierung mit der Organisation.

14) Das soziale Klima ist durch Vertrauen und Offenheit geprägt. Erscheinungen wie Cliquenbildung, Isolierung des Vorgesetzten, Interesselosigkeit u. a. m. treten kaum auf.

2.1.3.2 Formen des kooperativen Führungsstils

Der extrem-kooperative Führungsstil, der prinzipiell keinen Unterschied mehr zwischen Führer und Geführten kennt, ist idealtypisch und bis heute kaum verwirklicht. Sind die Ausprägungen in den einzelnen Merkmalen – besonders im Leitmerkmal und bei der Kontrolle – indes nicht so extrem (z. B. Ausprägung „5"), lassen sich kooperative Führungsstile auch realiter auffinden.

(1) Der konsultativ-kooperative Führungsstil

Ein Beispiel eines real-kooperativen Führungsstils stellt der „konsultativ-kooperative" Führungsstil dar. Er ist wie folgt gekennzeichnet (Abb. 9; vgl. auch Abb. 4).

			1	2	3	④	5	6	7		
1	Art der Willensbildung	individuell								kollegial	
2	Verteilung von Entschei-dungsaufgaben	zentral								dezentral	
3	Art der Willensdurchsetzung	bilateral								multilateral	
4	Informationsbeziehungen	bilateral								multilateral	
5	Art der Kontrolle	Fremd-kontrolle								Selbst-kontrolle	
6	Formalisierungs- und Organisationsgrad	stark								schwach	
7	Einstellung des Vorge-setzten zum Mitarbeiter	Mißtrauen								Offenheit	
8	Einstellung des Mitarbei-ters zum Vorgesetzten	Respekt, Abwehr								Achtung, Vertrautheit	
9	Grundlage des Kontaktes zwischen Vorgesetztem und Mitarbeitern	Abstand								Gleich-stellung	
10	Häufigkeit des Kontaktes zwischen Vorgesetztem und Mitarbeitern	selten								oft	
11	Handlungsmotive des Vorgesetzten	Pflichtbe-wußtsein, Leistung								Integration	
12	Handlungsmotive des Mitarbeiters	Sicherheit, Zwang								Selbständig-keit, Einsicht	
13	Bindung der Mitarbeiter an das Führungssystem	schwach								stark	
14	Soziales Klima	gespannt								verträglich	

Abb. 9. Profil des konsultativ-kooperativen Führungsstils

Manager, die diesen Führungsstil praktizieren, werden von ihren Mitarbeitern durchaus positiv gesehen. Sie führen, ohne ihre Positionsautorität zu sehr zu betonen, und genießen Vertrauen; sie legen Wert auf Kontakt zu den Mitarbeitern und achten darauf, daß Informationen nicht nur von unten nach oben, sondern auch von oben nach unten fließen; Sachargumente haben für sie Vorrang; das soziale Klima ist relativ entspannt.

Größere Abweichungen vom Ideal des extrem-kooperativen Führungsstils weist dieses Profil vor allem in den Merkmalen der Kontrolle, des Formalisierungsgrades und der Handlungsmotive von Vorgesetzten und Mitarbeitern auf. Der Vorgesetzte beteiligt die Mitarbeiter zwar an Entscheidungen und schafft ihnen formal einen gewissen Entscheidungsspielraum, übt aber zum Teil noch detaillierte Fremdkontrolle (bestenfalls: Stichprobenkontrolle) aus, da er sich im Aufgabenbereich seiner Mitarbeiter nach wie vor für die Aufgabenerfüllung verantwortlich fühlt. Entsprechend schwanken seine Handlungsmotive zwischen Pflichterfüllung und Verantwortungsbewußtsein einerseits und dem Versuch zur Integration von Organisationszielen und Individualzielen der Mitarbeiter andererseits. In vielen Fällen sind die Mitarbeiter in gleicher Weise ambivalent: einerseits wollen sie mehr Selbständigkeit, andererseits sind sie durch lange Gewöhnung noch unsicher und unselbständig und scheuen das Risiko, das mit einer eigenverantwortlichen Aufgabenerfüllung verbunden ist. Bei dieser Konstellation können persönliche Konflikte zwischen Vorgesetzten und Mitarbeitern auftreten.

Auf die Charakterisierung weiterer real-kooperativer Führungsstile wird verzichtet. Nachfolgend wird vielmehr die Frage untersucht, wie kooperativ in Großorganisationen überhaupt geführt werden kann und welche Organisationsformen als geeignete Basis anzusehen sind. Dazu werden zwei Modelle der mehrfachen Verknüpfung von Organisationseinheiten vorgestellt und auf ihren Anwendungsbereich hin untersucht:

– das Modell der Teamvermaschung (*Schnelle*)
– das Modell des doppelten Informationsflusses (modifiziertes *Likert*-Modell)

(2) Kooperativer Führungsstil auf der Grundlage des Modells der Teamvermaschung

Im Modell der Teamvermaschung bilden jeweils vier oder fünf Personen eine Arbeitsgruppe (Team). Dadurch, daß ein Mitglied eines Teams zugleich Mitglied eines zweiten Teams ist, sind die Teams untereinander verknüpft. Während *Schnelle* diese Form der Teamvermaschung lediglich zur Lösung progressiver (kreativ-innovativer) Aufgaben für vorteilhaft hält und sie als eine die Hierarchie ergänzende Kooperationsform versteht (Schnelle, Entscheidungen, S. 74), könnte man ein solches Teamkonzept auch als allgemeines Organisationsprinzip auffassen. Insbesondere auf dem Hintergrund der in jüngster Zeit häufig erhobenen Forderung nach vermehrter Selbstbestimmung und nach Schaffung eines Systems selbststeuernder Gruppen (vgl. z. B. Bihl, Selbstbestimmung, S. 77 ff.) erscheint es angebracht, ein durchgängiges Teamsystem einmal als Alternative zum traditionellen Hierarchiesystem zu diskutieren. Als Grundlage der Diskussion kann Abb. 10 dienen, in der hypothetisch ein Hierarchiesystem (mit jeweils einem Vorgesetzten und drei Mitarbeitern pro Abteilung) und ein Teamsystem (mit vier Mitgliedern pro Team) gegenübergestellt sind. Die Zahlen im Schema bezeichnen die Mitglieds-Nr., die Buchstaben das Team.

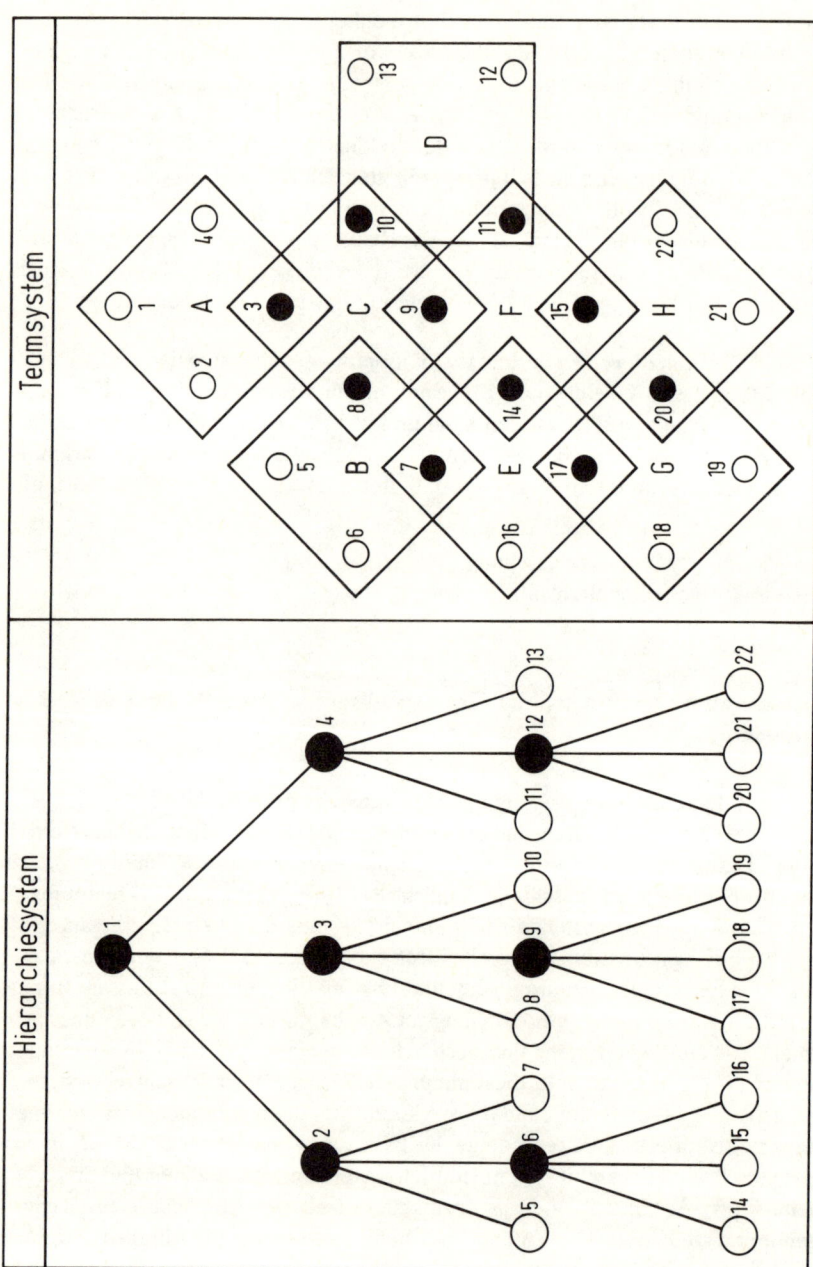

Abb. 10. Organisationsform der Hierarchie und eines Teamsystems

Mit dem Modell der Teamvermaschung wird auf den ersten Blick eine hierarchie-freie Organisationsform geschaffen, da es keine formalen Vorgesetzten-/Mitarbei-terpositionen innerhalb eines Teams und keine Rangordnung der Teams unterein-ander gibt. Innerhalb eines Teams werden die Gruppenziele von allen Mitarbeitern gemeinsam festgelegt und die Entscheidungen gemeinsam getroffen (Ausprägung „7" beim Merkmal: „Art der Willensbildung"). Folglich sind alle Mitarbeiter auch in gleicher Weise für die Erreichung des Gruppenziels bzw. für die Umsetzung der Entscheidung verantwortlich. Für den Fall, daß Meinungsverschiedenheiten bestehen und infolge Zeitmangels nicht ausgeräumt werden können, sind allenfalls Mehrheitsentscheidungen denkbar. Nach außen erfolgt eine Abstimmung mit den Entscheidungen anderer Teams durch den/die Teamsprecher (schwarze Punkte im Teamsystem). Dadurch, daß ein Team (z. B. Team „C") sich mit anderen abstim-men muß, erhofft man sich – im Unterschied zum Hierarchiesystem, in dem es nur vertikale Koordinationsinstanzen gibt – eine bestmögliche Koordination nach allen Seiten.

Wenn in einem Team Entscheidungen getroffen werden, die mit den Entscheidun-gen in anderen Teams nicht verträglich erscheinen, kommt dem Teamsprecher als Mitglied zweier Gruppen die Aufgabe zu, den Teams die Unvereinbarkeit ihrer Standpunkte klar zu machen und darauf hinzuwirken, daß die Entscheidungen den Anforderungen beider Gruppen sowie den Anforderungen der Gesamtorganisation gerecht werden. Damit jedoch wird der explizit formulierte Grundsatz der

Mit-glieds-Nr.	Team-sprecher	Mitglied und direkter Einfluß auf Entscheidung im Team	Indirekter Einfluß auf Entscheidung		Ein-fluß-rang
			über Teamsprecher Nr.	in Team	
1	—	A	3	C	
2	—	A	3	C	
3	ja	A, C	8, 9, 10	B, F, D	VII
4	—	A	3	C	
5	—	B	7, 8	E, C	
6	—	B	7, 8	E, C	
7	ja	B, E	8, 14, 17	C, F, G	VII
8	ja	B, C	3, 7, 9, 10	A, E, F, D	III
9	ja	C, F	3, 8, 10, 11, 14, 15	A, B, D, (D), E, H	I
10	ja	C, D	3, 8, 9, 11	A, B, F, (F)	V
11	ja	D, F	9, 10, 14, 15	C, (C), E, H	V
12	—	D	10, 11	C, F	
13	—	D	10, 11	C, F	
14	ja	E, F	7, 9, 11, 15, 17	B, C, D, H, G	II
15	ja	F, H	9, 11, 14, 20	C, D, E, G	III
16	—	E	7, 14, 17	B, F, G	
17	ja	E, G	7, 14, 20	B, F, H	VII
18	—	G	17, 20	E, H	
19	—	G	17, 20	E, H	
20	ja	G, H	15, 17	F, E	X
21	—	H	15, 20	F, G	
22	—	H	15, 20	F, G	

Abb. 11. Einflußmöglichkeiten im Modell der Teamvermaschung

Gleichheit der Teammitglieder aufgehoben. Der Teamsprecher verfügt über mehr Informationen und Einfluß als einfache Teammitglieder, da er über geplante Entscheidungen in zwei Teams unmittelbar Bescheid weiß. Insofern hat er eine herausgehobene Position, die der Machtposition des Vorgesetzten im Hierarchiesystem ähnelt. Berücksichtigt man, daß jedes Teammitglied über seine Teamsprecher auch einen indirekten Einfluß auf die Entscheidungen in anderen Teams ausüben kann, läßt sich ein deutliches Einflußgefälle der verschiedenen Teammitglieder feststellen (Abb. 11).

Den größten Einfluß besitzt das Organisationsmitglied Nr. 9, da es neben seiner Zugehörigkeit zu den Teams C und F indirekt auch auf die Entscheidungen in den Teams A, B, D (zweimal), E und H einwirken kann. An zweiter Stelle kommt Nr. 14 usw. (siehe Spalte „Einflußrang"). Aus Abb. 11 geht weiter hervor, daß die Teams als solche über unterschiedlich starke Einflußmöglichkeiten verfügen. So sind die Teams C und F beherrschend, da alle Mitglieder Teamsprecher und zugleich Mitglieder in anderen Teams sind. Für ein nach Einfluß strebendes Organisationsmitglied ist folglich nicht nur die Funktion des Teamsprechers wichtig, sondern auch die Zugehörigkeit zu einem bestimmten Team (vgl. z. B. den Einfluß der „einfachen" Teammitglieder Nr. 1 und Nr. 16). Insgesamt verfügt ein so aufgebautes Teamsystem, in dem Entscheidungen als Gruppenentscheidungen und in gegenseitiger Abstimmung der Teams getroffen werden, rein formal über ähnliche Einfluß- und Machtpositionen wie die traditionelle Hierarchiestruktur. Bezieht man allerdings die Möglichkeit der jederzeitigen Abwahl es Teamsprechers mit ein, ergeben sich gravierende Unterschiede.

Versucht man eine Beurteilung des Hierarchie- und des Teamsystems anhand ausgewählter Kriterien, wird deutlich, welche Schwierigkeiten die Realisierung eines solchen Teamsystems für größere Organisationen aufwirft (Abb. 12; vgl. zur Beurteilung Leavitt, Change, S. 1166 f.; Strauss, Power Equalization, S. 48 ff.):

Obwohl nach dieser Aufstellung ein durchgängiges Teamsystem in einer Reihe von Punkten positiver als ein Hierarchiesystem zu bewerten ist, findet es sich bis heute in keiner Großorganisation als dominantes Organisationsprinzip, sondern nur als Ergänzung der Hierarchie zur Erfüllung von Sonderaufgaben progressiv-kreativen Gehalts (z. B. Organisation des EDV-Einsatzes bei den XX. Olympischen Spielen; Haslinger, Managementtechniken, S. 4 f.). Neben den personalen Voraussetzungen, die erfüllt sein müssen, wenn ein solches System funktionieren soll (großes Maß gegenseitiger Loyalität, Fähigkeit zur Interaktion, gemeinsame Verwirklichung hoher Leistungsziele; Likert, Unternehmungsführung, S. 139 ff.), gibt es ökonomische Gründe, die gegen eine uneingeschränkte Realisierung sprechen. Ein Großteil von Aufgaben besteht in Großorganisationen auch heute noch aus Routineaufgaben. Da zur Erfüllung von Routineaufgaben mit dem Teamsystem keine höhere Effizienz als mit dem Hierarchiesystem zu erreichen ist, wäre es ökonomisch verfehlt, die wesentlich kostspieligere Lösung (infolge höheren Zeitaufwands für Diskussionen und Abstimmungen sowie möglicher Umschulungen der Organisations-

Kriterium	Hierarchiesystem	Teamsystem
Zeitaufwand zum Treffen von Entscheidungen	++	
Versorgung der Teilnehmer mit Informationen		++
Abstimmung von Entscheidungen mit Entscheidungen außerhalb des eigenen Bereichs		+
Entscheidungsqualität bei		
progressiven Aufgaben		++
einfachen Routineaufgaben	O	O
Klare Verantwortungsregelungen	++	
Kontinuität der Organisationsziele und der Aufgabenerfüllung	+	
Flexibilität der Organisation		++
Möglichkeit zur Austragung von Konflikten		++
Schutz vor Abwahl aus festen Positionen (wichtig bei „unpopulären" Entscheidungen)	++	
Vermeidung der Gefahr konformen Verhaltens		+
Gruppenkohäsion		+

++ = deutlicher Vorteil für das entsprechende System
 + = leichter Vorteil für das entsprechende System
 O = kein Vorteil für das eine oder andere System

Abb. 12. Vergleich des Hierarchiesystems mit dem System der Teamvermaschung

mitglieder) als Dauerlösung zu wählen. Die Frage, inwieweit Routineaufgaben nicht stärker als bisher Sachmitteln übertragen werden können, so daß menschliche Aufgabenträger zur Übernahme progressiver Aufgaben frei werden, bleibt davon unberührt.

(3) Kooperativer Führungsstil auf der Grundlage des Modells des doppelten Informationsflusses

Es handelt sich bei diesem Modell um eine leichte Variation des *Likert*'schen „Systems der überlappenden Gruppen" (Likert, Unternehmungsführung, S. 103 ff.). Ausgangspunkt ist die Tatsache, daß Organisationsmitglieder in der Praxis neben der mangelnden Beteiligung an Entscheidungen besonders häufig den unzureichenden Informationsfluß beklagen. Wenngleich in kooperativer Sicht Informationen nicht nur von unten nach oben, sondern gleichermaßen von oben nach unten bzw. nach allen Seiten ausgetauscht werden sollen, ist es – selbst im

Modell der Teamvermaschung – schwierig, diesen Informationsfluß zu garantieren; formale wie informale Schwierigkeiten stehen entgegen. Das Modell des doppelten Informationsflusses stellt einen Schritt zur Überwindung formaler Schwierigkeiten dar und bezweckt vor allem einen Abbau von Informationsschlüsselstellungen.

Abb. 13 zeigt eine Organisationsstruktur sich überlappender Gruppen, die wie oben aus 22 Personen gebildet ist. Im Unterschied zum „hierarchiefreien" Modell der Teamvermaschung liegt eine Hierarchie der Gruppen a priori fest. Die Gruppen sind vertikal durch die jeweiligen Leiter (schwarze Punkte) und gegebenenfalls horizontal durch beliebige Gruppenmitglieder (nicht im Bild; Likert, Führungsstruktur, S. 184—211) miteinander verbunden.

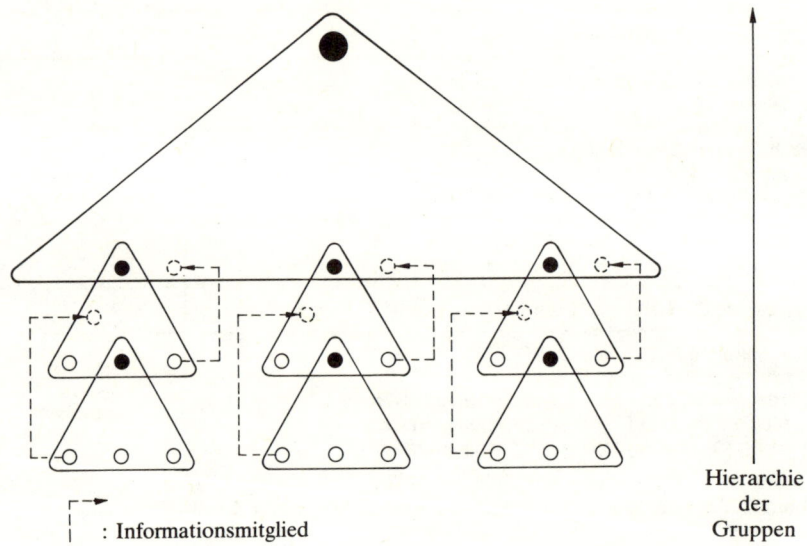

Hierarchie
der
Gruppen

⌐ ⸤→
│   : Informationsmitglied

Abb. 13. Modell des doppelten Informationsflusses

Innerhalb der Gruppen erfolgt die Beschlußfassung im Rahmen der vorgegebenen Gruppenziele prinzipiell gemeinsam; jedoch kann der Leiter – nach vorangegangener Gruppendiskussion – seine Meinung auch gegen den Widerstand der übrigen Mitglieder durchsetzen. Der besonderen Entscheidungsbefugnis des Vorgesetzten entspricht – trotz einer Mitverantwortung der Gruppenmitglieder bei Gruppenentscheidungen – die volle Verantwortung für alle Entscheidungen (Likert, Unternehmungsführung, S. 110; zur möglichen Inkonsequenz vgl. Zepf, Führungsstil, S. 174 f.). Nach außen werden die Gruppen durch ihren Leiter in der nächsthöheren Gruppe vertreten. Die Leiter bzw. die anderen horizontalen Bindeglieder sieht *Likert* als Gewähr für eine wirksame vertikale bzw. horizontale Koordination und Kommunikation der Gruppen untereinander an. Einer Gruppe sollen durch sie alle relevanten und wichtigen Informationen zufließen.

Begnügt man sich mit diesem in Hierarchien üblichen einfachen Verfahren des Informationsflusses (Informationsträger = Vorgesetzter), ist zu bezweifeln, daß in vertikaler Richtung die Kommunikation immer einwandfrei abläuft. Es besteht die Gefahr, daß der Gruppenleiter, im Bestreben zu einer gemeinsamen, letztlich jedoch in seinem Sinne liegenden Entscheidung zu kommen, vor allem solche Informationen aus einer übergeordneten Gruppe übermittelt, die seine Meinung stützen; andere, seiner Meinung abträgliche Informationen hält er zurück, stellt sie verfälscht dar, gibt sie zu falschen Zeitpunkten usw. Mit einer solch (un)bewußten Informationsmanipulation ist – außer in für den Vorgesetzten besonders schwierigen oder besonders uninteressanten Entscheidungssituationen – vor allem deshalb zu rechnen, da sie ihm die Möglichkeit eröffnet, seine Stellung als hierarchisches Bindeglied zwischen den Gruppen zu unterstreichen. Um dieser Gefahr eines subjektiv verzerrten, vertikalen Informationsflusses zu begegnen, erscheint organisatorisch die Schaffung eines zweiten Informationskanals sinnvoll. Dies kann in der Weise geschehen, daß ein jederzeit abwählbares Gruppenmitglied mit der Funktion eines Beobachters in der übergeordneten Gruppe betraut wird (in Abb. 13: gestrichelte Linien). Das Informationsmitglied hat die Aufgabe, die in der übergeordneten Gruppe ausgetauschten Informationen an die eigene Gruppe weiterzugeben und umgekehrt. Hierdurch wird erreicht, daß in vertikaler Richtung von Gruppe zu Gruppe jeweils zwei Informationskanäle existieren: einer über den Gruppenleiter und einer über das Informationsmitglied. Beide Wege kontrollieren sich gegenseitig und dürften Informationsstockungen und -verfälschungen erheblich reduzieren. Durch die Schaffung dieses doppelten Informationsflusses ist eine reichlichere und objektivere Informationsversorgung der einzelnen Gruppen zu erwarten, dürfte einem eventuellen Machtmißbrauch der Gruppenleiter wirksam vorgebeugt und insgesamt eine höhere Entscheidungspartizipation erreicht werden können (Franke, Führungsform, S. 471 f.).

Gegenüber dem Modell der Teamvermaschung weist das skizzierte Modell einen höheren Grad an Praxisnähe auf, da es von einer hierarchischen Rangordnung der Gruppen als Rahmen einer dauerhaften Organisation ausgeht. Ein Vorteil liegt auch in der Reduzierung des Zeitaufwandes für Diskussionen und Abstimmungen. Gegenüber dem Hierarchiesystem wird durch die Gruppenentscheidungen und die Institutionalisierung von nicht an den Gruppenleiter gebundenen Informationskanälen gewährleistet, daß neue Ideen nicht a priori unterdrückt werden können, die Entscheidungsqualität bei progressiven Aufgaben wahrscheinlich steigt, die Organisation insgesamt flexibler wird, Möglichkeiten zur Austragung von Konflikten gegeben sind, eine hohe Gruppenkohäsion vorliegt und die den Mitarbeitern eingeräumte Entscheidungsbeteiligung nicht stillschweigend durch Informationssteuerung wieder abgeschafft werden kann.

Zeitlich begrenzte Ansätze für die Praktizierung eines so oder anders verwirklichten Modells des doppelten Informationsflusses finden sich häufig im Personalbereich von Großorganisationen. Wenn es z. B. um die Einstellung neuer Mitarbeiter geht, zieht der Vorgesetzte zu den Besprechungen einen Mitarbeiter hinzu, der als Informationsträger die anderen Mitarbeiter aus seiner Sicht unterrichtet, ehe gemeinsam die Auswahl vorgenommen wird.

2.1.4 Kritik des eindimensionalen Konzepts

Die bisher erfolgte eindimensionale Betrachtungsweise ist dadurch gekennzeichnet, daß

– nur *ein* Merkmal die Funktion eines Hauptmerkmals besitzt, während alle anderen Merkmale Nebenmerkmale darstellen;
– die Ausprägungen in den Nebenmerkmalen von den Ausprägungen des Hauptmerkmals abhängig sind.

Wie stark kooperativ/autoritär geführt wird, bestimmt das Ausmaß, in dem das Hauptmerkmal ‚Art der Willensbildung‘ ausgeprägt ist. Die eindimensionale Sicht läßt sich als „Entweder–oder-Standpunkt“ charakterisieren (*entweder* ist der Führungsstil stärker kooperativ *oder* stärker autoritär). Ein Weniger an kooperativer Führung bedeutet automatisch ein Mehr an autoritärer Führung (Abb. 14).

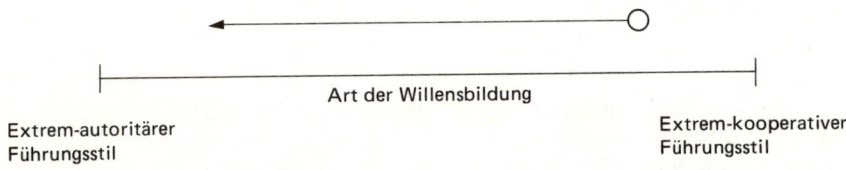

Art der Willensbildung

Extrem-autoritärer   Extrem-kooperativer
Führungsstil   Führungsstil

Abb. 14. Eindimensionale Betrachtungsweise

Im Unterschied zur eindimensionalen Sicht vollzieht sich effektives Führungsverhalten jedoch in mehreren, voneinander unabhängigen Merkmalsdimensionen. Dies ergab die Auswertung einer Reihe empirischer Untersuchungen (vgl. Pkt. 2.2.1.1). Zur adäquaten Abbildung realen Führungsgeschehens ist daher eine mehrdimensionale Betrachtungsweise notwendig. Mehrere, voneinander unabhängige Hauptmerkmale sind in bestimmten Ausprägungen miteinander zu kombinieren, wenn ein bestimmtes Führungsverhalten beschrieben werden soll. Während in eindimensionaler Sicht das Merkmal ‚Kontrolle‘ z. B. nur eine untergeordnete Rolle spielt und in seinen Ausprägungen streng an das Hauptmerkmal gebunden ist, können in mehrdimensionaler Sicht beliebige Ausprägungen (von extremer Fremd- bis extremer Selbstkontrolle) kombiniert mit beliebigen Ausprägungen des Merkmals ‚Art der Willensbildung‘ auftreten.

Wird eine differenzierte Ordnung der Führungsstile angestrebt, erscheint eine zumindest zweidimensionale Sicht geboten. An die Stelle des „Entweder-oder-Standpunktes“ tritt der „Sowohl-als-auch-Standpunkt“. Grafisch ergibt sich folgendes Bild:

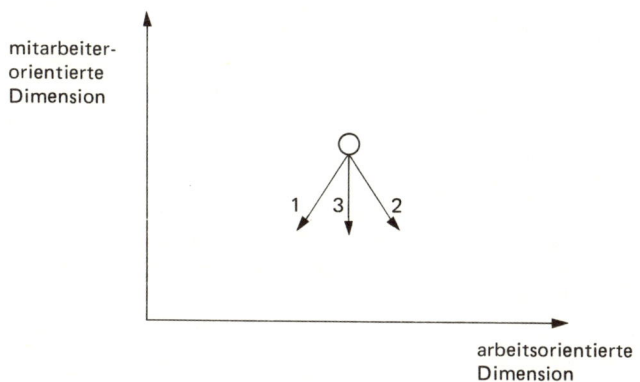

Abb. 15. Zweidimensionale Betrachtungsweise

Ein Weniger an mitarbeiterorientiertem Führungsverhalten kann *sowohl* mit einem Weniger an arbeitsorientiertem Führungsverhalten (1) *als auch* mit einem Mehr an arbeitsorientiertem Führunsverhalten (2) *oder* ohne Veränderung in dieser Dimension bleiben (3).

Fragen zur Lernkontrolle zu Abschnitt 2.1

I Fragen zum Text

Können Sie eine Frage nicht beantworten, blättern Sie bitte im Text zurück!

1. Welche unterschiedlichen Fragestellungen liegen den ‚neueren' bzw. den ‚älteren' Ansätzen der Führungsforschung zugrunde?
2. Nennen Sie Synonyme für ‚autoritärer' und ‚kooperativer' Führungsstil!
3. Wie läßt sich unter terminologischen Aspekten erklären, daß gleiche Führungsstile zu widersprüchlichen Effizienzaussagen führen?
4. Worin unterscheiden sich ‚eindimensionale' und ‚mehrdimensionale' Ansätze des Führungsverhaltens? Welcher Ansatz ist realitätsnäher?
5. Welches Merkmal wird in eindimensionaler Sicht üblicherweise als Hauptmerkmal zur Bildung von Führungsstilen herangezogen? Würde die Bestimmung anderer Hauptmerkmale zu einer anderen Führungsstilordnung führen?
6. Wie erfolgt in eindimensionaler Sicht eine Abgrenzung der ‚autoritären' von den ‚kooperativen' Führungsstilen?
7. Charakterisieren Sie den ‚extrem-autoritären' Führungsstil!
8. Erläutern Sie den patriarchalischen Führungsstil hinsichtlich seiner Kennzeichen, seiner Organisationsform und den Bedingungen, unter denen er realisiert werden kann!
9. Welche Unterschiede bestehen zwischen dem ‚autokratischen' und dem ‚bürokratischen' Führungsstil? Welche Organisationsformen entsprechen dem autokratischen Führungsstil?
10. Charakterisieren Sie den ‚extrem-kooperativen' Führungsstil!
11. Inwiefern kann das Phänomen der ‚kognitiven Dissonanz' als Argument gegen eine vollständige Selbstkontrolle verwendet werden?
12. Inwiefern bedingt ein sehr kooperativer Führungsstil eine teamorientierte Organisationsstruktur? Erörtern Sie unter dem Aspekt möglichst kooperativer Führung das ‚Modell der Teamvermaschung' als Alternative zum traditionellen Hierarchiemodell.

13. Wie wird im ‚Modell des doppelten Informationsflusses' ein kooperativer Führungsstil abgesichert?

II Fragen zur Vertiefung

Die folgenden Fragen sind als Anregung zur Weiterbeschäftigung mit Führungsproblemen gedacht und sollen Ihnen die Möglichkeit bieten, auf der Grundlage des Gelesenen eigene Überlegungen anzustellen. Fixieren Sie Ihre Antworten am besten schriftlich, ehe Sie die Lösungshinweise auf S. 217 ff. benutzen. Die Lösungshinweise sind vor allem Orientierungshilfen; Ihre Antworten können durchaus abweichen!

1. Es findet sich heute kaum noch ein Vorgesetzter, der von sich sagen würde, er führe ‚autoritär'. Belegen Sie anhand gebräuchlicher Interpretationen des kooperativen Führungsstils, daß ‚kooperativ' ein Schlagwort ohne spezifischen Aussagewert ist!
2. Skizzieren Sie für jeden der in Bild 5 angegebenen sieben Führungsstile eine Situation, in der dieser Führungsstil adäquat erscheint! Bestimmen Sie aufgrund Ihrer Beispiele generelle Faktoren, von denen ein adäquates Führungsverhalten abhängt!
3. Führen Sie analog zum 1. Merkmal eine verbale, siebenklassige Abstufung des 2. Merkmals in Bild 3 (Verteilung von Entscheidungsaufgaben) durch!
4. Ein ‚konsultativ-kooperativer' Führungsstil setzt weitgehende Delegation von Aufgaben, Kompetenzen und Verantwortung voraus. Welche Vorteile ergeben sich aus der Delegation für Mitarbeiter, Vorgesetzte und die Organisation insgesamt?
5. Wie unterscheiden sich Führungsprobleme in hierarchisch aufgebauten Organisationen von denen in teamartig aufgebauten Organisationen?
6. Erörtern Sie, inwieweit in Unternehmungen und Behörden auf eine Führung durch formal ernannte Vorgesetzte verzichtet werden kann!

2.2 Das mehrdimensionale Konzept von ‚Consideration' und ‚Initiating Structure'

2.2.1 Bestimmung von Führungsstilen auf der Grundlage von ‚Consideration' und ‚Initiating Structure'

2.2.1.1 Auswahl von Merkmalen des Führungsverhaltens

2.2.1.1.1 Ermittlung der Merkmale

Die Bestimmung mehrdimensionaler Führungsstile erfolgt stufenweise:
– Im ersten Schritt ist zu untersuchen, welche Meßverfahren zur Bestimmung der Führungsmerkmale geeignet sind;
– im zweiten Schritt ist zu klären, nach welchen und wievielen Merkmalsdimensionen das Führungsverhalten für eine Ordnung der Führungsstile zu differenzieren ist;
– im dritten Schritt sind Abstufungen innerhalb der Merkmalsdimensionen und die Beziehungen zwischen ihnen festzulegen;

– im vierten Schritt ist die Bildung und Benennung einzelner Führungsstiltypen durch Kombination der Merkmalsausprägungen der unterschiedlichen Merkmale vorzunehmen.

Dieser Punkt beinhaltet die ersten beiden Schritte, Punkt 2.2.1.2 die letzten beiden.

Bei der Auswahl der Merkmale ist darauf zu achten, daß sie unterschiedliches Führungsverhalten relativ unabhängig von einer bestimmten Führungsperson, von der geführten Gruppe, von der Beobachtungs- und/oder Befragungsperson, von der Art der Organisation (Industrieunternehmung, Verwaltungsbehörde ...) und sonstigen Situationsfaktoren (Pkt. 2.3.2.2) wiedergeben (vgl. zu dieser Forderung Fleishman, Description, S. 1–6). Praktisch verwertbare empirische Verfahren zur Messung des Führungsverhaltens beschränken sich auf subjektive Beurteilungen. Insbesondere eignen sich die Methoden der Beobachtung und der Befragung sowie Feld- und Laborexperimente (ausführlich Atteslander, Methoden, S. 85 ff.). Bevor auf die Vorteile der *Befragung* und ihre Auswertung mithilfe der Faktorenanalyse eingegangen wird, sei aufgezählt, bei welchen Theorien zur Erklärung des Führungsverhaltens vor allem *Experimente* die Grundlagen bilden.

Es handelt sich um
– die *Situationstheorie*, die das Führungsverhalten aus der jeweiligen Gruppensituation heraus zu erklären sucht. Führungsverhalten ist nicht mehr an bestimmte Gruppenmitglieder gebunden, wie dies die *Persönlichkeits- oder Eigenschaftstheorie* annahm, sondern kann distributiv bei allen Mitgliedern der Gruppe gefunden werden und zwar in dem Maße, in dem sie Einfluß auf die Erreichung des Gruppenzieles haben bzw. zur Effizienz der Gruppe beitragen (Irle, Führungsverhalten, S. 523 ff.).
– die *Rollentheorie*, die das Führungsverhalten als eine bestimmte (formelle oder informelle) Rolle kennzeichnet. Danach verbindet sich Führung mit dem Innehaben einer bestimmten Position, an die sich die Erfüllung von Rollenerwartungen knüpft (Scheuplein, Aufgaben, S. 54).
– die *Kollektivtheorie* (vgl. Scheuplein, Aufgaben, S. 53)
– die *Interaktionstheorie*, die eine Integration der in den zuvor genannten Theorien herausgehobenen Einzelfaktoren versucht. Führung ist hiernach zu kennzeichnen als (1) ein Interaktionsphänomen, (2) ein Gruppenphänomen, (3) ein Funktionsbündel von Lokomotions- (Antriebs-) und Kohäsions- (Zusammenhalts-)funktionen, (4) ein Situationsphänomen (Führung ist immer relativ zur äußeren und inneren Situation der Gruppe) (Lukasczyk, Theorie, S. 187).

Da diese Führungstheorien jedoch überwiegend auf Laboratoriumexperimenten mit relativ unstrukturierten Kleingruppen basieren, sind die gewonnenen Merkmalsdimensionen des Führungsverhaltens nicht unbedingt mit denen in realen Situationen identisch. Gegen die Übertragbarkeit von Ergebnissen der Kleingruppenforschung auf die reale Situation in Großorganisationen, die hochstrukturierte und hochkomplexe Systeme darstellen, gibt es eine Reihe von Einwänden, die hier nicht wiederholt zu werden brauchen (z. B. Sommer, Bedeutung, S. 30 ff.; Wild, Grundlagen, S. 185 ff.). Ein zusätzlicher Einwand richtet sich dagegen, daß die gewonenen Merkmalsdimensionen statistisch nicht auf ihre Unabhängigkeit geprüft wurden.

Die Methode der *Befragung* erscheint zur Messung des Führungsverhaltens gegenwärtig am geeignetsten. Zu unterscheiden sind Befragungen im Rahmen soziometrischer Tests von Befragungen, die in Großorganisationen unter Verwendung spezieller Ratings und Checklisten erfolgen. Befragungen zur Einschätzung des Führungsverhaltens im Rahmen der *Soziometrie* (vgl. die Zusammenstellung von 28 größeren Untersuchungen bei Stogdill, Persönlichkeitsfaktoren, S. 88) reichen zur Ermittlung der Merkmalsdimensionen allein nicht aus, da sie sich bevorzugt auf die emotionalen Dimensionen der Wertschätzung und Achtung (jemanden (nicht) mögen oder akzeptieren) beziehen, hingegen den Gesichtspunkt der Aufgabenorientierung außer acht lassen. ‚Soziometrische Führung' umschließt damit nur zu einem Teil den Begriffsinhalt des Führungsverhaltens in Wirtschafts- und Verwaltungsorganisationen. Befragungen in Großorganisationen sind demgegenüber so aufgebaut, daß sie im Führungsverhalten alle wichtigen Aspekte des Arbeitsgeschehens erfassen (Fragebogen 1). Diese Befragungen haben den Vorteil, daß sie einer statistischen Auswertung zugänglich sind; hierbei kommt der *Faktorenanalyse* eine besondere Rolle zu.

Ihr Ziel ist die Ermittlung der Anzahl und die Charakterisierung unabhängiger Merkmalsdimensionen, auf die sich das System der zwischen mehreren Variablen (Merkmalen) bestehenden Korrelationen zurückführen läßt. Sie ist immer dann anzuwenden, wenn es gilt, Individuen möglichst wenig redundant zu beschreiben, d. h. statt mit Hilfe vieler Einzelheiten durch wenige charakteristische unabhängige Merkmale (Hofstätter, Faktorenanalyse, S. 388 f.). Dadurch werden diejenigen Merkmale zu Leit-(Haupt-)merkmalen (in der Sprache der Faktorenanalyse: zu Faktoren) zusammengefaßt, die eng miteinander zusammenhängen. Diese wenigen unabhängigen Merkmalsdimensionen bilden eine systematische Ordnung der zahlreichen Einzelmerkmale. Im Hinblick auf die Ermittlung der sozialpsychologischen Merkmale des Führungsverhaltens gestattet die Faktorenanalyse, die Merkmale auf ihre Abhängigkeit zueinander zu prüfen. Konkret heißt dies, daß identische Merkmale erkannt und Haupt- von Nebenmerkmalen durch ihre unterschiedliche Intensität voneinander unterschieden werden können.

Empirische faktorenanalytische Untersuchungen zum sozialpsychologisch-orientierten Führungsverhalten liegen in größerer Zahl aus den USA vor (z. B. Halpin/Winer, Study, S. 39−51; Stogdill/Goode/Day, Behavior, S. 127−132; Stogdill/Coons, Behavior; Peres, Dimensions, S. 405−410; Carter, Performance, S. 477−484; Wofford, Factor Analysis, S. 169−173); seit einiger Zeit auch aus dem deutschen Raum (z. B. Fittkau-Garthe, Dimensionen, S. 81 ff.).

Als Meßinstrument zur Beschreibung des Vorgesetzten-Mitarbeiter-Verhaltens wurde in den meisten Fällen ein Fragebogen verwendet, der zur Analyse der Struktur und Dimensionalität des Führungsverhaltens diente. Am weitesten verbreitet dürften zwei Fragebogen vom *Ohio State Leadership Institute* sein:

− der „Leader Behavior Description Questionnaire" (LBDQ)
− der „Leadership Opinion Questionnaire" (LOQ).

Diese beiden Fragebogen unterscheiden sich in den Zielgruppen der zu befragenden Personen. Während der LBDQ das Führungsverhalten von Vorgesetzten in der Wahrnehmung der unterstellten Mitarbeiter oder von anderen Personen mißt, ist der LOQ ein Meßinstrument, das vom Vorgesetzten selbst ausgefüllt wird und seine Meinung widerspiegelt, wie er sich in seiner Führerrolle verhält. Der LOQ läßt sich ohne größere Schwierigkeiten aus dem LBDQ ableiten, der ab 1949 von *Hemphill* u. a. (Hemphill, Description) in mehreren Stufen entwickelt und 1953 von *Fleishman* (Fleishman, Measurement, S. 153−158) für die Anwendung im industriellen Sektor revidiert wurde.

Im Interesse einer möglichst objektiven Ermittlung der Merkmale des Führungsverhaltens ist der LBDQ vorzuziehen, da jede Selbstbeurteilung der Gefahr der Verzerrung unterliegt. Es ist eine oft nachgewiesene Erscheinung, daß jemand, der sich selbst beurteilen soll, bestimmte für sich unangenehme Stimuli abblockt und nicht wahrnimmt. In verschiedenen Untersuchungen, in denen simultan mit dem LBDQ und dem LOQ gearbeitet wurde, ergaben sich erwartungsgemäß recht unterschiedliche Antworten auf die gleichen Fragen (vgl. z. B. Rowland/Scott, Attributes, S. 371). Eine Studie, die sich mit der Verteilung von Anerkennung befaßte, verdeutlicht dieses Phänomen, das als „perceptual defense" bezeichnet wird, recht deutlich (Guilford/Gray, Motivation, S. 76) (Abb. 16).

Die Vorgesetzten wurden gefragt:

  „Wie zeigen Sie Anerkennung für gute Arbeit, die von den Mitarbeitern Ihrer Arbeitsgruppe geleistet wurde?"

Die Mitarbeiter wurden gefragt:

  „Wie zeigt Ihr Vorgesetzter Anerkennung für gute Arbeit, die von den Mitarbeitern Ihrer Arbeitsgruppe geleistet wurde?"

Die Auswertung der vorgegebenen Antwortkategorien zeigte folgendes Bild:

	Vorgesetzte	Mitarbeiter
Verteile/verteilt sehr häufig Privilegien	52 %	14 %
Übertrage/überträgt mehr Verantwortung	48 %	10 %
Klopfe/klopft anerkennend auf die Schulter	82 %	13 %

Abb. 16. Ergebnisse der Wahrnehmungsverzerrung

Da es derartig große Wahrnehmungsunterschiede gibt, ist im folgenden vom LBDQ auszugehen; Fragebogen 1 (FVVB: Fragebogen zur Vorgesetzten-Verhaltens-Beschreibung, Verlag Hogrefe, 1971) zeigt eine revidierte deutsche Form; die Beschreibungen Nr. 1−14, 18, 21, 25 sind dem LBDQ entnommen.

Fragebogen 1

Vorgesetzten-Kodierung: ....

FVVB
Fragebogen zur
Vorgesetzten-Verhaltens-Beschreibung

von Dr. Heide Fittkau-Garthe
und Dr. Bernd Fittkau

Sehr geehrte(r) Mitarbeiter(in)!

Wir möchten Sie herzlich bitten, uns bei einer Untersuchung zu helfen. Unsere Frage an Sie ist: Wie verhalten sich Vorgesetzte ihren unterstellten Mitarbeitern gegenüber? Wir bitten Sie deshalb, die folgenden Fragen so zu beantworten, wie Sie es in Ihrer Zusammenarbeit mit Ihrem Vorgesetzten erlebt haben. Ihre persönliche Meinung, Ihr Urteil — unabhängig davon, was Ihre Kollegen denken —, ist für uns wertvoll. Es gibt also kein „richtig" oder „falsch". Nur das, was Sie persönlich erfahren und erlebt haben, ist von Bedeutung!

Bitte, fühlen Sie sich ganz frei, kritisch zu sein! Wie jeder Mensch, so hat auch jeder Vorgesetzte menschliche Schwächen, darum scheuen Sie sich bitte nicht, diese anzugeben. Sie selbst bleiben dabei völlig anonym. Es ist wichtig, daß Sie alle Fragen beantworten. Verlassen Sie sich bitte bei den Fragen, die Sie nur schwer beantworten können, ganz auf Ihr Gefühl.

Vielen Dank für Ihre Mitarbeit!

Anweisung zum Ausfüllen des Fragebogens

Im folgenden finden Sie verschiedene Verhaltensbeschreibungen von Vorgesetzten. Hinter jeder Beschreibung sind jeweils fünf Abstufungen der Stärke oder Häufigkeit dieses Verhaltens angegeben.

Versuchen Sie jetzt bitte Ihren Vorgesetzten so zu beschreiben, wie ihn persönlich erlebt haben; *durchkreuzen Sie jeweils die Zahl der ausgewählten Antwortstufe am rechten Rand*, die nach Ihrer Meinung am ehesten seinem Verhalten entspricht.

Ein Beispiel zur Erläuterung:

1. Er kritisiert seine unterstellten Mitarbeiter auch in Gegenwart anderer.

    1. oft   2. relativ häufig   3. hin u. wieder   4. selten   5. fast nie   1 ✗ 3 4 5

Sie durchkreuzen die Antwortstufe 2 (wie hier am rechten Rand), wenn Sie meinen, daß Ihr Vorgesetzter *relativ häufig* seine unterstellten Mitarbeiter in Gegenwart anderer kritisiert.

Bitte lassen Sie keine Beschreibung aus!

(Nur für die Testauswertung)

Verhaltensprofil: ....

	1	2	3	4	5		Mittel-wert
F						F	.
A						A	.
M						M	.
K						K	.
F/A	1	2	3	4	5	F/A	.

I

1. Er kritisiert seine unterstellten Mitarbeiter auch in Gegenwart anderer.
   1. oft   2. relativ häufig   3. hin u. wieder   4. selten   5. fast nie   1 2 3 4 5

2. Er zeigt Anerkennung, wenn einer von uns gute Arbeit leistet.
   1. fast nie   2. selten   3. manchmal   4. häufig   5. fast immer   1 2 3 4 5

3. Er bemüht sich, langsam arbeitende unterstellte Mitarbeiter zu größeren Leistungen zu ermuntern.
   1. sehr selten   2. selten   3. hin u. wieder   4. relativ häufig   5. oft   1 2 3 4 5

4. Er weist Änderungsvorschläge zurück.
   1. fast immer   2. häufig   3. manchmal   4. selten   5. fast nie   1 2 3 4 5

5. Er weist seinen unterstellten Mitarbeitern spezifische Arbeitsaufgaben zu.
   1. fast nie   2. selten   3. manchmal   4. häufig   5. fast immer   1 2 3 4 5

6. Er ändert Arbeitsgebiete und Aufgaben seiner unterstellten Mitarbeiter, ohne es mit ihnen vorher besprochen zu haben.
   1. oft   2. relativ häufig   3. hin u. wieder   4. selten   5. sehr selten   1 2 3 4 5

7. Hat man persönliche Probleme, so hilft er einem.
   1. sehr selten   2. selten   3. hin u. wieder   4. relativ häufig   5. oft   1 2 3 4 5

8. Er steht für seine unterstellten Mitarbeiter und ihre Handlungen ein.
   1. fast nie   2. selten   3. manchmal   4. häufig   5. fast immer   1 2 3 4 5

9. Er behandelt seine unterstellten Mitarbeiter als gleichberechtigte Partner.
   1. fast nie   2. selten   3. manchmal   4. häufig   5. fast immer   1 2 3 4 5

10. Er überläßt seine unterstellten Mitarbeiter sich selbst, ohne sich nach dem Stand ihrer Arbeit zu erkundigen.
    1. fast immer   2. häufig   3. manchmal   4. selten   5. fast nie   1 2 3 4 5

11. Er „schikaniert" den unterstellten Mitarbeiter, der einen Fehler macht.
    1. fast immer   2. häufig   3. manchmal   4. selten   5. fast nie   1 2 3 4 5

12. Er legt Wert darauf, daß Termine genau eingehalten werden.
    1. überhaupt nicht   2. wenig   3. zu einem gewissen Grad   4. relativ stark   5. sehr stark   1 2 3 4 5

13. Er entscheidet und handelt, ohne es vorher mit seinen unterstellten Mitarbeitern abzusprechen.
    1. oft   2. relativ häufig   3. hin u. wieder   4. selten   5. sehr selten   1 2 3 4 5

14. In Gesprächen mit seinen unterstellten Mitarbeitern schafft er eine gelöste Stimmung, so daß sie sich frei und entspannt fühlen.
    1. fast nie   2. selten   3. manchmal   4. häufig   5. fast immer   1 2 3 4 5

15. Treffen seine unterstellten Mitarbeiter selbständig Entscheidungen, so fühlt er sich übergangen und ist verärgert.
    1. oft   2. relativ häufig   3. manchmal   4. selten   5. fast nie   1 2 3 4 5

16. Er gibt seinen unterstellten Mitarbeitern Aufgaben, ohne ihnen zu sagen, wie sie sie ausführen sollen.
    1. fast immer   2. häufig   3. manchmal   4. selten   5. fast nie   1 2 3 4 5

17. Er achtet auf Pünktlichkeit und Einhaltung von Pausenzeiten.
    1. fast gar nicht   2. kaum   3. etwas   4. relativ stark   5. sehr stark   1 2 3 4 5

18. Er ist freundlich, und man hat leicht Zugang zu ihm.
    1. fast nie   2. selten   3. manchmal   4. häufig   5. fast immer   1 2 3 4 5

ΣI : ☐ ☐ ☐ ☐ ☐ →

F   A   M   K   F/A

II   ▲   ▲

19. Er reißt durch seine Aktivität seine unterstellten Mitarbeiter mit.
    1. überhaupt nicht   2. kaum   3. etwas   4. stark   5. sehr stark   1 2 3 4 5

20. Seine Anweisungen gibt er in Befehlsform.
    1. oft   2. relativ häufig   3. manchmal   4. selten   5. sehr selten   1 2 3 4 5

21. Bei wichtigen Entscheidungen holt er erst die Zustimmung seiner unterstellten Mitarbeiter ein.
    1. fast nie   2. selten   3. manchmal   4. häufig   5. fast immer   1 2 3 4 5

22. Er freut sich besonders über fleißige und ehrgeizige unterstellte Mitarbeiter.
    1. überhaupt nicht   2. kaum   3. etwas   4. stark   5. sehr stark   1 2 3 4 5

23. Persönlichen Ärger oder Ärger mit der Geschäftsleitung läßt er an seinen unterstellten Mitarbei-
    tern aus.
    1. oft   2. relativ häufig   3. manchmal   4. selten   5. fast nie   1 2 3 4 5

24. Auch wenn er Fehler entdeckt, bleibt er freundlich.
    1. fast nie   2. selten   3. manchmal   4. häufig   5. fast immer   1 2 3 4 5

25. Er wartet, bis seine unterstellten Mitarbeiter neue Ideen vorantreiben, bevor er es tut.
    1. fast immer   2. häufig   3. manchmal   4. selten   5. fast nie   1 2 3 4 5

26. Er versucht, seinen unterstellten Mitarbeitern das Gefühl zu geben, daß er der „Chef" ist und
    sie unter ihm stehen.
    1. sehr stark   2. stark   3. etwas   4. kaum   5. überhaupt nicht   1 2 3 4 5

27. Er ist am persönlichen Wohlergehen seiner unterstellten Mitarbeiter interessiert.
    1. überhaupt nicht   2. wenig   3. etwas   4. relativ stark   5. sehr stark   1 2 3 4 5

28. Er paßt die Arbeitsgebiete genau den Fähigkeiten und Leistungsmöglichkeiten seiner unterstell-
    ten Mitarbeiter an.
    1. fast nie   2. selten   3. manchmal   4. häufig   5. fast immer   1 2 3 4 5

29. Der Umgangston mit seinen unterstellten Mitarbeitern verstößt gegen Takt und Höflichkeit.
    1. oft   2. relativ häufig   3. manchmal   4. selten   5. niemals   1 2 3 4 5

30. Er regt seine unterstellten Mitarbeiter zur Selbständigkeit an.
    1. überhaupt nicht   2. kaum   3. etwas   4. stark   5. sehr stark   1 2 3 4 5

31. In „Geschäftsflauten" zeigt er eine optimistische Haltung und regt zu größerer Aktivität an.
    1. überhaupt nicht   2. wenig   3. zu einem gewissen Grad   4. relativ stark   5. sehr stark   1 2 3 4 5

32. Nach Auseinandersetzungen mit seinen unterstellten Mitarbeitern ist er nachtragend.
    1. oft   2. relativ häufig   3. manchmal   4. selten   5. fast nie   1 2 3 4 5

                                                                         ▼   ▼

Auswertung:						ΣI :							Mittel-wert
	ΣI:	ΣII:	Skalen-Σ				F	A	M	K	F/A		
F	☐	+ ☐	= ☐	: 12	= ------------------→						F	.
A	☐	+ ☐	= ☐	: 7	= ------------------→						A	.
M	☐	+ ☐	= ☐	: 4	= ------------------→						M	.
K	☐	+ ☐	= ☐	: 5	= ------------------→						K	.
F/A	☐	+ ☐	= ☐	: 4	= ------------------→						F/A	.

Neben den Ohio State Leadership Studies existieren weitere Ansätze zur Erfassung des Vorgesetztenverhaltens (z. B. von *Likert, Fiedler, Kahn/Katz*), die jedoch für die Frage nach der Art, Anzahl und Intensität unabhängiger Merkmalsdimensionen keine zusätzlichen Erkenntnisse liefern; insofern beschränkt sich die folgende Betrachtung weitgehend auf die Ergebnisse der Ohio State Leadership Studies.

Ohio State Leadership Studies Fleishman, Stogdill, Hemphill 1957, Faktorenanalyse	*Consideration*		*Initiating Structure*	
Survey Research Center Michigan Katz/Kahn 1960 (Feldstudie)	Employee Orientation	Group Relation-ships	Differentia-tion of Su-pervisory Role	Closeness of Super-vision
Survey Research Center Michigan Katz/Kahn 1966	Affective Orientation (Socio-emotional Supportiveness		Task Orientation	
Research Center Group Dynamic Cartwright/Zander 1960 (53) (Lit. an.)	Group maintenance functions		Group achievement functions	
Bass 1960 (Lit. analyse)	Motivation		Initiating Structure	
Lukasczyk 1960 (Lit. analyse)	Kohäsion		Lokomotion	
Mann 1962 (Creager/Harding) (Lit. analyse und Feldstudie)	Human relations skills		Administra-tive skills	Technical skills
Institute for Social Research Likert 1961/67 (Lit. analyse und Feldstudie)	Principle of suppor-tive rela-tionships	Group methods of super-vision	Technical knowledge, planning, scheduling	High goal perfor-mance
Institute for Social Research Seashore/Bowers 1966, (Lit. analyse und Feldstudie)	Support	Inter-action facili-tation	Work faci-litation (planning, scheduling)	Goal empha-sis
Blake/Mouton 1964	Concern for people		Concern for production	
Group Effectiveness Research Lab. Fiedler 1967, Experimente	High Least Preferred Coworker		Low Least Preferred Coworker	
Wofford 1967, 70 (Befragungen und Faktorenanalyse)	Personal interaction		Personal Enhance-ment	Dynamic Achieve-ment

Abb. 17. Entsprechung von Merkmalsdimensionen des Führungsverhaltens bei verschiedenen Autoren

Dieser Ansatz weist zudem folgende Vorteile auf:

1. Die Ergebnisse sind empirisch abgeleitet, was für die meisten anderen Ansätze nicht zutrifft.
2. Das zugrunde liegende Konzept ist am weitesten ausgebaut und durch einen relativ hohen empirischen Bestätigungsgrad abgesichert.

Neben vielen übereinstimmenden Ergebnissen ist aber auch auf die Kritik von *Weissenberg/Kavanach* (Independence, S. 119–130) und *Korman* (Consideration, S. 349–161) hinzuweisen. Während erstere die gefundenen Hauptmerkmale als Resultat des verwendeten Fragebogens ansehen – was die Gültigkeit nicht unbedingt beeinträchtigt –, äußert *Korman* nachdrücklich Zweifel an der generellen Gültigkeit des Konzepts (zur Kritik der Faktorenanalyse vgl. Pkt. 2.2.1.1.3). Dennoch wird hier an dem Konzept festgehalten, da es möglich zu sein scheint, durch Relativierung der Aussagen (Gültigkeit nur in bestimmten Situationen unter bestimmten Bedingungen, vgl. Pkt. 2.3.2) diese Zweifel auszuräumen.

In diesem Zusammenhang erweist sich eine neuere Untersuchung von *Stogdill* (Validity, S. 153–158) über die Gültigkeit von Vorgesetztenverhaltensbeschreibungen als wertvoll, in der er eine Vorgehensweise angibt, wie die Gültigkeit (von Teilmaßnahmen innerhalb des „LBDQ") festzustellen ist.

3. Andere Ansätze orientieren sich häufig an diesem Konzept (z. B. das *Leads*-Konzept (Leadership Evaluation and Development Scale) bei Tenopyr, Validity, S. 77–85) und lassen sich meist ohne nennenswerte Schwierigkeiten in Merkmalskategorien der Ohio State Leadership Studies überführen (vgl. Abb. 17).

4. Der Ansatz scheint recht gut auch auf europäische Verhältnisse übertragbar zu sein; eine Überprüfung und Revision des „LBDQ" für holländische Verhältnisse wurde mit gutem Erfolg von *Philipsen* (Leiderschap, bei Fittkau-Garthe, Dimensionen, S. 145 f.), für Schweden von *Lennerlöf* (Consideration, ebd. S. 11) und für deutsche Verhältnisse von *Fittkau-Garthe* (Dimensionen, S. 146) vorgenommen. In allen drei Fällen konnten im Grunde gleiche Ergebnisse hinsichtlich der Merkmale des Vorgesetztenverhaltens wie in den USA festgestellt werden.

Zu methodisch-formalen Teilproblemen der Befragung wie z. B. die Form der Befragung (standardisierter Fragebogen/Interview), die Art und Form der Fragen (Einfluß der Fragestellung auf die Antwort, Itemselektion), den Aufbau des Fragebogens und die Probleme der Zuverlässigkeit und Gültigkeit muß auf die Spezialliteratur verwiesen werden (vgl. z. B. Stogdill, Behavior, S. 40 ff.; Fittkau-Garthe, Dimensionen, S. 12 ff.; Atteslander, Methoden, S. 85 ff.; Pawlik, Dimensionen, S. 58–91; König (Hrsg.), Soziologie, S. 206 f.). Falls es für die Gültigkeit und Zuverlässigkeit der Ergebnisse jedoch notwendig ist, wird auf derartige Fragen eingegangen. Fehlerquellen der Faktorenanalyse werden speziell in Pkt. 2.2.1.1.3 behandelt.

Aufgrund der Ergebnisse der verschiedenen, faktorenanalytisch ausgewerteten Untersuchungen erscheint es zweckmäßig, die Betrachtung der unabhängigen Merkmale des Führungsverhaltens nach *Rangebenen* zu differenzieren.

1. Für das *Lower* bis *untere Middle Management* wurden in allen Untersuchungen übereinstimmend zwei Hauptmerkmale gefunden:

	Merkmalsdimension	Merkmalsinhalt
(a)	*Consideration*	— Freundliche Zuwendung und Respektierung der Gefühle der unterstellten Mitarbeiter
		— Gewährung echter Mitbeteiligung (Mitentscheidung)
(b)	*Initiating Structure*	— Arbeitsstimulierende Aktivität
		— Arbeitsdruck und Kontrolle

Fleishman (Behavior, S. 365 f.) kennzeichnet diese beiden Hauptmerkmale wie folgt:

„*Consideration* includes behavior indicating mutual trust, respect, and a certain warmth and rapport between the supervisor and his group. This does not mean that this dimension reflects a superficial „pat-on-the-back", „fist name calling" kind of human relations behavior. This dimension appears to emphasize a deeper concern for group members needs and includes such behavior as allowing subordinates more participation in decision making and encouraging more two-way communication."

„*Structure* includes behavior in which the supervisor organizes and defines group activities and his relation to the group. Thus, he defines the role he expects each member to assume, assigns tasks, plans ahead, establishes ways of getting things done, and pushes for production. This dimension seems to emphazise overt attempts to achieve organizational goals."

Die beiden Merkmalsdimensionen korrelieren nicht miteinander. Vorgesetzte können als Führer ein niedriges oder ein hohes Ausmaß an „Consideration" zeigen und zugleich ein niedriges oder ein hohes Ausmaß an „Initiating of Structure".

In einzelnen Untersuchungen zusätzlich gefundene Nebenmerkmale waren relativ unbedeutend (16,8 % der gemeinsamen Varianz für „Production Emphasis" und „Sensitivity" bei Halpin/Winer, Study, S. 39–51). Außerdem waren die Nebenmerkmale entweder spezifisch für eine bestimmte untersuchte Gruppe (Stogdill/Scott bei Fittkau-Garthe, Dimensionen, S. 152) oder sie hatten zusätzlich hohe Ladungen auf einem Hauptmerkmal (Halpin/Winer, Study, S. 39–51).

Diesem Ergebnis von der *Unabhängigkeit* der beiden Merkmalsdimensionen könnte die von *Bales* und *Slater* postulierte „Hypothese der beiden komplementären Führer" entgegenstehen (Bales, Rollen, S. 199 ff.; Bales/Slater, Differentiation, S. 299 ff.; Etzioni, Leadership, S. 688 ff.). Mithilfe der Interaktionsprozeß-Analyse stelle *Bales* in den von ihm untersuchten Gruppen fest, daß nicht nur ein, sondern durch Rollendifferenzierung jeweils zwei sich ergänzende Führer auftreten: einerseits der „*Aufgabenspezialist*", der sehr aktiv ist und die Gruppe – auch durch aggressives Verhalten – zur Problemlösung anhält und andererseits der „*sozio-emotionale Spezialist*", der sich mehr auf die mitmenschlichen Probleme konzentriert und Sympathie genießt. Die Wahrscheinlichkeit, daß eine Person gleichzeitig die Spitzenposition sowohl auf dem Aktivitätsrang als auch auf dem Sympathierang innehat, sank mit zunehmender Anzahl der Gruppensitzungen stark ab (Bales, Rollen, S. 205). Nach der von *Bales* gegebenen Beschreibung ist anzunehmen, daß sich der Aufgabenspezialist durch ein hohes Maß an „Initiating Structure" und der soziale Spezialist durch ein hohes Maß an „Consideration" auszeichnet. Die These von den zwei komplementären Führern läßt sich nun so formulieren, daß eine Person nicht simultan arbeitsorientiert *und* mitarbeiterorientiert führen kann. Die Vorstellung vom „perfekten" Führer wäre somit aufzugeben.

Dieser Schluß ist indes voreilig. Vor allem deshalb, weil die beiden komplementären Führer bei *Bales* nur typische Vertreter von zwei (drei) unabhängigen Faktoren des Führungsverhaltens sind. Mit dem Konzept der komplementären

Führer bestreitet *Bales* nicht die Existenz der unabhängigen Verhaltensdimensionen und die beliebige Kombinierbarkeit ihrer Ausprägungen. Jedoch nimmt er – gestützt auf seine Untersuchungen zum Führungsverhalten in Kleingruppen – an, daß sich nur sehr selten Personen finden lassen, die den Vorstellungen vom „idealen Führer" entsprechen und demgegenüber das Führungsdual als wirkungsvolle Form einer geteilten Führungsrolle weit verbreitet ist. Es bleibt jedoch fraglich, ob unter anderen als den spezifischen Laboratoriumsbedingungen eine solche Differenzierung der Führungsrolle tatsächlich häufig zu finden ist (zur Kritik der „dualen Führungsstruktur" vgl. Kunczik, Führungsforschung, S. 275 f.; so vermutete z. B. Burke (ebd.), daß eine duale Führungsstruktur nur dann auftritt, wenn die aufgabenrelevanten Aktivitäten nicht als legitim angesehen werden).

2. Für das *Top Management* konnten weit mehr als nur zwei unabhängige Merkmale mit hoher Ladung ermittelt werden. *Stogdill/Goode/Day* (Behavior, S. 127–132) ermittelten für das Führungsverhalten von Präsidenten von Großunternehmungen elf unabhängige Merkmalsdimensionen:

> – Production Emphasis
> – Role Enactment
> – Superior Orientation
> – *Consideration*
> – Tolerance of Uncertainty
> – Representation
> – Tolerance of Member Freedom
> – Persuasiveness
> – Reconciliation of Conflicting Demands
> – Predictive Accuracy
> – *Initiating Structure*

Die Unabhängigkeit der Merkmale war relativ hoch; evtl. nicht vollständig unabhängig sind die Merkmalsdimensionen „Production Emphasis" und „Initiating Structure" sowie „Consideration" und „Tolerance of Member Freedom" (Stogdill/Goode/Day, Behavior, S. 130). Jedoch könnte das Ergebnis verfälscht sein, da es sich um eine postalische Befragung handelte und die Rücksendequote im Schnitt weniger als 50 % betrug.

Zur Feststellung des Verhaltens von Senatoren und Vorsitzenden anderer Organisationen (z. B. Gewerkschaften) arbeiteten die Autoren – mit Ausnahme des Merkmals „Superior Orientation" – mit den gleichen Maßskalen (Stogdill/Goode/Day, Senators, S. 3–8; Stogdill/Goode/Day, Leader Behavior, S. 49–57; Stogdill/Goode/Day, New Leader Behavior, S. 259–269). In verschiedenen Untersuchungen anderer Autoren (z. B. Streufert/Streufert/Castore, Leadership, S. 218–233) wurden die 10 (11) Merkmale ebenfalls zugrunde gelegt.

3. Für das *Middle Management* dürfte sich die Anzahl der Merkmalsdimensionen zwischen 2 und 11 bewegen. Eine Stützung dieser Hypothese läßt sich z. T. aus

einer neueren faktorenanalytischen Untersuchung von *Wofford* (Factor Analysis, S. 169–173) ableiten, in der er die grundlegenden Dimensionen des Vorgesetztenverhaltens *aller* Leitungspersonen (vom Vorarbeiter bis zum Top Manager) durch Befragung der jeweiligen unterstellten Mitarbeiter in 85 Unternehmungen zu ermitteln suchte. Zwar gibt seine Untersuchung keine Aufschlüsselung der Merkmalsdimensionen nach den einzelnen hierarchischen Ebenen. Da er aber für alle Ebenen pauschal fünf Merkmale feststellte, nämlich

> – Group Achievement and Order
> – Personal Enhancement
> – Personal Interaction
> – Security and Maintenance
> – Dynamic Achievement

ist anzunehmen, daß die fünf Dimensionen quasi einen „Mittelwert" aus den anzahlmäßig unterschiedlichen Merkmalsdimensionen der einzelnen Hierarchieebenen darstellen. Zum Teil bilden diese Dimensionen allerdings bestimmte Führungsmuster (vgl. Pk. 2.3.2.3.2).

Es wird im folgenden davon ausgegangen, daß in der betrieblichen Ranghierarchie die Anzahl der unabhängigen Merkmalsdimensionen zur Charakterisierung des Führungsverhaltens von oben nach unten abnimmt und für die Ebenen des Middle Management ca. 3 bis 8 Dimensionen beträgt. Endgültige Klarheit kann nur eine detaillierte empirische Untersuchung liefern.

Die Unterschiede in der Anzahl unabhängiger Merkmalsdimensionen auf den einzelnen hierarchischen Ebenen, insbesondere zwischen dem Top Management und dem Lower Management, dürften ihre Erklärung in folgendem finden:

– Top-Manager haben ein wesentlich vielseitigeres und komplexeres Arbeitsgebiet zu erledigen und zeigen ein weit differenzierteres Führungsverhalten im Unterschied zu Vorarbeitern oder Gruppenleitern. Top-Manager sind damit in der Terminologie von *Streufert/Streufert/Castore* (Leadership, S. 28) „komplexe" Führer.
– Zur Beurteilung des Führungsverhaltens der Top-Manager wurden weitaus qualifiziertere Beurteiler (Führungskräfte der obersten Ebenen) eingesetzt, die eine sehr viel stärker entwickelte Wahrnehmung hatten als die zur Beurteilung von Vorarbeitern oderGruppenleitern befragten Arbeiter oder Vorarbeiter.

Da auf der untersten Ebene nur zwei unabhängige Merkmalsdimensionen, auf der obersten hingegen wesentlich mehr (10−11) gefunden wurden, muß man fragen, ob es überhaupt möglich ist, eine allgemeingültige Merkmalszusammenstellung hinsichtlich des Führungsverhaltens zu geben. Bei der Beantwortung der Frage ist zu beachten, daß einerseits die beiden Hauptmerkmale der untersten Ebene („Consideration" und „Initiating Structure") auch – obschon geringfügig modifiziert – unabhängige Hauptmerkmale der obersten Ebene sind, und daß andererseits die Merkmale von *Wofford*, die hier vereinfacht als repräsentativ für die mittlere Ebene unterstellt werden, sich durch Verdichtung auf die beiden Hauptmerkmale „Consideration" und „Initiating Structure" reduzieren lassen. Dagegen dürfte es kaum möglich sein, alle Merkmale der obersten Ebene auf die beiden Verhaltensdimensionen, ‚Consideration' und ‚Initiating Structure' direkt zurückzuführen.

Die oberste Hierarchieebene kann insgesamt als umfassende Basis einer allgemein-
gültigen Merkmalszusammenstellung des Führungsverhaltens angesehen werden,
von der ausgehend eine immer stärkere Merkmalsreduzierung und -eliminierung
auf rangtiefere Ebenen erfolgt, bis auf der untersten Ebene nur noch die beiden
Hauptfaktoren ‚Consideration' und ‚Initiating Structure' übrigbleiben; im Einzelfall
können bestimmte Merkmalsdimensionen ausfallen bzw. zu Gruppen zusammengefaßt werden.

2.2.1.1.2 Organisatorische Implikationen

Die ermittelten Merkmale des Führungsverhaltens sind überwiegend sozialpsychologischer Art. Es bleibt zu untersuchen, welche organisatorischen Merkmale
oder Tatbestände sie implizieren. Diese Frage ist insofern wichtig, da Führungsstile
innerhalb einer Organisationsstruktur ausgeübt werden, von der maßgeblich die
Qualität der Realisierung eines bestimmten ‚betrieblichen' oder ‚individuellen'
Führungsstils bestimmt wird. Es dürfte möglich sein, eine Reihe sozialpsychologischer Merkmale in organisatorische zu transferieren. Gewarnt werden muß allerdings davor, bestimmte sozialpsychologisch gebildete Führungsstile generell mit bestimmten Organisationsstrukturen gleichsetzen zu wollen.
Es wird im folgenden von der umfangreichen Zusammenstellung sozialpsychologischer Merkmale des Führungsverhaltens für das Top Management ausgegangen
(Stogdill/Goode/Day, Behavior, S. 130). Abb. 18 erhebt nicht den Anspruch auf
Vollständigkeit, sondern soll nur generell den Zusammenhang zwischen den beiden
unterschiedlichen Merkmalskategorien verdeutlichen. Einigen sozialpsychologischen Merkmalen lassen sich keine entsprechenden organisatorischen Merkmale
zuordnen (z. B. *Consideration*, a) Freundliche Zuwendung).

2.2.1.1.3 Anmerkungen zum faktorenanalytischen Vorgehen

Die Verwendung der Faktorenanalyse (FA) als statistisch-mathematisches Verfahren zur Reduktion und übersichtlichen Darstellung des Führungsverhaltens durch
wenige Hauptmerkmale (Faktoren) erscheint auf den ersten Blick exakt. Jedoch ist
die FA mit Schwierigkeiten und Fehlerquellen behaftet, die zum einen in der ange-
wandten Methodik, zum anderen im mangelnden Wissen über die Grenzen des
Verfahrens in der Praxis begründet sind. Nachfolgend werden die Einzelprobleme
zwei Hauptbereichen zugeordnet
– dem Bereich der Durchführung der FA
– dem Bereich der Interpretation der durch die FA gewonnenen Ergebnisse
und am Beispiel der Untersuchung von *Fittkau-Garthe* (Dimensionen) überprüft.

1. Probleme der Durchführung der FA

11. *Ziel der FA*

Bevor man eine FA durchführt, sollte man formulieren, welchem Ziel/welcher
Zielkombination sie dienen soll. Bleibt dieser Gesichtspunkt unberücksichtigt,

Sozialpsychologische Merkmalsdimensionen des Führungsverhaltens	*bedingen*	Formalorganisatorische Maßnahmen zu ihrer Verwirklichung	
		Org. Merkmalskategorie	*Org. Maßnahmen*
Production Emphasis	Betonung des Leistungs- und Ergebnisgesichtspunktes (Vorgesetzter treibt Mitarbeiter zur Arbeit an und betont Leistungen und Ergebnisse)	Organisationsziel, Aufgabenbezug	Leistungsplanung und -beurteilung, *untere Ebenen:* Vorgabe von Leistungsstandards, Detailkontrolle; *obere Ebene:* Divisionalisierung, MBE, MBO, MBR
Role Enactment	Bewahrung der Rolle und der Position (Vorgesetzter übt die Führungsrolle aus und gibt sie nicht an Mitarbeiter ab)	Hierarchie/Rang, Stellengliederung	Festlegung der Leitungsbeziehungen (der Kompetenzen), Anwendung des Kongruenzprinzips, Stellenbeschreibungen
Superior Orientation	Orientierung an höheren Führungskräften (Vorgesetzter strebt nach Ansehen und Rang; nach Einfluß bei und guten Verbindungen zu Personen in Positionen von hohem Status)	Karrieresystem, Kommunikationssystem	Viele Leitungsstufen, multilaterale Informations- und Kommunikationsbeziehungen
Consideration	a) Freundliche Zuwendung und Respektierung der Mitarbeiter (Vorgesetzter ist aufmerksam gegenüber dem Wohlbefinden der Mitarbeiter; Verhalten basiert auf gegenseitigem Vertrauen, Achtung)		Einführung von Führungsanweisungen
	b) Mitentscheidung, -beteiligung (Vorgesetzter erlaubt den Mitarbeitern die Teilnahme beim Treffen von Entscheidungen)	Zentr./Dezentr. von Rang, Phase; Kommunikationssystem	Zentr./Dezentr. von Planungs-, Entscheidungs-, Ausführungs- und Kontrollaufgaben; multilaterale Arbeits- und Kommunikationsbeziehungen
Tolerance of Uncertainty	Großzügigkeit gegenüber Ungewißheiten und Verzögerungen (Vorgesetzter toleriert zeitliche Verschiebungen der Aufgabenerfüllung und Ungewißheiten des Ergebnisses; er befreit die Mitarbeiter von Angstgefühlen bei zeitlichen Verspätungen und in Situationen niedriger Voraussagbarkeit)	Organisationsgrad, Formalisierungsgrad	Management by Exception, flexible Planung, kurzfristige Anpassung
Representation	Vertretung der Gruppeninteressen (Vorgesetzter spricht und handelt als Beauftragter der Mitarbeiter)	Zentr./Dezentr. von Rang, Phase	Einführung von Gruppensitzungen und -entscheidungen, indirekt: Einführung der Vorgesetztenbeurteilung

Fortsetzung nächste Seite

Fortsetzung

Tolerance of Member Freedom	Großzügigkeit gegenüber dem freien Handeln der Mitarbeiter (Vorgesetzter gewährt den Mitarbeitern Spielraum, initiativ bei Entscheidungen und Handlungen (auch außerhalb der Aufgabe) tätig zu werden)	Organisationsgrad, Formalisierungsgrad; Zentr./Dezentr. von Rang, Phase (generell von Aufgaben)	Management by Objectives, Management by Exception;
Persuasiveness	Überredung und Überzeugung (Vorgesetzter benutzt Argumente und überredet auch, um Mitarbeiter zu beeinflussen)	Kommunikationssystem	Anreiz-Beitrags-Maßnahmen, Kommunikationsbeziehungen
Reconciliation of Conflicting Demands	Beilegung von Störungen und Konflikten der Organisation (Vorgesetzter gleicht konfliktäre Forderungen aus und führt die Organisation wieder zum Gleichgewicht zurück)	Kommunikationssystem	Koordinations-, Konfliktstelle, Kommissionen, Beschwerdewege
Predictive Accuracy	Treffsicherheit in der Vorhersage des Ausganges von Ereignissen und Trends (Vorgesetzter sieht Entwicklungen voraus und sagt Ereignisse genau vorher)		Institutionalisierung von Planungstätigkeiten; Intensivierung der Datengewinnung; Ausbildung
Initiating Structure	a) Arbeitsstimulierende Aktivität (Vorgesetzter gibt Regeln und Arbeitsanweisungen; läßt jeden Mitarbeiter wissen, was von ihm erwartet wird)	Organisationsziel, Aufgabenbezug, Kommunikationssystem	Leistungsplanung und -beurteilung, Verwendung von Stellenbeschreibungen und Funktionendiagramme, Einführung von Anreizsystemen
	b) Arbeitsdruck und Kontrolle	Zentr./Dezentr. von Phase	Zentr./Dezentr. von Planungs- und Kontrolltätigkeiten, Einführung von Kontrollverfahren, zeitliche Regelung der Planung und Kontrolle

Abb. 18. Entsprechung von sozialpsychologischen und organisatorischen Dimensionen des Führungsverhaltens

besteht die Gefahr, daß Verfahren angewendet werden, die zielinadäquat sind und zu verzerrten Ergebnissen führen.

Von der Vielzahl möglicher Ziele (Übersicht bei Überla, Faktorenanalyse, S. 355 ff.) interessiert im Rahmen der Führungsforschung insbesondere das der ‚Neustrukturierung eines noch wenig bekannten Gebietes‘. Unter dieser Zielsetzung sind aus den denkbaren Merkmalen des Führungsverhaltens die typischen auszuwählen. Die Frage, welche Merkmale typisch sind, hat besonderes Gewicht, da durch die Merkmalsauswahl die später zu ermittelnden Faktoren bereits festgelegt werden. Diese stellen dann Hypothesen über das Zueinander der Merkmale innerhalb des gewählten Bereichs dar. Gerade zur Neustrukturierung und Hypothesenbildung ist die Forderung zu berücksichtigen, daß man möglichst verschiedenartige Variable einbezieht, die mit dem abgesteckten Forschungsbereich zu tun haben (Überla, Faktorenanalyse, S. 358); hierbei ist darauf zu achten, daß bestimmte Variable nicht bevorzugt werden. Diese Forderung scheint in der Untersuchung von *Fittkau-Garthe* (Dimensionen, S. 12 ff.) erfüllt zu sein.

12. *Rechentechnische Durchführung der FA*

Die bei jeder FA auftretenden statistisch-rechnerischen Probleme lassen sich entsprechend dem Ablauf der FA in vier Hauptprobleme einteilen:
– das Kommunalitätenproblem,
– das Faktorenproblem,
– das Rotationsproblem,
– das Problem der Schätzung von Faktorenwerten.

Das Kommunalitätenproblem

Die Kommunalität (Gemeinsamkeit) ist ein Varianzmaß. Sie stellt den Teil der Einheitsvarianz einer Variablen dar, der mit den gemeinsamen Faktoren geteilt wird und läßt sich als Summe der Quadrate der Ladungen der gemeinsamen Faktoren bestimmen (Überla, Faktorenanalyse, S. 57). Als Varianzmaß können die Kommunalitäten alle Werte zwischen 0 und 1 annehmen.

Da die Ladungen vorher nicht bekannt sind, können die Kommunalitäten zunächst nur geschätzt werden. Fehlschätzungen bewirken Verzerrungen der Ergebnisse. Wählt man die Kommunalität zu hoch, wird ein Teil der Einheitsvarianz zur gemeinsamen Varianz gerechnet; dadurch wird das Faktorenmuster verändert. Wählt man die Kommunalität zu niedrig, geht ein Teil der gemeinsamen Varianz für die Bestimmung der Faktoren verloren (Überla, Faktorenanalyse, S. 162).

Da mit zunehmender Variablenzahl der Einfluß ungenauer Kommunalitätenschätzung jedoch immer geringer wird (und sich durch eine anschließende Rotation weiter vermindert), kommt es nur darauf an, genügend Variable (ca. 20) in die Untersuchung einzubeziehen. In der Untersuchung von *Fittkau-Garthe* werden weit mehr als 20 Variable berücksichtigt (vgl. z. B. Fragebogen 1). Insofern ist auch die einfache Art der Kommunalitätenschätzung (alle mit „1“; Fittkau-Garthe, Dimensionen, S. 55, S. 95) vertretbar.

Das Faktorenproblem

Beim Faktorenproblem geht es darum, aus den Merkmalen nach bestimmten Methoden die Faktoren zu extrahieren. Dies ist gleichbedeutend mit der Festlegung der Anzahl und Art der Koordinatenachsen, die zur Darstellung der Korrelationen zwischen den Merkmalen notwendig sind. Hierzu gibt es eine Reihe von Methoden.

Als Standardverfahren gilt heute die *Hauptachsenmethode*, die die einfachere *Zentroidmethode* aufgrund der nicht exakten und eindeutigen Ergebnisse abgelöst hat. Die Hauptachsenmethode wurde auch in der Untersuchung von *Fittkau-Garthe* verwandt (Dimensionen, S. 67, S. 95). Der Nachteil beider Methoden liegt darin, daß sie das Stichprobenproblem nicht berücksichtigen. Dadurch kann nicht exakt entschieden werden, wieviele Faktoren zur Darstellung zwischen den in die Untersuchung einbezogenen Merkmalen genügen (Überla, Faktorenanalyse, S. 146). In dieser Hinsicht sind die neueren Verfahren (z. B. Maximum-Likelihood-Methode, vgl. Weber, Faktorenanalyse, S. 39 ff.) überlegen. Allerdings erfordert ihr Einsatz bereits die Verwendung einer Großrechenanlage mit entsprechenden Programmen.

Bei der Zentroid- und der Hauptachsenmethode stellt sich das Problem, wann aus den Variablen (Merkmalen) genügend Faktoren extrahiert sind. Eine allgemein gültige Methode für die Bestimmung der Zahl der zu extrahierenden Faktoren existiert nicht, vielmehr werden verschiedene Verfahren angewendet.

Ein Verfahren z. B. ist, daß 90 % der Gesamtvarianz zu extrahieren und nur solche Faktoren zu berücksichtigen sind, die mehr als 5 % der Gesamtvarianz enthalten. Diese Regel, die häufig verwendet wird, läßt sich nur schwer begründen und ist bis zu einem gewissen Grad willkürlich. In der Untersuchung von *Fittkau-Garthe* wird dieser Regel nicht genügt (selbst bei der 5-Faktorenlösung werden nur 60 % der Gesamtvarianz erreicht, Fittkau-Garthe, Dimensionen, S. 102).

Die Extraktion wurde zusätzlich dadurch erschwert, daß die FA als mehrstufiger Prozeß eine Entscheidung über die Zahl der beizubehaltenden Faktoren auf verschiedenen Ebenen zuläßt (z. B. Ebene der Rotation zur Einfachstruktur). Klare Angaben für die Extraktion auf den einzelnen Ebenen aber fehlen.

Das Rotationsproblem

Die Extraktion führt zu einem Faktorenmuster, in dem die Faktoren orthogonal sind und eine durch die Methode bedingte Varianzaufteilung haben. Ein solches Faktorenmuster ist im allgemeinen nicht interpretierbar. Die Rotation (grafisch: Drehung der Koordinaten um ihren Ursprung) versucht, das Koordinatensystem nun so zu lokalisieren, daß es die Variablen möglichst einfach und eindeutig beschreibt.

Als Hauptschwierigkeit stellt sich die Frage, nach welchen Kriterien zu rotieren ist. Hier spielt das Konzept der ‚Einfachstruktur' eine herausragende Rolle; daneben sind in der Literatur weitere Rotationskriterien bekannt (Überla, Faktorenanalyse, S. 166).

Für eine orthogonale Annäherung zur Einfachstruktur wird heute allgemein das Varimax-Kriterium von *Kaiser* angewandt. Für die Praxis sieht *Überla* darüber hinaus den Test von *Bargmann* zur Prüfung der Signifikanz der Einfachstruktur als sehr wichtig an (Überla, Faktorenanalyse, S. 185 ff.). Mit diesem Test wird – eine ordnungsgemäße Rotation vorausgesetzt – die Struktur der Variablenvektoren darauf geprüft, ob sie zufällig oder ob sie geordnet ist.

In der deutschen faktorenanalytischen Literatur sind kaum Untersuchungen bekannt, die diesen Test benutzten. Auch *Fittkau-Garthe* (Dimensionen, S. 110 f.) führte nur eine Varimax-Rotation, verbunden mit einer Ähnlichkeitsrotation nach *Kaiser,*, durch.

Das Problem der Schätzung von Faktorenwerten

In den meisten Untersuchungen - so bei *Fittkau-Garthe* - wird auf die Errechnung der Faktorenwerte verzichtet. Ein unmittelbarer Nutzen für die Interpretation ist davon auch nicht zu erwarten. Die Schätzung der Faktorenwerte ist jedoch immer dann angebracht, wenn man die Ergebnisse eines ersten Experiments auf ein zweites übertragen will und dabei den Arbeitsaufwand reduzieren möchte.

2. Probleme der Interpretation der FA

21. *Genauigkeit des faktorenanalytischen Modells*

Ein heute noch weitgehend ungelöstes Problem ist, wie genau die FA die tatsächlichen Faktorenwerte ermittelt. Mit Simulationen auf einer EDV lassen sich in Modellrechnungen zwar Korrelation zwischen geschätzten und tatsächlichen Faktorenwerten ermitteln. Im allgemeinen kennt man aber die tatsächlichen Faktorenwerte nicht. Aussagen zur Validität der faktorenanalytischen Lösung fehlen weitgehend. Man kann zwar feststellen, wie genau man einen Faktor schätzen kann, aber nicht, wie genau diese Schätzung den Faktor tatsächlich trifft. Immerhin lassen sich durch einen Vergleich der tatsächlichen standardisierten Datenmatrix mit der geschätzten standardisierten Datenmatrix eine Reihe von Beziehungen aufstellen, die für die Beurteilung einer faktorenanalytischen Lösung interessant sind (Überla, Faktorenanalyse, S. 321).

22. *Verwendung qualitativer Daten in der FA*

Bei der Durchführung der FA rechnet man mit quantitativ bestimmten Variablen (Merkmalen) im Sinne von Intervallskalen (Abstand zwischen zwei Punkten, die sich um den Betrag 1 unterscheiden, ist überall auf der Skala gleich). Für die Einschätzung des Führungsverhaltens auf einer Skala von 1 (‚fast immer vorhanden') bis 5 (‚fast nie') z. B. für das Merkmal ‚Kritik schlechter Arbeit' steht jedoch nur eine Ordinalskala zur Verfügung. Die meisten psychologischen Größen lassen sich nicht genauer fassen. Da der faktorenanalytische Ansatz im allgemeinen von einer Korrelationsmatrix ausgeht, Korrelationskoeffizienten aber nur von Intervallskalen berechnet werden können, dürfte eine FA auf der Basis einer Ordinalskala Fehler mit sich bringen. Welcher Art die Fehler sind, ist bis heute noch nicht genau geklärt. Eine Interpretation müßte auf die entstehenden Ungenauigkeiten oder Veränderungen des Faktorenmusters hinweisen.

23. *Heterogenität von Faktoren*

Zu fragen ist spätestens bei der Interpretation, inwieweit ein Faktor durch Heterogenität der Ausgangsmerkmale zustande kommt. Heterogenität ist kein Einwand gegen die FA an sich. Sie kann durch ein geeignetes Verfahren – insbesondere bei klaren Strukturen – vermieden werden (Überla, Faktorenanalyse, S. 317).

24. *Reproduzierbarkeit der Faktoren*

Zu fragen ist, inwieweit die ermittelten Faktoren in wiederholten Stichproben der gleichen Grundgesamtheit auftreten. Die Reproduzierbarkeit ist eine Minimalbedingung für die Interpretation eines Faktors. Eine einzige Analyse genügt nicht für den Nachweis eines Faktors, der interpretiert werden soll. Freilich ist das Problem der Identifizierung von Faktoren aus verschiedenen Analysen noch ungenügend gelöst. Man kann verschiedene Fälle unterscheiden (Überla, Faktorenanalyse, S. 362):
– die untersuchten Personen sind in zwei Analysen gleich und die verwendeten Variablen unterschiedlich,
– die Variablen sind gleich und die Personen unterschiedlich,
– Mischformen.
Die Mischformen treten am häufigsten auf (vgl. z. B. die verschiedenen Untersuchungen zum Vorgesetztenverhalten in den USA mit unterschiedlichen Merkmalen und unterschiedlichen Personen). Die Ergebnisse lassen sich nicht direkt vergleichen.

3. Übersicht über Schwachstellen der FA

Die folgende Übersicht vermittelt neben dem Ablauf der FA in einzelnen Schritten gleichzeitig einen Überblick über die vielfältigen Fehlermöglichkeiten bei unsachgemäßem Vorgehen (Abb. 19).

Faktorenanalyse			
I. Fragen vor der Analyse	*II. Fragen zur technischen Beurteilung*	*III. Fragen zur Interpretation*	*IV. Fragen zur Verifizierung*
1. Ziel?	9. Übliche Technik?	16. Faktor durch rechnerischen Verknüpfung?	22. Faktor reproduzierbar bei Stichproben aus gleicher Grundgesamtheit?
2. Variablenauswahl?	10. Varianzanteile der Faktoren?		
3. Sachinformationen?	11. Einfachstruktur der Faktoren?	17. Faktor durch Meßinstrumente?	
4. Fehlerkontrolle?	12. Schätzgenauigkeiten der Faktoren?	18. Faktor durch trivialen funktionellen Zusammenhang?	23. Variation des Faktors in verschiedenen Gruppen (Alter, Geschlecht usw.
5. Reliabilitäten?	13. Reproduktion der Datenmatrix?		
6. Ein- und zweidimensional bearbeitet?	14. Variation der Variablenauswahl?	19. Faktor durch Heterogenität?	24. Experimente zur endgültigen Abklärung eines Faktors?
7. Andere multivariante Verfahren?	15. Einschluß von Zufallsvariablen?	20. Markierungsvariablen?	
8. Heterogenität des Materials?		21. Sachlich neuer Faktor?	

Abb. 19. Vorgehen und Schwachstellen der FA (entnommen: Überla, Faktorenanalyse, S. 357)

2.2.1.2 Bildung einzelner Führungsstiltypen und ihre Zuordnung zum autoritären/kooperativen Bereich

Die in einem Führungsstiltypus vertretene Anzahl unabhängiger Merkmale richtet sich jeweils nach dem Untersuchungszweck. Da hier einerseits eine differenziertere Ordnung der vielfältigen Erscheinungen des Führungsverhaltens angestrebt wird als es die eindimensionale Betrachtung gestattet, und andererseits die Unterscheidung einen praktischen Wert haben soll, ist die Anzahl zu verwendender Merkmale mindestens zwei, jedoch eng begrenzt.

Zu fragen ist, ob die zweidimensionale Betrachtung in jedem Fall genügt, da sie vor allem Gültigkeit für die unteren Managementebenen aufweist. In einer Reihe amerikanischer Untersuchungen scheint man – auch für höhere Managementebenen – dieser Meinung zu sein. Allerdings sind Untersuchungen zum Führungsverhalten von Top Managern ausgesprochen selten. Der Grund für die Beschränkung auf nur zwei Dimensionen (Consideration, Initiating Structure) dürfte vornehmlich in der zu bearbeitenden Datenfülle liegen. Eine etwas stärkere Differenzierung wäre in manchen Untersuchungen angebracht.

Das Hauptmerkmal ‚Consideration' enthält – wie in Pkt. 2.2.1.1.1 beschrieben – sowohl den Gesichtspunkt der „emotionellen Zuwendung" als auch den der Gewährung von „Mitentscheidung und -beteiligung". Das Hauptmerkmal „Initiating Structure" läßt sich aufspalten in die beiden Einzelmerkmale „Arbeitsstimulierende Aktivität" und „Hierarchische Kontrolle und äußerer Druck".

Betrachtet man diese vier Einzelmerkmale als unabhängige Hauptmerkmale, was aufgrund der hohen Merkmalsladungen nach der 4-Faktoren-Varimax-Lösung gerechtfertigt ist, hat man ein differenziertes Konzept zur Bildung von Führungsstilen.

Abb. 20 gibt die Merkmalsladungen der in Fragebogen 1 beschriebenen Variablen für die vier genannten Hauptmerkmale M_1-M_4 an; dabei bedeuten:

Die vier Hauptmerkmale des Führungsverhaltens		Anteil an der Gesamtvarianz (57 %)
M_1:	Freundliche Zuwendung und Respektierung der Gefühle der unterstellten Mitarbeiter	25 %
M_2:	Arbeitsstimulierende Aktivität	14 %
M_3:	Kontrolle und äußerer Druck	7 %
M_4:	Gewährung echter Beteiligung	11 %

Abb. 20. Varianzanteile der vier Hauptmerkmale des Führungsverhaltens (Fittkau-Garthe, Dimensionen, S. 105)

M_1 und M_4 entsprechen dem Hauptmerkmal ‚Consideration',
M_2 und M_3 dem Hauptmerkmal ‚Initiating Structure'.

Bevor alternativ konkrete Führungsstiltypen mithilfe

1. der beiden Hauptdimensionen „Consideration" und „Initiating Structure"
bzw.

2. den vier Hauptdimensionen M_1 (Freundliche Zuwendung), M_2 (Aktivität), M_3 (Kontrolle) und M_4 (Beteiligung)

gebildet werden, ist die Anzahl der Ausprägungen jeder Merkmalsdimension festzulegen. Die Merkmale sind als Stufenmerkmale anzusehen, die einer intensitäts-
mäßigen Abstufung zugänglich sind. Die Abstufungen können beliebig gewählt
werden.

Zu 1. Werden nur die beiden Hauptmerkmale
– „Consideration" und
– „Initiating Structure"
miteinander kombiniert, empfiehlt es sich im Interesse einer differenzierten
Betrachtung, viele Ausprägungsgrade festzulegen.

Einen geeigneten Ansatz hierfür liefern *Blake/Mouton* (Verhaltenspsychologie,
S. 22 f.), die 9 Ausprägungsgrade verwenden und durch Ziffern festlegen (1: nied-
rigste Intensität, ..., 9: höchste Intensität). Durch Kombination der jeweiligen
Ausprägungsgrade der beiden Merkmale erhalten sie Ausdrücke wie 1.1, 9.1, 1.5,
usw., die als Bezeichnung eines bestimmten Führungsstils verwendet werden. Das
„Verhaltensgitter" von *Blake/Mouton* liefert eine grafische Darstellung dieser
Führungsstile und insgesamt eine Führungsstiltypologie nach 2 Merkmalen mit je 9
Ausprägungen. *Blake/Mouton* selbst beschäftigen sich nur mit 5 von den 81
möglichen Führungsstiltypen näher (ausführlich: Punkt 2.2.2.2). Dies deutet
bereits darauf hin, daß für praktische Zwecke die volle Skala der 81 Führungsstiltypen nicht ausgeschöpft wird.

Versucht man, in dieses Schema der 81 Führungsstiltypen (Abb. 21) die vielfältigen
autoritären bzw. kooperativen Führungsstile einzuordnen, wird deutlich, daß ein

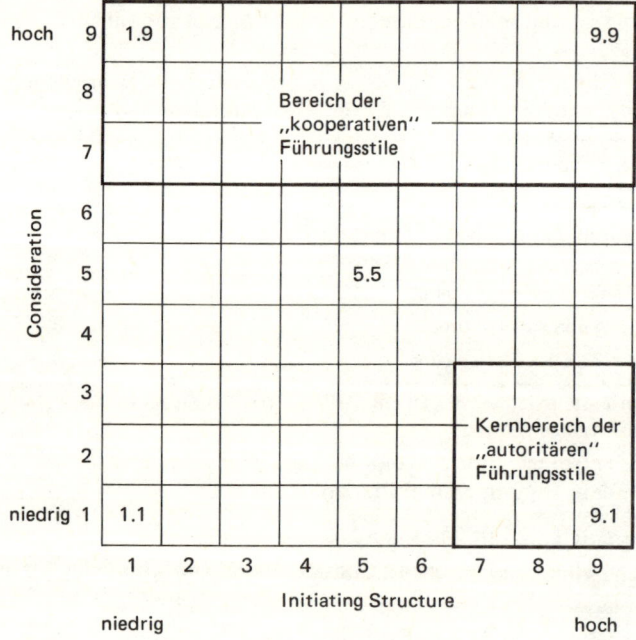

Abb. 21. Zweidimensionales Führungsraster

einziges Teilquadrat zur Kennzeichnung nicht ausreicht, vielmehr muß für jeden der eindimensionalen Führungsstile ein größerer Bereich reserviert werden. Das in *ein-dimensionaler Sicht* dominierende Hauptmerkmal „Art der Willensbildung" findet sich in *zweidimensionaler Sicht* im Merkmal „Consideration" wieder. Da die Formen des autoritären Führungsstils dieses Merkmal nur in geringem Maß aufweisen und zusätzlich durch ein hohes Maß an *Fremdkontrolle* gekennzeichnet sind, dürfte im Schema der Bereich rechts unten den autoritären Führungsvorstellungen in etwa entsprechen. Umgekehrt entspricht die kollegiale Art der Willensbildung beim kooperativen Führungsstil einem hohen Ausmaß an „Consideration", während über die „Arbeitsaktivität" keine genaue Aussage gemacht wird. Die „Kontrolle" tendiert zur Selbstkontrolle, was in Abb. 21 beim 9.9-Führungsstil nicht zum Ausdruck kommt; die unterschiedliche Qualität einer Dimension läßt sich im zweidimensionalen Raum nicht abbilden.

Zu 2. Werden die vier Merkmale
– M_1 : (Zuwendung)
– M_2 : (Aktivität)
– M_3 : (Kontrolle)
– M_4 : (Beteiligung)

miteinander kombiniert, ist aus Übersichtsgründen eine differenzierte Abstufung jedes Merkmals in 9 Grade nicht mehr ratsam. Sinnvoll erscheint nur noch eine dreifache Abstufung (1: niedrige Intensität, 2: mittlere Intensität, 3: hohe Intensität), die ebenfalls zu 81 Führungsstiltypen führt ($K = 3^4 = 81$; K = Anzahl der Kombinationstypen); bei nur zwei Abstufungen würden nur *Extrem*ausprägungen miteinander kombiniert, bei fünf Abstufungen würden sich bereits 625 Führungsstiltypen ($K = 5^4 = 625$) ergeben. Bei dreifacher Abstufung jedes Merkmals ist jeder Führungsstiltyp durch vier Ziffern zu beschreiben, z. B. 1.3.3.1. Dieser Führungsstiltyp entspricht dem 9.1.-Führungsstiltyp, wenn die Reihenfolge der vier Merkmale wie folgt festgelegt ist: M_1 (Zuwendung), M_2 (Aktivität), M_3 (Kontrolle), M_4 (Beteiligung). Diese Reihenfolge wird im weiteren verwendet.

Grafisch lassen sich Führungsstiltypen nach vier unabhängigen Merkmalen nicht mehr so anschaulich darstellen wie nach nur zweien. Bei vier und mehr Merkmalen sind Darstellungen in Form von Matrizen, Vektoren u. a. zu wählen. Ebenfalls können Führungsprofile erstellt werden. Transferiert man vierdimensionale Führungsstile in die geläufige eindimensionale Ebene, gehören zum

– autoritären Bereich: der 1.3.3.1-Führungsstil
                          2.3.3.1-Führungsstil
– kooperativen Bereich: der 3.1.1.3-Führungsstil
                          3.2.1.3-Führungsstil
                          3.3.1.3-Führungsstil
                          (2.1.1.3-Führungsstil)
                          (2.2.1.3-Führungsstil)
                          (2.3.1.3-Führungsstil)
                          (1.3.1.3-Führungsstil)

Grafisch entsprechen diesen Führungsstilen folgende Führungsprofile:

Autoritäre Führungsstile   Kooperative Führungsstile

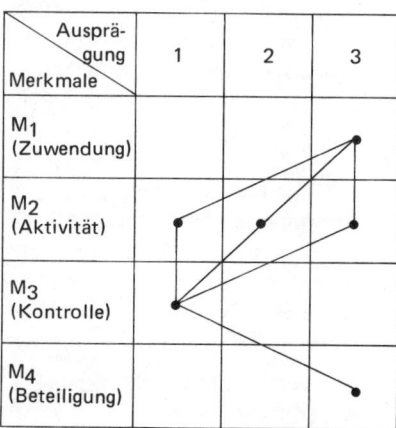

Abb. 22. Vierdimensionale Führungsstile

Für die praktische Arbeit erscheint es sinnvoll, nicht von vornherein auf diese vier
Merkmalsdimensionen abzustellen, sondern zunächst nur nach den beiden Haupt-
merkmalen „Consideration" und „Initiating Structure" zu differenzieren. Von Fall
zu Fall ist dann die Auflösung in die vier Merkmalsdimensionen vorzunehmen.

2.2.2 Eigenständige mehrdimensionale Konzepte

2.2.2.1 Theorie X – Theorie Y

Jedem Führungsstil liegt ein Bündel von Annahmen über menschliches Handeln
und Verhalten zugrunde. Ein Vorgesetzter kann nur dann auf Dauer einen
bestimmten Führungsstil glaubhaft praktizieren, wenn er von seiner Einstellung her
mit diesen Annahmen übereinstimmt (zur Möglichkeit des Führens mithilfe einer
‚Führungsfassade' vgl. Blake/Mouton, Verhaltensgitter, S. 181 ff.).
Mit seinem Konzept von der ‚Theorie X – Theorie Y' versucht *McGregor* (Mensch,
S. 47 ff.), die den verschiedenen Führungsstilen zugrunde liegenden Auffassungen
über die Natur des Menschen zu verdeutlichen.
Bei der ‚Theorie X – Theorie Y' handelt es sich um eine ‚Theorie der Arbeitsmotivation', die, wenngleich ungenügend abgesichert und wissenschaftstheoretisch ohne
großen Anspruch, in der Führungs- und Organisationsliteratur wie -praxis weite
Verbreitung gefunden hat.
Der Ansatz, der als *normativ* zu bezeichnen ist, beinhaltet von der Anlage her ein
zweidimensionales Konzept zur Erklärung des Führungsverhaltens. Allerdings
beschränkt sich die Betrachtung nur auf zwei Extrempunkte des Führungsraums:
– auf den 9.1-Führungsstil (entspricht der ‚Theorie X') und
– auf den 9.9-Führungsstil (entspricht der ‚Theorie Y').
Nachfolgend sind die Kernsätze einander gegenübergestellt (McGregor, Mensch,
S. 47 ff.):

Theorie X (Führung durch Kontrolle)	Theorie Y (Führung durch Motivation)
(1) Der Durchschnittsmensch hat ein angeborenes Mißvergnügen an der Arbeit und vermeidet sie, soweit er kann.	(1) Sich physisch und geistig zu verausgaben, ist so natürlich wie der ständige Wechsel zwischen Spiel und Ruhe. Der Durchschnittsmensch lehnt nicht von Natur jede Arbeit ab. Unter kontrollierbaren Bedingungen erlebt er sie entweder als Quelle der Zufriedenheit (und erledigt sie gern), oder er empfindet sie als Strafe (und vermeidet sie, wenn er kann).
(2) Deshalb müssen die meisten Leute unter Druck gesetzt, kontrolliert, dirigiert und mit Strafen bedroht werden, damit sie sich für die Organisationsziele mit angemessener Anstrengung einsetzen.	(2) Kontrolle durch andere und Angst vor Strafe sind nicht die einzigen Mittel, um eine Leistung zu bewirken. Der Mensch ist leistungswillig und bereit, Selbstkontrolle auszuüben bei der Verwirklichung von Zielen, mit denen er sich identifiziert.
	(3) Der persönliche Einsatz für ein Ziel richtet sich nach der Belohnung, die man davon erwartet. Die bedeutendsten Belohnungen, z. B. Freude an der eigenen Leistung, Entfaltung der eigenen Persönlichkeit, können die direkte Folge des persönlichen Einsatzes für die Organisationsziele sein.
(3) Der Durchschnittsmensch zieht es vor, gelenkt zu werden. Er neigt dazu, der Verantwortung auszuweichen. Er hat wenig Ehrgeiz und wünscht sich vor allem Sicherheit.	(4) Menschen lernen unter geeigneten Bedingungen nicht nur, Verantwortung zu übernehmen, sondern auch nach Verantwortung zu suchen. Scheu vor der Verantwortung, mangelnder Ehrgeiz und Sicherheitsstreben sind im allgemeinen eine Folge von Erfahrungen, nicht dagegen angeborene menschliche Eigenschaften.
	(5) Die Fähigkeit, ein hohes Maß an Vorstellungskraft, Einfallsreichtum und Gestaltungsfähigkeit zu entfalten, ist unter Menschen weitverbreitet; jedoch werden diese Fähigkeiten in der industriellen Welt nur teilweise genutzt.

Während nach Theorie X der ‚Fabrikarbeiter der Vergangenheit' geführt werden konnte, der primär durch Geld und Strafe zu motivieren war, basiert die ‚zeitgemäßere' Theorie Y auf der Kenntnis der menschlichen Bedürfnisse. Dabei wird davon ausgegangen, daß der Mensch unendlich begehrlich ist: sobald eines seiner Bedürfnisse befriedigt ist, tritt ein anderes an dessen Stelle. Dieser Vorgang nimmt kein Ende.
McGregor nimmt an, daß die menschlichen Bedürfnisse in einer Rangfolge abgestuft sind – in einer Hierarchie ihrer Wichtigkeit (Maslow-Konzept; Maslow, Motivation, S. 80 ff.).

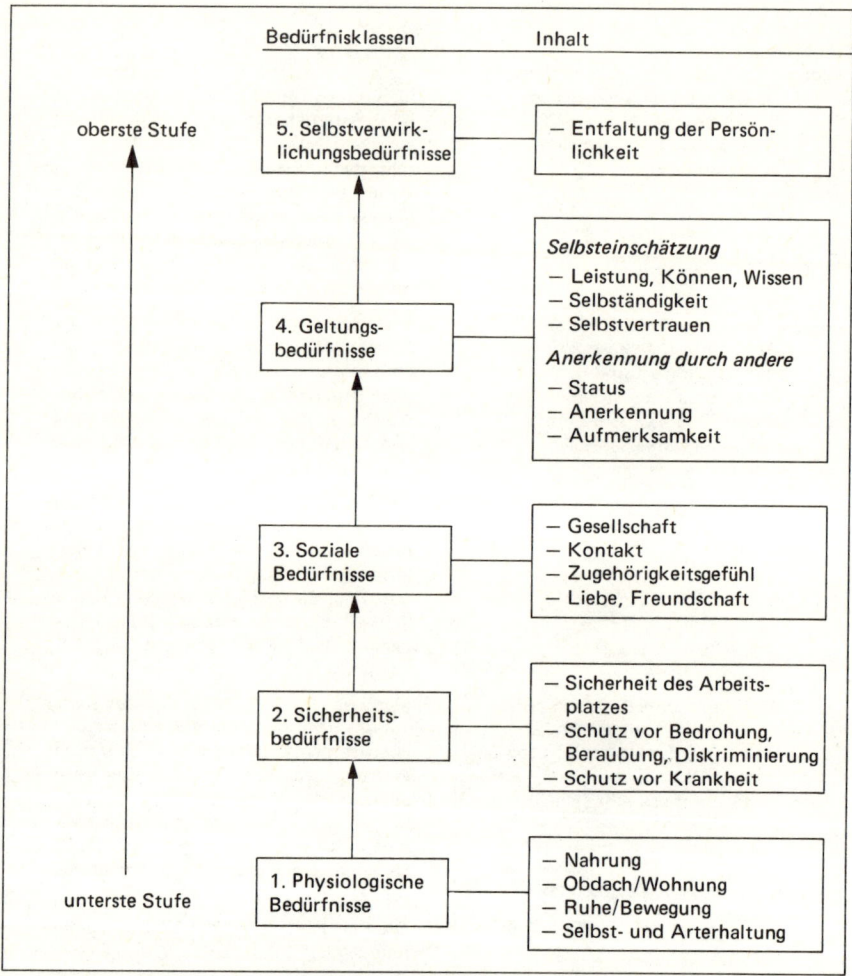

Abb. 23. Bedürfnishierarchie nach MASLOW

Die Stufung besagt, daß die Bedürfnisse auf der nächsthöheren Ebene erst dann das
Verhalten des Menschen zu bestimmen beginnen, wenn die Bedürfnisse der unter-
geordneten Ebenen hinreichend erfüllt sind. Werden Bedürfnisse aus zwei verschie-
denen Bedürfniskategorien gleichzeitig wirksam, sucht das Individuum zunächst
Maßnahmen zur Befriedigung des Bedürfnisses der niedrigeren Kategorie. (Zur
Kritik vgl. Alderfer, Test, S. 142 ff.)
Für die Mitarbeiterführung folgt aus der Existenz der verschiedenen Bedürfnis-
kategorien, daß die Vorgesetzten die spezifischen Grundmotive ihrer Mitarbeiter

als motivationale Bedingungen des Führungsprozesses berücksichtigen müssen. Nach *McGregor* ergeben sich dann folgende Leitlinien für die Mitarbeiterführung (Mensch, S. 63 ff.):

Theorie X	Theorie Y
(1) Das zentrale Führungsprinzip besteht aus *Anleitung und Kontrolle,* die nur mit Amtsautorität durchgesetzt werden können.	(1) Das zentrale Führungsprinzip besteht in der *Integration:* Die Schaffung solcher Bedingungen, unter denen die Mitglieder der Organisation ihre Anstrengungen so ausrichten, daß sie ihre eigenen Bedürfnisse im Rahmen der Gesamtleistung erreichen können.
(2) Die organisatorischen Erfordernisse bestehen *ohne Rücksicht auf die Bedürfnisse* der Organisierten. Für die gebotene Belohnung akzeptiert der Mensch Autorität und Kontrolle.	(2) Die Organisation wird in dem Maße leistungsfähiger, in dem die persönlichen *Wünsche und Ziele ihrer Mitarbeiter* berücksichtigt werden.
(3) Ungenutzte Fähigkeiten gibt es nicht, und deshalb besteht auch *kein Grund, Zeit, Geld und Anstrengungen zu investieren,* um eventuelle Fähigkeiten voll zu nutzen.	(3) Das Management ist herausgefordert, Neuerungen einzuführen *(Innovationen),* neue Möglichkeiten der Zusammenarbeit zu entdecken und den menschlichen Einsatz anzuleiten.

Abb. 24. Leitlinien der Mitarbeiterführung nach McGregor

Während die Kritik *McGregor*s an der Theorie X heute allgemein − vor allem aufgrund des Erkenntniszuwachses der Sozialwissenschaften − geteilt wird, bleibt die Frage, wie für spezifische Arbeitssituationen die Theorie Y auszugestalten ist. Die Verwirklichung der *Integrationsforderung* bereitet z. B. immense Schwierigkeiten, wie sich aus Pkt. 3.8.2. ergibt.

2.2.2.2 Das Verhaltensgitter

Gegenüber der Theorie Y nehmen sich die beiden folgenden Konzepte konkreter aus.

Blake/Mouton liefern mit ihrem Verhaltensgitter grafisch eine adäquate zweidimensionale Betrachtungsweise des Führungsverhaltens (zum Aufbau des Verhaltensgitters vgl. Pkt. 2.2.1.2).

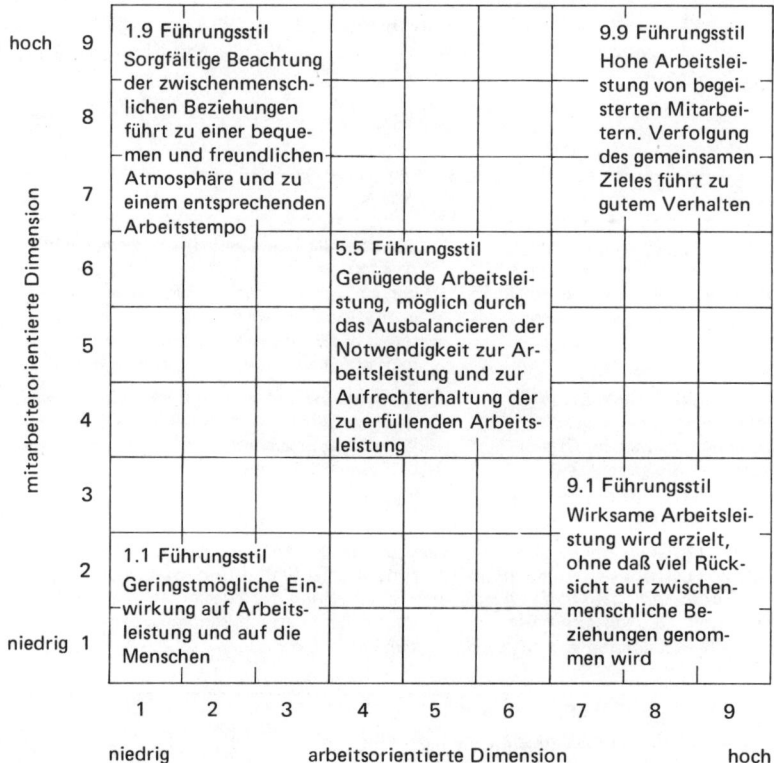

Abb. 25. Das Verhaltensgitter
        (entnommen: Blake/Mouton, Verhaltenspsychologie, S. 33)

Die Kennzeichnung der fünf herausgehobenen Führungsstile als Ziffernkombina-
tionen erfolgt in der Weise, daß vor dem Punkt die Ausprägung der Arbeits-
orientierung und hinter dem Punkt die Ausprägung der Mitarbeiterorientierung des
Vorgesetzten steht. Die einzelnen Führungsstile lassen sich in Kurzform (hinsichtlich der Größen: Entscheidung, Überzeugung, Anstrengung, Konflikt und Emo-
tionen) wie folgt beschreiben (ausführlich: Blake/Mouton, Verhaltenspsychologie,
S. 13 ff., S. 29 ff.):

1.1- Füh- rungs- stil	– Vorgesetzter akzeptiert die Entscheidungen anderer. – Er schließt sich den Meinungen, Verhaltensweisen und Vorstellungen anderer an und versucht, nicht Partei zu sein. – Er strengt sich nur soweit wie unbedingt nötig an. – Wenn Konflikte auftauchen, versucht er, neutral zu bleiben und sich herauszuhalten. – Da er sich aus allem heraushält, regt er sich nur selten auf.

Ein 1.1-Vorgesetzter ist in keiner Weise engagiert: Weder interessieren ihn die
Arbeitsleistung noch die zwischenmenschlichen bzw. sozialen Belange seiner Mitarbeiter. Aufgrund dieser Gleichgültigkeit vermag er auch niemanden zu überzeugen. Sein einziges Ziel besteht darin, möglichst unauffällig zu bleiben und die Mit-

gliedschaft zur Organisation aufrechtzuerhalten. Die Arbeit ähnelt der eines Boten: Informationen, Ratschläge, Anordnungen usw., die von oben kommen, gibt er lediglich an die Mitarbeiter weiter. Umgekehrt wird dem nächsthöheren Vorgesetzten nur auf dessen Verlangen Bericht erstattet. Bezeichnend für ihn ist, daß er sich für Fehler in seinem Arbeitsbereich nie verantwortlich fühlt, vielmehr die Schuld immer bei anderen sucht und findet.

In hierarchischen Strukturen kann ein derartiger Vorgesetzter mit dem typischen laissez-faire-Verhalten im Grunde nur Desinteresse verbreiten; lustlose und demotivierte Mitarbeiter sind die Folge. In Teamstrukturen ist seine Chance, der Organisation anzugehören, äußerst gering.

1.9-Füh-rungs-stil	– Vorgesetzter legt wenig Wert auf Entscheidungen, vielmehr auf gute zwischenmenschliche Beziehungen. – Er zieht es vor, Meinungen, Verhaltensweisen und Vorstellungen anderer zu übernehmen, anstatt die eigenen durchzusetzen. – Er treibt nirgends an, hilft vielmehr überall. – Er versucht, die Entstehung von Konflikten zu verhindern. Wenn trotzdem Konflikte auftreten, versucht er, die Wunden zu heilen und ein gutes Zusammenarbeiten sicherzustellen. – Er weiß, daß Spannungen Störungen verursachen. Deshalb versucht er, auf eine warme und freundliche Art zu reagieren.

Die 1.9-Orientierung basiert auf der Annahme, daß ein unaufhebbarer Widerspruch zwischen der höchstmöglichen Erfüllung der Organisationsziele und der höchstmöglichen Erfüllung der Individualziele besteht. Da für den 1.9-Vorgesetzten aufgrund einer Wertentscheidung die Individualziele höher rangieren als die Organisationsziele, versucht er, die Arbeitsbedingungen so zu gestalten, daß die Mitarbeiter daraus ihren höchsten individuellen und sozialen Nutzen ziehen. Durch sorgfältige Beachtung der zwischenmenschlichen Kontakte strebt er eine freundliche und entspannte Atmosphäre an. Insbesondere ist charakteristisch, daß er herauszufinden sucht, was seine Mitarbeiter gerne möchten, um ihnen dabei helfen zu können. Er zeigt sich entgegenkommend und folgt mehr, als daß er selbst agiert.

Während primär die Ebene der menschlich-persönlichen Motivation angesprochen wird, besteht die Gefahr, daß die Sach- und Arbeitsziele der Organisation völlig in den Hintergrund treten. Eine Sachmotivation findet kaum statt. Auch unterbleibt infolge der Konfliktvermeidungsstrategie jegliche konstruktive Kritik. Bei Fehlern vertraut der 1.9-Vorgesetzte auf die Einsicht und die Selbstheilungskräfte („die Mitarbeiter werden sich schon von alleine bessern; man darf sie nicht unter Druck setzen"). Äußerlich läßt sich dieser Führungsstil häufig an einer sehr lockeren Handhabung der formalen Arbeitsorganisation erkennen: unpünktlicher Arbeitsbeginn, ausgedehnte gegenseitige Besuche, häufiges gemeinsames Kaffeetrinken.

9.1-Füh-rungs-stil	– Vorgesetzter legt großen Wert darauf, Entscheidungen zu treffen und durchzusetzen. – Er tritt für Ideen, Meinungen und Verhaltensweisen ein, selbst wenn er dadurch jemandem auf die Zehen treten muß. – Er treibt sich und andere. – Wenn Konflikte auftreten, beseitigt er sie oder setzt sich durch. – Wenn etwas schiefläuft, verteidigt er sich, leistet Widerstand oder kommt mit Gegenargumenten.

In gleicher Weise wie bei 1.9- geht die 9.1-Orientierung von der Annahme aus, daß Organisations- und Individualziele sich nicht simultan in höchstem Maße erfüllen lassen. Da für den 9.1-Vorgesetzten die Organisationsziele vorrangig sind, versucht er, die menschlichen Elemente daran zu hindern, die Leistung negativ zu beeinflussen. Nur ein Gedanke beherrscht vordergründig seine Vorstellungen: Leistung. Entsprechend zeigt er sich ausschließlich aufgaben- und sachbezogen. Den Aufgabenvollzug plant er für die Mitarbeiter bis ins Detail und kontrolliert ständig deren Aufgabenerfüllung. Sie sollen das tun, was ihnen gesagt wird, nicht mehr und nicht weniger. Alle Fäden laufen bei ihm zusammen. Entsprechend der Theorie X hat der 9.1-Vorgesetzte eine autoritäre Stellung. Einen emotionalen Bezug, Wärme oder Kontaktbereitschaft läßt er nicht erkennen. Bei Fehlern sieht er seine Hauptaufgabe darin, sie sofort aufzudecken und die Mitarbeiter nach Möglichkeit dafür zu bestrafen. Fehlendes Eingreifen kommt in seiner Sicht einer Abdankung gleich.

Aufgeschlossene Mitarbeiter lehnen diesen Führungsstil infolge der ständigen Kontrolle, mangelnden Information, der Vernachlässigung des emotionalen Bezuges, der fehlenden Sensitivität für Gruppenprozesse und der Unterdrückung eigener Ideen und Initiativen häufig ab. Der Vorgesetzte läuft Gefahr, als ‚Fachidiot‘ empfunden zu werden.

| 5.5-Führungsstil | – Vorgesetzter legt großen Wert auf Entscheidungen, die durchführbar, wenngleich nicht immer perfekt sind.
– Bei Meinungen, Ideen oder Verhaltensweisen, die sich von den eigenen unterscheiden, nimmt er eine mittlere Position ein.
– Er versucht, ein gutes und gleichmäßiges Arbeitstempo zu erhalten.
– Wenn Konflikte auftreten, versucht er, eine für alle Seiten annehmbare Lösung zu erreichen.
– Unter Spannungen fühlt er sich unsicher, welche Richtung er einschlagen soll oder ob er seine Meinung ändern muß, um weiteren Druck zu vermeiden. |

Die Führungsorientierung des 5.5-Vorgesetzten ist eine sehr praktische. Er sucht den Kompromiß, um simultan die Organisationsziele und die Individualziele angemessen erfüllen zu können. Diese Haltung gründet sich auf die Erfahrung, daß der Fortschritt im Kompromiß liegt und extreme Positionen nur geringe Chancen der Realisierung haben. Entsprechend handelt der 5.5-Vorgesetzte in aller Regel sehr routiniert. Dabei stützt er sich stark auf formale Regeln und Anweisungen, was ihn eher als Verwalter denn als Menschenführer kennzeichnet. In manchen Situationen erscheint eine derartige Handlungsweise überholt. Generell zeigt er an allem Interesse, vermag jedoch nicht voll zu begeistern oder sich voll zu engagieren. Neuerungen wird er kaum durchsetzen.

Positiv ist zu vermerken, daß der 5.5-Vorgesetzte eine in etwa ausgewogene Atmosphäre schafft, die eine gute Basis für Gespräche und Diskussionen mit den Mitarbeitern abgibt. Gegenüber Fehlern nimmt er eine feste Haltung ein: Beim ersten Mal ist er nachsichtig und kündigt erst für die Wiederholung Sanktionen an.

| 9.9-Führungsstil | – Vorgesetzter legt großen Wert auf schöpferische Entscheidungen, die im Einverständnis getroffen werden.
– Er hört zu und sucht nach Ideen, Meinungen und Verhaltensweisen, die sich von seinen eigenen unterscheiden. Er hat klare Überzeugungen, reagiert aber auf gute Ideen, indem er seine Meinung ändert.
– Er strengt sich selbst sehr an und motiviert dadurch andere. |

– Wenn Konflikte auftreten, versucht er, die Gründe dafür herauszufinden
und die Folgen zu beseitigen.
– Wenn er erregt ist, beherrscht er sich.

Anders als bei den bisher behandelten Führungsstilen hält der 9.9-Vorgesetzte eine
höchstmögliche Erfüllung von Organisations- und Individualzielen simultan für
möglich. Unter dem Schlagwort der ‚Integration von Mensch und Arbeit' spezifiziert der 9.9-Führungsstil die Theorie Y.

Das wichtigste Kennzeichen dieses Führungsstils ist darin zu sehen, daß der Vorgesetzte versucht, die Mitarbeiter sachlich *und* persönlich im höchsten Maße zu motivieren. Da er in jeder Situation die beste und zweckdienlichste Lösung anstrebt und
nicht einfach diejenige übernimmt, die durch Tradition oder Regeln vorgegeben ist
(5.5-Stil), muß er sich bemühen, Ideen, Fähigkeiten und Initiative der Mitarbeiter
im Höchstmaß zu nutzen und in die Gesamtlösung eingehen zu lassen. Die Koordination der Beiträge der einzelnen Mitarbeiter zum gemeinsamen Handeln ist eine
wichtige Aufgabe. Dazu ist notwendig, daß im Prozeß der gemeinsamen Zielsetzung
ein hohes Maß an Verständnis für die Arbeitsziele, die Arbeitsanstrengungen, die
Eigenverantwortlichkeiten und die gemeinsame Verpflichtung vorhanden sind.
Hierdurch wird die traditionelle Einzelkontrolle weitgehend überflüssig und durch
die Form der gemeinsamen Kontrolle ersetzt. Diese Voraussetzungen mit sachli-
chem und persönlichem Engagement herzustellen bzw. aufrechtzuerhalten ist
Hauptaufgabe des 9.9-Vorgesetzten. Im gemeinsamen Arbeitsprozeß können
Konflikte dann offen ausgetragen werden, so daß sie zu neuen schöpferischen Ideen
führen. Es herrscht ein allem Neuen gegenüber aufgeschlossenes Klima.

Zusammenfassend ist zum Verhaltensgitter anzumerken: Sein Aufbau erscheint
ebenso normativ wie die Theorie Y. Es ist als Anleitung für den Vorgesetzten zu
verstehen, sich auf den 9.9-Führungsstil hin zu orientieren bzw. schulen zu lassen.
Da dieser Führungsstil aber neben tiefgreifenden personalen Verhaltensänderungen einen Abbau der Hierarchie und traditioneller Arbeitsweisen beinhaltet,
erscheint ohne umgreifende Organisationsänderungen die Verwirklichung unreali-
stisch.

2.2.2.3 System I – System IV

Mit der Beschreibung von vier Führungssystemen bzw. -stilen
– System I   : ausbeutend autoritär
– System II   : wohlwollend autoritär
– System III : beratend partizipativ
– System IV   : partizipatives Gruppensystem
liefert *Likert* (Führungsstruktur, S. 25 ff.) eine geschlossene Darstellung des Füh-
rungsverhaltens. Jedes Führungssystem wird durch Ausprägungen in 43 Merk-
malen beschrieben. Die 43 Merkmale lassen sich zu sieben Hauptgruppen zusam-
menfassen, die zum Teil in Abb. 4 enthalten und spezifiziert sind. Es handelt sich um
die Kategorien:
– Motivation
– Interaktion

– Entscheidungsbildungsprozeß
– Zielsetzung und Befehlserteilung
– Kontrolle
– Leistung

Vom Ansatz handelt her handelt es sich um ein vieldimensionales Führungskonzept, das aber von *Likert* zu einem eindimensionalen verkürzt wird, indem er aus den Antworten zu den einzelnen Merkmalen (Antwortmöglichkeiten: 1 bis 4) einen Mittelwert bildet. Das Führungsverhalten wird entsprechend dem gewonnenen Mittelwert klassifiziert (Likert, Führungsstruktur, S. 45):

System 1 umfaßt den Bereich von 1,0 bis 1,99
System 2 umfaßt den Bereich von 2,0 bis 2,99
System 3 umfaßt den Bereich von 3,0 bis 3,99
System 4 umfaßt den Bereich von 4,0 bis 4,99

Die Punktzahlen errechnen sich folgendermaßen:
$$\text{Punktzahl} = M \text{ (arithmetisches Mittel) } 4/15 + 1,0$$

Je höher (niedriger) der errechnete Punktwert, desto kooperativer (autoritärer) wird das Führungsverhalten eingeschätzt.

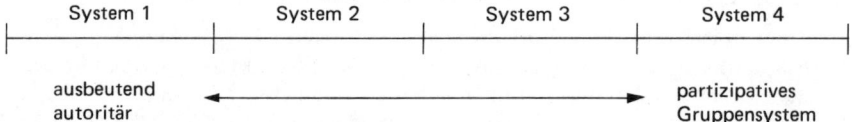

Eine Gewichtung der 43 Merkmale findet nicht statt, so daß auch keine Unterscheidung zwischen Haupt- und Nebenmerkmalen möglich ist.
Neben der Kritik der eindimensionalen Auswertung eines ursprünglich mehrdimensionalen Ansatzes ist zu bemängeln, daß die Größe ‚Leistung' ein begriffskonstituierendes Merkmal des Führungssystems ist (Abb. 26; vgl. Likert, Führungsstruktur, S. 33).

Hier wird deutlich, daß der Ansatz von *Likert* stark normativ angelegt ist. Er nimmt an, daß im Gruppensystem (System IV) die Leistung generell höher als in den anderen Führungssystemen ausfällt. Daß diese Vermutung in dieser generellen Form nicht zutrifft, ergibt sich aus den Punkten 2.1.3.2 und 2.3.2.2. Insofern ist das *Likert*-Konzept hinsichtlich seiner Ergebnisse mit Vorsicht aufzunehmen.

Merkmale	Führungssystem			
	autoritär		partizipativ	
	ausbeutend autoritär	wohlwollend autoritär	beratend	Gruppensystem
1. Motivation				
2. Kommunikation				
3. Interaktion				
4. Entscheidungsbildungsprozeß				
5. Zielsetzung und Befehlserteilung				
6. Kontrolle				
7. Leistung				
a) Produktivität	mittelmäßig	genügend bis gut	gut	ausgezeichnet
b) Absenzen und Personalfluktuation	zahlreich bzw. groß, soweit die Mitarbeiter die Möglichkeit dazu haben	mäßig	bescheiden	gering
c) Ausschußquote	verhältnismäßig groß, außer bei genauer Überwachung	ziemlich groß, außer bei Überwachung	mäßig	die Mitarbeiter bemühen sich, den Ausschuß auf einem Minimum zu halten
d) Qualitätskontrolle	zur Überwachung notwendig	für die Überwachung nützlich	zur Oberaufsicht nützlich	für die Selbstkontrolle nützlich

Abb. 26. Merkmale der Führungssysteme von LIKERT

Fragen zur Lernkontrolle zu Abschnitt 2.2

I Fragen zum Text

Können Sie eine Frage nicht beantworten, blättern Sie bitte im Text zurück!

1. Skizzieren Sie die verschiedenen Führungs‚theorien‘!
2. Weshalb erscheinen zur Ermittlung der Merkmalsdimensionen des Führungsverhaltens Befragungen im Rahmen der Soziometrie allein unzureichend?
3. Erklären Sie, weshalb die Befragung von Führungspersonen über ihr eigenes Führungsverhalten wenig aussagekräftig ist!
4. Welche Fehlermöglichkeiten beinhaltet die Auswertung von Befragungen zum Führungsverhalten durch die Faktorenanalyse?
5. Erläutern Sie die beiden Hauptdimensionen des Führungsverhaltens ‚Consideration‘ und ‚Initiating Structure‘!
6. Weshalb erscheint es angebracht, in Abhängigkeit von der hierarchischen Rangebene von einer unterschiedlichen Zahl charakteristischer Merkmale des Führungsverhaltens auszugehen?
7. Welche Gesichtspunkte sind bei der Bildung mehrdimensionaler Führungsstiltypen gegeneinander abzuwägen?
8. Welches sind die wichtigsten Arbeitsmotive?
9. Skizzieren Sie die motivationale Entwicklung des Menschen entsprechend der Bedürfnishierarchie von *Maslow!* Worin liegen Ansatzpunkte zur Kritik des *Maslow*-Konzepts?
10. Erläutern Sie, wie sich Führung auf der Basis der ‚Theorie Y‘ vollzieht. Inwiefern handelt es sich bei der Theorie Y um ein normatives Konzept?
11. Skizzieren Sie den Aufbau des Verhaltensgitters von *Blake/Mouton!* Weshalb ist die zweidimensionale Darstellung bei den gewählten Dimensionen unbefriedigend?
12. Von welchen unterschiedlichen Grundpositionen hinsichtlich der Größen Leistung und Zufriedenheit gehen der 1.9-, der 9.1- und der 9.9-Führungsstil aus?
13. Welche Einwände lassen sich gegen *Likert's* Ansatz zum Führungsstil (system 1 – system 4) vorbringen?

II Fragen zur Vertiefung

Die folgenden Fragen sind als Anregung zur Weiterbeschäftigung mit Führungsproblemen gedacht und sollen Ihnen die Möglichkeit bieten, auf der Grundlage des Gelesenen eigene Überlegungen anzustellen. Fixieren Sie Ihre Antworten am besten schriftlich, ehe Sie die Lösungshinweise auf S. 221 ff. benutzen. Die Lösungshinweise sind vor allem Orientierungshilfen; Ihre Antworten können durchaus abweichen!

1. Welche Zusammenhänge existieren im Bereich der Führungsforschung zwischen den Methoden der Beobachtung und der Befragung einerseits und dem Experiment andererseits?
2. Erörtern Sie die Problematik des bewußten Einsatzes von zwei komplementären Führern (Aufgabenspezialist – sozio-emotionaler Spezialist) in Organisationen!
3. Wie lassen sich Arbeitsmotive feststellen?
4. Erläutern Sie, unter welchen Voraussetzungen andere als monetäre Anreize die menschliche Leistungsbereitschaft wirkungsvoller fördern!
5. Im Fertigungsbereich einer Unternehmung wird bekannt, daß die Unternehmungsleitung aufgrund der schlechten Absatzlage die Produktion drosseln und Kurzarbeit einführen will. Gleichzeitig wird ein neues, mit den Arbeitnehmervertretern ausgehandeltes

Prämiensystem in Kraft gesetzt, das für Leistungssteigerungen wesentlich höhere Zulagen als bisher vorsieht. Die Unternehmungsleitung rechnet mit einem hohen Produktionszuwachs. Ist die Annahme berechtigt?

6. Welche Möglichkeiten sehen Sie als Vorgesetzter, einen vornehmlich an sozialem Kontakt interessierten Mitarbeiter stärker auf die Arbeitsleistung auszurichten?

7. Üblicherweise erfolgt im Rahmen der Organisation die Stellenbildung auf einen gedachten, mit Normaleigenschaften ausgestatteten Stelleninhaber hin. Von konkreten Bedürfnissen und Erwartungen der Stelleninhaber wird abstrahiert. Welche Einwände lassen sich gegen diesen Ansatz vorbringen?

8. Charakterisieren Sie mit einem Schlagwort den 1.1-, 9.1-, 1.9-, 5.5-, 9.9-Vorgesetzten!

9. In einer Abteilung kontrolliert der Vorgesetzte streng jede Tätigkeit seiner Mitarbeiter und legt die Arbeitsabläufe bis ins Detail fest. In einer anderen Abteilung ist der Vorgesetzte sehr großzügig, bespricht nur allgemeine Arbeitsziele mit den Mitarbeitern und kontrolliert in größeren Zeitabständen stichprobenmäßig. Weshalb dürfte in der zweiten Abteilung eine höhere Identifikation der Mitarbeiter mit den formalen Organisationszielen vorliegen?

10. Ein Vorgesetzter verhält sich bei Konflikten zwischen seinen Mitarbeitern nach dem Grundsatz: „Neutral bleiben und sich aus allem heraushalten!" Wie wird sich ein solches Verhalten langfristig auswirken?

11. Einem 1.9-Vorgesetzten wird häufig vorgeworfen, die Arbeitsleistung aus dem Auge zu verlieren. Stimmt das?

12. Werden autoritär erzogene Personen lieber unter einem 9.1- oder lieber unter einem 1.9-Vorgesetzten arbeiten?

2.3 Führungsstile unter Effizienzgesichtspunkten

2.3.1 Effizienzaspekte

2.3.1.1 Betriebliche und individuelle Effizienz

Nachfolgend ist zu untersuchen, in welcher Weise Führungsverhalten zu Effizienzaussagen führt.

Effizienz als ‚Ergiebigkeit‘ oder ‚Wirksamkeit‘ ist allgemein als *Grad der Zielerfüllung* zu verstehen und stellt formal einen Erfolgsindex dar. Grundlegend für inhaltliche Aussagen über die Effizienz ist die Existenz von Zielen und die Möglichkeit ihrer Messung; die Effizienzart und -größe variiert je nach der Zielformulierung.

Faßt man die in Organisationen verfolgten Einzelziele zu Gruppen zusammen, lassen sich unterscheiden (vgl. auch Pkt. 1.1):

– Ziele der Organistion (formale Organisationsziele)

– Ziele der Organisationsteilnehmer (Individual- und Gruppenziele; die Gruppenziele werden nachfolgend nur soweit betrachtet, wie sie Einfluß auf die Individualziele haben).

Eine strikte Trennung der beiden Zielkategorien ist nicht möglich, da die Organisationsteilnehmer – je nach Einfluß – neben ihren individuellen gleichzeitig die Ziele der Organisation festlegen. Entsprechend dieser Zweiteilung lassen sich zwei grundsätzlich verschiedene Effizienzarten unterscheiden (Barnard, Führung S. 58 f.):

(1) die Effizienz der Aufgabenerfüllung (bzw. der Organisationsziele; effectiveness),

(2) die Effizienz der individuellen Bedürfniserfüllung (bzw. der Individual- und Gruppenziele; efficiency).

(1) *Effizienz der Aufgabenerfüllung*

Die Effizienz der Aufgabenerfüllung stellt sich als Frage nach dem Ausmaß der Erfüllung der Erfolgs- und Leistungsziele einer Organisation. ‚Betriebliche Effizienz' ist somit ein Sammelbegriff für die von Individuen erbrachten Arbeitsleistungen, durch die die Organisationsziele erreicht werden. In sachlicher Hinsicht handelt es sich bei den Zielen z. B. um die Entwicklung neuer Produkte und in formaler Hinsicht z. B. um die kostengünstigste Kombination der Produktionsfaktoren. Maßstäbe für die betriebliche Effizienz im Produktionsbereich finden sich in Pkt. 2.3.1.2.

Sofern kardinal formulierte Organisationsziele vorliegen, erscheint es sinnvoll, den Begriff der Effizienz an das Rationalprinzip (Wirtschaftlichkeitsprinzip) zu knüpfen. Für die kardinal nicht meßbaren Ziele sind geeignete Hilfsmaßstäbe (Indikatoren) zu suchen, um mit ihrer Hilfe eine mittelbare Quantifizierung zu erreichen (z. B. ‚Marktanteil' für das Ziel ‚Streben nach Marktmacht').

(2) *Effizienz der individuellen Bedürfniserfüllung*

Unter ‚individueller Effizienz' wird nachfolgend die Wirksamkeit verstanden, mit der es einem Individuum gelingt, seine Bedürfnisse zu befriedigen bzw. einen bestimmten Grad an Zufriedenheit zu erreichen.

In Organisationen versucht man, die Zufriedenheit der Mitarbeiter bevorzugt durch die Erfüllung der sog. Sozialziele (z. B. Wohnungsfürsorge, zusätzliche Altersversorgung, Freizeit- und Erholungsgestaltung, ...) zu erreichen. Häufig reicht dieses Vorgehen zur Erzeugung individueller Zufriedenheit jedoch nicht aus. Bedürfnisse sind individuell zu verschieden und haben für die Mitarbeiter zu unterschiedliche Bedeutung, als daß sie durch die Erfüllung bestimmter Sozialziele gleichermaßen befriedigt werden könnten. Maßstäbe für die individuelle Effizienz finden sich in Pkt. 2.3.1.2.

Individualziele lassen sich direkt nur ordinal messen; z. T. ermöglicht die indirekte Messung eine kardinale Vorgehensweise. Während für den Bereich der betrieblichen Aufgabenerfüllung in manchen Fällen eine Wahlmöglichkeit zwischen direkter und indirekter Messung besteht (die indirekte Messung wird dann häufig vorgezogen, weil sie einfacher ist; vgl. Schulze, Problem, S. 83), wird im Bereich der individuellen Bedürfniserfüllung indirektes Messen oft unumgänglich, da menschliche Verhaltensstrukturen zu komplex und bis heute ungenügend (quantitativ) erforscht sind, als daß angegeben werden könnte, welche Maßstäbe der Bedürfniserfüllung immanent sind.

Das *zwangsweise indirekte Messen* erfolgt über die Indikatorenbildung. Indikatoren können einfach oder kombiniert verwendet werden; die Kombination hat in der Regel den Vorteil des Fehlerausgleichs (Scheuch, Skalierungsverfahren, S. 439). Die Messung des Individualziels „Soziale Anerkennung" kann beispielsweise durch die Indikatoren ‚Höhe des Einkommens‘, ‚Anzahl der unterstellten Mitarbeiter‘, ‚Größe des Arbeitsraums‘, ... des Dienstwagens‘ u. a. m. erfolgen. Diese Indikatoren lassen sich quantitativ im Sinne kardinalen Messens formulieren, wodurch das eigentliche Ziel stark operationalisiert wird. Beim Arbeiten mit Indikatoren ist jedoch Vorsicht geboten. Gegen ihre Verwendung ist nur solange nichts einzuwenden, wie die zugrundeliegenden Hypothesen über den Zusammenhang zwischen der Ursprungsgröße und den Indikatoren wahr sind. Es kommt entscheidend darauf an, daß die Indikatoren einen verläßlichen Maßstab darstellen, der empirisch bestätigt wird; dies ist häufig nicht der Fall (vgl. Opp, Methodologie, S. 132 f.).

Bei der Ableitung von Kriterien für die betriebliche wie individuelle Effizienz sind die genannten Beschränkungen, die von der Seite der Meßbarkeit entstehen, zu beachten. An die Kriterien selbst sind folgende Anforderungen zu stellen:
– sie sollen klar und zutreffend über den relevanten Sachverhalt informieren;
– sie sollen in hohem Maße operational sein;
– sie sollen geordnet sein (Bildung eines Kennzahlensystems).

2.3.1.2 Modellmäßige Erfassung des Zusammenhangs im Situationsmodell

Aus den Forschungsergebnissen über Führungsverhalten ergibt sich, daß Situationsvariable einen entscheidenden Einfluß sowohl auf die Effizienz der Aufgabenerfüllung als auch auf die individuelle Zufriedenheit ausüben. Um die z. T. widersprüchlichen Ergebnisse besser beurteilen zu können, ist zunächst ein theoretischer Bezugsrahmen notwendig.

Hier wird auf das Modell von *Porter/Lawler* (Attitudes, S. 17, 165) zurückgegriffen und entsprechend dem angestrebten Untersuchungszweck, *wie bestimmte Führungsstile unter Vor-, Zwischen- und Nachschaltung anderer Größen auf die betriebliche wie individuelle Effizienz wirken*, modifiziert. Das Modell beansprucht keine Allgemeingültigkeit; es ist lediglich als vorläufiger Erklärungsversuch anzusehen. Gegenüber anderen Erklärungsversuchen weist der Ansatz zwei entscheidende Vorteile auf:
– der Erklärungsversuch ist *umfassend*, d. h. er enthält eine größere Anzahl von Variablen, die sonst nicht unbedingt im Zusammenhang gesehen werden;
– die Variablen und die Beziehungen im Modell sind größtenteils einer *empirischen Überprüfung* zugänglich, so daß der Aussagewert des Modells getestet werden kann.

Das Modell basiert auf der Erwartungstheorie der Motivation, die von verschiedenen Autoren als geeigneter Rahmen für die Behandlung von betrieblichen Führungsproblemen angesehen wird (z. B. Vroom, Work, S. 14 f.).

Das Modell wird anhand von Abb. 27, erläuert. Das Modell enthält folgende Größen (I) und Beziehungen (II):

(I) *Größen des Modells*

Die zentralen Größen sind:

(1) Führungsstil
(2) Anstrengung
(3) Leistung
(4) Belohnung, unterschiedliche Formen
(5) Zufriedenheit

Als Situationsfaktoren treten hinzu:

(6) Organisationsspezifische Faktoren
(7) Individualspezifische Faktoren
(8) Gruppenspezifische Faktoren

Zu (1): Der Begriff des *Führungsstils* wurde in Pkt. 1.1, Möglichkeiten zur Messung in Pkt. 2.2.1.1 behandelt.

Zu (2): Die Größe *Anstrengung* ist ein Ausdruck für den individuellen Leistungseinsatz. Sie gibt an, wieviel Energie ein Individuum pro Zeiteinheit aufwendet. Ob die zu erfüllende Aufgabe dabei mehr körperlichen oder mehr geistigen Einsatz erfordert, ist hier unerheblich.

Voraussetzung für eine Anstrengung des Individuums ist seine Leistungsbereitschaft, die wiederum von Größen wie Leistungsinteresse, -wille, -kondition, -antrieb usw. abhängt (Lückert, Mitarbeiter, S. 23). Die Leistungsbereitschaft kann nur im Rahmen der individuellen Leistungsfähigkeit aktiviert werden.

Messen läßt sich Anstrengung durch subjektive Verfahren (z. B. Selbsteinschätzung in Form von Eigenberichten oder Befragungen) oder durch mehr objektive Verfahren (wie sie z. B. im Rahmen der Arbeits- und Zeitstudien eingesetzt werden); letztere sind vorzuziehen.

Zu (3): Die Größe *Leistung* bezieht sich darauf, wie erfolgreich ein Individuum seine betriebliche Funktion erfüllt.

Bezugspunkt für die Ableitung individueller Leistungskriterien ist das Zielsystem der Organisation (Heinen, Zielsystem, S. 125 ff.). Dieses muß für den jeweiligen Aufgabenträger entsprechend dem Aufgabencharakter, dem individuellen Zeichenvorrat und der individuellen Informationsverarbeitungskapazität verständlich in Kennzahlen ausgedrückt sein. Da die Kennzahlen als Maßstab für die Beurteilung des Leistungsverhaltens dienen (Kontrollfunktion; vgl. Pkt. 3.7), dürfen sie sich nur aus solchen Größen zusammensetzen, die der Aufgabenträger beeinflussen kann.

Wünschenswert wäre die Ordnung sämtlicher betrieblicher Kennzahlen in einem *vollständigen* Kennzahlen-(Ziel-)system, in dem auch die Art und Stärke der

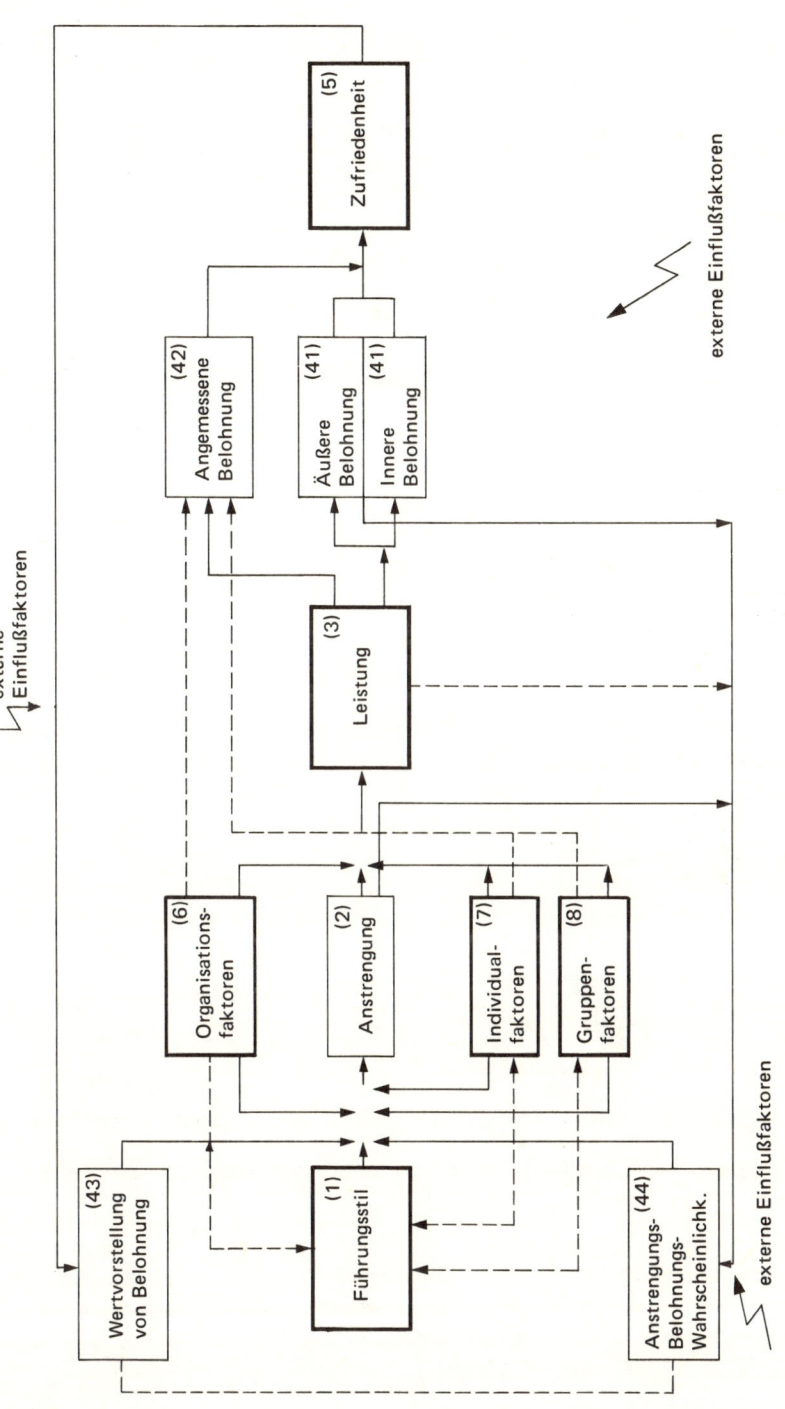

Abb. 27. Situationsmodell (modifiziertes Porter/Lawler-Modell)

Beziehungen zwischen den Kennzahlen angegeben sind. Nach den bisher vorliegenden Erfahrungen scheint ein solches System in allgemeiner Form nicht realisierbar zu sein. Bei der Bestimmung von Leistungskriterien handelt es sich infolgedessen vielfach um (vermutete) direkte Ableitungen möglicher Maßstäbe aus den obersten Organisationszielen. Eine logische Ableitung ist nur in den wenigen Fällen durchführbar, in denen eine geschlossene Zweck-Mittel-Kette nachgewiesen werden kann.

Auf eine detaillierte Aufzählung sämtlicher betrieblicher Kennzahlen, die sich als individuelle Leistungsmaßstäbe eignen, kann verzichtet werden (vgl. die Zusammenstellungen z. B. bei Scheuing, Unternehmensführung, S. 54 ff.; Schott, Kennzahlen, S. 23 ff.). Beispielhaft sind nachfolgend Kennzahlen aus dem Produktionsbereich einer Industrieunternehmung für mittlere und untere Instanzen aufgeführt:

Unter dem sachlichen Aspekt:

– Stückzahlen je Maschinenstunde,
– Stückzahlen (Mengenleistung) pro Periode,
– Maschinenstunden pro Periode,
– Fertigungsstunden pro Periode,
– Materialanteil des Produktes,
– Materialverbrauch des Produktes,
– Materialverbrauch in Abhängigkeit von der Maschinenleistung,
– Materialverschnitt,
– Ausschußquote,
– Ausbringungsgrad, Kapazitätsausnutzung,
– Ausbringungs- und Mengeneinheiten pro kg des wichtigsten Rohstoffes,
– Maschinenausfallzeiten,
– Durchlaufzeiten der Produkte,
– Fertigungsintensität,
– Maschinenstillstandszeiten,
– Gütegrad
   u. a. m.

Unter dem kostenmäßigen Aspekt:

– Materialkosten/Leistungseinheit,
– Fertigungskosten/Leistungseinheit oder Fertigungsstunde,
– Fertigungslöhne im Verhältnis zu den Fertigungsgemeinkosten,
– Anteil der Ausschuß- und Nacharbeitskosten an den Herstellkosten,
– Materialkosten in % der Fertigungskosten oder der Gesamtkosten eines Kostenträgers,
– losgrößenunabhängige Kosten im Verhältnis der losgrößenabhängigen Kosten,
– optimale Losgröße
   u. a. m.

Derartige Kennzahlen werden zu Leistungsmaßstäben, wenn sie mit einer Bedingung über das Ausmaß ihrer Erfüllung und ihres zeitlichen Bezuges formuliert sind. Die Vorgabe erfolgt für den einzelnen Stelleninhaber am besten in seiner Stellenbeschreibung (vgl. Pkt. 3.4).

Zu (4): Die Größe *Belohnung* bezeichnet die von einem Individuum als wünschenswert erachteten Gegenleistungen, die es im Austausch für seine Leistung (und/oder Anstrengung) erhält. Dinge oder Handlungen, die das Individuum nicht positiv einschätzt, können keine Belohnung sein. Spezifische Ausprägungsformen der Belohnung sind:

(41) Tatsächliche Belohnung

Die von der Organisation effektiv gewährten Belohnungen lassen sich einteilen in äußere und innere.

Äußere (extrinsische) Belohnungen sind solche, die dem Individuum durch andere Personen vermittelt werden. Zu ihnen zählen materielle wie immaterielle Vergünstigungen (z. B. Gehaltserhöhung, Verleihung von Statussymbolen, Anerkennung von Kollegen, Übertragung von mehr Verantwortung). Es besteht immer die Gefahr, daß die aus der Sicht der Organisation als Belohnung gedachten Handlungen vom Individuum nicht als Belohnung empfunden werden.

Messen lassen sich äußere Belohnungen durch objektiv-quantitative Größen sowie durch Befragungen und Beobachtungen.

Innere (intrinsische) Belohnungen sind in dem Verhalten des Individuums begründet. So kann z. B. die erfolgreiche Erledigung einer anspruchsvollen Aufgabe beim Individuum eine Steigerung seines Selbstwertgefühls zur Folge haben. Das Gefühl, eine erfolgreiche Leistung vollbracht zu haben, ist für das Individuum Belohnung per se und möglicherweise wichtiger als irgendeine Form der äußeren Belohnung. Zur Messung innerer Belohnungen gibt es nur die Möglichkeiten der Beobachtung und Befragung (zur Problematik: Rosenstiel, Motivation, S. 27 ff.).

(42) Angemessene Belohnung

Diese Größe bezieht sich auf das in der Vorstellung des Individuums gebildete „gerechte" Ausmaß an Belohnung für die Erfüllung einer bestimmten Aufgabe und ist rein subjektiv bestimmt. Das Belohnungsanspruchsniveau basiert auf einer Reihe von Faktoren wie: den Leistungsanforderungen, der Belohnungshöhe, den Belohnungen anderer Individuen für vergleichbare Tätigkeiten, dem Alter usw. (zur Frage des Einflusses dieser Faktoren vgl. Schuster/Clark, Differences, S. 591 ff.).

(43) Wertschätzung von Belohnung

Sie bezeichnet den Anreiz, den Belohnungen für ein Individuum haben. Verschiedene Belohnungen üben auf ein Individuum – je nach Art der Belohnung – unterschiedlich starke Anreize aus, ohne daß sich allgemeingültig angeben ließe, wie die Rangfolge der Belohnungen aussieht. Gleichermaßen übt eine bestimmte Belohnung auf verschiedene Individuen einen unterschiedlich starken Anreiz aus (zur Stärke des Belohnunsfaktors ‚Geld' vgl. Wernimont/Fitzpatrick, Meaning, S. 218 ff.).

Zur Messung eignen sich Wertskalen, auf denen verschiedene vorgegebene Belohnungen vom Individuum nach der Stärke ihres Anreizes anzuordnen sind.

(44) Anstrengungs-Belohnungs-Wahrscheinlichkeit

Sie bezieht sich auf die vom Individuum mit bestimmten subjektiven Wahrscheinlichkeiten gehegten Erwartungen, daß unterschiedliche Belohnungsbeträge auf

unterschiedlichen Anstrengungs- bzw. Leistungsbeträgen beruhen. Die Anstrengungs-Belohnungs-Wahrscheinlichkeit setzt sich aus zwei voneinander abhängigen Komponenten zusammen (Porter/Lawler, Attitudes, S. 19); diese sind:
– die Wahrscheinlichkeit, daß Belohnung auf Leistung beruht,
– die Wahrscheinlichkeit, daß Leistung auf Anstrengung beruht.
Nur für den Fall, daß beide Teilwahrscheinlichkeiten hoch sind, ist auch die Gesamtwahrscheinlichkeit hoch.
Die Messung der Größe Anstrengungs-Belohnungs-Wahrscheinlichkeit bereitet Schwierigkeiten.

Zu (5): Zufriedenheit ist ein Ausdruck für den Zustand der Bedürfniserfüllung. Bedürfnisse werden durch Belohnungen befriedigt.
In der sozialpsychologischen Literatur finden sich eine Reihe, meist aus den USA stammende Bedürfnisstrukturen, von denen die bereits erwähnte Zusammenstellung von *Maslow/McGregor* (Abb. 23) am weitesten verbreitet ist. Eine Übertragung der Konzeption auf deutsche Verhältnisse scheint im wesentlichen vertretbar, wenn man die vielfach in der Literatur geäußerte Meinung akzeptiert, daß die Industrialisierung eines Landes auch das Verhalten seiner Bürger entscheidend beeinflußt (z. B. König (Hrsg), Soziologie, S. 290 ff.). und dazu einzelne Ergebnisse aus der Verhaltensforschung heranzieht. Ohne auf die Kritik zur inhaltlichen Abgrenzung der Bedürfnisklassen und zur ‚Hierarchiehypothese‘ im *Maslow*-Konzept einzugehen (vgl. Baumgarten, Maslow-Konzept, S. 72 ff.), stellt sich hier die Frage, wie mithilfe derartiger Bedürfnisklassen das Ausmaß der individuellen (Arbeits-)Zufriedenheit ermittelt werden kann.
Zur Messung des Ausmaßes der Bedürfniserfüllung bzw. der Zufriedenheit in den von *Maslow* formulierten Bedürfnisklassen gibt es einen in den verschiedensten Untersuchungen gleichermaßen verwendeten Fragebogen, der von *Porter* (Study, S. 1–10) entwickelt wurde und als Standardmaß – vor allem in Unternehmungen – anzusehen ist. Er hat folgendes Aussehen (vgl. Fragebogen 2):

Die Ermittlung des Ausmaßes an Zufriedenheit erfolgt auf einer 7-Punkte-Skala, auf der 13 spezifische Feststellungen jeweils in dreifacher Hinsicht zu beantworten sind:

(a) „In welchem Ausmaß enthält Ihre Management-Position diese Feststellung?“
(b) „In welchem Ausmaß sollte Ihre Management-Position diese Feststellung enthalten?“
(c) „Wie wichtig ist diese Feststellung für Sie?“

Zufriedenheit ist definiert als Abweichung der tatsächlichen Bedürfniserfüllung (a) von der als angemessen angesehenen Bedürfniserfüllung (b). Ist die Differenz (b) ./. (a) klein, liegt ein hohes (niedriges) Ausmaß an Zufriedenheit (Unzufriedenheit) vor; die psychologische Interpretation eines negativen Ergebnisses bereitet Schwierigkeiten (vgl. Payne, Factor Analysis, S. 253).

Fragebogen 2

1. Das Gefühl der Selbstachtung, das eine Person in meiner Managementposition erhält:
   a) Wieviel gibt es davon jetzt?   (min) 1 2 3 4 5 6 7 (max)
   b) Wieviel sollte es davon geben?   (min) 1 2 3 4 5 6 7 (max)
   c) Wie wichtig ist dies für mich?   (min) 1 2 3 4 5 6 7 (max)
2. Die Machtbefugnis, die mit meiner Managementposition verbunden ist:
3. Die Möglichkeit zu Wachstum und Entwicklung der Persönlichkeit in
   meiner Managementposition:
4. Das Ansehen meiner Managementposition innerhalb der Firma (d. h.
   die Wertschätzung, die einem von anderen in der Firma entgegengebracht wird):
5. Die Möglichkeit zu unabhängigem Denken und Handeln in meiner
   Managementposition:
6. Das Gefühl der Sicherheit in meiner Managementposition:
7. Das Gefühl der Selbsterfüllung, das eine Person in meiner Managementposition erhält (d. h. das Gefühl in der Lage zu sein, seine spezifische Begabung zu nutzen, um die eigenen Entwicklungsmöglichkeiten
   zu verwirklichen):
8. Das Ansehen meiner Managementposition außerhalb der Firma (d. h.
   die Wertschätzung, die einem von anderen außerhalb der Firma entgegengebracht wird):
9. Das Gefühl, daß die Arbeit in meiner Managementposition der Mühe
   wert ist:
10. Die Möglichkeit, anderen aufgrund meiner Managementposition zu hel-
    fen:
11. Die Möglichkeit, in meiner Managementposition an der Aufstellung von
    Zielen mitzuwirken:
12. Die Möglichkeit, in meiner Managementposition an der Bestimmung
    von Methoden und Verfahren mitzuwirken:
13. Das Gefühl in meiner Managementposition, informiert zu sein:
14. Die Gelegenheit in meiner Managementposition, enge Freundschaften
    zu entwickeln:
15. Das Gefühl von Druck in meiner Managementposition:

Das *Porter*-Maß der Zufriedenheit

(Porter/Lawler, Attitudes, S. 191 – In diesem Fragebogen sind 15 Feststellungen aufgeführt.
Normalerweise werden Feststellung (13) und (15) weggelassen. Alle Feststellungen sind wie
Feststellung (1) mit a), b), c), (min) 1 2 3 4 5 6 7 (max) untergliedert.)

Wenngleich man davon ausgehen kann, daß die Feststellungen eine hinreichende Abbildung der Bedürfnisklassen erlauben (die Modifizierungen gegenüber dem Maslow-Schema: Weglassen der ‚physiologischen Bedürfnisse' und Verselbständigung der ‚Autonomiebedürfnisse' sind zu vertreten), ist zu fragen, inwieweit das verwendete Maß geeignet ist, Zufriedenheit auch tatsächlich zu messen. In der Literatur scheint bis heute kein Einverständnis über den eigentlichen Inhalt und die Messung der Arbeitszufriedenheit zu bestehen. Neben dem bedürfnisorientierten *Porter*-Maß gibt es eine Reihe anderer; die wichtigsten wurden von *Evans* (Problems, S. 93 ff.) und *Wanous/Lawler* (Measurement, S. 95 ff.) übersichtlich zusammengestellt (vgl. auch Neuberger, Arbeitszufriedenheit, S. 142 ff.; Neuberger, Messung, S. 45 ff.).

Von den *bedürfnisorientierten* Maßen scheinen zunächst vier als Maßstab der allgemeinen Arbeitszufriedenheit brauchbar. Ihnen liegt die Auffassung von der eindimensionalen Zufriedenheit zugrunde (zur Unterscheidung zwischen der ‚ein' und der Herzberg'schen ‚zwei'dimensionalen Zufriedenheit und ihren praktischen Auswirkungen vgl. Rosenstiel, Motivation, S. 53 ff.; Neuberger, Arbeitszufriedenheit, S. 126 ff.). Die Maße sind wie folgt definiert:

$$(1) \quad AZ_1 = \sum_{1}^{n} (TE\ Bed_i);$$

$$(2) \quad AZ_2 = \sum_{1}^{n} (TE\ Bed_i) \times (W\ Bed_i); \qquad\qquad i = 1 \ldots n$$
$$n = \text{Anzahl der Bedürfnisse}$$

$$(3) \quad AZ_3 = \sum_{1}^{n} (AE\ Bed_i - TE\ Bed_i);$$

$$(4) \quad AZ_4 = \sum_{1}^{n} (AE\ Bed_i - TE\ Bed_i) \times (W\ Bed_i).$$

Legende: AZ = Allgemeine Arbeitszufriedenheit

TE = Tatsächlicher Erfüllungsgrad von . . .

Bed_i = Bedürfnis i

AE = Vom Individuum als angemessen erachteter Erfüllungsgrad von . . .

W   = Vom Individuum empfundene Wichtigkeit des . . .

Abb. 28. Bedürfnisorientierte Maße der Zufriedenheit

Die Maße AZ_1 und AZ_2 sowie AZ_3 und AZ_4 unterscheiden sich lediglich hinsichtlich ihrer Gewichtung; Maß AZ_3 von AZ_1 bzw. AZ_4 von AZ_2 durch die Aufnahme der Größe des Anspruchsniveaus. Maß AZ_3 ist mit dem *Porter*-Maß der Zufriedenheit identisch.

Das erste und dritte Maß sind jeweils ungewichtete Größen. Die Wichtung mit der „vom Individuum empfundenen Bedeutung des Bedürfnisses" erscheint jedoch unerläßlich, denn zwei Personen können hinsichtlich des gleichen Bedürfnisses in gleichem Maße Erfüllung erfahren ohne in gleichem Maße zufrieden zu sein. AZ_2

als gewichtetes Maß besitzt gegenüber AZ_4 den Nachteil, daß es nur die „Tatsächliche Bedürfniserfüllung" beachtet ohne sie, wie AZ_4, gegen die „vom Individuum als angemessen erwartete" abzuwägen. Denn auch in dieser Hinsicht können zwei Personen unterschiedlich zufrieden sein. Nach allem bleibt allein Maß AZ_4 als theoretisch akzeptabel übrig; es ist am vollständigsten und setzt die Größen explizit zueinander in Beziehung. Das *Porter*-Maß AZ_3 wäre, soll es dem theoretischen Anspruch genügen, mit der vom Individuum empfundenen Bedeutung der Bedürfnisse zu gewichten.

Überraschend ist, daß die praktischen Erfahrungen mit den verschiedenen Maßen der allgemeinen Arbeitszufriedenheit nicht im Einklang mit den eben angestellten Überlegungen stehen. Soweit ersichtlich, erlauben gewichtete Maße keine bessere Messung der allgemeinen Zufriedenheit als ungewichtete (Korrelation um 0.99; Ewen, Components, S. 77). Die fast identischen Ergebnisse lassen sich nur so erklären, daß die heute verwendeten Methoden zur Messung der ‚Bedeutung von Bedürfnissen' wenig aussagekräftig und somit entwicklungsbedürftig sind. Andernfalls müßte man akzeptieren, daß das Individuum alle Bedürfnisse als gleich wichtig ansieht. Daß dies nicht der Fall ist, belegen eine Reihe von Untersuchungen (vgl. Ewen, Components, S. 71 f.). *Ewen's* Untersuchung der wichtigsten bzw. unwichtigsten Komponente der allgemeinen Arbeitszufriedenheit unterstützt eine weitere Vermutung: Ist eine Person mit der für sie wichtigsten Komponente hoch zufrieden, ist sie es mit großer Wahrscheinlichkeit auch hinsichtlich ihrer gesamten Arbeitszufriedenheit (Ewen, Components, S. 72, table 2; auch: Wanous/Lawler, Measurement, S. 103).

Solange also kein Fortschritt in der Entwicklung aussagekräftiger Bedeutungsmaße erzielt wird, können ungewichtete Maße der allgemeinen Arbeitszufriedenheit – und folglich auch das *Porter*-Maß AZ_3 – mit gleichem Recht wie gewichtete verwendet werden. Sie haben zudem den Vorteil der einfacheren Ermittlung.

Die Eignung eines Zufriedenheitsmaßes bestimmt sich derzeit am ehesten noch nach den (abhängigen oder unabhängigen) Größen, mit denen die Zufriedenheit im Zusammenhang gesehen werden soll. Unter diesem Gesichtspunkt ist das *Porter*-Maß AZ_3, da es z. B. mit der Variablen „Abwesenheit der Beschäftigten", die ein wichtiger betrieblicher Effizienzmaßstab und Kostenfaktor ist, korreliert, sogar ausgesprochen wertvoll.

Zu (6), (7), (8): Auf die *organisations-, individual-* und *gruppenspezifischen* Situationsfaktoren braucht hier nicht eingegangen zu werden; sie sind Gegenstand der ausführlichen Effizienzbetrachtung in Pkt. 2.3.2.2.

(II) *Beziehungen im Modell*

Von vorrangigem Interesse sind die Beziehungen zwischen dem Führungsstil, der Leistung und der Zufriedenheit; sie sind weder einfacher noch direkter Art. Alle übrigen Beziehungen werden auf diese Hauptbeziehungen hin erörtert.

(1)   Führungsstil in Beziehung zur Leistung

(11) Führungsstil in Beziehung zur Anstrengung

Das Leistungspotential eines Individuums wird aufgrund von Anreizen aktiviert. Im Modell setzen neben dem Führungsstil die Größen ‚Wert von
Belohnung‘, ‚Anstrengungs-Belohnungs-Wahrscheinlichkeit‘, ‚organisationsspezifische‘, ‚individualspezifische‘ und ‚gruppenspezifische Faktoren‘
den Motivationsprozeß in Gang.

Die direkte Beziehung zwischen ‚Führungsstil‘ und ‚Anstrengung‘ kann unter
Verwendung der *Lerntheorie* erklärt werden. Ein Individuum ist danach um
so eher zu hohen Anstrengungen bereit, je mehr Verstärkung es für seine bisherigen Leistungen erfahren hat. Die Verstärkung erfolgt in Form von
Belohnungen. Der Führungsstil ist in dieser Sicht eine bestimmte Form der
äußeren Belohnungen. In dem Maße, in dem der vom Vorgesetzten praktizierte Führungsstil von den Mitarbeitern als Belohnung für vorangegangene
Leistungen empfunden wird (z. B. Gewährung von mehr Verantwortung aufgrund guter Leistungen), dürfte er die Mitarbeiter erneut zur Anstrengung/
Leistung motivieren. Der Führungsstil kann jedoch selbst dann als Belohnung – und in der Rückkopplung als Motivator – wirken, wenn keine Leistung erbracht wurde.

Für die beiden Größen ‚Wert von Belohnung‘ und ‚Anstrengungs-Belohnungs-Wahrscheinlichkeit‘ kann im Hinblick auf die Anstrengung unterstellt
werden, daß diese um so größer ist, je höher das Individuum den Wert einer
Belohnung schätzt und je stärker es die Wahrscheinlichkeit empfindet, daß
eine bestimmte Anstrengung eine bestimmte Belohnung hervorruft (in
Bezug auf die Bezahlung wird diese Annahme empirisch gestützt durch Schu-
ster/Clark/Rogers, Portions, S. 189 ff.). Das Zusammenwirken dieser beiden
Größen zur Erzielung von Anstrengung sehen *Porter/Lawler* (Attitudes,
S. 31 f.) eher multiplikativ als additiv. Jede der beiden Größen ist damit eine
notwendige, für sich allein aber keine hinreichende Bedingung zur Bewirkung von Anstrengung. Für den Führungsstil als spezifische Form der äußeren Belohnung heißt dies, daß er dann nicht zu hohen Anstrengungen seitens
der Mitarbeiter führt, wenn er entweder von ihnen nicht geschätzt wird
(‚Wert der Belohnung‘ gering) oder in keiner Beziehung zur erbrachten
Anstrengung Belohnungsmöglichkeiten (z. B. Lob, Vergünstigungen) beinhaltet (‚Anstrengungs-Belohnungs-Wahrscheinlichkeit‘ gering).

Die Beziehung zwischen dem ‚Führungsstil‘ und der ‚Anstrengung‘ wird neben
den beiden genannten Größen auch durch die Organisationsstruktur sowie
individual- und gruppenspezifische Faktoren beeinflußt. Diese Faktoren wirken direkt sowohl auf die Anstrengung wie auf die Leistung.

(12) Anstrengung in Beziehung zur Leistung

Die Größen ‚Anstrengung‘ und ‚Leistung‘ korrelieren häufig positiv und
hoch miteinander (z. B. Schuster/Clark/Rogers, Portions, S. 192, Tab. 6). Es

existieren jedoch auch Fälle, in denen eine höhere Anstrengung keineswegs eine höhere Leistung bewirkt. Für diese Fälle erhalten die in der ‚Anstrengungs-Leistungs-Beziehung' zwischengeschalteten Größen (6), (7), (8) besonderes Gewicht. Weitere Einflußfaktoren sind denkbar.
Individualfaktoren bestimmen zu einem großen Teil das Leistungspotential des Individuums und setzen ihm – selbst bei weitergehendem Leistungswillen – eine Obergrenze für seine mögliche Leistung.

Jemand mit niedriger Intelligenz kann – so sehr er sich momentan auch anstrengen mag – kaum effiziente Entscheidungen treffen, für die Gedankengänge auf hoher Abstraktionsebene Voraussetzung sind.

Allerdings kann in zahlreichen Fällen ein Weniger an Begabung oder Leistungsfähigkeit durch den stärkeren Leistungswillen, der u. a. vom Führungsstil beeinflußt wird, ausgeglichen werden.

Unter den *gruppenspezifischen* Faktoren bestimmt u. a. die Gruppennorm neben dem Ausmaß an Anstrengung auch die Richtung, in die die Anstrengung gelenkt wird.

Weicht die Gruppennorm zu sehr von der betrieblichen Zielsetzung ab, lenkt das Individuum – wenn es nicht korrigiert wird – seine Anstrengung aus der Sicht der Organisation in die falsche Richtung und erbringt nur eine ungenügende Leistung (zu Beispielen vgl. Reddin, Effectiveness, S. 5 f.; Du Brin, Practice, S. 135 ff.).

Die *Organisationsstruktur* kann trotz größter Anstrengungen des Individuums höhere Leistungen verhindern, wenn sie nicht in allen Einzelheiten aufgabengerecht gestaltet ist.

(2) Leistung in Beziehung zur Zufriedenheit

(21) Leistung in Beziehung zur Tatsächlichen Belohnung

Um eine möglichst direkte Beziehung zwischen der ‚Leistung' und den ‚*äußeren* Belohnungen' herzustellen, sollten von Seiten der Organisation folgende Bedingungen erfüllt sein (Porter/Lawler, Attitudes, S. 53):
Die Organisation muß
– in der Lage sein, unterschiedliche Leistungen wahrzunehmen;
– fähig sein, Belohnungen rechtzeitig zu verteilen, so daß sie von den Empfängern in Beziehung zur Leistung gesehen werden;
– bereit sein, die Belohnungen tatsächlich zu verteilen.
Über die Beziehung zwischen der ‚Leistung' und den ‚*inneren* Belohnungen' lassen sich kaum allgemeine Aussagen treffen, da die Leistung im Sinne der Organisation keineswegs mit der Leistung im Sinne des Individuums identisch sein muß. Genauere Aussagen setzen die Kenntnis der spezifischen Bedürfnisstruktur des Individuums voraus. Häufig kann der Fall eintreten, daß das Individuum äußere Belohnungen für betriebliche Leistungen bezieht, ohne innere Belohnungen durch die Aufgabenerfüllung zu erfahren.

(22) Leistung in Beziehung zur Angemessenen Belohnung

Die Leistung ist zwar ein wichtiger Bestimmungsfaktor der *‚angemessenen*
Belohnung‘, jedoch nur einer unter vielen. Z. B. können das Ausmaß an
Anstrengung, die Gruppennormen oder die individuellen Bedürfnisse stärker
die Vorstellung von der angemessenen Belohnung bestimmen (gestrichelte
Linien). Der Leistung kommt insofern eine Sonderstellung zu, als sie eine
betrieblich-dominante Größe ist.

(23) Belohnung in Beziehung zur Zufriedenheit

Gemäß dem *Porter*-Maß der Zufriedenheit (AZ_3) ergibt sich das Ausmaß
der Zufriedenheit als Differenzgröße zwischen der angemessenen und der
tatsächlichen Belohnung (Bedürfniserfüllung).
Insgesamt ist festzustellen, daß eine höhere Leistung nicht automatisch eine
höhere Zufriedenheit bewirkt. Andere Größen wie z. B. die Art der Bedürfnisse können wichtiger sein. So dürfte die Zufriedenheit mit den „höheren"
Bedürfnissen enger an die Leistung geknüpft sein als die Zufriedenheit mit
„niedrigeren" Bedürfnissen (vgl. Slocum, Motivation, S. 314).
Bisher wurde davon ausgegangen, daß die Leistung die Zufriedenheit
bestimmt. Die Beziehung wirkt jedoch auch umgekehrt (Beziehung (3)). Bis
heute läßt sich keine eindeutige Beziehungsrichtung feststellen. Empirisch
konnte nachgewiesen werden, daß einerseits hohe (geringe) Zufriedenheit
oft mit hoher (geringer) Leistung korreliert, daß andererseits aber auch hohe
(geringe) Leistung mit geringer (hoher) Zufriedenheit verbunden ist, sowie
manchmal zwischen Zufriedenheit und Leistung überhaupt keine Beziehung
zu bestehen scheint (vgl. die Zusammenstellungen bei Vroom, Work,
S. 181 ff.;   Tannenbaum/Weschler/Massarik,   Leadership,   S. 339 ff.;
Roberts/Miles/Blankenship, Leadership, S. 401 ff.; Kahn, Productivity,
S. 275).

(3)   Zufriedenheit in Beziehung zur Leistung

(31) Zufriedenheit in Beziehung zur Wertvorstellung von Belohnung

Der Grad der Zufriedenheit hinsichtlich eines Bedürfnisses beeinflußt die
individuelle Vorstellung von dem Wert, den spezifische Belohnungen zur
Erfüllung dieses Bedürfnisses besitzen. Ist ein Individuum hinsichtlich
bestimmter Grundbedürfnisse zufriedengestellt, schätzt es weitere Belohnungen zeitweilig nicht hoch ein. Für die höheren Bedürfnisse liegen die Verhältnisse allerdings nicht so einfach, ihr Wert bleibt vermutlich hoch.

(32) Anstrengung und Belohnung in Beziehung zur
Anstrengungs-Belohnungs-Wahrscheinlichkeit

Erkennt ein Individuum, daß seine Anstrengungen – über die Leistung –
Belohnungen hervorrufen, wird es die Anstrengungen und die Belohnung

möglicherweise derart im Zusammenhang sehen, daß eine bestimmte Anstrengung mit einer bestimmten Wahrscheinlichkeit eine bestimmte Belohnung nach sich zieht.

Diese Beziehung kann durch folgende Umstände gestört sein:

– Belohnungen in der Sicht des Gebers brauchen keine in der Sicht des Empfängers zu sein. Das bedeutet, daß erhöhte Anstrengungen in der Sicht des Belohnungsempfängers keine zusätzlichen Belohnungen nach sich ziehen.
– Der Belohnungsempfänger braucht die Belohnung nicht in Verbindung mit der Leistung zu sehen (vgl. auch Schuster/Clark, Differences, S. 589).

Dieser Umstand erklärt unter anderem die Beobachtung, daß ein Individuum mit der erhaltenen Belohnung zwar sehr zufrieden ist, daß die hohe Zufriedenheit aber überhaupt keine Wirkungen auf zukünftige Leistungen hat. Abhilfe könnte durch eine gezielte Informationspolitik von Seiten der Organisation erreicht werden.

Die noch fehlenden Teilbeziehungen in dieser Hauptbeziehung enthält Hauptbeziehung (1).

(III) *Das Situationsmodell als Bezugsrahmen*

Auf der Grundlage des Situationsmodells werden in Pkt. 2.3.2.2 die Auswirkungen der organisations-, individual- und gruppenspezifischen Faktoren (6), (7), (8) auf die Beziehung zwischen
– dem Führungsstil und der Leistung sowie
– dem Führungsstil und der Zufriedenheit
erörtert. Die Führungs-Zufriedenheits-Beziehung beinhaltet als Teilbeziehung die Führungs-Leistungs-Beziehung.

Die Erörterungen lehnen sich soweit wie möglich an empirische Untersuchungen an, da nur sie Aufschluß über tatsächliche Zusammenhänge zwischen den verschiedenen Variablen liefern können. Dabei wird so vorgegangen, daß die drei Einflußkategorien in ihrer Wirkung auf die Beziehung zwischen dem Führungsstil und der Leistung bzw. der Zufriedenheit nacheinander behandelt werden. Es wird mit der ceteris-paribus-Annahme gearbeitet, daß alle anderen als relevant anzusehenden Faktoren konstant gehalten werden können. Diese der Realität nicht entsprechende isolierte Betrachtungsweise (*einfaktorieller* Ansatz) erscheint sinnvoll, um die vorliegenden empirischen Untersuchungen ordnen und bewerten zu können. Es geht damit primär um eine Bestandsaufnahme und Prüfung, inwieweit sich die z. T. widersprüchlichen Forschungsergebnisse im Rahmen des Situationsmodells verträglich erweisen.

Nicht jeder Teilaspekt der organisations-, individual- und gruppenspezifischen Einflußkategorie kann erfaßt werden. Eine Beschränkung auf die wichtigsten ist notwendig (vgl. zu den Untersuchungen in Pkt. 2.3.2 auch Staehle, Organisation, S. 72 ff.).

Da in der Realität bei der Untersuchung der Wirkung eines Faktors kaum eine Konstanz aller anderen Faktoren gegeben ist, sind generell *multifaktorielle* Ansätze anzustreben. Nach dem heutigen Stand der Forschung existieren allerdings nur wenige brauchbare Ansätze. Das Kontingenzmodell von *Fiedler* und der faktorenanalytische Ansatz von *Wofford* erscheinen noch am erfolgversprechendsten. Sie werden in Pkt. 2.3.2.3 vorgestellt und analysiert.

2.3.2 Auswirkungen von Situationsfaktoren auf die Führungs- Leistungs- und auf die Führungs-Zufriedenheits-Beziehung

2.3.2.1 Der Einfluß externer Faktoren

Neben den organisations-, individual- und gruppenspezifischen Faktoren, die im nächsten Punkt behandelt werden, üben weitere Größen, insbesondere betrieblich weder gestalt- noch direkt beeinflußbare, einen entscheidenden Einfluß sowohl auf die Ausprägung des Führungsstils als auch auf die anderen Größen des Modells aus (Abb. 1 und Abb. 27). Faßt man diese außerbetrieblichen Einflußfaktoren in Kategorien zusammen, kann man vereinfacht folgende unterscheiden:

(1) sozio-kulturelle Einflußfaktoren
(2) politisch-rechtliche Einflußfaktoren
(3) technisch-wirtschaftliche Einflußfaktoren

Zu (1): Unter den *sozio-kulturellen Einflußfaktoren* sind alle die zu verstehen, die sich auf das geordnete Zusammenleben von Menschen in einer Gesellschaft beziehen, wie z. B. die soziale Stellung des einzelnen (Schichtenzugehörigkeit), die zunehmenden bzw. sich verändernden Bedürfnisse, die Auffassung von der Würde des Menschen usw. Eine Veränderung dieser Faktoren verändert die Gesellschaftsstruktur.

So läßt sich eine Veränderung von der ständischen Gesellschaftsstruktur, deren Kennzeichen klar voneinander abgegrenzte Berufs-, Bildungs- und Einflußschichten waren, zu der heutigen nivellierten Industriegesellschaft nachzeichnen, in der dem einzelnen der Aufstieg in höher angesehene Gesellschafts- und Einflußschichten leichter möglich ist. Indem im Laufe der Zeit der Demokratisierungsprozeß u. a. die Autoritätsquellen veränderte, wurden neue gesellschaftliche Normen hinsichtlich des Verhaltens geschaffen. Gegenüber früher dominieren im Verhalten von Vorgesetzten und Mitarbeitern nicht mehr die Prinzipien des Befehlens und Gehorchens, sondern die Forderungen nach mehr Sachlichkeit, Partnerschaft und Selbstbestimmung. Diese geänderten Wertvorstellungen finden ihren Niederschlag auch in der Anwendung veränderter Führungsstile.

Zu (2): Die *politischen* und *rechtlichen Gesichtspunkte* sind eng mit den sozialen verbunden. Politisch-soziale Konstellationen beeinflussen entscheidend die Formulierung von Rechtsnormen. Die Verknüpfung zwischen Politik und Gesetzgebung zeigt sich auffällig in der Diskussion über die betriebliche Mitbestimmung.

Die Entwicklung der *Mitbestimmung* zur rechtlichen Bewältigung der Autoritätsbeziehungen in der Unternehmung zielt auf vermehrte „Demokratisierung im Bereich der Wirtschaft". Diese Formel kann für den Fall als zulässig erachtet werden, daß in Unternehmungen die aus dem Grundgesetz (Artikel 1 und 2) ableitbaren Grundsätze der Selbstbestimmung, der Achtung der Würde des Menschen und der Ausgleich oder der Abbau einseitiger Machtstellungen durch Kooperation der Beteiligten und die Mitwirkung an Entscheidungen durch die von der Entscheidung Betroffenen realisiert werden (Sachverständigenkommission, Mitbestimmung, S. 116).

Die institutionell festgelegten und rechtlich abgesicherten Formen der Mitbestimmung gewährleisten – insbesondere seit der Novellierung des Betriebsverfassungsgesetzes im Jahre 1972 (Betr.VG) und dem Mitbestimmungsgesetz von 1976 – einen Zuwachs an Gestaltungsrechten für den Betriebsrat und den einzelnen Arbeitnehmer (vgl. etwa § 87 ff. Betr.VG). Ohne auf Einzelheiten einzugehen, sind sie insgesamt als wirksamer Schutz vor Benachteiligung der Arbeitnehmer anzusehen und schaffen günstige Voraussetzungen für die Verwirklichung mehr kooperativer Formen des Führungsverhaltens. Vermehrte institutionalisierte Mitbestimmung führt jedoch keineswegs zwangsläufig zu einem hoch-mitwirkungsorientierten 9.9-Führungsstil, da eine sachgerechte Lösung des Führungsproblems sich direkter gesetzlicher Regelung entzieht.

Zu (3): Technische Gesichtspunkte hängen eng mit den ökonomischen und sozialen zusammen. In diesem Sinne bewirkte die Industrialisierung technischen Fortschritt, war einer der stärksten Hebel zur Aufhebung der ständischen Herrschaftsstruktur zugunsten größerer Bewegungsfreiheit und Mobilität und ist für die ökonomische Produktion von Massengütern verantwortlich. Nachfolgend soll nur die Wirkung des ökonomischen Faktors in Unternehmungen skizziert werden.

Als wichtigster *ökonomischer Faktor* wirkt auf den Führungsstil die konjunkturelle Lage. Mit Konjunkturschwankungen eng verbunden ist die Lage auf dem Arbeitsmarkt. In Zeiten der Hochkonjunktur herrscht gewöhnlich Arbeitskräftemangel, in Zeiten der Depression (Rezession) Arbeitslosigkeit. Diese Schwankungen auf dem Arbeitsmarkt haben psychologische Rückwirkungen auf die Einstellung der Beschäftigten zum Führungsverhältnis.

In Zeiten der *Hochkonjunktur* besteht eine gewisse Unwirksamkeit des wirtschaftlichen Zwanges. Vorgesetzte können hochqualifizierte Mitarbeiter nicht auf Dauer mit einem befehlend-kontrollierenden, wenig-mitwirkungsorientierten 9.1-Führungsstil konfrontieren, ohne Gefahr zu laufen, sie zu verlieren und keinen gleichwertigen Ersatz zu finden. In ihren Überlegungen spielt die Angst vor hohen Fluktuationsraten und -kosten eine große Rolle. Sie werden zu einer Praktizierung eines mehr mitarbeiterorientierten Führungsstils bereit sein, selbst wenn er ihrer Überzeugung nicht entspricht. In Zeiten der *Rezession* hingegen können Führungskräfte weit härter auftreten, ohne sich dieser Gefahr auszusetzen (vgl. Abb. 29; Dirks, Führungsformen, S. 49).

Konjunktur und Arbeitsmarktlage	Hochkonjunktur (Unterangebot an Arbeitskräften)	Rezession (Überangebot an Arbeitskräften)
Mitarbeiter- und Vorgesetztenverhalten		
Auftreten der Mitarbeiter	selbstbewußt, unabhängig	anpassungsbereit, abhängig
Grundlagen des Vorgesetztenverhaltens	persönlich-fachliche Autorität	Positionsautorität
Führungsstil	mitarbeiterzentriert, schwacher Führungsdruck	vorgesetztenzentriert, starker Führungsdruck

Abb. 29. Arbeitsmarktlage und Führungsverhalten

Unbestritten scheint zu sein, daß in Krisensituationen oder in Situationen des Stresses die zentrale Führung mit Druck und enger hierarchischer Kontrolle leistungsfördernd wirkt. Ist der Arbeitsplatz gefährdet, erleben Arbeitnehmer die Rezession häufig als derartige Krisensituation. Zu fragen bleibt, ob in solchen Situationen der 9.1-(1.3.3.1-)Führungsstil neben einer hohen betrieblichen Leistung auch zu einer hohen individuellen Zufriedenheit der Mitarbeiter führen kann. Die wenigen, bis heute vorliegenden empirischen Untersuchungen lassen keinen eindeutigen Schluß zu. Zwar scheint gesichert zu sein, daß das Bedürfnis nach starker, die Situation strukturierender 9.1-Führung um so größer ist, je größer u. a. die empfundene Bedrohung ist (Korten, Determinanten, S. 133 ff.), woraus man evtl. ableiten könnte, daß dann auch die Zufriedenheit relativ groß sein dürfte. Andererseits geben die in Laboratoriumsuntersuchungen gefundenen Ergebnisse zu denken, daß mit Nachlassen des Stresses die Tendenz besteht, autoritäre 9.1-Führungsstile schnell abzulösen. Dies deutet darauf hin, daß während der Streßsituation die Mitglieder relativ unzufrieden waren (Rosenbaum/Rosenbaum, Morale, S. 343 ff.). Hier sind weitere Untersuchungen zu verschiedenen Streßsituationen abzuwarten.

2.3.2.2 Einfaktorielle Ansätze

2.3.2.2.1 Wirkungen organisationsspezifischer Faktoren

(1) Situationsfaktor „Aufgabe"

Die ‚Aufgabe' wird von manchen Autoren als der wichtigste Situationsfaktor zur Bestimmung effizienten Führungsverhaltens überhaupt angesehen. So ist für Hare (Handbook, S. 248 f.) die Aufgabe mit der Situation insgesamt identisch (vgl. auch McGrath/Altman, Research, S. 75; Hackman, Nature, S. 436; Sales, Style,

S. 282). Aufgrund verschiedener Untersuchungen werden bestimmte Aufgaben für die Unterschiede im Verhalten und der Leistung kleiner Laboratoriumsgruppen verantwortlich gemacht (Hackmann, Effects, S. 162 ff.).

Für die Frage, wie unterschiedliches Führungsverhalten bei Variation der Aufgabenstruktur die individuelle Leistung und Zufriedenheit beeinflußt, erscheint eine Aufgabendifferenzierung nach der ‚Art der Aufgabe' sinnvoll. Nach diesem Kriterium lassen sich

– ‚wiederkehrende, standardisierte Routineaufgaben'
– ‚neuartige, nicht standardisierte Aufgaben'

unterscheiden. Beispiele sind:

– für *wiederkehrende Routineaufgaben:* Arbeiten am taktgeregelten Fließband, Buchungsaufgaben, Loch- und Stanzaufgaben, Lohn- und Gehaltsabrechnung, Routineschreibarbeiten: Bestellungen, Rechnungen, Mahnungen schreiben u. a. m.
– für *neuartige Aufgaben:* (Grundlagen-)Forschungsaufgaben, erstmalige Beschaffung einer EDV-Anlage, Erarbeitung eines neuen Qualifikationssystems für die Personalbeurteilung, Werbungsaufgaben bei der Einführung eines aus dem bisherigen Produktionsprogramm herausfallenden Produkts, die sog. ‚Führungsaufgaben': Festlegung der Unternehmenspolitik u. a. m.

Es kann von folgenden weitverbreiteten Hypothesen ausgegangen werden:

H1: Im Prozeß der Erfüllung neuartiger, unstrukturierter Aufgaben bewirkt ein 9.9-(3.3.1.3-)Führungsstil bei den Mitarbeitern sowohl hohe Arbeitsleistungen als auch hohe Zufriedenheit.

H2: Im Prozeß der Erfüllung repetitiver Aufgaben bewirkt ein 9.1-(1.3.3.1-)-Führungsstil bei den Mitarbeitern zwar hohe Arbeitsleistungen, jedoch keine hohe Zufriedenheit.

Diese Hypothesen sind anhand ausgewählter empirischer Untersuchungen zu überprüfen.

(a1): Führungsverhalten bei neuartigen Aufgaben in Beziehung zur Leistung

Andrews/Farris (Practice, S. 497 ff.) untersuchten in einem NASA-Forschungszentrum die Beziehung zwischen dem Verhalten von 21 Vorgesetzten und der Leistung von 94 ihnen unterstellten Wissenschaftlern. Die mittlere Gruppengröße (ohne den Vorgesetzten) betrug 5 Personen. Zwei Drittel der unterstellten Wissenschaftler arbeiteten mit ihrem Vorgesetzten bereits länger als zwei Jahre zusammen. Die den Gruppen gestellte Aufgabe bestand in der Erforschung der Wirkungen extremphysikalischer Bedingungen auf verschiedene Materialien. Als geeignetes Leistungsmaß, das mit dem Vorgesetztenverhalten variierte, erwies sich die erbrachte Innovationsrate, die von mehreren unabhängigen Experten beurteilt wurde. Sie war lediglich ordinal definiert. Unter Beachtung der ceteris-paribus-Klausel wurden andere Größen, die für die Innovationsleistung sonst noch hätten verantwortlich gemacht werden können (Erfahrung, Training, Dienstalter), eliminiert.

Die Einstufung des Vorgesetztenverhaltens erhielt man durch Befragung der unterstellten Wissenschaftler. Dabei kamen 10 Maße der Vorgesetztenverhaltensbeschreibung zur Anwendung, die auf vier Vorgesetztenfunktionen reduziert wurden; von diesen am wichtigsten erscheinen die Dimensionen „aufgabenorientiertes Verhalten" (task functions) und „mitarbeiterorientiertes Verhalten" (human relations functions), die weitgehend den beiden Hauptdimensionen „initiating structure" und „consideration" entsprechen (vgl. Abb. 17). Zusätzlich spielt die Dimension ‚Freiheit bei der Arbeit' eine Rolle, die als Beteiligung der Mitarbeiter (M_4) interpretiert werden kann. Als wesentliche Ergebnisse der Studie sind festzuhalten:

1. In Bezug auf *aufgabenorientiertes* Vorgesetztenverhalten zeigte sich ein konsistenter Trend: hoch-aufgabenorientierte Vorgesetzte hatten Mitarbeiter mit höherer Innovationsleistung als mittel- oder niedrig-aufgabenorientierte Vorgesetzte.

2. In Bezug auf *mitarbeiterorientiertes* Vorgesetztenverhalten (beschrieben durch Größen wie Motivation, Sensitivität, Gruppenbeziehungen) zeigte sich ebenfalls ein konsistenter Trend: hoch-mitarbeiterorientierte Vorgesetzte hatten Mitarbeiter mit der niedrigsten Innovationsleistung, verglichen mit mittel- oder niedrig-mitarbeiterorientierten Vorgesetzten.

3. In Bezug auf das Merkmal „*Gewährung von Freiheit bei der Arbeit*" zeigte sich, daß diese Verhaltensdimension teilweise ein Substitut für aufgabenorientiertes Verhalten ist: in Arbeitsgruppen, in denen der Vorgesetzte im Prozeß der Aufgabenerfüllung nur niedrig-aufgabenorientiert war, konnte dann eine hohe Innovationsleistung festgestellt werden, wenn den Mitarbeitern ein hohes Maß an Freiheit bei der Arbeit zugebilligt wurde. Die Gewährung von Freiheit führte allerdings nur bei solchen Vorgesetzten zu hohen Innovationsleistungen, die vorher auf die Gruppenaktivität durch Zielsetzung und andere Maßnahmen eingewirkt hatten (Andrews/Farris, Practices, S. 509, 513).

Zu gleichen Ergebnissen in der Beziehung zwischen den Größen ‚*Gewährung von Freiheit bei der Arbeit*' und ‚*Leistung*' kommt *Likert*, der eine Reihe von Studien zu dieser Beziehung anführt. „Vorgesetzte, welche in ihren Abteilungen eine hohe Leistung in einer freiheitlichen Atmosphäre erreichen, überwachen ihre Untergebenen, indem sie wohl die Ziele stecken, aber keine kleinlichen Anweisungen geben ..." (Likert, Unternehmungsführung, S. 28). Auch *Andrews/Farris* weisen nach, daß ein extremer Zeitdruck nur zu wenig produktiven Konfliktsituationen führt. Andererseits ergab sich, daß ein gewisser Zeitdruck neue Ideen durchaus stimuliert. Daraus ist zu schließen, daß ein bestimmter Kontakt des Vorgesetzten zu seinen Mitarbeitern, in deren Verlauf er die Ziele und angemessene Termine setzt, leistungsfördernd ist.

Dieses letzte Ergebnis wird durch eine Untersuchung von *Pelz* (Factors, S. 310 ff.) gestützt, der feststellte, daß Freiheit in der wissenschaftlichen Forschung nur dann zu höheren Leistungen führt, wenn die Mitarbeiter in engem Kontakt zu ihrem Vorgesetzten stehen. Bei denjenigen, die ihren Vorgesetzten selten (nur wenige Male in der Woche) sehen (vgl. in Abb. 30 die untere Kurve), verläuft die Leistungskurve sehr flach und die Leistung sinkt mit zunehmender Freiheit. Anders verhält es sich mit den Mitarbeitern, die ihren Vorgesetzten häufig (täglich ein- oder mehrmals) sehen. Hier wird die größte Leistung erzielt, wenn die Mitarbeiter die größte Freiheit bei der Arbeit besitzen.

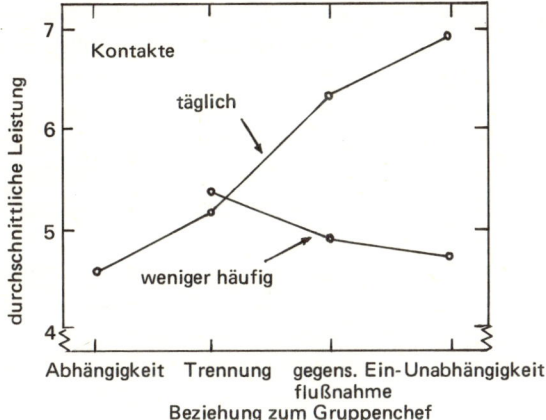

Abb. 30. Wissenschaftliche Leistung im Vergleich zur Beziehung zum Gruppenchef und zur Häufigkeit des Kontakts mit ihm
(Pelz, Motivation; entnommen Likert, Unternehmungsführung, (S. 30)

Offensichtlich führt Freiheit bei der Arbeit allein – ohne spezifische Zielsetzungen (Ziele der Art „das Beste zu tun" reichen nicht aus, vgl. Locke/Bryan, Goals, S. 129), Informationen und neue Arbeitsanregungen – zu niedrigen Leistungen. Voraussetzung für gute Leistungen im Bereich neuartiger Aufgaben ist damit ein Fachpromotor. Statt des Vorgesetzten können auch andere Personen (z. B. aufgabenstimulierende Arbeitskollegen) diese Rolle übernehmen. Der Vorgesetzte als Fachpromotor indes darf nicht zu sehr versuchen, die innovativen Aufgaben im Detail planen und festlegen zu wollen, da ein derartiges Verhalten negativ mit der Innovationsleistung korreliert (Andrews/Farris, Practices, S. 506 ff.) und von den Mitarbeitern als Einmischung und enge Kontrolle ausgelegt werden kann.

Insgesamt ergibt sich aus der Studie von *Andrews/Farris*, daß die Lösung von Innovationsaufgaben am besten durch einen stark aufgabenorientierten, weder kontrollierenden noch Druck ausübenden 1.3.1.3-Führungsstil gefördert wird, in dem die Beteiligung der Mitarbeiter hoch ist und die emotionalen Beziehungen keine wichtige Rolle spielen.

Morse/Lorsch (Theory Y, S. 61 ff.) untersuchten in zwei Unternehmungen jeweils zwei Abteilungen mit gleicher Aufgabenstruktur und unterschiedlicher Leistung. Die Größe betrug in allen Abteilungen mindestens 40 Personen.

In der einen Unternehmung waren Untersuchungsgegenstand zwei Abteilungen mit relativ unstrukturierten und ungewissen *Forschungs- und Entwicklungsaufgaben* im Bereich der Nachrichtentechnologie, wobei die eine Abteilung als hocheffizient und die andere als niedrig-effizient von den Managern der Unternehmung eingestuft wurde; in der anderen Unternehmung waren es zwei Abteilungen mit *stark-strukturierten* Aufgaben. Wie groß die Leistungen bzw. Differenzen waren, wird nicht angegeben. Zunächst interessiert das Führungsverhalten in den beiden Forschungs- und Entwicklungsabteilungen. Leider bleibt unerwähnt, welche Maße zur Erfassung des Führungsverhaltens verwendet wurden.

Es ist davon auszugehen, daß die Abteilungen mindestens zwei Führungsebenen besitzen. In der *hoch-effizienten* Abteilung gewährte der unmittelbare Vorgesetzte den Wissenschaftlern ein hohes Maß an Freiheit bei der Auswahl und Lenkung der Projekte und praktizierte ein partizipatives Führungsverhalten. Der höhere Vorgesetzte dagegen verhielt sich den gleichen Wissenschaftlern gegenüber stark-aufgabenorientiert.

In der *niedrig-effizienten* Abteilung beschrieben die Wissenschaftler den unmittelbaren Vorgesetzten als direktiv-kontrollierend. Eine Teilnahme der Wissenschaftler an Entscheidungen fand nicht statt. Diese wurden an der Abteilungsspitze getroffen. Die Wissenschaftler hatten das Gefühl, daß ihr spezifisches Fachwissen bei der Auswahl der Projekte nicht genutzt wurde. Es ist zu schließen, daß auch der höhere Vorgesetzte sich ihnen gegenüber stark-direktiv verhielt.

Insgesamt ergibt sich aus den Studien von *Morse/Lorsch*, daß effizientes Führungsverhalten bei unstrukturierten, neuartigen Aufgaben dann erreicht wird, wenn der höhere Vorgesetzte sich aufgabenorientiert verhält und der unmittelbare Vorgesetzte ein großes Maß an Freiheit gewährt. Wer das aufgabenorientierte Verhalten praktiziert, der unmittelbare oder der nächsthöhere Vorgesetzte, scheint nicht so wichtig zu sein. Aufgabenorientiertsein heißt Ziele setzen, Informationen geben, Fachberatung durchführen u. a., jedoch nicht „sich einmischen", „enge Kontrolle" usw., da sonst, wie die Ergebnisse zeigen, die Innovationsleistung tendenziell niedrig wird (Morse/Lorsch, Theory Y, S. 66). Auch hier erbrachte also der 1(3).3.1.3-Führungsstil das beste Ergebnis. Zu bemängeln ist an der Untersuchung, daß die verwendeten Maße nicht angegeben wurden.

Likert's Ergebnisse zum Führungsverhalten bei neuartigen, unstrukturierten Aufgaben sind besonders interessant, da sie auf der Grundlage einer Vielzahl von eigenen Untersuchungen sowie denen anderer Autoren basieren sollen.
Likert proklamiert zur effizienten Erfüllung variierender Aufgaben schon fast einseitig das Führungsverhalten der ‚motivierten Zusammenarbeit' (System 4), das weitgehend dem 9.9-(3.3.1.3-)Führungsstil entspricht. Ohne Untersuchungen im einzelnen zu referieren, liegt *Likert* (Führungsstruktur, S. 24 ff.) bei variierenden Aufgaben auf der Linie der erwähnten Untersuchungen.

Insgesamt ist festzuhalten, daß – mit Ausnahme der in Pkt. 2.3.2.3.1 zu behandelnden *Fiedler*-Ergebnisse – für neuartige, unstrukturierte Aufgaben hinsichtlich der betrieblichen Effizienz ein Führungsverhalten sehr geeignet ist, das in hohem Maße arbeitsstimulierend wirkt, ohne hierarchischen Druck und enge Kontrolle auszuüben. Die emotionale Zuwendung des Vorgesetzten gegenüber seinen Mitarbeitern braucht nicht unbedingt sehr stark zu sein (*Andrews/Farris*), Freiheit bei der Arbeit und ein bestimmtes Maß an Mitentscheidung dagegen scheinen wichtig zu sein. Nach der nach 4 Merkmalen differenzierenden Betrachtungsweise erscheint ein 1.3.1.3.-, 2.3.1.3.- oder 3.3.1.3.-Führungsstil sehr geeignet. Welcher Führungsstil aus dieser Reihe am besten ist, dürfte u. a. von der Motivationsstruktur der Betroffenen sowie dem Aspekt „Zusammenarbeit oder Einzelarbeit" abhängen (vgl. Zepf, Führungsstil, S. 30).

(b1): Führungsverhalten bei neuartigen Aufgaben in Beziehung zur Zufriedenheit

Zunächst könnte man meinen, daß der 3.3.1.3.-Führungsstil, der in hohem Maße die Belange der Mitarbeiter berücksichtigt, auch zu hoher Zufriedenheit der Mitarbeiter führen müsse. Das würde eine hohe Korrelation zwischen den Dimensionen „consideration" und „Zufriedenheit" voraussetzen. Wie eine Untersuchung von *Pelz* (Einfluß, S. 242) zeigt, ist dies jedoch nur unter bestimmten Bedingungen der Fall.

Neuartige Aufgaben schaffen bevorzugt eine Möglichkeit zur Befriedigung der Selbständigkeits- und Selbstverwirklichungsbedürfnisse. Zu fragen ist, ob die mit neuartigen Aufgaben betrauten Individuen eine Bedürfnisstruktur besitzen, innerhalb der diese Bedürfnisse dominieren, und ob das praktizierte Führungsverhalten die Erfüllung dieser Bedürfnisse in hinreichendem Maße erlaubt. Ist dies der Fall, dürfte die allgemeine Arbeitszufriedenheit hoch sein.

In den angeführten Studien finden sich keine Angaben zur Bedürfnisstruktur der unterstellten Mitarbeiter. Man ist daher weitgehend auf indirekte Schlüsse angewiesen.

Andrews/Farris (Practices, S. 115) vermuten aufgrund der Tatsache, daß die mitmenschlichen, humanen Gesichtspunkte in keiner Beziehung zur erbrachten Leistung standen, daß Wissenschaftler mehr durch die Arbeit selbst als durch die sozialen Bedingungen ihrer Arbeitsumwelt zur Leistung motiviert werden. D. h. Wissenschaftler besitzen in hohem Grad Bedürfnisse nach Leistung und Selbstentfaltung, die sie durch die Aufgabenerfüllung befriedigen können. Da gemäß dem Situationsmodell die Leistung intrinsische Belohnung enthalten kann, läßt sich die vermutete hohe Zufriedenheit dahingehend interpretieren, daß die Wissenschaftler – entsprechend ihrem Anspruchsniveau – sich durch die Aufgabenerfüllung hinreichend belohnt fühlten.

Auch *Morse/Lorsch* erhoben keine Daten zur Motivationsstruktur und Zufriedenheit. Jedoch berichten sie, daß in der hoch-effizienten Forschungs- und Entwicklungsabteilung die Mitarbeiter hochmotiviert waren (Theory Y, S. 66). Sie führen dies auf die ausreichende Erfüllung des Bedürfnisses nach „Zuständigkeit" (competence motive) zurück. Bei diesem Bedürfnis scheint es sich lediglich um einen anderen Ausdruck für das Leistungsbedürfnis bzw. das nach persönlicher Entfaltung zu handeln. Insofern deckt sich die Aussage von *Morse/Lorsch*, daß Wissenschaftler ihr Bedürfnis nach Zuständigkeit bei einem entsprechenden 9.9-Führungsverhalten gut erfüllen können, mit dem Ergebnis von *Andrews/Farris*.

Für *Likert* scheint der 9.9-Führungsstil (System 4) automatisch zum höchsten Grad an Motivation und Zufriedenheit zu führen (Unternehmungsführung, S. 97 ff., S. 187,1.).

Insgesamt ist zu vermuten daß bei *neuartigen, unstrukturierten Aufgaben* Führungsstile von 1.3.1.3 bis 3..1.3 (9.9-Führungsstile) neben hohen Leistungen auch hohe Zufriedenheit bei den Mitarbeitern erzeugen. Dies deshalb, da bei Wis-

senschaftlern und generell bei mit neuartigen Aufgaben betrauten Personen die
Leistungs- und Entfaltungsmotive zu dominieren scheinen. Es dürfte die Beziehung gelten: die Leistung bestimmt die Zufriedenheit. Sollten neuartige Aufgaben indes Personen mit einfacher Motivationsstruktur übertragen werden, ist
zu bezweifeln, ob ein 1.3.1.3.-Führungsstil zu hoher Zufriedenheit führt.
Durch die Untersuchungen wurde die Hypothese H_1 weitgehend gestützt. Schematisch ergibt sich – in verkürzter Darstellung des Situationsmodells – folgendes
Ergebnis:

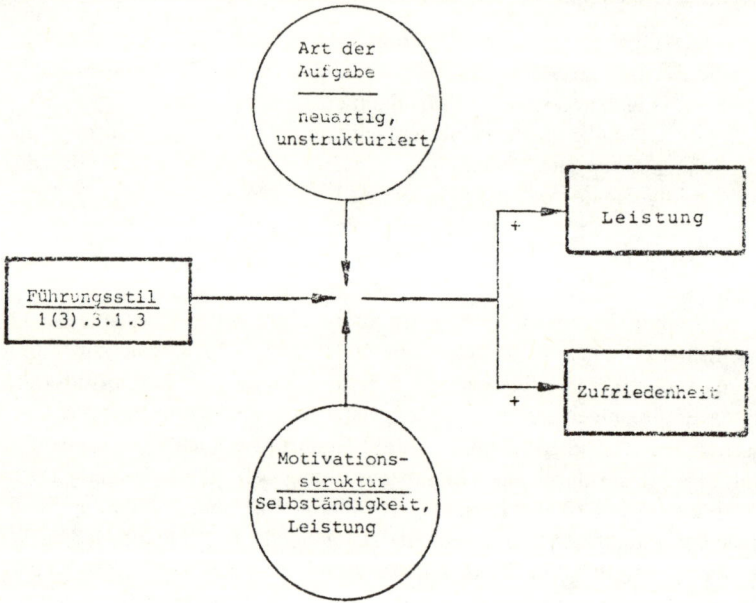

Abb. 31. Ergebnis zur Hypothese H_1

(a2): Führungsverhalten bei repetitiven Aufgaben in Beziehung zur Leistung

Es stellt sich bei repetitiven Aufgaben immer die Frage, inwieweit sie Maschinen
übertragen werden können. Werden sie vom Menschen erfüllt, so wird neben einer
hohen Spezialisierung der Aufgabenträger die Tendenz zur Zentralisierung von
Entscheidungsbefugnissen bei übergeordneten Aufgabenträgern, ein hoher Or-
ganisations- und Formalisierungsgrad, ein eher gebundenes als offenes Kommunikationssystem, eine hohe Kontrollintensität und eine statusmäßige Differenzierung
der Aufgabenträger vermutet (Bleicher, Führungsstile, S. 40). Hypothese H_2 ist
als Konsequenz dieser Merkmalsausprägungen anzusehen.
In der erwähnten Untersuchung von *Morse/Lorsch* wurden in einer anderen
Unternehmung zwei Abteilungen mit genau vorhersagbaren, *stark strukturierten
Aufgaben* untersucht (Theory Y, S. 65 f.). Es handelte sich um die Herstellung
standardisierter Behälter auf automatisierten, mit hoher Geschwindigkeit laufen-

den Montagebändern. Auch hier wurde die eine Abteilung als hoch-leistungseffizient und die andere als niedrig-leistungseffizient eingestuft.

In der *hoch-effizienten* Produktionsabteilung war die Aufgabe klar definiert und lag durch die Bandproduktion fest. Die Mitarbeiter hatten wenig Einfluß auf Entscheidungen, die an höherer Stelle gefällt wurden. Auch die Freiheit gegenüber ihren unmittelbaren Vorgesetzten war stark beschränkt, zum einen, was die Wahl ihrer Tätigkeit betraf, zum anderen, wie sie sie auszuführen hatten. Der unmittelbare Vorgesetzte wurde als ziemlich direktiv und kontrollierend wahrgenommen. Auch der höhere Vorgesetzte praktizierte ein stark kontrollierendes, aufgabenorientiertes Führungsverhalten.

In der *niedrig-effizienten* Produktionsabteilung war die formale Organisation weniger stark strukturiert, hatten die Mitarbeiter einen relativ starken Einfluß auf Entscheidungen und praktizierte der unmittelbare Vorgesetzte ein mehr partizipatives Führungsverhalten. Über das Führungsverhalten des höheren Vorgesetzten wird nichts ausgesagt. Zu vermuten ist, daß es ebenfalls partizipativ war.

Likert stellte fest, daß in Unternehmungen mit repetitiven Aufgaben die erfolgreichen Vorgesetzten aller Stufen starken Gebrauch von den Prinzipien machten, „die in einer in alle Einzelheiten gehenden Organisation und einer strafferen hierarchischen Kontrolle resultieren. Die Entscheide werden eher auf einer oberen als auf einer unteren Stufe gefällt und es entsteht das charakteristische Bild eines Führungsstils mit verstärktem hierarchischem Druck in Bezug auf die Leistung und den Gewinn" (Likert, Unternehmungsführung, S. 83).

Ohne Berücksichtigung des Gesichtspunktes der Zufriedenheit ist festzustellen, daß ein 9.1-(1.3.3.1-)Führungsstil mit enger Kontrolle als sehr leistungswirksam angesehen wird. Hierzu gibt es aufgrund der übereinstimmenden Ergebnisse weiterer Untersuchungen in der Literatur wenig Differenzen, so daß auf ihre Darstellung verzichtet werden kann (vgl. z. B. die Literaturhinweise bei Heller/Yukl, Participation, S. 235 f.; auch Fiedler, Kontingenzmodell, S. 187).

(b 2): Führungsverhalten bei repetitiven Aufgaben in Beziehung zur Zufriedenheit

Vom großem Interesse ist die Frage, ob der für repetitive Aufgaben leistungswirksame 9.1-Führungsstil mit enger Kontrolle auch zu hoher individueller Zufriedenheit führt.

Morse/Lorsch (Theory Y, S. 67) berichten, daß in der hoch-effizienten Produktionsabteilung die Mitarbeiter hochmotiviert waren. Obgleich dies keine direkte Aussage zur Zufriedenheit ist, kann aus dem Kontext auf hohe Zufriedenheit geschlossen werden; allgemein entspringt hohe Zufriedenheit einer hohen Motivation (Fournet/Distefano/Pryer, Job Statisfaction, S. 177). Für den vorliegenden Fall würde dies heißen, daß der eng-kontrollierende 9.1-Führungsstil auch zu hoher Zufriedenheit führte.

Pheysey/Payne/Pugh (Influence, S. 61 ff.) stellten in einer Unternehmung mittlerer Größe ebenfalls ein gutes Arbeitsklima und eine hohe Leistungsmotivation der

Mitarbeiter bei einem autoritären 9.1-Führungsverhalten fest.

In die Reihe dieser Ergebnisse passen auch die Untersuchungen von *Kilbridge* (Workers), S. 45 ff.) zur Monotonie. In einer Untersuchung fand er, daß die Beschäftigten kleinere, sich wiederholende Aufgaben bevorzugten, da sie wenig kompliziert waren. Überdies schätzten 84 % der beschäftigten Arbeiter die Bandarbeit. In einer weiteren Untersuchung konnte er ebenfalls keine positive Beziehung zwischen repetitiver Arbeit und Zeichen der Unzufriedenheit feststellen (Kilbridge, Turnover, S. 21 ff.).

Dagegen ist den Äußerungen *Likert*'s (Unternehmungsführung, S. 82) die entgegengesetzte Tendenz zu entnehmen: „Bei gewissen Fließbandarbeiten ist es beispielsweise möglich, daß die Leute ihre Arbeit keineswegs gerne tun (d. h. wenig Zufriedenheit erfahren, Anm. d. Vf.), aber trotzdem viel leisten." Die Einstellungen der Mitarbeiter, die als Indikatoren der Zufriedenheit anzusehen sind (vgl. Likert, Unternehmungsführung, S. 24 f., Abb. 2–9), werden seiner Meinung nach bei repetitiver Arbeit selten sehr günstig sein. Deutlich geht dies aus

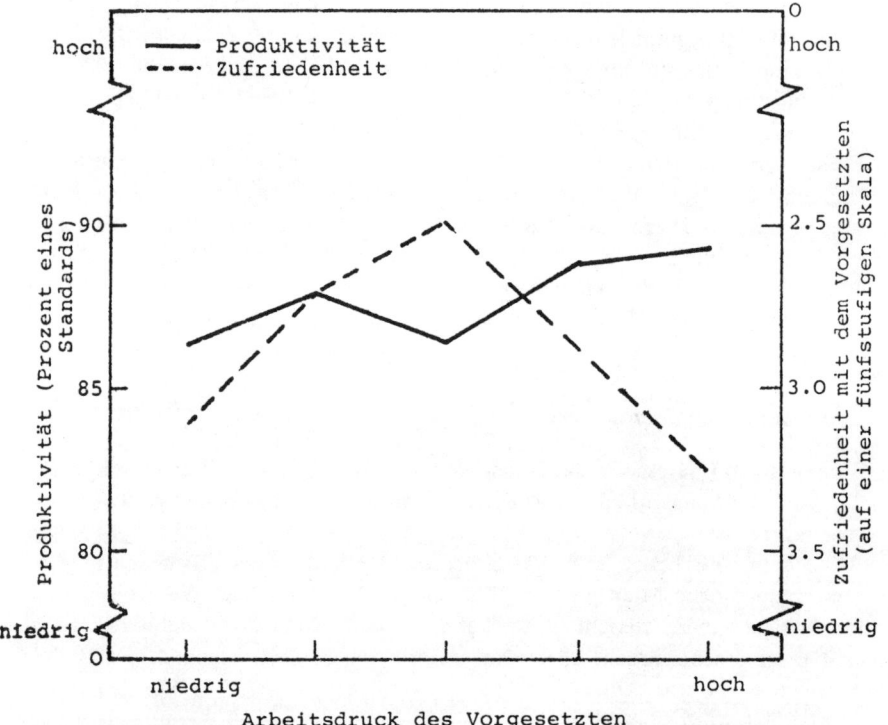

Abb. 32. Die Beziehung zwischen Produktivität und Zufriedenheit in Abhängigkeit vom Arbeitsdruck des Vorgesetzten
(Anmerkung: je höher die Zufriedenheitswerte, desto geringer die Zufriedenheit)

Abb. 32 hervor, die nach *Likert* (Patterns, Exhibit 6, S. 386; Abb. 32) auf den Angaben von mehreren tausend Arbeitern beruht und Beziehungen aufzeigt, die er in anderen Untersuchungen bestätigt gefunden haben will: ein Führungsverhalten mit starkem Arbeitsdruck führt zwar zur höchsten Leistung, jedoch zur geringsten Zufriedenheit der Arbeiter.

Auch *Katz* u. a. (bei Likert, Unternehmungsführung, S. 23) stellten fest, daß die produktiveren Arbeitskräfte bei einer überwiegend routinemäßigen Arbeit weniger Befriedigung empfanden als diejenigen, die weniger leisteten. Auf der gleichen Linie liegen die Ergebnisse einer Untersuchung von *Locke/Bryan* (Performance Goals, S. 129) zur Spezifizierung von Zielsetzungen bei Routineaufgaben. Sie fanden, daß Individuen dann die besten Arbeitsergebnisse zeigten, wenn man ihnen spezifische Ziele setzte (z. B. bestimmte Mengen pro Tag, pro Stunde); daß jedoch die höchsten Leistungen bei den höchsten Zielen mit der geringsten Zufriedenheit gekoppelt waren.

Zwischen dem kontrollierenden 9.1-(1.3.3.1-)Führungsverhalten und der Zufriedenheit der Mitarbeiter ergibt sich offensichtlich keine eindeutige Beziehung; sie ist entsprechend der individuellen Motivationsstruktur zu differenzieren.

Das Ergebnis von *Morse/Lorsch, Kilbridge* u. a., daß eng-kontrollierendes 9.1-Führungsverhalten bei repetitiver Aufgabenstellung hochmotivierte und zufriedene Mitarbeiter erzeugt, deutet darauf hin, daß die Mitarbeiter im wesentlichen durch ihre *physiologischen* und *Sicherheitsmotive* zur Leistung aktiviert wurden; durch den partizipativen 9.9-Führungsstil, der nicht ihrer Motivationsstruktur entsprach, scheinen die Mitarbeiter überfordert gewesen zu sein.

Für die relative Zufriedenheit lassen sich weitere Gründe anführen (vgl. auch v. Eckardstein/Schnellinger, Personalpolitik, S. 208 ff.):

– Mitarbeiter haben Angst vor Veränderungen und fühlen sich überfordert, weniger repetitive Aufgaben zu übernehmen. Mithin äußern sie sich über die augenblickliche Arbeitssituation zufrieden.
– Mitarbeiter haben ein früher vorhandenes, höheres Anspruchsniveau hinsichtlich der Arbeitsgestaltung reduziert, da sie keine Möglichkeiten zur Veränderung der Arbeitssituation sahen. Aufgrund des gesenkten Anspruchsniveaus äußern sie sich heute zufrieden.
– Mitarbeiter gehören einer bestimmten sozialen Schicht an und identifizieren sich mit den Normen dieser Schicht. Da von dieser die vorgegebene Arbeitssituation nicht in Frage gestellt wird, sind auch die Mitarbeiter zufrieden.

Die Mitarbeiter in den Untersuchungen von *Likert, Katz* u. a. messen offensichtlich anderen, z. B. den *Autonomie-* oder *Selbstverwirklichungsbedürfnissen*, die sie durch die Arbeit nicht erfüllen konnten, mehr Bedeutung zu. Nach dem Situationsmodell scheint in diesem Fall die Arbeit selbst keine intrinsischen Belohnungen bereitzustellen und die gewährten Belohnungen (Lohn, Arbeitssicherheit) können nicht das höhere Erwartungsniveau (z. B. hinsichtlich mehr Freiheit und Verantwortlichkeit bei der Aufgabengestaltung und dem Führungsverhalten) erfüllen. Daß die Mitarbeiter dennoch hohe Leistungen erbringen, hängt im wesentlichen von der durchstrukturierten und von den Individuen nicht beeinflußbaren Arbeitsorganisation ab.

Möglichkeiten zur Veränderung stark repetitiver Arbeitssituationen liegen in den verschiedenen Verfahren der *Arbeitsstrukturierung* wie
– der Aufgabenerweiterung (job enlargement)
– der Aufgabenanreicherung (job enrichment)
– dem systematischen Stellenwechsel (job rotation)
– der teilautonomen Gruppenarbeit (vgl. Rühl, Arbeitsstrukturierung, S. 147 ff.)

Durch die Untersuchungen wurde Hypothese H_2 nur zum Teil gestützt. Schematisch ergibt sich verkürzt folgendes Ergebnis:

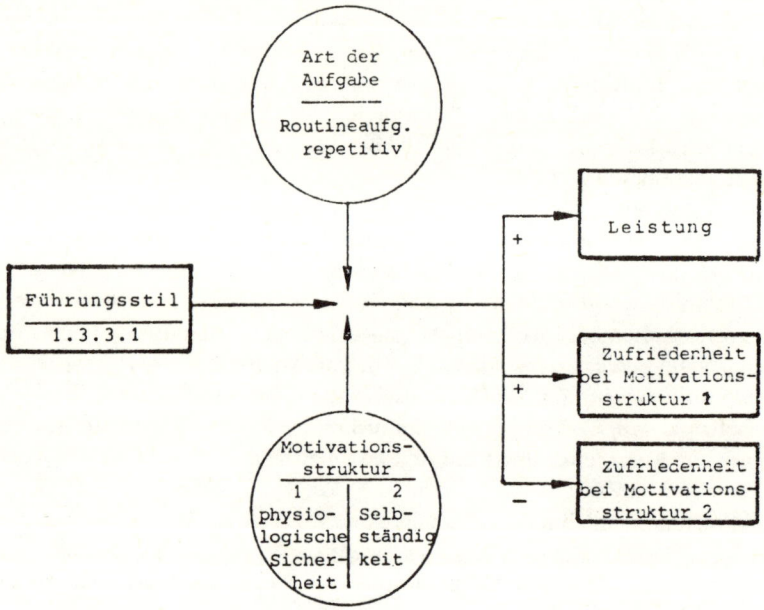

Abb. 33. Ergebnisse zur Hypothese H_2

(2) Situationsfaktor „Hierarchiestruktur"

Alle Stellen in der Unternehmung stehen in einem rangmäßigen Verhältnis zueinander und bilden zusammen die Hierarchiestruktur. Wie *steil* oder *flach* die Hierarchiestruktur aussieht, wird im wesentlichen von der Größe der Subordinationsquote (Leitungsspanne, Kontrollspanne) auf den einzelnen Ebenen bestimmt. Unter Subordinationsquote versteht man die Zahl der einem Vorgesetzten unmittelbar unterstellten Mitarbeiter (Gaugler, Instanzenbildung, S. 145 ff.).
Die Subordinationsquote (SQ) hängt von einer Reihe von Bestimmungsfaktoren ab:

$$SQ = f\ (A, P, T, H, R, \ldots, F)$$

Neben der Aufgabenart (A), den Eigenschaften der Aufgabenträger (P), der technischen Ausstattung der Organisation (T), der Hierarchieebene (H), der räumlichen Überschaubarkeit (R) und anderen Determinanten spielt das Führungsverhalten (F) eine wichtige Rolle (zu Einflußfaktoren vgl. Schwarz, Betriebsorganisation, S. 97 f.; Ulrich, Kontrollspanne, S. 268 ff.).

Über das Ausmaß an Delegation, Gruppenarbeitsformen und die Art der Kommunikation zwischen dem Vorgesetzten und seinen Mitarbeitern beeinflußt der Führungsstil die Größe der Subordinationsquote.

In Übereinstimmung mit dem größten Teil der Literatur (vgl. z. B. Gasser, Organisationsstruktur, S. 330; Gaugler, Instanzenbildung, S. 49; Dale, Management, S. 241; Blau/Scott, Organizations, S. 168) wird im folgenden davon ausgegangen, daß ein *steiler* Organisationsaufbau und kleine Subordinationsquoten ein Zeichen für einen eher eng-kontrollierenden, mit Anweisungen ins Detail gehenden 9.1-Führungsstil sind, während eine *flache* Hierarchiestruktur und große Subordinationsquoten auf die weitgehende Verwirklichung des Delegationsprinzips und auf einen wenig-kontrollierenden, hoch-mitwirkungsorientierten 9.9-Führungsstil hinweisen. Wenngleich sich auch kleine Subordinationsquoten im Sinne eines wenig-kontrollierenden, *Gruppenentscheidungen* begünstigenden 9.9-Führungsstils interpretieren lassen (vgl. Lukatis, Organisationsstrukturen, S. 227), wird als Ausgangspunkt an der gängigen Interpretation festgehalten.

Unter der ceteris-paribus-Annahme ist im folgenden zu erörtern, wie sich ein bestimmtes Führungsverhalten auf die Größe der Subordinationsquote und damit auf die Gliederungsbreite und -tiefe einer Unternehmung auswirkt. Weiter ist anhand von empirischen Untersuchungen zur Form der Hierarchiestruktur zu prüfen, ob ein flacherer oder steilerer Aufbau die Leistung bzw. die Zufriedenheit der Mitarbeiter mehr fördert. Es wird dabei von folgenden Hypothesen ausgegangen:

H_3: Ein 9.9-(3.3.1.3-)Führungsstil führt über vermehrte Delegation zu hohen Subordinationsquoten und einer flachen Hierarchiestruktur, was sich in hoher Arbeitsleistung niederschlägt.

H_4: Ein 9.9-(3.3.1.3-)Führungsstil führt über vermehrte Delegation zu hohen Subordinationsquoten und einer flachen Hierarchiestruktur, was sich in hoher Zufriedenheit niederschlägt.

Diese Hypothese entspricht in etwa der Hypothese von *Worthy* (Structure, S. 179): „In flachen Hierarchiestrukturen sind die Mitglieder generell zufriedener und können wirksamer geleitet werden als in steilen Strukturen."

(a): Führungsverhalten und Leistung in Abhängigkeit von der Hierarchiestruktur

Zur Frage, wie die Größe der Subordinationsquote die Leistung beeinflußt, gibt es bis heute kaum empirische Untersuchungen. Eine Studie von *Carzo/Yanouzas* (Effects, S. 178 f.) nimmt sich zwar dieses Themas an, ist jedoch vom Methodischen wie von der Art der Entscheidungsfindung bei der Delegation so unzulänglich, daß sich eine Erörterung erübrigt. Aufgrund mangelnden empirischen Materials kann die Hypothese H_3 nicht überprüft werden.

(b): Führungsverhalten und Zufriedenheit in Abhängigkeit von der Hierarchie-struktur

Ghiselli/Johnson (Need satisfaction, S. 569 ff.) untersuchten die Zufriedenheit von 413 Managern in US-Unternehmungen der verschiedensten Wirtschaftszweige in Abhängigkeit von der Steilheit/Flachheit der Hierarchiestruktur. Dazu wurden die Manager nach ihrem Erfolg eingestuft. Als Index für den Erfolg wurde die von den Individuen innegehabte Hierarchieposition, bezogen auf die durchschnittlich erreichte Hierarchieebene der Manager des gleichen Alters angesehen. Sämtliche Angaben erfolgten in Prozent, wodurch eine Vergleichbarkeit zwischen den Unternehmungen mit unterschiedlicher Ebenenzahl erreicht wurde. Es ergaben sich folgende Zusammenhänge (Abb. 34):

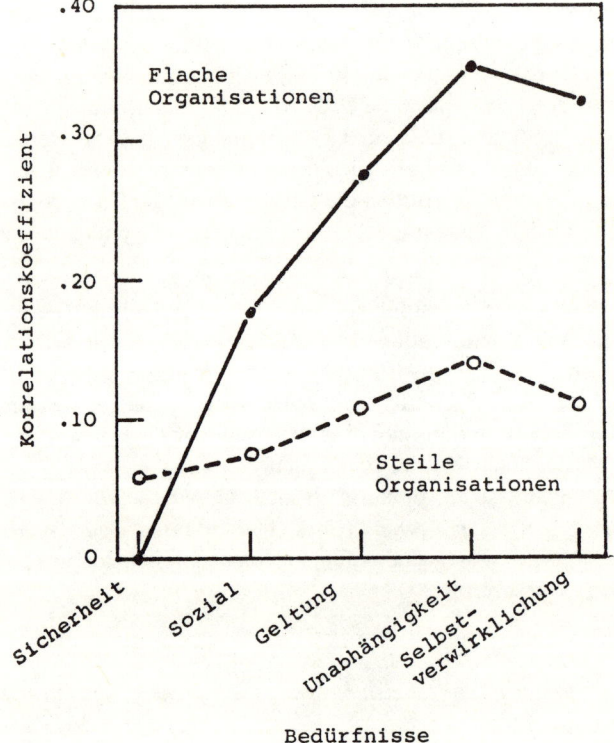

Abb. 34. Korrelationskoeffizienten zwischen der Zufriedenheit der Manager und ihrem Arbeitserfolg
(Giselli/Johnson, Need satisfaction, S. 573, Figure 1)

1. Zwischen dem Grad der Zufriedenheit mit der Erfüllung der verschiedenen Bedürfnisse und dem Ausmaß an Erfolg besteht für Manager in *steilen* Hierarchiestrukturen so gut wie keine Beziehung (Korrelationen um 0.10).

2. Zwischen dem Grad der Zufriedenheit mit der Erfüllung der verschiedenen Bedürfnisse und dem Ausmaß an Erfolg besteht – mit Ausnahme der Zufriedenheit in den Sicherheitsbedürfnissen – für Manager in *flachen* Hierarchiestrukturen eine deutliche Beziehung (Korrelationen bis zu 0.35).

3. Unterschiede zwischen *steilen* und *flachen* Hierarchiestrukturen erreichten für die drei höheren Bedürfnisse folgendes Signifikanzniveau: (p = 0.04 für die Geltungs-Bedürfnisse, p = 0.02 für die Autonomie-Bedürfnisse und p = 0.01 für die Selbstverwirklichungsbedürfnisse). Erkennt man das Signifikanzniveau als ausreichend an, bestätigen die Ergebnisse die *Worthy*-Hypothese für die Zufriedenheit hinsichtlich der Erfüllung der drei ‚höheren' Bedürfnisklassen.

Die Ergebnisse lassen sich einfach erklären: flache Organisationsstrukturen sind steilen in Bezug auf die Entwicklung von mehr Individualität überlegen. Folglich muß die Zufriedenheit mit den Bedürfnissen mehr individualistischer Art in flachen Organisationsstrukturen auch stärker mit dem Erfolg, so wie er definiert wurde, verbunden sein.

El Salmi/Cummings (Perceptions, S. 465 ff.) untersuchten die Zufriedenheit von 425 US-Managern aller hierarchischen Ebenen in Abhängigkeit von der Hierarchiestruktur und anderen Variablen, wie z. B. der Hierarchieebene.

Die Einteilung in drei Hierarchieebenen erfolgte nach dem Verhältnis der Anzahl der Vorgesetztenebenen über dem Manager zu der Gesamtzahl der Vorgesetztenebenen in der Unternehmung. Aufgrund eines Punktsystems wurden die Manager eingestuft:

≤ 0.6: Ebene des Middle Management,
> 0.6: Ebene des unteren Middle Management.

In die oberste Ebene (Top Management) wurde eingestuft, wer sich selbst als „Präsident", „Vize-Präsident" oder entsprechend bezeichnet hatte.

Zwei Ergebnisse der Studie sind hier von vorrangigem Interesse (El Salmi/Cummings, Perceptions, S. 470 ff.):

1. Mitglieder der *obersten* Unternehmensebene zeigten in allen Bedürfnisklassen in der *steilen* Hierarchiestruktur eine signifikant höhere Zufriedenheit als in der *flachen*.

2. Mitglieder der *mittleren* Unternehmensebenen zeigten in der *flachen* Struktur eine signifikant höhere Zufriedenheit als in der *steilen*, vor allem was die Zufriedenheit mit der Erfüllung der Sicherheits-, sozialen und Autonomie- (incl. der Informations-) Bedürfnisse betraf.

Das letzte Ergebnis – insbesondere hinsichtlich der Autonomiebedürfnisse – läßt sich als Stützung der *Worthy*-Hypothese interpretieren.

Gegenüber der Untersuchung von *Ghiselli/Johnson* ist festzustellen, daß die Einbeziehung von mehr als nur einer Variablen zu einem besseren und realistischeren Verständnis führt. Betriebliche Organisationen scheinen zu komplex zu sein, als daß eine Variable eine konsistente, eindimensionale Wirkung bei einer Vielzahl verschiedener Bedingungskonstellationen haben würde; zusätzliche Variablen sind einzubeziehen.

Porter/Lawler (Effects, S. 135 ff.) und *Porter/Siegel* (Relationships, S. 379 ff.)
haben z. B. den Gesichtspunkt der *Unternehmungsgröße* in ihren Untersuchungen
berücksichtigt. Ihre Ergebnisse können zusammen dargestellt werden, da die Versuchsanordnung und Anzahl wie Art der Variablen übereinstimmen.

Sie untersuchten die Zufriedenheit von 1913 US-Managern aller hierarchischen
Ebenen bzw. von 2976 Managern aus 13 Ländern (ohne die USA; 9 europäische
Länder) der mittleren und höheren Management-Ebenen in Abhängigkeit von der
Hierarchiestruktur und der Unternehmungsgröße. Als Kriterium für die Unter-
nehmungsgröße diente die Anzahl der Beschäftigten. Folgende Ergebnisse wurden
festgestellt:

1. Nur in der *Porter/Siegel*-Untersuchung war die Zufriedenheit in den flachen Strukturen
   (mit Ausnahme der Sicherheitsbedürfnisse) signifikant höher als in den steilen Strukturen
   (p = 0.01).
2. In Unternehmungen mit *weniger als* 5.000 Beschäftigten wurden übereinstimmend höhere
   allgemeine Zufriedenheitswerte in den flachen Hierarchiestrukturen festgestellt. Die Unterschiede waren in der *Porter/Siegel*-Untersuchung ausgeprägter (p = 0.01) als in der
   Porter/Lawler-Untersuchung (p = 0.05). Die größten Zufriedenheitsunterschiede wurden
   in der *Porter/Lawler*-Untersuchung bei den Selbstverwirklichungs-Bedürfnissen, in der
   Porter/Siegel-Untersuchung bei den Selbstverwirklichungs- und Autonomie-Bedürfnissen
   ermittelt.
3. In Unternehmungen mit *mehr als* 5.000 Beschäftigten kippte der Trend um. Während in
   der *Porter/Lawler*-Untersuchung die Zufriedenheit nun in den steilen Hierarchiestrukturen
   deutlich größer war als in den flachen (p = 0.01), insbesondere bei den Sicherheits-, sozialen und Geltungs-Bedürfnissen, ergab die *Porter/Siegel*-Untersuchung keinen Anhalts-
   punkt zu größerer Zufriedenheit weder in steilen noch in flachen Strukturen.

Die *Worthy*-Hypothese konnte damit nicht bestätigt werden. Vielmehr zeichnet
sich nach diesen Ergebnissen eine Abhängigkeit der Zufriedenheit neben der
Hierarchiestruktur auch von der Unternehmensgröße und der Art der Bedürfnisse
etwa wie folgt ab (Abb. 35):

Hierarchie-Struktur	Unternehmungsgröße	Zufriedenheit
flach (Subordinationsquoten: groß)	≤5.000 Beschäftigte	tendenziell: hoch (vor allem hinsichtlich der Autonomie- und Selbstver-wirklichungs-Bedürfnisse)
steil (Subordinationsquoten: klein)	>5.000 Beschäftigte	tendenziell: hoch (vor allem hinsichtlich der Sicherheits- und sozialen Bedürfnisse)

Abb. 35. Beziehungen zwischen Hierarchiestruktur, Unternehmungsgröße und Zufriedenheit

Kleine Subordinationsquoten, die in kleineren Organisationen offensichtlich enge
Kontrollen bedeuten, scheinen in größeren Organisationen als wirksame Unterstützung des Vorgesetzten seinen Mitarbeitern gegenüber, als bessere Koordination und intensivere Kommunikation in der Arbeitsgruppe verstanden zu werden.

Versucht man die zuvor analysierte Untersuchung von *Ghiselli/Johnson* in Einklang mit diesen Folgerungen zu bringen, müßte man schließen, daß *Ghiselli/Johnson* vor allem Manager kleinerer bis mittlerer Unternehmungen befragt haben. Aus der Untersuchung selbst ergibt sich dafür weder positiv noch negativ ein Hinweis.

Vor einer Verallgemeinerung muß in jedem Fall gewarnt werden. Auch auf dem Hintergrund, daß mit wachsender Unternehmungsgröße der Grad der Entscheidungsdezentralisation zunimmt (Berger, Unternehmensgröße, S. 104 ff.; Pugh u. a., Dimensions, S. 98; Child, Organization Structure, S. 168 ff.; Lukatis, Organisationsstrukturen, S. 194), ergibt sich kein einheitliches Bild. Kritik ist an den dargestellten Untersuchungen bereits am Untersuchungsaufbau zu üben:

Die Klassifizierung der Unternehmungen in ‚flache‘, ‚steile‘ und ‚dazwischenliegende‘ wurde nach der Anzahl der Ebenen, bezogen auf die Unternehmungsgröße, in allen Untersuchungen wie folgt vorgenommen:
Ca. 25 % der Unternehmungen wurden als ‚flach‘, ca. 25 % als ‚steil‘ und die restlichen 50 % als ‚dazwischenliegend‘ eingestuft. Diese Einstufung, die von einer vorgegebenen prozentualen Verteilung ausgeht, sagt nicht viel über den Grad der tatsächlichen Flachheit/Steilheit aus. Vor allem gewährleistet sie nicht, daß ‚flache‘ Strukturen mit ‚flachen‘ verglichen werden und nicht mit ‚dazwischenliegenden‘ oder ‚steilen‘.

Zusammengefaßt kann folgendes festgestellt werden:

Die Unterscheidung ,,steil – flach“ ist zu einfach. Es gibt offensichtlich keine allgemeine Überlegenheit der flachen gegenüber der steilen Struktur, zumindest was die Zufriedenheit anbetrifft. Hypothese H_4 ist daher zu revidieren. Zusätzliche Faktoren sind heranzuziehen, um die relativen Vorteile der einen gegenüber der anderen Struktur bestimmen zu können; so z. B. die in den einzelnen Untersuchungen zur Hierarchiestruktur jeweils geprüften Variablen (Erfolg, Hierarchieebene, Unternehmensgröße).

(c): Führungsverhalten und Leistung/Zufriedenheit in Abhängigkeit von der Hierarchieebene

Eine Abwandlung der Hypothese H_4 kann in Hypothese H_5 gesehen werden, die sich nicht mehr auf die gesamte Hierarchiestruktur, sondern nur auf jeweils zwei benachbarte Hierarchieebenen bezieht. Sie lautet:

H_5: Auf verschiedenen hierarchischen Ebenen sind unterschiedliche Führungsstile zu praktizieren, um zu hoher Leistung und hoher Zufriedenheit zu gelangen.

Gestützt wird diese Hypothese u. a. durch die Aussagen von *Mann* (Understanding, S. 68 ff.), *Nealey/Blood* (Leadership Performance, S. 414 ff.) und *Misumi/Shirakashi* (Study, S. 297 ff.).

In gleicher Richtung liegt das Ergebnis von Laboratoriumsuntersuchungen über die Konstruktion von Tonbandgeräten von *Hunt* (Leadership-Style, S. 476 ff.). Die Organisationsstruktur jeder der 26 Gruppen à 7 Personen und die erlaubten Kom-

munikationswege hatten folgendes Aussehen (Abb. 36); die Gesamtaufgabe war
hoch-interdependent.

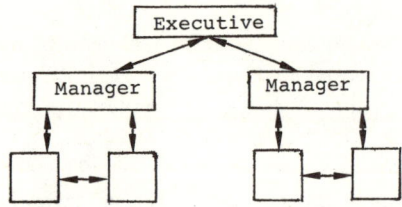

Abb. 36. Organisationsstruktur und erlaubte Kommunikationskanäle

Es ergaben sich folgende signifikante Beziehungen zwischen dem *Führungsverhalten*
(gemessen durch LPC-Werte, die hier in die Dimensionen von ‚consideration' und ‚initiating
structure' umgedeutet sind. Zur Zulässigkeit vgl. Pkt. 2.3.2.3.1)

a) und der *Leistung* (gemessen durch 3 Kriterien: Dauerhaftigkeit, Klangqualität
und Aussehen des Tonbandgerätes):

   aa) die *beste* Leistung zeigte sich bei
      Executives mit niedrigem LPC-Wert $\triangleq$ 9.1. Führungsstil
      Managern mit hohen LPC-Werten $\triangleq$ 1.9 Führungsstil

   bb) die *schlechteste* Leistung zeigte sich bei
      Executives mit hohem LPC-Wert $\triangleq$1.9 Führungsstil
      Managern mit niedrigen LPC-Werten $\triangleq$ 9.1 Führungsstil

b) und der *Zufriedenheit* (gemessen mit dem ungewichteten JDI (Job Description
Index, entwickelt an der Cornell University):

   aa) Manager mit hohem LPC-Wert ($\triangleq$ 1.9 Führungsstil) waren hochzufrieden mit ihren
      Executives, unabhängig von deren LPC-Werten.

   bb) Executives mit hohem LPC-Wert ($\triangleq$ 1.9 Führungsstil) hatten in ihrer Abteilung hoch-
      zufriedene Mitarbeiter der untersten Hierarchiestufe, unabhängig von den LPC-
      Werten der Manager.

Die beste Leistung wurde nicht bei hoher Zufriedenheit und umgekehrt erzielt; am
günstigsten erscheinen noch die beiden folgenden Kombinationen (vgl. dazu
Abb. 37).

1. Executive mit niedrigem LPC-Wert ($\triangleq$ 9.1 Führungsstil);
   Manager mit hohen LPC-Werten   ($\triangleq$ 1.9 Führungsstil).
   Wenngleich insgesamt die höchste Leistung und bei den Managern eine hohe Zufriedenheit mit ihren Vorgesetzten erzielt wird, dürfte die Arbeitszufriedenheit der Mitarbeiter auf
   der untersten Ebene gering sein.

2. Executive mit hohem LPC-Wert   ($\triangleq$ 1.9 Führungsstil)
   Manager mit hohen LPC-Werten   ($\triangleq$ 1.9 Führungsstil)
   Die Leistung ist nicht mehr die beste, jedoch ist sowohl die Arbeitszufriedenheit der Mitarbeiter auf der untersten Ebene als auch die Zufriedenheit der Manager mit ihren Vorgesetzten hoch.

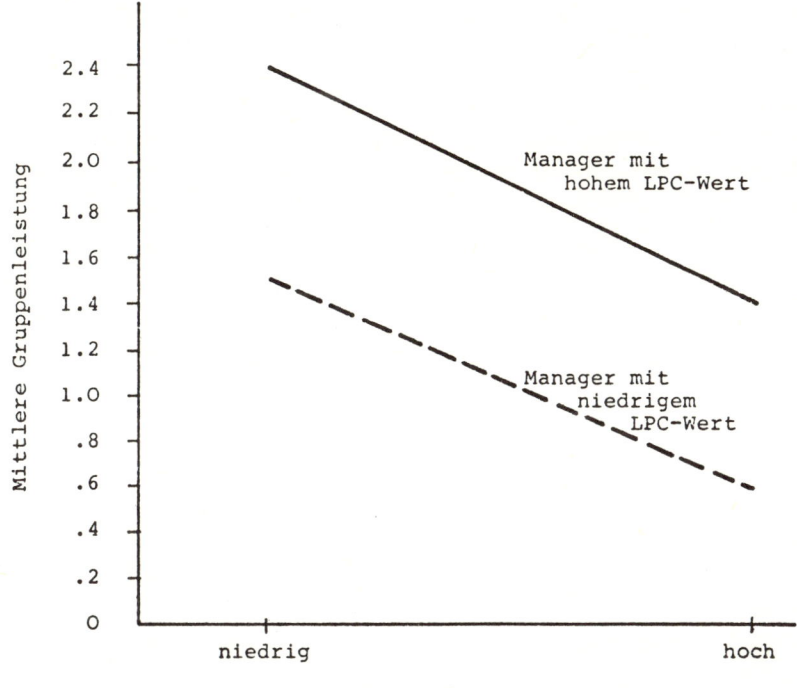

Abb. 37. Beziehung zwischen dem Führungsstil (LPC-Score der Executives und der Manager)
und der Gruppenleistung
(Hunt, Leadership Style, S. 483, Figure 2)

Aus der Untersuchung von *Hunt* ist in Übereinstimmung mit Hypothese H_5 zu
schließen, daß die Anforderungen an effizientes Führungsverhalten auf den verschiedenen hierarchischen Ebenen erheblich variieren müssen. Allerdings scheint
es zur Zeit unmöglich, die Hypothese H_5 zu spezifizieren. Sollten solche Ergebnisse außerhalb von Laboratoriumsuntersuchungen bestätigt werden, hätten sie
weitreichende Folgen für die Gestaltung von Personal- und Organisationsfragen.
Legt man z. B. die LPC-Werte als Beförderungskriterien zugrunde, was sinnvoll erscheint, da
sie einen engen Zusammenhang mit der Leistung aufweisen, wären in einer rein auf Leistung
bedachten Organisation Manager mit niedrigen LPC-Werten sogleich zu Executives zu be-
fördern. Weiter hieße dies, daß manche Personen nie als Manager, sondern gleich als Executives eingestellt werden müßten, während andere (mit hohen LPC-Werten) immer Manager
blieben und nicht aufsteigen könnten.

(3) Situationsfaktor „Kommunikationsstruktur"

Es gibt kaum eine Darstellung zum Führungsstil, die nicht die Bedeutung der
Informations- und Kommunikationsstruktur besonders betont (z. B. Bleicher,
Organisation, S. 61; Likert, Unternehmungsführung, S. 50 ff.). Um so erstaun-

licher ist es, daß bis heute empirische Untersuchungen zur Frage des Zusammen-
hanges zwischen dem Führungsstil einerseits und der Leistung bzw. Zufriedenheit
andererseits in Abhängigkeit von der Kommunikationsstruktur weitgehend
fehlen.

Das Kommunikationssystem einer Organisation kann nach verschiedenen Gesichtspunkten gegliedert werden; hier erscheint die aus der experimentellen Kleingruppenforschung stammende Unterscheidung von im wesentlichen vier verschiedenen Netzformen am geeignetsten. Diese sind (vgl. Wild, Organisationsforschung,
S. 169):

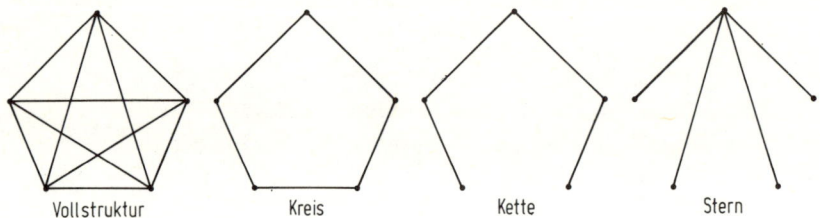

Abb. 38. Kommunikationsnetze

Aussagen über die Effizienz verschiedener Führungsstile in Abhängigkeit von der
Kommunikationsstruktur erscheinen nur unter Präzisierung der Aufgabenart sinnvoll (Situationsfaktor (1)).

Dabei ist von folgenden Hypothesen auszugehen:

H_6: Der 9.1-(1.3.3.1-)Führungsstil bewirkt in der Sternstruktur bei ein-
       fachen Routineaufgaben die beste Leistung, jedoch nicht die höchste
       Zufriedenheit.

H_7: Der 9.9-(1(3).3.1.3-)Führungsstil bewirkt in der Vollstruktur bei kom-
       plexen Entscheidungsaufgaben sowohl die höchste Leistung als auch die
       höchste Zufriedenheit.

*(a1): Führungsverhalten und Leistung in Abhängigkeit von der Kommunikations-
       struktur bei einfachen Aufgaben*

Hinsichtlich der möglichst schnellen Erfüllung von einfachen Routineaufgaben erwies sich übereinstimmend als Ergebnis verschiedener Kleingruppenexperimente
die sternförmige Netzform am effizientesten (vgl. als Zusammenfassung Sommer,
Bedeutung, S. 120). Dieses Ergebnis ist mit dem weiter oben gefundenen zu vereinbaren: zur Erledigung von einfachen Routineaufgaben ist ein stark-aufgaben-
bezogener und stark-kontrollierender 9.1-(1.3.3.1-)Führungsstil sehr leistungswirksam. Die Übereinstimmung konnte erwartet werden, da einfache Routineaufgaben zu ihrer Erfüllung nur relativ wenige von einer Person zu bewältigende In-

formationsaufnahme- und -verarbeitungsprozesse erfordern und somit tendenziell eine zentrale Entscheidungsfindung nahelegen. Die zentrale Entscheidungsfindung rückt ein Gruppenmitglied (den Gruppenführer) in die Position des „Entscheidungsträgers" und degradiert alle anderen zu Informationslieferanten. Die Sternstruktur entspricht dieser Entscheidungsfindung am besten. Zwar kann auch in anderen Kommunikationsnetzen die Aufgabenerfüllung zentral vorgenommen werden, jedoch war die Aufgabenerfüllung in keinem anderen der untersuchten Fälle schneller (Sommer, Bedeutung, S. 96).

(b1): Führungsverhalten und Zufriedenheit in Abhängigkeit von der Kommunikationsstruktur bei einfachen Aufgaben

Hinsichtlich der Zufriedenheit belegt ein Experiment von *Shaw* (Problem Complexity, S. 211 ff.) im Rahmen der experimentellen Kleingruppenforschung zu verschiedenen Kommunikationsstrukturen, daß die Art der Aufgabe (einfach – komplex) keine Auswirkungen auf den Zufriedenheitsgrad hat. Dieses Ergebnis erscheint jedoch zu vereinfacht, als daß es verallgemeinert werden könnte. Die experimentellen Bedingungen dürften Einfluß auf das Ergebnis gehabt haben. Mangels weiterer empirischer Ergebnisse zur Abhängigkeit der Zufriedenheit von der Kommunikationsstruktur *und* gleichzeitig von der Aufgabenart, kann die Ausgangsfrage hier nicht weiter behandelt werden.

Vereinfacht läßt sich zur Hypothese H_6 folgendes Ergebnis festhalten (Abb. 39):

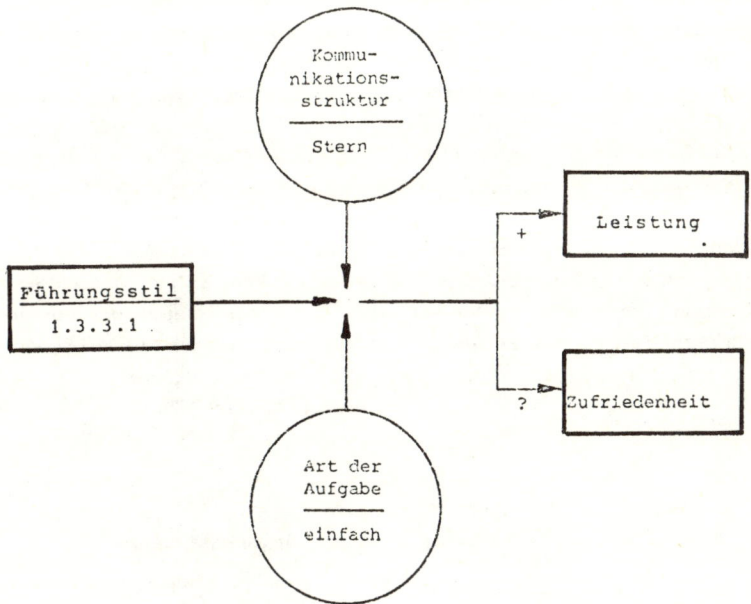

Abb. 39. Ergebnis zur Hypothese H_6

(a2): Führungsverhalten und Leistung in Abhängigkeit von der Kommunikations-
struktur bei komplexen Entscheidungsaufgaben

Entscheidungen sind kein punktueller Akt, sondern zeitbeanspruchende Tätigkeiten. Die Lösung einer komplexen Entscheidungsaufgabe ist damit gleichzusetzen
mit der Lösung eines Entscheidungsprozesses, der aus verschiedenen Phasen besteht (zur Einteilung Witte, Entscheidungsprozesse, Sp. 497 f.). Im folgenden wird
davon ausgegangen, daß die *kollegiale* Art der Entscheidungsfindung sich tendenziell in der Vollstruktur abspielt und einen hoch-mitwirkungsorientierten 9.9-Füh-
rungsstil erfordert, während die *individuelle* Art der Entscheidungsfindung sich
tendenziell in der Sternstruktur vollzieht und einen hoch-aufgabenorientierten
9.1-Führungsstil mit enger Kontrolle bedingt.
Kriterien für die Effizienzwirkung unterschiedlicher Führungsstile in Verbindung
mit einer entsprechenden Kommunikationsstruktur können sein (zu den Kriterien
wie zu den folgenden Ausführungen vgl. Zepf, Führungsstil, S. 63 ff.):
1. die Güte der Problemfeststellung
2. die Anzahl der erzeugten Ideen
3. die Güte der erzeugten Ideen
4. die Art des Risikoverhaltens
5. die Entscheidungszeit
6. der Durchsetzungswiderstand

Zu 1.: Die Güte der Problemfeststellung in Abhängigkeit vom Führungsstil und
einer entsprechenden Kommunikationsstruktur

Entscheidungsaufgaben können nur dann effizient gelöst werden, wenn das zu lö-
sende Problem adäquat wahrgenommen und entsprechend formuliert wird.
Problemlösungen in Gruppen führen aufgrund der Möglichkeit zur gegenseitigen
Fehlerkorrektur in der überwiegenden Mehrheit der Fälle zu qualitativ höher-
wertigen Lösungen (zu Literaturstellen: Zepf, Führungsstil, S. 64 f.). Dies gilt auch
für die Phase der Problemfeststellung. Insbesondere, wenn die Gruppe aus
Mitgliedern heterogener Interessenlage besteht, ist eine qualitativ bessere Pro-
blemidentifikation zu erwarten (Türk, Gruppenentscheidungen, S. 318).
Nachteilig auf die Qualität der Problemfeststellung kann sich ein in stark-kohäsi-
ven Gruppen vorhandenes Wohlverhalten der Gruppenmitglieder auswirken,
wenn erkannte Fehler bei anderen Gruppenmitgliedern nicht aufgedeckt werden.
Solange jedoch nicht jeder Fehler unkorrigiert bleibt, ist der hoch-mitwirkungsorientierte 9.9-(1.3.1.3- bis 3.3.1.3-) Führungsstil in der Vollstruktur immer noch
effizienter.

Zu 2.: Die Anzahl der erzeugten brauchbaren Ideen in Abhängigkeit vom Füh-
rungsstil und einer entsprechenden Kommunikationsstruktur

In der Literatur wird überwiegend die Meinung vertreten, daß ein hoch-mitwirkungsorientierter 9.9-Führungsstil, verbunden mit der Kommunikationsstruktur
des vollständigen Netzes, mehr brauchbare Ideen erzeugt als ein niedrig-mitwir-

kungsorientiertes Verhalten in der Kommunikationsstruktur des Sterns. Diese Aussage beruht im wesentlichen auf zwei Annahmen:

a) Durch das Aufeinandertreffen unterschiedlicher Interessen und Ansichten in der Gruppe entstehen Konfliktsituationen. Durch Konflikte wird eine Stimulierung innovativer Ideen erwartet (vgl. Grochla, Unternehmungsorganisation, S. 211).

b) Durch die wechselseitige Kommunikation in der Gruppe wird eine gegenseitige Unterstützung bei der Ideenfindung hervorgerufen. Die Gruppenmitglieder stimulieren sich durch geäußerte Ideen zu immer neuen Ideen (vgl. Kelley/Thibaut, Problem Solving, S. 68 f.).

Zu a): Die unter dem Aspekt der *Ideenstimulierung durch Konfliktinstitutionalisierung* in jüngster Zeit erhobene Forderung nach weitgehender Einführung des Matrixprinzips in Organisationen (z. B. Timmermann, Matrix-Management, S. 318) erscheint falsch, da Konflikte nicht in jedem Fall produktiv und positiv zu werten sind. Neuere Ergebnisse aus dem Bereich der Konfliktforschung legen den Schluß nahe, daß von *persönlich bedingten Konflikten* in der Regel für die Organisation negative Wirkungen ausgehen, während *sachlich bedingte Konflikte* positiv wirken (z. B. Senghaas, Konflikt, S. 31 ff.). Da sachlich bedingte Konflikte (z. B. gegensätzliche Abteilungsinteressen bei der Verwendung knapper Ressourcen) jedoch häufig persönliche Ursachen haben, können negative Wirkungen nicht vermieden werden.

Inwieweit und unter welchen Bedingungen durch eine Institutionalisierung von Konflikten die Leistungsfähigkeit einer Unternehmung gefördert wird, läßt sich heute mangels empirischer Untersuchungen noch nicht beurteilen.

Zu b): Wiederholt wurde diese These in Gruppenexperimenten nicht bestätigt. Dafür, daß *Gruppen* oft nur wenige oder gar *nur eine Lösung* vorschlagen, werden folgende Gründe angeführt (im einzelnen Zepf, Führungsstil, S. 67 ff.):

– Mehrheitsverhältnisse
– formale/informale Führung
– Kritikvermeidung
– Lösungszwang

Aufgrund der Kenntnis derartiger, die Ideenerzeugung hemmender Restriktionsfaktoren werden bestimmte Verfahrensweisen vorgeschlagen, um die Gruppe in ihrer Eigenschaft als Informationspool zu stimulieren.

Es handelt sich z. B. um

1. die Methode der ‚zweiten Lösung‘ und
2. die Regeln des ‚Brainstorming‘

Maier/Hoffmann (Quality, S. 282) fanden, daß Vorgesetzte, wenn sie bei der ersten Lösung ihre Vorstellung hatten durchsetzen können, große Bereitschaft zeigten, alternative Lösungen zu erörtern. Auch konnten die erzielten besseren *zweiten Lösungen* dann ohne Schwierigkeiten die zuvor akzeptierte erste Lösung verdrängen. Inwiefern diese Ergebnisse verallgemeinert werden können, bleibt offen. In jedem Fall dürfte durch die Methode des ‚Zweiten Weges‘ der andernfalls vorhandenen Tendenz zur Trägheit bei der Ideenproduktion wirksam entgegengewirkt werden.

Die Methode des *Brainstorming* postuliert, daß der Mensch in der Gruppensituation bei gemeinsamer Ideensuche mehr Ideen zu erzeugen imstande ist als im
Falle der Isolierung von anderen (im einzelnen: Pkt. 3.6.2.2). Die von verschiedenen Autoren vorgenommene Nachprüfung der quantitativen und qualitativen
Überlegenheit des ,Brainstorming' gegenüber der isolierten Ideensuche zu einem
Problem erbrachte indes häufig nicht die von den Anhängern des ,Brainstorming'
vermutete Überlegenheit der Methode (z. B. Taylor/Berry/Block, Group Participation, S. 23 ff.).
Ingesamt ist aus den Ergebnissen zu folgern, daß der hoch-mitwirkungsorientierte
9.9-Führungsstil in der Kommunikationsstruktur des vollständigen Netzes keineswegs zu höherer Ideenproduktion als ein 9.1-Führungsstil führt. Ein abschließen-
des Urteil kann jedoch nicht abgegeben werden. Zu bedenken ist, daß bis heute im
Arbeitsprozeß noch immer das intrapersonelle Denken dominiert, während das
interpersonelle in Gruppen nicht hinreichend eingeübt ist.

*Zu 3.: Die Güte der Ideen in Abhängigkeit vom Führungsstil und einer entsprechen-
den Kommunikationsstruktur*

Bisher vorliegende Untersuchungen zur Gesamtleistung einer wohlintegrierten
Gruppe gegenüber der Summe der Einzelleistungen ihrer Mitglieder weisen nach,
daß Gruppen unter bestimmten Bedingungen qualitativ bessere Entscheidungen
hervorbringen (Scharmann, Teamarbeit, S. 17 ff., 55 ff.; Türk, Gruppenentscheidungen, S. 307). Gruppen haben offensichtlich bestimmte Fähigkeiten und Verhal-
tenseigenschaften, die das beste Mitglied nicht besitzt und die sich auch durch
Addition der Merkmale der Einzelmitglieder nicht erklären lassen. Für die qualitative Überlegenheit von Gruppenbeschlüssen sind u. a. folgende Voraussetzungen
einzuhalten (Lindner, Zusammenarbeit, S. 28 f.):
– Die Gruppe darf nicht unter Zeitdruck stehen.
– Innerhalb der Gruppe darf es keine hierarchischen Unterschiede geben.
– u. a. m. (z. B. die Gruppengröße, -normen, ...)
Während die Erfüllung der ersten Bedingung von einer bewußt die Zeit berück-
sichtigenden organisatorischen Gestaltung abhängt, kann die Erfüllung der zweiten
Bedingung in der Verwirklichung eines hoch-mitwirkungsorientierten 9.9-Füh-
rungsstils in der Kommunikationsstruktur des vollständigen Netzes gesehen werden.

*Zu 4.: Die Risikobereitschaft in Abhängigkeit vom Führungsstil und einer ent-
sprechenden Kommunikationsstruktur*

Geht man davon aus, daß das Treffen innovativer Entscheidungen eine größere
Risikobereitschaft voraussetzt als das Treffen von Routineentscheidungen, ist zu
fragen, ob eher ein hoch-mitwirkungsorientierter 9.9-Führungsstil in einer offenen

Kommunikationsstruktur (Gruppenentscheidungen) oder ein hoch-mitwirkungs-orientierter 9.9-Führungsstil in einer gebundenen Kommunikationsstruktur etwa des Sterns (isolierte Einzelentscheidungen durch weitestgehende Verwirklichung des Delegationsprinzips) eine größere Risikobereitschaft bewirkt.

Lange Zeit wurde die These vertreten, daß Gruppenentscheidungen infolge des auf die Gruppenmitglieder wirkenden Konformitäts- und Gruppendrucks Entscheidungen geringen Risikos sind (vgl. Cartwright/Zander, Group Dynamics, S. 179). Ein risikofreudiges Gruppenmitglied findet nach dieser These nicht die erforderliche Mehrheit zur Annahme und Durchsetzung seiner Ideen.

Spätere empirische Untersuchungen, vor allem von *Wallach/Kogan/Bem* (Group Influence, S. 75 ff.) erbrachten das entgegengesetzte Ergebnis: sie fanden den größeren Risikogehalt in der Gruppenentscheidung und nicht im Schnitt der isoliert getroffenen Einzelentscheidungen. Untersuchungen, die hierarchisch-differenzierte mit hierarchisch-undifferenzierten Gruppen verglichen, kamen zu dem gleichen Ergebnis (z. B. Bridges/Doyle/Mahan, Effects, S. 308 ff.). Die Ursache für die höhere Risikobereitschaft in der Gruppensituation wird durch eine Reihe von Thesen zu erklären versucht, von denen nachfolgend nur einige aufgeführt sind (Frese, Struktur, S. 257 ff.):

a) Eine Gruppe kann aufgrund ihres größeren Wissensstandes qualifzierter über Entscheidungsalternativen urteilen. In der Annahme der Richtigkeit dieses Satzes ist das einzelne Gruppenmitglied bereit, einer Alternative zuzustimmen, deren Risiko über seiner individuellen Risikobereitschaft liegt.

b) Durch die gemeinsame Entscheidung braucht das einzelne Gruppenmitglied sich nicht allein für die Entscheidung verantwortlich zu fühlen. Daher kann es einer risikoreichen Entscheidung zustimmen, die es bei isolierter Betrachtung sonst nicht vertreten hätte.

c) Gruppenmitglieder mit überdurchschnittlicher Risikobereitschaft üben im Vergleich zu solchen mit unterdurchschnittlicher Risikobereitschaft einen stärkeren Einfluß aus, da sie ihre Argumente angeblich mit mehr Nachdruck vertreten und auch durchsetzen können.

d) Je länger ein Entscheidungsträger sich mit einem Problem beschäftigt, desto durchsichtiger wird für ihn das Problem und desto eher ist er bereit, progressiv zu entscheiden. Die höhere Transparenz wird durch die vorangegangene Gruppendiskussion erreicht.

Trotz einer möglichen methodischen Kritik an den genannten Untersuchungen (vgl. Zepf, Führungsstil, S. 74) ist für Gruppen im Vergleich zum Durchschnitt einer gleichen Zahl isolierter Einzelentscheider in der Mehrzahl der Fälle eine höhere Risikobereitschaft zu vermuten. Für das Treffen risikoreicher Entscheidungen bedeutet dies, daß ein hoch-mitwirkungsorientiertes 9.9-Führungsverhalten in einer Vollstruktur besser geeignet ist, als ein hoch-mitwirkungsorientiertes in der Sternstruktur.

Zu 5.: Die Entscheidungszeit in Abhängigkeit vom Führungsstil und einer entsprechenden Kommunikationsstruktur

Im Rahmen von Kleingruppenexperimenten wurde festgestellt, daß Gruppen in einer stark-zentralisierten Kommunikationsstruktur (Sternstruktur) komplexe Aufgaben schneller lösten als Gruppen in einer stark-dezentralen Kreisstruktur

(Mulder, Decision Structure, S. 1 ff.; Shaw, Types, S. 127 ff.; vgl. auch Berthel, Informationen, S. 156 f.).

Wenngleich die Ergebnisse der Kleingruppenforschung nur zum Teil allgemeine Schlußfolgerungen zulassen, konnte dieses Ergebnis durch verschiedene andere Untersuchungen bestätigt werden (z. B. Taylor/Faust, Questions, S. 360 ff.; Faust, Group Problem Solving, S. 68 ff.). In ihnen erwies sich die individuelle Lösung von komplexen Aufgaben einer Gruppenlösung gegenüber als vorteilhaft. Auf der Grundlage des heute vorliegenden empirischen Materials kann geschlossen werden, daß – außer in Spezialfällen – Gruppenentscheidungen in der Vollstruktur länger dauern als Einzelentscheidungen in der Sternstruktur. Die relative Langsamkeit von Gruppenentscheidungen beruht vor allem darauf, daß neben intrapersonellen Entscheidungsprozessen zusätzlich interpersonelle Entscheidungsprozesse zwischen den Gruppenmitgliedern ablaufen.

Nach allem kommt für eilige Entscheidungen ein hoch-mitwirkungsorientierter 9.9-Führungsstil in der Vollstruktur nicht in Frage, vielmehr ist für derartige Entscheidungen ein hoch-mitwirkungsorientierter 9.9-Führungsstil in der Sternstruktur anzustreben.

Da mit der schnellen individuellen Lösung von komplexen Entscheidungsaufgaben jedoch – infolge der begrenzten Informationsverarbeitungskapazität des Individuums – häufig Qualitätseinbußen verbunden sind, bleibt zu fragen, inwieweit Gruppen für eine kollektive Lösung von komplexen Entscheidungsaufgaben geschult und zum schnelleren Treffen angelernt werden können (Frese, Struktur, S. 257).

Zu 6.: Der Durchsetzungswiderstand in Abhängigkeit vom Führungsstil und einer entsprechenden Kommunikationsstruktur

Zur Frage des Durchsetzungswiderstandes und der zeitlichen Verzögerung in Abhängigkeit vom Führungsverhalten liegen neben einer Reihe von Experimenten auch Erfahrungsberichte vor. Ohne auf sie im einzelnen einzugehen, kann als übereinstimmendes Ergebnis festgehalten werden, daß ein hoch-mitwirkungsorientierter 9.9-Führungsstil in der Vollstruktur zu einer Reduzierung des Durchsetzungswiderstandes bei Vorhaben führt, die die Gruppenmitglieder *persönlich* betreffen (z. B. Arbeitsverfahren, Führungsorganisation). Im Unterschied zu einem niedrig-mitwirkungsorientierten Führungsstil in der Sternstruktur verkürzt sich die Zeitspanne der Durchführung ganz erheblich. Zurückzuführen ist dieses Ergebnis vermutlich darauf, daß Spannungen und Widerstände, die andernfalls aufgrund mangelnder Informationen über die Konsequenzen der Entscheidung auftreten, weitgehend verhindert werden. Offen bleibt, welcher in *sämtlichen* Phasen eines Entscheidungsprozesses (einschließlich der Realisationsphase) *durchgängig* gezeigte Führungsstil zu einer niedrigeren Gesamtdauer (Summe von Entscheidungs- und Durchsetzungszeit) führt. Empirische Ergebnisse liegen kaum vor. Eine bedeutsame Rolle für die Gesamtzeit dürfte der Gesichtspunkt spielen, in welchem Maße die zu treffende Entscheidung unmittelbare Auswirkungen auf die Motivationsstruktur der Beteiligten hat.

Bei Entscheidungen über die Einführung einer neuen Führungskonzeption oder eines neuen Arbeitsverfahrens z. B. sind die Organisationsmitglieder stärker unmittelbar betroffen (Fall A) als bei der Entscheidung über die anzuwendende Werbestrategie oder die Erstellung einer Wirtschaftlichkeitsrechnung (Fall B). Im Fall A dürfte ein hoch-mitwirkungsorientierter, gruppenbezogener 9.9-Führungsstil zur Ausräumung sonst auftretender Widerstände angebracht und insgesamt gesehen zeitsparender sein als ein niedrig-mitwirkungsorientiertes Führungsverhalten. Im Fall B ist ein umgekehrtes Ergebnis zu erwarten.

Folgende Zusammenhänge sind im Fall A zu erwarten bei
a) einer Beteiligung der Betroffenen von Anfang an
b) einer Nichtbeteiligung der Betroffenen
(vgl. den Erfahrungsbericht von Strauss, Set-up man, S. 17 ff. zur Veränderung des Organisationsplans)

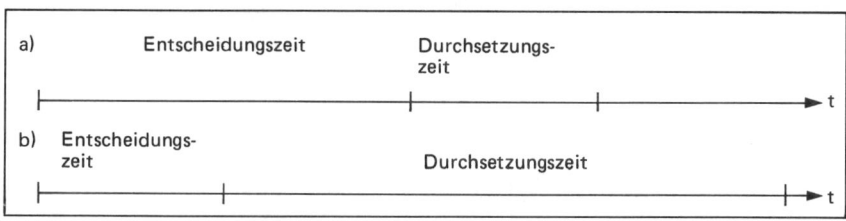

Abb. 40. Hypothese über die Gesamtzeit von Entscheidungsprozessen im Fall A

(b2): Führungsverhalten und Zufriedenheit in Abhängigkeit von der Kommunikationsstruktur bei komplexen Aufgaben

Die Kommunikation (das Informationsbedürfnis) ist einer der wichtigsten Faktoren zur Erzielung von Zufriedenheit (Fournet/Distefano/Pryer, Job Satisfaction, S. 173). Die Ergebnisse der experimentellen Kleingruppenforschung zeigen übereinstimmend, daß die Zufriedenheit durch den Grad der Zentralisation bzw. Autonomie der Stellen im Kommunikationsgefüge bestimmt wird. Die Zentralität bestimmt maßgeblich die Autonomie und diese wird von *Trow* (Autonomie, S. 205) als wichtigste Einflußgröße der Zufriedenheit angesehen. In den Begriffen *Zentralität* und *Autonomie* kommt zum Ausdruck, in welchem Maße die Individuen die Möglichkeit zur Einflußnahme und Interaktion haben.

Ordnet man die Kommunikationsnetze nach dem Grad ihrer Zentralität, ergibt sich eine Reihenfolge von der Vollstruktur als dem Netz niedrigster Zentralität über den Kreis und die Kette bis zum Stern als dem Netz höchster Zentralität (Sommer, Bedeutung, S. 100). Es gilt die Hypothese: im Netz niedrigster (höchster) Zentralität ist die Zufriedenheit im Schnitt am größten (niedrigsten). Für die Formen des Kreises, der Kette, der Y-Struktur (modifizierte Sternstruktur) und den Stern wird diese enge Korrelation zwischen zunehmender Netz-Zentralität und abnehmender durchschnittlicher Zufriedenheit durch verschiedene Untersuchungen deutlich belegt; auch erreicht der Inhaber der Zentralposition im Stern erwartungsgemäß die höchste Zufriedenheit (Sommer, Bedeutung, S. 123 ff.). Der Schluß liegt nahe, daß ein hoch-mitwirkungsorientierter 9.9-Führungsstil in der Vollstruktur die höchste durchschnittliche Zufriedenheit bewirkt.

Trotz weitgehender Übereinstimmung sind die herangezogenen Ergebnisse sehr vereinfacht. Spezifische Situationsfaktoren z. B. *personaler Art* (Intelligenz, Motivationsstruktur) oder *gruppenbezogener Art* (Gruppengröße) können zu einer Relativierung der Ergebnisse führen.

Unter der – im Grunde unbefriedigenden c.p.-Annahme – lassen sich die Ergebnisse, die als Stützung der Hypothese H_7 anzusehen sind, vereinfacht wie folgt darstellen (Abb. 41):

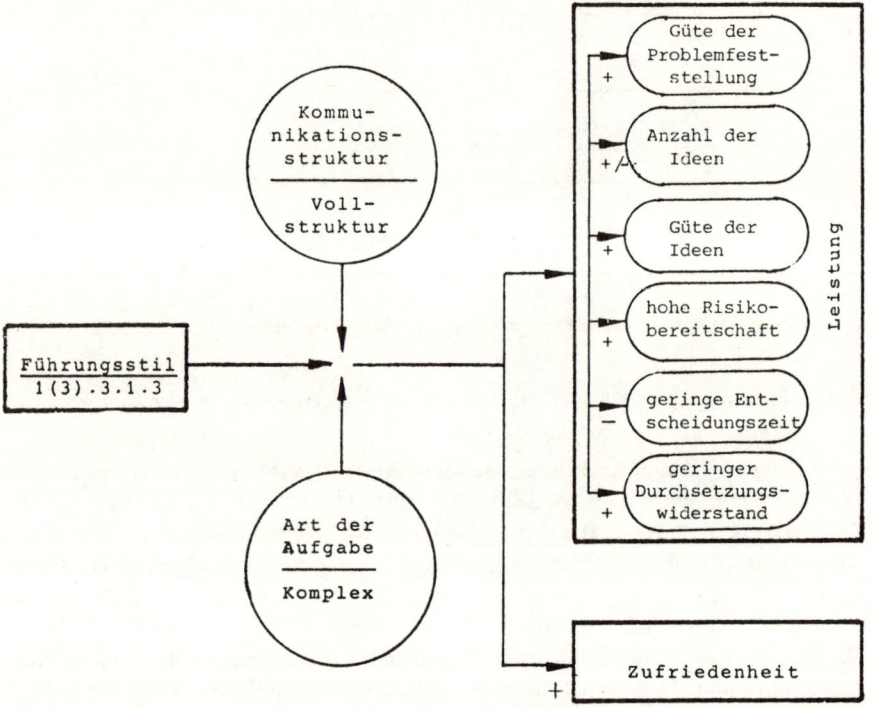

Abb. 41. Ergebnisse zu Hyothese H_7

2.3.2.2.2 Wirkungen gruppenspezifischer Faktoren

(1) Situationsfaktor „Gruppengröße"

Die Gruppengröße ist einer empirischen Erfassung direkt zugänglich: sie wird durch die Anzahl der Gruppenmitglieder gemessen. Gegenüber den Untersuchungen zur Subordinationsquote unterscheiden sich die hier zu behandelnden Studien dadurch, daß von einer von allen Gruppenmitgliedern simultan zu erfüllenden komplexen Gruppenaufgabe ausgegangen wird. Ausgangspunkt der Untersuchungen ist damit tendenziell ein hoch-mitwirkungsorientierter 9.9-Führungsstil in der Kommunikationsstruktur des vollständigen Netzes.

Da Untersuchungen speziell zur Frage, wie sich ein bestimmter Führungsstil bei variierender Gruppengröße auf die Leistung und auf die Zufriedenheit auswirkt, bisher kaum vorliegen, ist man gezwungen, aus Untersuchungen mit z. T. andersgelagerten Fragestellungen indirekt zu schließen. Dabei ist von folgender Hypothese auszugehen:

H_8: Ein hoch-mitwirkungsorientierter 9.9-(1(3).3.1.3-)Führungsstil führt mit steigender Gruppengröße zu höheren Leistungen, wenn die zu erfüllenden Aufgaben komplex sind; ab einer bestimmten Gruppengröße erweist sich ein rein aufgabenbezogener 9.1-Führungsstil leistungseffizienter. Die Zufriedenheit sinkt in jedem Falle.

(a): Führungsverhalten bei steigender Gruppengröße in Beziehung zur Leistung

Ein Anwachsen der Zahl der Gruppenmitglieder bedeutet eine Erhöhung der quantitativen und qualitativen Kapazität der Gruppe. Damit ist generell für komplexe Aufgaben ein Leistungsvorsprung der größeren Gruppe gegenüber einer kleineren zu vermuten. Diese Annahme wird durch eine Reihe von Untersuchungen, die von *Türk* (Gruppenentscheidungen, S. 302; Literatur ebd.) zusammengestellt wurden, bestätigt (vgl. Abb. 42). Es ergab sich ein Leistungsvorteil der größeren Gruppe hinsichtlich der Anzahl der richtigen Lösungen bei Problemen mit eindeutigen Lösungen, der Anzahl gefundener Alternativen und der Lösungsqualität bei Bewertungsproblemen, hingegen ein Leistungsnachteil hinsichtlich der Geschwindigkeit der Lösungsfindung.

Abhängige Variable	Steigende Gruppengröße verursacht	Quelle
Anzahl richtiger Lösungen bei Problemen mit eindeutigen Lösungen	Zunahme	*Taylor/Faust*
Anzahl gefundener Alternativen	abnehmende Zuwachsraten	*Gibb*
Lösungsqualität bei Bewertungsproblemen	Zunahme	*Fox et al. Ziller*
Geschwindigkeit der Lösungsfindung bei Problemen mit eindeutiger Lösung	keinen Unterschied	*Thomas und Fink*
Geschwindigkeit einer Lösungsfindung bei Bewertungsproblemen	Verlangsamung	*Hare*

Abb. 42. Leistung in Abhängigkeit von der Gruppengröße

Zu überlegen ist, inwieweit derartige Ergebnisse in größeren Gruppen (über 5−8 Personen hinaus) noch unter einem hochmitwirkungsorientierten 9.9-Führungsstil erzielbar sind. Aus einer Reihe von Untersuchungen geht hervor, daß mit weiter zunehmender Gruppengröße das Verhalten und die Position des Gruppenführers sich deutlich von dem Verhalten und den Positionen der übrigen Gruppenmitglieder abhebt (Bastine, Gruppenführung, S. 1671). Es bildet sich innerhalb größerer Gruppen eine starke Rollendifferenzierung heraus und es kommt zu einer starken Arbeitsteilung (vgl. Türk, Gruppenentscheidungen, S. 302). Die Mitglieder großer Gruppen scheinen auch eher bereit zu sein, einen strengen (tendenziell: kontrollierenden 9.1-)Führungsstil zu akzeptieren als die kleinerer Gruppen (Slater, Correlates, S. 129 ff.).

Da ansonsten keine empirisch gewonnenen Ergebnisse vorliegen, kann die Hypothese H_8, die durch die vorliegenden Untersuchungen indirekt bestätigt wird, nicht weiter verfolgt werden.

(b): Führungsverhalten bei steigender Gruppengröße in Beziehung zur Zufriedenheit

Hinsichtlich der Zufriedenheit ist anzunehmen, daß eine steigende Gruppengröße durchweg negative Wirkungen auf die Einstellungen und das Verhalten der meisten Gruppenmitglieder ausübt. Sieht man daraufhin in der Zusammenstellung von *Türk* (Gruppenentscheidungen, S. 302, zur Literatur ebd.) die Ergebnisse zu den Aspekten Kommunikation, Kohäsion, Motivation und Zufriedenheit an, findet man diese Annahme bestätigt.

Abhängige Variable	Steigende Gruppengröße verursacht	Quelle
Kommunikation	i. a. Abnahme; Unterschied zwischen aktivstem und passivstem Mitglied wächst	*Bass/Gibb*
Kohäsion	Abnahme, Cliquenbildung	*Berkowitz/Hare*
Motivation	Abnahme; der Einzelne hat weniger Anteil am Ergebnis	*Olson*
Zufriedenheit	Abnahme durch geringere Interaktionschancen	*Slater*

Abb. 43. Zufriedenheit in Abhängigkeit von der Gruppengröße

Selbst ein hoch-mitwirkungsorienterter 9.9-Führungsstil vermag nicht die negativen Wirkungen einer zu großen Gruppengröße zu kompensieren. Um positive Wirkungen zu erzielen, scheint die Gruppengröße nicht viel über 5−6 Personen hinausgehen zu dürfen.

Verkürzt ergibt sich zur Hypothese H_8 folgendes Bild:

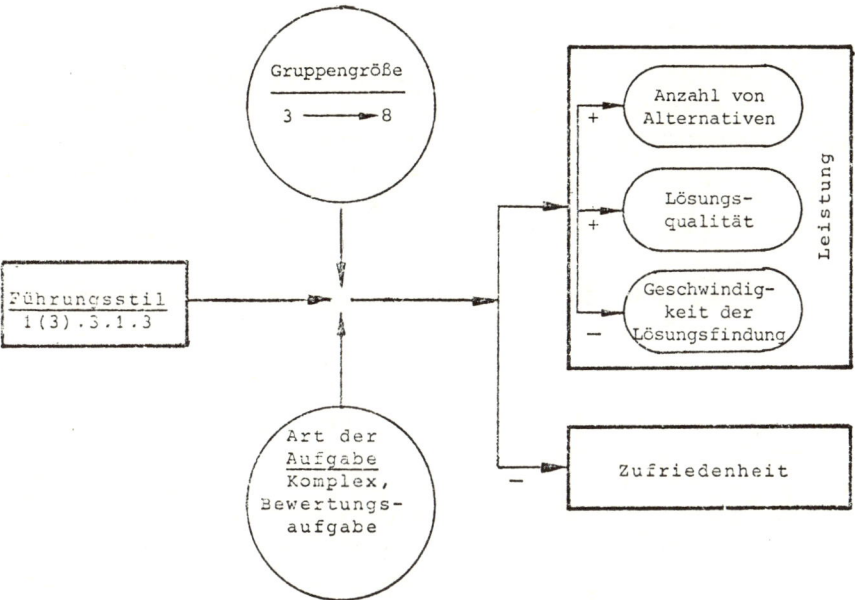

Abb. 44. Ergebnis zu Hypothese H_8

(2) Situationsfaktor „Gruppennormen"

Unter Gruppennormen bzw. Rollenvorstellungen wird die Gesamtheit der Einstellungen und Erwartungen der Gruppenmitglieder zur Gruppentätigkeit verstanden (Bastine, Gruppenführung, S. 1674). Bisher vorliegende Untersuchungen beschäftigen sich vor allem mit der Frage nach der *Angepaßtheit des Führers* an die Gruppennormen.

Zum einen wird die Auffassung vertreten, daß eine hohe Korrelation zwischen der Führungsposition und der Akzeptierung der Gruppennormen besteht (‚Homans'sche Regel'; Literaturstellen bei Stogdill, Persönlichkeitsfaktoren, S. 100). Als Ursachen für die gute Angepaßtheit des Führers an die Gruppennormen werden seine persönliche Eignung, seine ausgeprägte soziale Sensitivität, sein stärkerer Kontakt zu den übrigen Gruppenmitgliedern oder einfach die Tatsache genannt, daß er bei der Bildung der Gruppennormen eine wesentliche Rolle gespielt hat und folglich auch gut an seine eigenen Zielvorstellungen angepaßt sein muß. Andererseits wird die Auffassung vertreten, daß Führer stärker von den Gruppennormen abweichen können als die Geführten, besonders in Langzeitgruppen und in Gruppen mit fester Machthierarchie (vgl. Bastine, Gruppenführung, S. 1675 f.). Dies trifft z. B. für Abteilungen oder Projektgruppen zu.

Im Hinblick auf das Führungsverhalten ist zu fragen, welcher Führungsstil bei welchen Gruppennormen zu einer Erhöhung der Leistung und/oder der Zufriedenheit der Gruppenmitglieder führt. Diese Frage ist bis heute nicht hinreichend untersucht.

Im *Fall der Anpassung* des Führungsstils an die Gruppennormen hängt die Gruppenleistung entscheidend von den Normen ab. Beispiele gibt es sowohl für Gruppen mit hohen als auch mit niedrigen Leistungsnormen. Die Zufriedenheit der Gruppenmitglieder dürfte hoch sein, da die Gruppennormen den Führungsstil bestimmen. Ob es sich dabei eher um einen 9.1-, 1.9- oder 9.9-Führungsstil handelt, kann ohne Kenntnis der Normen nicht entschieden werden.

Im *Fall der Abweichung* des Führungsstils von den Normen werden zunächst Konflikte und Unzufriedenheit erzeugt. Über eine Anpassung der Gruppennormen an das praktizierte Führungsverhalten besteht jedoch längerfristig die Chance, die Mitglieder zu hoher Leistung und hoher Zufriedenheit zu bringen.

Während es lange Zeit als besonders schwierig galt, Normen und Verhaltensgewohnheiten von Individuen dann zu verändern, wenn sie sich stark mit ihrer Gruppe bzw. ihren Gruppennormen identifizierten, wird neuerdings – vor allem dank der Arbeiten *Lewins* – die Wirksamkeit der Veränderung individuellen Verhaltens über die Veränderng der Gruppennormen betont.

Eine Veränderung und Anpassung der Gruppennormen läßt sich sinnvoll nur in mehreren Schritten erreichen. *Lewin* (Feldtheorie, S. 262) unterscheidet drei Phasen, nach deren Einteilung auch ein Vorgesetzter versuchen könnte, die Normen der Gruppenmitglieder seinem Führungsstil anzupassen:

1. Die *Phase der Auflockerung* der bestehenden Normen.

   Zum Teil kann sich der Führer besonderer Techniken der „affektiven Erschütterung" (z. B. Sensitivitätstraining) bedienen.

2. Die *Phase des Hinüberleitens* zu neuen Normen.

   Hierfür hat sich der Einsatz von Gruppendiskussionen als besonders nützlich erwiesen (Müller, Kaderentwicklung, S. 139).

3. Die *Phase der Verfestigung* (Verinnerlichung) der neuen Normen.

   Der Führer sollte darauf hinwirken, daß nach Möglichkeit eine von allen Gruppenmitgliedern gebilligte Entscheidung für die neuen Normen getroffen wird. Widerstände und Angst vor Nachteilen müssen zuvor ausgeräumt werden.

Allerdings ist zu bezweifeln, ob – selbst bei richtigem Vorgehen – die Gruppenmitglieder sich in jedem Fall zu einer Veränderung ihrer Normen bereitfinden.

Man denke z. B. an den Fall eines autoritären 9.1-Vorgesetzten, dem hochqualifizierte Mitarbeiter zur Seite stehen, die er mit starkem Druck und detaillierter Kontrolle zu hoher Leistung anregen möchte. Wenn den Mitarbeitern dieses Prinzip von ,Befehl und Gehorchen' unverständlich bleibt, werden sie sich auch nicht zu einer Veränderung ihrer Normen bereitfinden.

Ohne eingehende Berücksichtigung der Motivations- und Bildungsstruktur der Mitarbeiter dürfte eine Veränderung der Normen oft nicht möglich sein.

Im Führungsprozeß spielen neben den genannten noch weitere gruppenspezifische Faktoren eine Rolle, wie z. B.: ,Akzeptierung des Führers durch die Gruppenmitglieder' (Bastine, Gruppenführung, S. 1680); ‚Stabilität – Flexibilität der Gruppenstruktur'. Auf sie kann hier nur hingewiesen werden.

2.3.2.2.3 Wirkungen individualspezifischer Faktoren

Individualspezifischen Faktoren kommt eine doppelte Rolle zu: Zum einen sind sie Variable des Führungsverhaltens (z. B. ‚emotionale Zuwendung'), zum anderen Bedingungen des Führungsprozesses (z. B. ‚Selbstvertrauen'). Häufig beeinflussen sie sich wechselseitig.

(1) Situationsfaktor „Intelligenz"

Weitgehend unbestritten ist, daß die Leistung einer Arbeitsgruppe wesentlich durch die Qualifikation ihrer Mitglieder bestimmt wird. Der Intelligenz kommt als Qualifikationsmerkmal eine besondere Bedeutung zu (z. B. Sales, Style, S. 283 ff.).

Krech/Crutchfield/Ballachey (Individual, S. 431) führen indes vier Gründe an, weshalb *herausragend* intelligente Gruppenmitglieder nicht wirksam die Führungsposition einnehmen:

1. Besonders intelligente Personen erscheinen den übrigen Gruppenmitgliedern nicht mehr als „einer von ihnen".
2. Besonders intelligente Personen weichen in ihren Interessen stark von denen der übrigen Gruppenmitglieder ab, so daß sie nicht mehr motiviert sind, der Gruppe zu helfen.
3. Besonders intelligente Personen haben Kommunikationsprobleme, sich den übrigen Gruppenmitgliedern verständlich zu machen.
4. Besonders intelligente Personen möchten wahrscheinlich Änderungen einführen, die von den bestehenden Gruppennormen sehr weit entfernt sind und diese bedrohen.

Wenn die Intelligenzunterschiede zwischen Führer und Geführten nicht zu groß sein dürfen (Bass, Leadership, S. 167 f.), ist zu fragen, welcher Führungsstil bei welcher Intelligenzkombination optimal ist.

Auszugehen ist von der Hypothese H_9.

> H_9: Ein hoch-mitwirkungsorientierter 9.9-(1(3).3.1.3-)Führungsstil bewirkt bei hochintelligenten Gruppenmitgliedern eine höhere Leistung und Zufriedenheit, während diese bei weniger-intelligenten Gruppenmitgliedern eher unter einem kontrollierenden 9.1-Führungsstil zu erwarten sind.

(a): Führungsverhalten und Leistung in Abhängigkeit von Intelligenzfaktoren

Die meisten Untersuchungen beziehen sich auf Kinder, Studenten und Wissenschaftler – größtenteils in der Laboratoriumssituation –, weniger auf Beschäftigte in realen Organisationen.

Calvin/Hoffman/Harden (Effect, S. 61 ff.) stellten fest, daß Kinder durchschnittlicher Intelligenz bessere Arbeitsergebnisse unter lehrerzentrierter Führung, hochintelligente Kinder dagegen unter schülerzentrierter Führung erbringen. Die Ergebnisse mit Studenten- und Wissenschaftlergruppen liegen in der gleichen Richtung: unter einer gruppenorientierten Führung erbrachten Gruppen mit hochintelligenten Mitgliedern eine höhere Leistung als Gruppen mit weniger intelligenten Mitgliedern. (McKeachie, Instruction, S. 143 ff.). Diese Ergebnisse bestätigen unter dem Leistungsaspekt die Hypothese H_9.

Daß sie jedoch nicht ohne weiteres zu verallgemeinern sind, sondern von weiteren Situationsfaktoren abhängen (z. B. Schwierigkeitsgrad der Aufgabe; O'Brien/Owens, Effects, S. 529), wird aus den Untersuchungen von *Goldman* (Comparison, S. 210 ff.) und *Laughlin/Johnson* (Group Performance, S. 407 ff.) deutlich. Sie untersuchten mit gleicher Versuchsanordnung die Gruppenleistung von Teams in Abhängigkeit von verschiedenen Intelligenzkombinationen und kamen, ohne Berücksichtigung des Schwierigkeitsgrades der Aufgabe, zu widersprüchlichen Ergebnissen:

Während *Goldman* in 2-Personen-Teams mit den Intelligenzkombinationen HH, HM, HN, MM, MN, NN (H = Person mit hoher Intelligenz, M = Person mit mittlerer Intelligenz, N = Person mit niedriger Intelligenz) feststellte, daß die ersten fünf Kombinationen nie bessere Ergebnisse erzielten als ihr bestes Mitglied allein, und nur die sechste Kombination (NN) ein besseres Ergebnis erbrachte als die Mitglieder in der individuellen Situation, zeigte *Johnson* in einer Wiederholung des Experiments mit einer *schwierigen* Aufgabe, daß 2-Personen-Teams mit der Intelligenzkombination HH bessere Ergebnisse erzielen als eine Person dieses Teams allein. Alle anderen Kombinationen überschritten nicht das Leistungsniveau des jeweils besten Teammitgliedes.

Hieraus ist – in Anlehnung an *Kelley/Thibaut* (Problem Solving, S. 71 f.) – zu schließen, daß die *intelligenteren* Personen bei *einfachen Aufgaben* die meisten Probleme allein lösen können und eine gemeinsame Gruppenlösung somit keine Leistungsverbesserung bewirkt; bei *schwierigeren Aufgaben* dagegen ist ein Zusammenschluß der Fähigkeiten der intelligenteren Mitglieder erforderlich: sie können sich gegenseitig ergänzen und dadurch ein besseres Ergebnis als bei isolierter Lösung bewirken.

Umgekehrt verhält es sich im Fall von Personen mit *niedriger* Intelligenz (NN): bei *schwierigen Aufgaben* können sie sich gegenseitig nicht helfen, da der Schwierigkeitsgrad von vornherein zu hoch ist; bei *einfachen Aufgaben* hingegen tritt wieder ein „pooling" der Fähigkeiten der Mitarbeiter ein.

Die Ergebnisse legen nahe, daß *hochintelligente* Personen unter dem 9.9-Führungsstil nur dann eine hohe Leistung erbringen, wenn die Aufgabe auch hinreichend schwierig ist. Für *weniger-intelligente* Personen, die nach dem 9.1-Führungsstil zu hoher Gruppenleistung gelangen, können die Aufgaben dagegen auch einfach sein. Diese Folgerung ist als Ergänzung zum Ergebnis in Pkt. 2.3.2.2.1(1) anzusehen.

Neben der Aufgabenschwierigkeit dürften weitere Kriterien die Leistungsfähigkeit von hoch- und weniger-intelligenten Gruppen bestimmen, so z. B. die unterschiedliche soziale Schicht, der die Gruppenmitglieder entstammen (vgl. Bastine,

Gruppenführung, S. 1679) oder die unterschiedliche Motivationsstruktur, die sich bei ihnen finden läßt.

(b): Führungsverhalten und Zufriedenheit in Abhängigkeit von Intelligenzfaktoren

Zur Frage, welche Bedeutung die Intelligenzparameter für den Zusammenhang zwischen dem Führungsverhalten und der Zufriedenheit der Gruppenmitglieder haben, liegen so gut wie keine Untersuchungen vor. Unklarheit besteht auch über mögliche Beziehungen zwischen der Intelligenz und der Zufriedenheit: Während in manchen Untersuchungen keine Beziehung festgestellt werden konnte, wurde in anderen Untersuchungen eine negative Beziehung gefunden (im einzelnen: Fournet/Distefano/Pryer, Job Satisfaction, S. 169 f.).
Im Zusammenhang mit dem Führungsverhalten geben lediglich *Wispé/Lloyd* (Situational Determinants, S. 57 ff.) einen Hinweis, daß die Zufriedenheit der Gruppenmitglieder dann hoch ist, wenn das Führungsverhalten die Intelligenz der Mitglieder berücksichtigt und die Gruppe zu guten Leistungen kommt. Nach dem Situationsmodell könnte dies jedoch auch eine direkte Folge der Leistungs-Zufriedenheits-Beziehung sein. Allgemeine Aussagen lassen sich zur Zeit nicht ableiten.
Insgesamt scheint die Hypothese H_9 zu einfach und ist entsprechend den spezifischen Situationsfaktoren zu modifizieren. Die bisherigen Ergebnisse lassen sich wie folgt zusammenfassen:

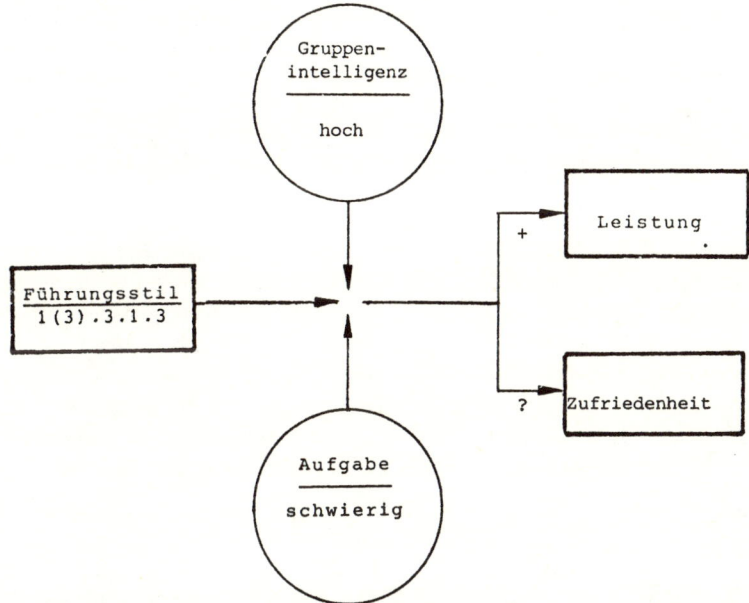

Abb. 45. Ergebnis zur Hypothese H_9

(2) Situationsfaktor „Selbstsicherheit"

Verschiedene Untersuchungen betrachten diesen Faktor als wichtige Größe, die bei der Beurteilung von Führungsprozessen nicht vernachlässigt werden darf (z. B. Gibb, Leadership, S. 218 f.). Synonym werden häufig die Ausdrücke ‚Selbstvertrauen', ‚Selbstachtung', ‚Selbstbehauptung' verwendet. Gemessen werden kann die Größe mit Hilfe verschiedener Skalen (im einzelnen: Korman, Task success, S. 485).

Geht man davon aus, daß ein Mangel an Selbstvertrauen mit der Abneigung einer Person gekoppelt ist, andere zu beeinflussen (Goodstadt/Kipnis, Situational Influences, S. 206), dürfte ein Vorgesetzter mit extrem niedrigem Selbstvertrauen Schwierigkeiten haben, eine Gruppe/Abteilung überhaupt führen zu können. *Stogdill's* Zusammenfassung über Persönlichkeitsfaktoren erfolgreicher Führer läßt denn auch erkennen, daß Führer in Bezug auf Selbstsicherheit häufig höher rangieren als die ihnen unterstellten Mitarbeiter (Persönlichkeitsfaktoren, S. 105 f.).

Für die nachfolgenden Überlegungen, zu denen empirische Untersuchungen weitgehend fehlen, ist von folgender Hypothese auszugehen:

H_{10}: Ein sehr selbstsicherer Vorgesetzter erzielt mit einem 1.9-(3.1.1.1.-) Führungsstil höhere Leistungen und Zufriedenheit bei wenig selbstsicheren Mitarbeitern als mit einem 9.1-Führungsstil.

(a): Führungsverhalten und Leistung in Abhängigkeit von Faktoren der Selbstsicherheit

Korman (Task success, S. 486 ff.) stellte generell eine positive Beziehung zwischen der Aufgabenerfüllung und der Zufriedenheit für diejenigen Individuen fest, die in hohem Maße selbstsicher sind. Für Individuen mit niedrigem Selbstvertrauen ergab sich eine positive Beziehung nur dann, wenn diese Individuen durch andere, von ihnen geschätzte Personen beeinflußt wurden, die für sich eine hohe Aufgabenerfüllung als passend und geeignet ansahen. Vorgesetzte mit *niedrigem Selbstvertrauen* haben – so wäre zu folgern – nur dann eine Chance zu wirksamer Führung, wenn ihre Mitarbeiter ebenfalls nur in geringem Maße selbstsicher sind.

Anders sieht es bei *sehr selbstsicheren Vorgesetzten* aus, die Mitarbeiter mit niedrigem Selbstvertrauen zu führen haben. Wenn diese Vorgesetzten ihren Mitarbeitern über persönliche Kontakte das Gefühl vermitteln können, daß sie die Aufgabenerfüllung und Leistung für sinnvoll und geeignet halten, erhöht sich die Wahrscheinlichkeit, daß auch die Mitarbeiter der Aufgabenerledigung positiv gegenüber eingestellt sind und mehr leisten. Durch engen sozialen Kontakt zu den Mitarbeitern dürfte der Vorgesetzte ihr Gefühl von Selbstvertrauen, Selbsteinschätzung und Leistungsorientierung stärken können. Dieses Verhalten wird am besten durch den emotional zugewandten 1.9-Führungsstil erreicht.

Da eine hohe Selbstsicherheit generell eine hohe Beeinflussungsmöglichkeit garantiert, vermögen sehr selbstsichere Vorgesetzte auch wirksam Einfluß auf ihre eigenen Vorgesetzten zu nehmen. Hieraus ergeben sich Rückwirkungen auf die Leistungen der eigenen Mitarbeiter, da eine positive Beziehung zwischen dem Aufwärts-Einfluß des Vorgesetzten und der Leistung der eigenen Mitarbeiter zu bestehen scheint (Hills, Function, Bd. 8; Likert, Unternehmungsführung, S. 102 f.). Unter dem Leistungsaspekt ergibt sich – wenngleich nur indirekt – eine Stützung der Hypothese H_{10}.

(b): Führungsverhalten und Zufriedenheit in Abhängigkeit von Faktoren der Selbstsicherheit

Aus der erwähnten Untersuchung von *Korman* geht hervor, daß für Individuen mit niedrigem Selbstvertrauen die Aufgabenerfüllung mit einem Minimum an sozialem Kontakt ausgestattet sein muß, wenn die Zufriedenheit nicht gering sein soll. Ein 1.9-Führungsstil eines selbstsicheren Vorgesetzten müßte daher eine vorhandene niedrige Selbstsicherheit der Mitarbeiter kompensieren und (über eine positive Einstellung zur Aufgabe) eine hohe Zufriedenheit erzeugen können. Die vorangegangene Leistung hat damit Auswirkungen auf die Zufriedenheit. Mittelbar ergibt sich auch hier eine Stützung der Hypothese H_{10}. Bezieht man die nächst höhere Ebene ein, ergibt sich ein weiteres Argument für die Gültigkeit von H_{10}:

Vorgesetzte, die – infolge hoher Selbstsicherheit – ihren eigenen Vorgesetzten wirksam zu beeinflussen vermögen, haben – wie verschiedene Untersuchungen zeigen – zufriedenere Mitarbeiter als wenig einflußreiche Vorgesetzte (Wager, Leadership Style, S. 418; Rowland/Scott, Attitudes, S. 375; Likert, Unternehmungsführung, S. 111). Aufschlußreich ist die Untersuchung von *Pelz* (Einfluß, S. 235 ff.), die als einzige den Führungsstil einbezieht. Zwar deckt sich die Einstufung des Führungsverhaltens als „restriktiv" und „helfend" nicht vollständig mit irgendeiner Einteilung aus ‚Consideration' und ‚Initiating Structure', jedoch kommen das „restriktive" dem 9.1-Führungsstil und das „helfende" dem 1.9-Führungsstil sehr nahe. Als Ergebnis ist festzuhalten (vgl. Abb. 46; Pelz, Einfluß, S. 242):

1.9-Vorgesetzte, die ihre Vorgesetzten stark beeinflussen, haben weit zufriedenere Mitarbeiter als 1.9-Vorgesetzte mit schwachem Aufwärts-Einfluß. Zieht man in Betracht, daß hohe Selbstsicherheit Voraussetzung für eine starke Beeinflussung auch höhergestellter Positionsinhaber ist, bedingt der 1.9-Führungsstil eines

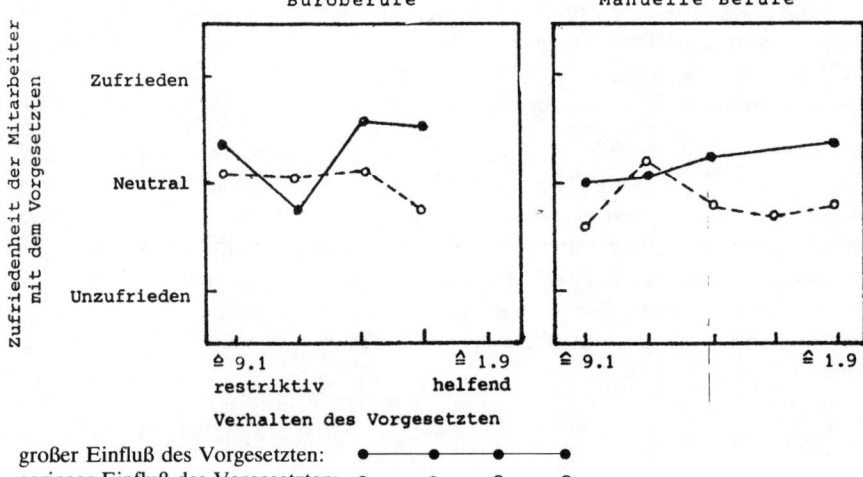

großer Einfluß des Vorgesetzten: ●————●————●————●
geringer Einfluß des Vorgesetzten: ○— — —○— — —○— — —○

Abb. 46. Beziehung zwischen dem Einfluß des Vorgesetzten, seinem Führungsstil und der
Zufriedenheit der Mitarbeiter

selbstsicheren Vorgesetzten auch von dieser Seite eine hohe Zufriedenheit der
wenig selbstsicheren Mitarbeiter.

Insgesamt ergeben sich mehrere, wenngleich empirisch nicht hinreichend abge-
sicherte Ansatzpunkte zur Stützung der Hypothese H_{10}. Grafisch vereinfacht zeigt
sich folgendes Bild:

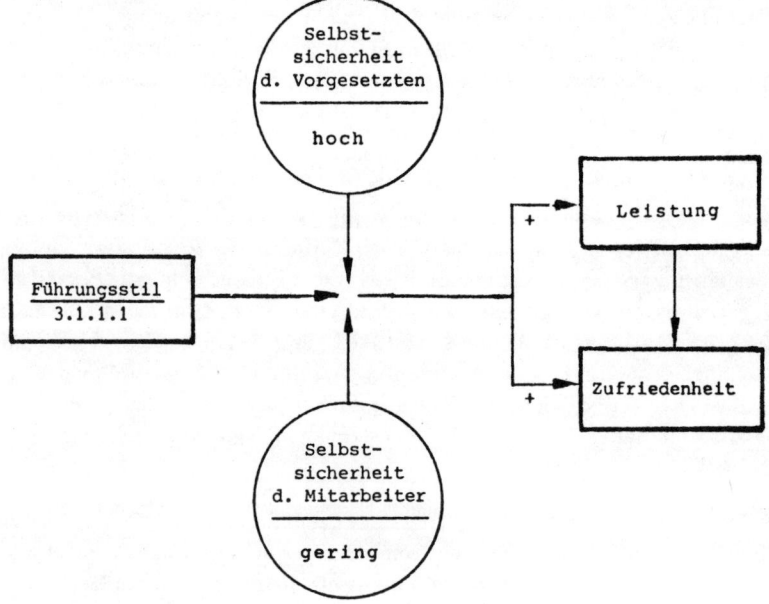

Abb. 47. Ergebnis zur Hypothese H_{10}

Langfristig dürfte ein 1.9-Führungsstil über das Lernen am Erfolg eine Stärkung des Selbstvertrauens der Mitarbeiter bewirken; im Interesse einer schnelleren Veränderung ließen sich eventuell gezielte Therapieprogramme einsetzen (z. B. Ullrich/Ullrich de Muynck, Selbstsicherheit, S. 33 ff.).

(3) Situationsfaktor „Motivationsstruktur"

Da die Bedürfnisstruktur bereits erörtert wurde, erübrigt sich eine Behandlung. In diesem Abschnitt interessiert die Beziehung zwischen dem Führungsverhalten und der Leistung/Zufriedenheit in Abhängigkeit von einer bestimmten Motivationsstruktur (z. B. bei Dominanz eines bestimmten Motivs, bei Relativierung hinsichtlich des Alters und der Betriebszugehörigkeit).

(31) Führungsverhalten und Leistung/Zufriedenheit in Abhängigkeit von der Stärke des Leistungsmotivs

Zur Erzielung hoher Leistungen spielt das Leistungsbedürfnis eine besondere Rolle; es ist folgerichtig zu einem zentralen Untersuchungsobjekt geworden (McClelland, Leistungsgesellschaft, S. 41 ff.). Das Leistungsmotiv ist auf die Vervollkommnung der eigenen Leistung und auf den Erfolg an sich ausgerichtet, nicht so sehr dagegen auf eventuelle sekundäre Folgen wie materielle Belohnungen u. a.. Zum Faktor ‚Selbstsicherheit' ergibt sich eine enge Beziehung, da Personen mit ausgeprägtem Leistungsbedürfnis offensichtlich auch Personen mit hohem Selbstvertrauen sind (Müller, Kaderentwicklung, S. 145).

Für Individuen mit *hohem Leistungsbedürfniswert* wird allgemein angenommen, daß sie bessere Leistungen erbringen als Personen mit niedrigem Leistungsbedürfniswert (zu einzelnen Untersuchungen Misumi/Seki, Effects, S. 51). Nach Durchsicht der Literatur zum Leistungsbedürfnis formulierte *Müller* (Kaderentwicklung, S. 149) eine Reihe spezifischer Thesen, von denen die folgenden vier Rückschlüsse auf das optimale Führungsverhalten zulassen:

a) Individuen mit hohem Leistungsbedürfniswert sind mehr an der sachlichen Problemlösung als an freundschaftlicher Zusammenarbeit interessiert.

b) Individuen mit hohem Leistungsbedürfniswert weisen eine größere Leistungsanstrengung auf, wenn sie eine genaue und aufgabenbezogene Bestätigung ihrer Leistung erfahren.

c) Individuen mit hohem Leistungsbedürfniswert leisten nur in Nicht-Routine-Aufgaben Besseres als Personen mit niedrigem Leistungsbedürfniswert.

d) Individuen mit hohem Leistungsbedürfniswert können mittels äußerer, d. h. der Aufgabe nicht inhärenter Leistungsanreize, nicht zu höherer Leistung (und Zufriedenheit; d. Verf.) motiviert werden.

Aus diesen Thesen läßt sich zur Führung hoch-leistungsmotivierter Mitarbeiter folgende Vorstellung ableiten:

H_{11}: Hoch-leistungsmotivierte Mitarbeiter erzielen bei der Erfüllung neuartiger Aufgaben unter einem rein sachlichen und hoch-mitwirkungsorientierten 9.9-(1.3.1.3-)Führungsstil die besten Arbeitsergebnisse und die höchste Zufriedenheit.

In der Untersuchung von *Misumi/Seki* (Effects, S. 51 ff.), die das Auszählen von Lochungen in IBM-Lochkarten zum Inhalt hatte, wurden folgende Ergebnisse festgestellt (Effects, S. 56):

Führungs-verhalten	Mitarbeiter mit hohem Leistungs-bedürfniswert		Mitarbeiter mit niedrigem Leistungs-bedürfniswert	
	Leistung	Zufriedenheit	Leistung	Zufriedenheit
9.9 (PM)	1 (55.1)	1 (6.3)	3 (20.9)	1 (7.0)
9.1 (P)	2 (38.3)	3 (5.1)	1 (38.0)	4 (2.5)
1.9 (M)	3 (33.3)	2 (5.7)	4 (12.1)	3 (3.5)
5.5 (pm)	4 (19.8)	4 (4.0)	2 (23.0)	2 (5.7)
Signifikanz-niveau	$p < 0.01$	$p < 0.02$	$p < 0.01$	$p < 0.02$

Legende: Die vier Führungsstile P, M, PM, pm entsprechen inhaltlich voll den angegebenen Kombinationen (9.9, 9.1, 1.9, 5.5). Die in Klammern stehenden Zahlen geben die Leistungswerte (als Produktivitätsindex) und die Zufriedenheitswerte (vage als 'Summe der wahrgenommenen Reaktionen der Mitarbeiter auf die Arbeit und ihre Anziehungskraft' definiert) an; die Zahlen ohne Klammern bezeichnen die Reihenfolge: 1: bestes Ergebnis;

Abb. 48. Beziehungen zwischen dem Führungsstil, der Leistung und Zufriedenheit in Abhängigkeit von der Stärke des Leistungsmotivs

Bei *hoch-leistungsmotivierten* Mitarbeitern bewirkte der 9.9-Führungsstil, wie vermutet, die höchste Leistung und die höchste Zufriedenheit (Rangnummern 1). Als wenig effizient erwies sich der 5.5-Führungsstil, der hinsichtlich der Leistungs- und Zufriedenheitswerte noch deutlich unter dem 9.1- und dem 1.9-Führungsstil lag. Interessant ist, daß hinsichtlich der Leistung der 9.1-Führungsstil die 2. Stelle einnahm, während dies hinsichtlich der Zufriedenheit der 1.9-Führungsstil war. Da der 9.1-Führungsstil u. a. durch ein hohes Maß an Druck und Kontrolle gekennzeichnet ist, verwundert dieses Ergebnis nicht. Zwar werden die Mitarbeiter durch ihn stark auf die Leistung ausgerichtet, fühlen sich jedoch eingeengt und unfrei.

Beleuchtet man das Ergebnis unter dem Aspekt der Thesen c) und d), kann es sich bei den zu erfüllenden Aufgaben nicht um Routineaufgaben gehandelt haben, da derartige Aufgaben für hoch-leistungsmotivierte Personen keine ausreichende Herausforderung darstellen und nicht genügend intrinsische Belohnungen enthalten. Aus der Aufgabenbeschreibung (möglichst genaues und schnelles Auszählen von Lochungen in IBM-Lochkarten) geht aber eindeutig hervor, daß es sich um Routineaufgaben handelte. Sollen die Aussagen c) und d) und das Ergebnis der

Untersuchung dennoch verträglich sein, bleibt die Erklärung, daß den hoch-leistungsmotivierten Teilnehmern der Routinecharakter nicht bewußt geworden ist. Die Aufgaben und die Versuchsanordnung waren für sie neu und haben diesen Neuigkeitscharakter in dem nur sieben Sitzungen (à 15 Minuten) dauernden Experiment möglicherweise nicht verloren. Andernfalls stimmen weder die vielfach bestätigt gefundenen Thesen c) und d) noch die daraus abgeleitete Hypothese H_{11}. Dafür gibt es bis jetzt jedoch keinen weiteren Hinweis.

Bei *niedrig-leistungsmotivierten* Mitarbeitern zeigte sich die höchste Leistung, die jedoch wesentlich niedriger als bei hoch-leistungsmotivierten Mitarbeitern lag, unter einem 9.1-Führungsstil bei gleichzeitig niedrigster Zufriedenheit. Dieses Ergebnis läßt vermuten, daß Druck und enge Kontrollen niedrig-leistungsmotivierte Mitarbeiter zwar wirksam zur Leistung anhalten, jedoch auch gleichzeitig Feindseligkeiten erzeugen, die sich in hoher Unzufriedenheit niederschlagen. Mit zunehmender Zeit besteht daher die Gefahr, daß die Unzufriedenheit negativ auf die Leistung zurückwirkt. Langfristig betrachtet könnte ein 9.9-Führungsverhalten, das bei den niedrig-leistungsmotivierten Mitarbeitern ebenfalls zur höchsten Zufriedenheit führte, auch hinsichtlich der Leistung einem 9.1-Führungsverhalten überlegen sein. Allerdings müßte dieser 9.9-Führungsstil eine hohe Ladung in der sozio-emotionalen Dimension aufweisen (Form des 3.3.1.3-Führungsstils), da niedrig-leistungsorientierte Mitarbeiter stark an emotionaler Zuwendung interessiert sind. Die gefundenen Ergebnisse lassen sich mit den in Pkt. 2.3.2.2.1 (1) zur ‚Art der Aufgabe' gefundenen vereinbaren: Wissenschaftler dürften in aller Regel hoch-leistungsmotivierte Personen sein.

Die Hypothese kann aufrechterhalten werden; vereinfacht zeigt sich folgendes Bild:

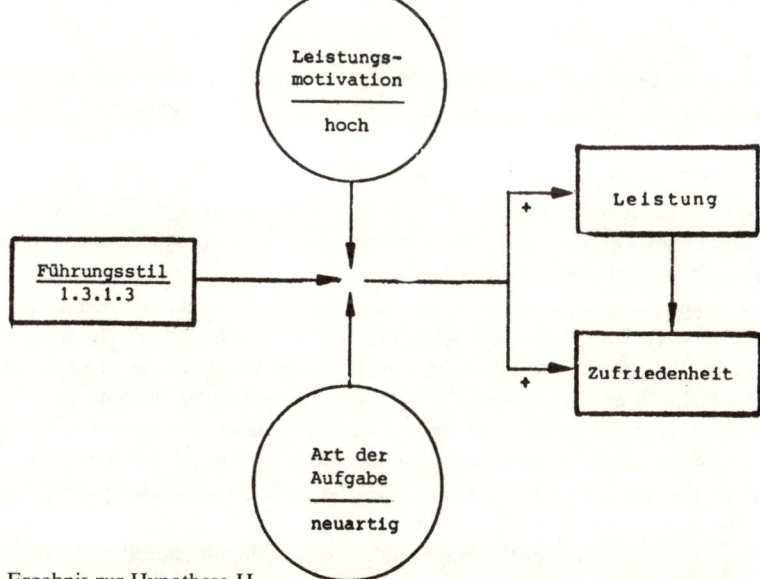

Abb. 49. Ergebnis zur Hypothese H_{11}

(32) Führungsverhalten und Leistung/Zufriedenheit in Abhängigkeit vom Alter/
Betriebszugehörigkeit

Daß das Alter bzw. die Betriebszugehörigkeit als Einflußfaktoren auf die Motivationsstruktur, Leistung und Zufriedenheit nicht vernachlässigt werden können, zeigen eine Reihe von Untersuchungen (z. B. Hulin/Smith, Model, S. 209 ff.; Gibson/Klein, Employee Attidudes, S. 411 ff.).

Die einfache Vermutung der Persönlichkeitstheorie allerdings, daß das Alter einer Person mit ihrem Erfolg als Führer korreliert, scheint genügend widerlegt (vgl. Stogdill, Persönlichkeitsfaktoren, S. 90 ff.). Unbrauchbar erscheint auch ein Ansatz von *Herzberg* u. a. (bei Fournet/Distefano/Pryer, Job Satisfaction, S. 169), die vereinfacht eine U-förmige Funktion zwischen der Beschäftigungszeit und der Zufriedenheit vermuten (zur Kritik: Friedländer, Motivations, S. 150; Gibson/Klein, Employee Attitudes, S. 411 ff.).

Genauere Aufschlüsse zwischen dem Alter / der Betriebszugehörigkeit und der Motivationsstruktur in Bezug zur Leistung und Zufriedenheit vermittelt eine Studie von *Friedländer* (Motivations, S. 143 ff.). An ihr ist folgende Hypothese zu überprüfen:

H_{12}: Jüngere Mitarbeiter erzielen bei der Erfüllung neuartiger Aufgaben unter einem rein sachlichen und hoch-mitwirkungsorientierten 9.9-(1.3.1.3-)Führungsstil die besten Leistungen und die höchste Zufriedenheit; ältere Mitarbeiter unter einem emotional-zugewandten 9.9-(3.3.1.3-)Führungsstil.

Wichtige Ergebnisse der Untersuchung können der folgenden Abbildung entnommen werden; bedauerlich ist, daß die Leistung sehr ungenau als ,,Gehaltsniveau pro Altersgruppe" oder als ,,Gehaltsniveau im Verhältnis zu Personen mit gleicher Betriebszugehörigkeit" gemessen wurde.

Mit zunehmendem Alter / zunehmender Betriebszugehörigkeit wurde für Angestellte eine Veränderung in der empfundenen Wichtigkeit der zur Arbeit motivierenden Bedürfnisse ermittelt.

Während sowohl hoch- wie niedrig-leistende Personen in den ersten Jahren besonderen Nachdruck auf die intrinsische Arbeit legten, verlagerte sich für die niedrig-leistenden Personen das Interesse bald auf die sozialen Bedürfnisse. Für die hochleistenden Personen behielt die intrinsische Bedeutung der Arbeit das Primat, wenngleich sich die Bedeutung der sozialen Bedürfnisse mit zunehmendem Alter – und abgeschwächt mit zunehmender Betriebszugehörigkeit – der der intrinsischen Bedürfnisse (Leistungs- und Selbstverwirklichungsbedürfnisse) annäherte.

Geht man einmal hypothetisch von der Allgemeingültigkeit dieser Ergebnisse für Angestellte aus (für Arbeiter wurde kein signifikanter Unterschied gefunden),

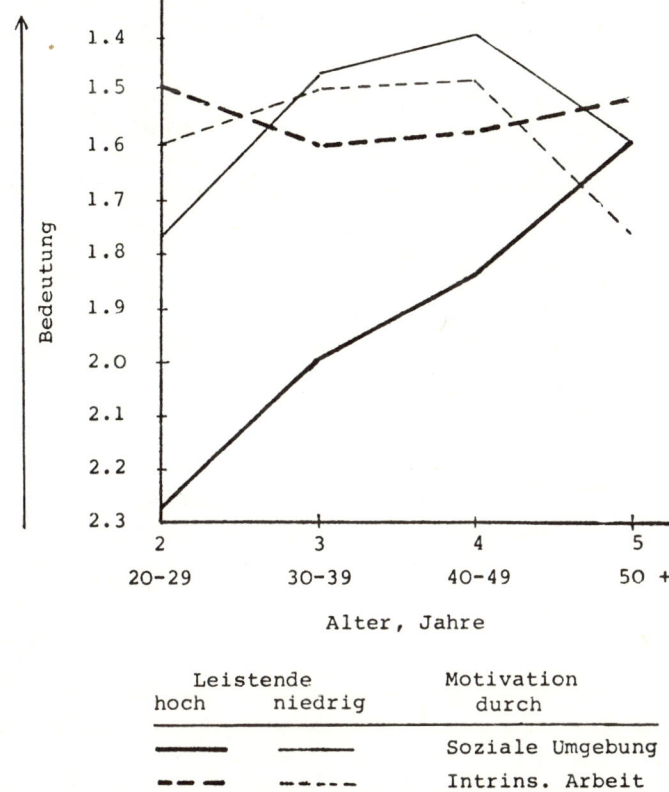

Abb. 50. Unterschiede in der Motivation von hoch- und niedrig-leistenden Angestellten
(Friedländer, Motivations, S. 148, Abb. reduziert)

wären für ein auf hohe Leistung wie hohe Zufriedenheit ausgerichtetes Führungsverhalten folgende Schlüsse zu ziehen:
– Für *erfolgreiche jüngere* Mitarbeiter (ca. 20 bis 40 Jahre) ist der 1.3.1.3-Füh-
rungsstil hinsichtlich Leistung und Zufriedenheit optimal. Vor allem kommt es
darauf an, daß die Aufgabenstellung hinreichend intrinsische Belohnungen enthält. Für *erfolgreiche ältere* Mitarbeiter scheint ein 3.3.1.3-Führungsstil angebracht, da mit zunehmendem Alter die sozialen Bedürfnisse wichtiger werden.
– *Wenig erfolgreiche* Angestellte erfahren – mit Ausnahme der ersten Beschäftig-
gungsjahre – am meisten Zufriedenheit, wenn ihre sozialen Bedürfnisse genügend berücksichtigt werden. Ein sozio-emotionaler 1.9-Führungsstil würde dem
vermutlich entsprechen. Allerdings ist zu fragen, ob der Vorgesetzte durch ein
anderes Führungsverhalten die niedrig-leistenden Angestellten nicht zu höherer
Leistung bewegen kann, ohne ihre Zufriedenheit zu vermindern.

Geht man davon aus, daß die sekundären Motive (die sozialen, Geltungs-, Leistungs- und Selbstverwirklichungs-Motive) nach dem Schema der (reaktiven oder operativen) *Konditionierung* (Drever/Fröhlich, Wörterbuch, S. 159 f.) gelernt werden, liegt in der Praktizierung eines spezifischen Führungsstils die Möglichkeit, bestimmte sekundäre Motive zu fördern und andere zu reduzieren. Vor allem scheint eine Bedürfnisverschiebung über eine Veränderung der Anreize und Belohnungen erreichbar zu sein. Zu beachten ist, daß eine Bestrafung häufig nicht wirksam ist. Das Verfahren der Nicht-Belohnung führt erfolgversprechender zu einer dauerhaften Abschwächung einer Verhaltensweise. Es gilt also, die niedrig-leistenden Mitarbeiter mit Aufgaben zu betrauen, die ihrem Entwicklungsstand angemessen sind, ihnen zu realistischen Leistungsstandards zu verhelfen, auf die selbständige Aufgabenerfüllung Gewicht zu legen, die Leistungsresultate anzuerkennen und keine übermäßig strenge, jedoch bestimmte und klare Kritik der Leistung zu üben (Müller, Kaderentwicklung, S. 151 f.). Ein emotional zugewandter 9.9-(3.3.1.3-)Führungsstil wäre hierzu vermutlich geeignet.

Die Ergebnisse sind mit Vorsicht aufzunehmen, da insbesondere die verwendeten Leistungsmaßstäbe keine zuverlässigen Indikatoren für wirkliche Arbeitsleistung sind. Vereinfacht ergibt sich eine Spezifizierung der im letzten Punkt dargestellten Zusammenhänge. Zu warnen ist vor einer vorschnellen Verallgemeinerung.

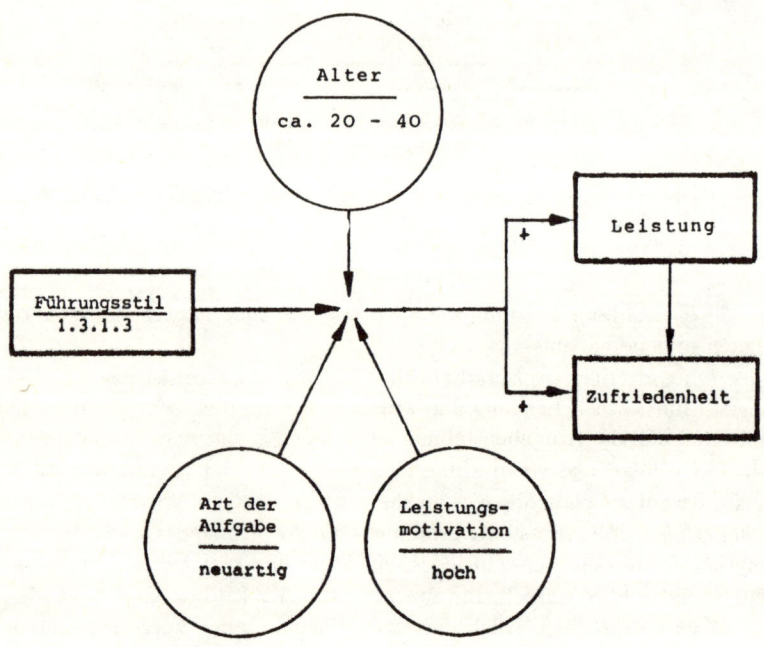

Abb. 51. Ergebnis zur Hypothese H_{12}

2.3.2.3 Multifaktorielle Ansätze

2.3.2.3.1 Das Kontingenzmodell von *Fiedler*

Fiedler (Theory, S. 15 ff., 153 ff.) untersuchte in einem langjährigen Forschungsprogramm simultan den Einfluß verschiedener Situationsvariablen auf die Beziehung von Führung und Gruppenleistung. Die Ergebnisse führten zur Entwicklung des sogenannten Kontingenzmodells.

Das Führungsverhalten eines Vorgesetzten bzw. Führers mißt *Fiedler* mithilfe des sogenannten LPC-Wertes (LPC = **L**east **P**referred **C**oworker = der am wenigsten geschätzte Mitarbeiter). Die Beschreibung erfolgt mithilfe von 16 bis 24 acht-stufigen bipolaren Adjektivskalen, die in der Form des Osgoodschen Semantischen Differentials aufgeführt sind (Fragebogen 3).

Als niedrig werden LPC-Durchschnittswerte der Größe 1,2 bis 2,2, als hoch werden LPC-Durchschnittswerte der Größe 4,1 bis 5,7 bezeichnet (Fiedler, Theory, S. 43).

Die Interpretation der LPC-Werte bereitet einige Schwierigkeiten. Sie scheinen mit den in den OHIO-State-University-Untersuchungen gefundenen Dimensionen ‚consideration‘ und ‚initiating structure‘ verwandt zu sein. (Vgl. Abb. 17). Eine Reihe von Analysen, Untersuchungsreihen und Forschungen (vgl. Fiedler, Kontingenzmodell, S. 181) deutet darauf hin, daß ein Vorgesetzter mit *hohem LPC-Wert* (der seinen am wenigsten geschätzten Mitarbeiter in einer relativ günstigen, entgegenkommenden Weise wahrnimmt) eher dazu neigt, in seiner Beziehung mit den Gruppenmitgliedern entgegenkommender, weniger streng, toleranter und personenorientiert zu sein, was einem hohen Maß an ‚consideration‘ entspricht. Ein Vorgesetzter mit *niedrigem LPC-Wert* dagegen (der seinen am wenigsten geschätzten Mitarbeiter sehr ungünstig und ablehnend beurteilt) scheint in seinem Führungsverhalten direkter und aufgabenorientierter zu sein und überdies Gruppenverhalten stärker zu kontrollieren. Er ist nach dieser Interpretation durch ein hohes Maß an ‚initiating structure‘ gekennzeichnet.

Fiedler mißt vor allem drei Situationsvariablen eine besondere Bedeutung zu (Kontingenzmodell, S. 183 ff.):

1. Führer-Mitglieder-Beziehungen:

Jemand, der von der Gruppe respektiert wird, braucht, um Einfluß auszuüben, kaum einen offiziellen Rang. Die Führer-Mitglieder-Dimension ist ein Ausdruck, inwieweit der Führer von seinen Mitarbeitern akzeptiert und geachtet wird. Gemessen wird die Führer-Mitglieder-Beziehung mithilfe soziometrischer Tests oder Gruppenatmosphärenskalen.

Fragebogen 3

> Bevor Sie Ihr ‚X' setzen, betrachten Sie die Wörter an beiden Enden der Linie. Bitte
> beachten Sie, daß es keine richtigen oder falschen Antworten gibt. Arbeiten Sie schnell;
> Ihre erste Antwort ist wahrscheinlich die beste. Bitte lassen Sie kein Merkmal aus und
> kennzeichnen Sie jedes nur einmal.
>
> ### *L P C*
>
> Denken Sie an die Person, mit der Sie am wenigsten gut zusammenarbeiten können. Es
> kann jemand sein, mit dem Sie jetzt zusammenarbeiten, oder jemand, mit dem Sie
> früher zusammenarbeiteten. Es muß nicht die Person sein, die Sie am wenigsten leiden
> können, aber es sollte die Person sein, mit der Sie die meisten Schwierigkeiten in der
> Zusammenarbeit hatten.
> Beschreiben Sie diese Person, wie sie Ihnen erscheint.
>
> | Angenehm | : : : : | : : : : | Unangenehm |
> |---|---|---|---|
> | | 8 7 6 5 | 4 3 2 1 | |
> | Freundlich | : : : : | : : : : | Unfreundlich |
> | | 8 7 6 5 | 4 3 2 1 | |
> | Abweisend | : : : : | : : : : | Zugänglich |
> | | 1 2 3 4 | 5 6 7 8 | |
> | Hilfreich | : : : : | : : : : | Hemmend |
> | | 8 7 6 5 | 4 3 2 1 | |
> | Nüchtern | : : : : | : : : : | Enthusiastisch |
> | | 1 2 3 4 | 5 6 7 8 | |
> | Angespannt | : : : : | : : : : | Entspannt |
> | | 1 2 3 4 | 5 6 7 8 | |
> | Entfernt | : : : : | : : : : | Nah |
> | | 1 2 3 4 | 5 6 7 8 | |
> | Kalt | : : : : | : : : : | Warm |
> | | 1 2 3 4 | 5 6 7 8 | |
> | Kooperativ | : : : : | : : : : | Nicht kooperativ |
> | | 8 7 6 5 | 4 3 2 1 | |
> | Unterstützend | : : : : | : : : : | Feindselig |
> | | 8 7 6 5 | 4 3 2 1 | |
> | Langweilig | : : : : | : : : : | Fesselnd |
> | | 1 2 3 4 | 5 6 7 8 | |
> | Streitsüchtig | : : : : | : : : : | Harmonisch |
> | | 1 2 3 4 | 5 6 7 8 | |
> | Selbstsicher | : : : : | : : : : | Unsicher |
> | | 8 7 6 5 | 4 3 2 1 | |
> | Effizient | : : : : | : : : : | Ineffizient |
> | | 8 7 6 5 | 4 3 2 1 | |
> | Schwermütig | : : : : | : : : : | Heiter |
> | | 1 2 3 4 | 5 6 7 8 | |
> | Offen | : : : : | : : : : | Verschlossen |
> | | 8 7 6 5 | 4 3 2 1 | |

Die Beschreibung des Führungsverhaltens bei *Fiedler* mit Hilfe von 16 achtstufigen bipolaren
Adjektivskalen, (Fiedler (Theory) 41)

2. Aufgabenstruktur

Hier unterscheidet *Fiedler* zwischen strukturierten und unstrukturierten Aufgaben. Diese Zweiteilung ähnelt der Unterscheidung zwischen Routineaufgaben und neuartigen, innovativen Aufgaben. Zur Erfüllung strukturierter Aufgaben kann die Bereitschaft der Mitarbeiter eher erzwungen werden, während zur Erfüllung unstrukturierter Aufgaben der Führer stärker darauf angewiesen ist, seine Mitarbeiter zu aktivieren und zu inspirieren. Die unstrukturierte Aufgabe stattet den Führer demnach mit sehr viel weniger Macht aus.

Gemessen wird der Grad der Aufgabenstruktur durch vier Maße, die allerdings nur zwei unabhängige Faktoren (Schwierigkeit, Anzahl der Lösungsmöglichkeiten) bilden (Shaw bei Kunczik, Führungsforschung, S. 285); es sind

a) der Wahrheitsnachweis der Entscheidung (Grad, in dem die Richtigkeit einer Lösung objektiv bewiesen werden kann),

b) die Zielklarheit,

c) die Anzahl der Lösungsmöglichkeiten,

d) die Anzahl der ‚richtigen‘ Lösungen.

3. Positionsmacht

Die Dimension beinhaltet das Ausmaß, in dem die Position den Führer befähigt, Gehorsam für seine Befehle von den Mitarbeitern zu erlangen.

Gemessen wird das Ausmaß mithilfe einer Checkliste, die Punkte wie z. B. die folgenden enthält: „der Führer kann die Mitglieder aus eigenem Antrieb bestrafen oder belohnen", „der Meinung des Führers wird beträchtliche Achtung und Aufmerksamkeit entgegengebracht" (Checkliste bei Fiedler, Theory, S. 24).

Durch die Situationsklassifizierung nach den drei Aspekten kann die Gesamtsituation in einem dreidimensionalen Raum abgebildet werden. Da *Fiedler* für jeden Situationsfaktor nur zwei Ausprägungen zuläßt, erscheint das gesamte Situationsspektrum als achtzelliger Würfel (Abb. 52).

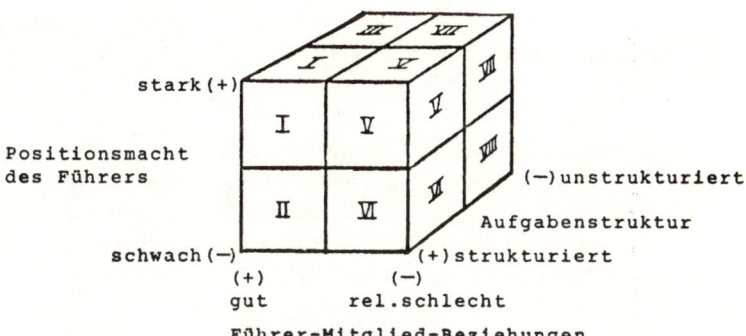

Abb. 52. Situationsklassifizierung nach *Fiedler* (Fiedler, Kontingenzmodell, S. 185)

Nach der *Günstigkeit der Gruppensituation* für den Führer (hinsichtlich der Ausübung von Macht und Einfluß) lassen sich die acht Zellen in eine Reihenfolge bringen (I: sehr günstig, ..., VIII: sehr ungünstig).

Fiedler stellte die Hypothese auf, daß eine starke Korrelation zwischen dem Führungsverhalten und der Gruppenleistung in Abhängigkeit von der Günstigkeit der Situation vorliegt. Die Ergebnisse seiner eigenen Untersuchungen bestätigten im wesentlichen diese Hypothese (Abb. 53).

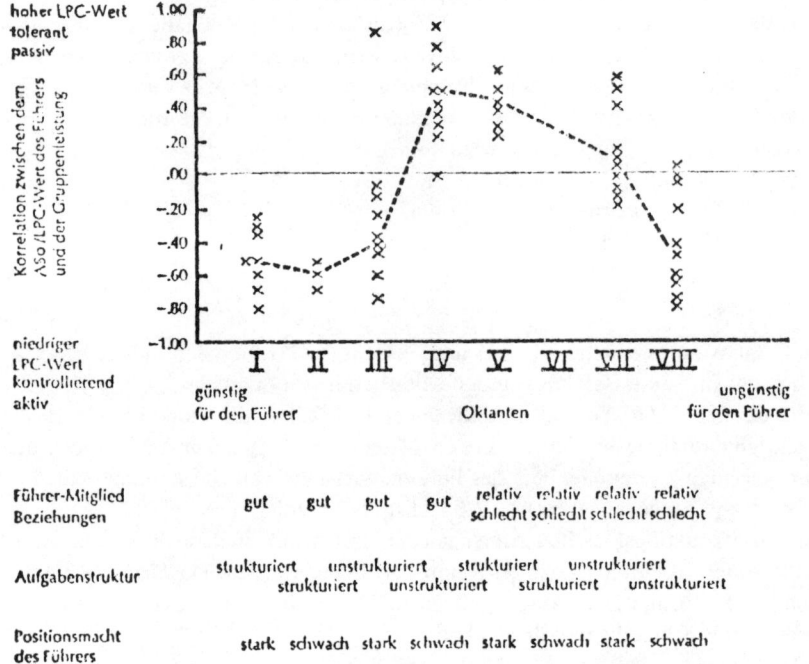

Abb. 53. Korrelation zwischen dem Führer-LPC und der Gruppenleistung in Abhängigkeit
von der Gruppensituation
(Entnommen: Fiedler, Kontingenzmodell, S. 187)

Abb. 53 verdeutlicht, daß ein niedriges LPC-Führungsverhalten (9.1-Führungsstil mit enger Kontrolle) entweder in sehr günstigen oder in sehr ungünstigen Situationen hinsichtlich der Gruppenleistung am effizientesten ist (hohe negative Korrelationen zwischen hoher Leistung und LPC-Werten), während ein hohes LPC-Führungsverhalten (1.9 bis 9.9-Führungsstil) zu hoher Leistung in Situationen mittlerer Günstigkeit führt.

Zu folgern ist, daß, wenn der Führer beliebt, die Aufgabe hochstrukturiert und seine Machtposition stark ist (Zelle I), ein direktiver, stark-kontrollierender 9.1-Führungsstil von den Geführten akzeptiert wird. Ist umgekehrt der Leiter einer Gruppe von Freiwilligen unbeliebt und mit einer unstrukturierten Aufgabe betraut (Zelle VIII), *muß* er diesen 9.1-Führungsstil anwenden, um eine hohe Gruppenleistung zu bewirken; ein sozio-emotionaler, nicht-direktiver Führungsstil könnte eine völlige Inaktivität der Mitarbeiter erzeugen.

In Situationen mittlerer Günstigkeit (Zelle IV, V) ist eine nicht-direktive, partnerbezogene Führung (1.9- bis 9.9-Führungsstil) mit hoher Leistung verbunden; der Führer vermag mit seinem Verhalten Spannungen oder Ängste auszugleichen. Dies sind Situationen, in denen a) die Aufgabe strukturiert, der Führer jedoch unbeliebt ist und deshalb diplomatisch vorgehen muß (Zelle V) oder b) der Führer beliebt, die Aufgabe jedoch mehrdeutig und unstrukturiert ist und der Führer deshalb auf den Einfallsreichtum und die Kooperationsbereitschaft seiner Mitarbeiter angewiesen ist (Zelle IV).

Während das Kontingenzmodell ursprünglich nur auf „interagierende Gruppen" (gemeinsame Gesamtaufgabenerledigung) angewendet wurde, beansprucht es inzwischen auch Gültigkeit für „koagierende Gruppen" (isolierte Teilaufgabenerledigung), die in Unternehmungen oder Behörden weitaus häufiger zu finden sind (Fiedler, Validation, S. 146).

So verdienstvoll der Ansatz im Hinblick auf eine simultane Berücksichtigung mehrerer Situationsfaktoren auch ist, bleiben dennoch *Einwände:*

1. So ist zu fragen, ob die drei berücksichtigten *Situationsfaktoren* ausreichen, um auf dieser Basis erfolgreich Prognosen treffen zu können.
   Da die beiden Situationsvariablen „Aufgabenstruktur" und „Positionsmacht" hoch miteinander korrelieren ($r = 0{,}75$) (Bastine, Gruppenführung, S. 1683), reduziert sich die Anzahl der *unabhängigen Situationsvariablen* auf zwei.
   Generell ist die Einführung weiterer Situationsvariablen zu fordern. *Seifert* (Untersuchungen, S. 61) kommt zu dem Schluß, daß zusätzlich noch folgende Faktoren einbezogen werden müßten: der Aufgabenbezug, die Leistungseinstellung der Gruppenmitglieder, die Risikobelastung der Tätigkeit, vermutlich auch die Beziehungen zwischen dem formellen und dem informellen Führer. Daß diese sowie weitere Faktoren (z. B. die Kommunikationsstruktur, die Hierarchiestruktur, das Vorliegen einer Ausnahme- oder Normalsituation usw.) einen eminent wichtigen Einfluß auf die Leistung ausüben, wurde in isolierter Betrachtung gezeigt.

   Aus allem ist zu folgern, daß eine Ausweitung hinsichtlich der Anzahl einzubeziehender unabhängiger Situationsfaktoren anzustreben ist, um den Prognosewert des Modells zu erhöhen. Auch ist die Abhängigkeit der einzelnen Faktoren voneinander und vom Führungsstil angemessener zu berücksichtigen (Kupsch, Kontingenztheorie, S. 200).

2. Ein weiteres Problem liegt in der *Operationalisierung* der „Günstigkeit der Situation". Die drei Situationsfaktoren werden − mehr oder minder intuitiv gewichtet − zu der eindimensionalen Größe „Günstigkeit der Situation" zusammengefaßt. Als wichtigste Bestimmungsgröße sieht *Fiedler* die „Führer-Mitglieder-Beziehung", an zweiter Stelle die „Aufgabenstruktur" und an letzter Stelle

die „Positionsmacht" (Theory, S. 143). Fraglich ist, ob die „Führer-Mitglieder-Beziehung" wirklich primär die „Günstigkeit der Situation" bestimmt oder ob nicht eventuell die „Aufgabenstruktur" gleichgewichtig oder sogar wichtiger ist (Shaw/Blum, Effects, S. 38 ff.).

Wünschenswert wäre es, wenn auf den ursprünglich mehrdimensionalen Ansatz situativer Komponenten auch eine mehrdimensionale Auswertung folgte (zur Kritik: Bastine, Gruppenführung, S. 1684; Kunczik, Führungsforschung S. 285 ff.).

Darüber hinaus scheint die „Führer-Mitglieder-Beziehung" nicht eindeutig bestimmt zu sein. Mit den beiden von *Fiedler* vorgeschlagenen Maßen (soziometrischer Test, Einschätzung der Gruppenatmosphäre durch den Führer) werden wahrscheinlich unterschiedliche Tatbestände abgebildet (zur Kritik: Kunczik, Führungsforschung, S. 285).

3. Eine dritte Schwäche liegt in der *Messung des Führungsverhaltens.*
Die Interpretation des LPC-Wertes hat sich bei *Fiedler* im Laufe der Zeit mehrfach gewandelt und dürfte auch heute noch nicht abgeschlossen sein.
Während *Fiedler* heute annimmt, mit dem LPC-Wert einen Ausdruck für den Führungsstil einer Person gefunden zu haben, war er um 1960 herum der Meinung, im niedrigen LPC-Wert das Persönlichkeitsmerkmal entdeckt zu haben, das den effektiven gegenüber dem ineffektiven Führer auszeichnet.
Geht man von der heutigen Interpretation eines hohen LPC-Wertes als beziehungsorientiertem 1.9-Führungsstil und eines niedrigen LPC-Wertes als aufgabenorientiertem 9.1-Führungsstil aus, so ist – neben einer Reihe anderer Einwände (vgl. dazu Kunczik, Führungsforschung, S. 283 ff.) – vor allem der Gesichtspunkt des einfaktoriellen Denkens zu kritisieren (vgl. dazu Pkt. 2.1.4; auch: Kupsch, Kontingenztheorie, S. 199 f.). Die heutige Interpretation scheint damit nicht genügend gesichert (zu einer anderen Interpretation vgl. Klockhaus, Führungsverhalten, S. 155).

Zusammenfassend ist zum multidimensionalen Ansatz von *Fiedler* festzuhalten, daß sich das Kontingenzmodell zwar in einer Reihe von Forschungen – insbesondere in Feldstudien – bewährt zu haben scheint (Zusammenfassung bei Fiedler, Validation, S. 128 ff.), daß es aber
– die verschiedenen Situationsfaktoren nicht im gewünschten Maße berücksichtigt;
– keine Aussage über die Zufriedenheit der Mitglieder und deren Motivationsstruktur, sondern nur über die effiziente Aufgabenerfüllung macht;
– methodische Schwächen der mangelnden Eindeutigkeit und mangelnden Operationalisierung aufweist;
– das Führungsverhalten nicht differenziert genug abzubilden vermag;
– in verschiedenen Untersuchungen zu abweichenden Ergebnissen geführt hat (z. B. Graen/Alvares/Orris/Martella, Contingency Model, S. 285 ff.).
Eine Erweiterung des Modells in den angegebenen Punkten erscheint daher notwendig.

2.3.2.3.2 Der Ansatz von *Wofford*

Wofford (Behavior, S. 10 ff.) untersuchte den Einfluß des Führungsstils in bestimmten Situationen nicht nur auf die betriebliche Leistung, sondern auch auf die individuelle Zufriedenheit. Das Konzept basiert auf einer Faktorenanalyse sowohl der Situationsvariablen als auch der Dimensionen des Führungsverhaltens.
Die faktorenanalytische Auswertung zum Führungsverhalten ergab fünf unabhängige Dimensionen, die in der Terminologie der OHIO-State-University-Studien jedoch z. T. bereits bestimmte Führungsmuster darstellen (vgl. Abb. 17). Es sind:

I. *Group achievement and order:*
Es handelt sich hier um ein stark leistungs- wie stark personenorientiertes Führungsverhalten mit hoher Mitbeteiligung der Mitarbeiter, das dem 9.9-Führungsstil entspricht.

II. *Personal enhancement:*
Dieses Führungsverhalten ist als ein stark autoritätsbezogenes zu kennzeichnen und trägt viele Elemente des stark kontrollierenden 9.1-Führungsstils (1.1.3.1-Führungsstil).

III. *Personal interaction:*
Dieses Führungsverhalten entspricht ziemlich genau dem stark personenorientierten, emotional zugewandten 1.9-Führungsstil, allerdings ohne den Gesichtspunkt der Mitbeteiligung (3.1.1.1-Führungsstil).

IV. *Dynamic achievement:*
Das Führungsverhalten ist ziel- und aufgabenorientiert und macht die zweite Komponente des 9.1-(1.3.1.1-)Führungsstils aus.

V. *Security and maintenance:*
Es handelt sich kaum noch um ein Führungsverhalten; der Vorgesetzte ist vorsichtig, neutral und konfliktscheu und überläßt die Mitarbeiter weitestgehend sich selbst: es entspricht dem 1.1-Führungsstil.

Hinsichtlich der eine Situation bestimmenden Variablen wählte *Wofford* 18 Faktoren aus. Folgende Situationskomplexe erwiesen sich nach einer Faktorenanalyse als unabhängig (zu etwa gleichen Faktoren kamen Foreman/Gilmer (Variation, S. 361 ff.)):

(1) *Zentralisation und Arbeitsbewertung*
(Dazu zählen der Grad der Delegation, die Enge/Weite der Überwachung, die Möglichkeit der Erfolgskontrolle und die Arbeitsplatzsicherheit)

(2) *Organisationskomplexität*
(Dazu gehören die Fähigkeiten, die Ausbildung und die Fertigkeiten von Vorgesetzten und Mitarbeitern sowie die Art der Arbeitsabläufe und das Ausmaß an Kohäsion)

(3) *Organisationsgröße und Aufgabenstruktur*
(Dazu gehören die Größe der Organisation und die Struktur der Aufgaben)

(4) *Struktur der Arbeitsgruppe*
(Dazu gehören die Gruppengröße und die Beteiligung der Gruppenmitglieder am Entscheidungsprozeß)

(5) *Organisationsebene und Kommunikation*

(Dazu gehören der Hierarchieaufbau (steil/flach) und die Länge der Kommunikationskette)

Die Ergebnisse hinsichtlich der Beziehung zwischen dem Führungsstil und der Leistung wie Zufriedenheit in Abhängigkeit von der Situationskonstellation lassen sich wie folgt zusammenfassen (Wofford, Behavior, S. 15):

I.   Ein 9.9-*Vorgesetzter* (group achievement and order oriented) erzielte hohe betriebliche *Leistungen*, wenn die Gruppe klein war, Gruppensitzungen abgehalten wurden und die Aufgaben weitgehend unstrukturiert und flexibel waren. Zusätzlich konnte die Arbeitsgruppe von ihrem Leiter getrennt sein. Hohe *Zufriedenheit* erzielten die Mitarbeiter, wenn die Arbeitsplatzsicherheit hoch war, die Arbeitsleistung leicht gemessen werden konnte, fester Gruppenzusammenhalt bestand und Gruppensitzungen abgehalten wurden, selbst wenn die Arbeitssituation dies nicht erforderte. Dieses letzte Ergebnis läßt sich als Umkehrung des Ergebnisses, das für die Leistung gefunden wurde, interpretieren; dort erscheint Gruppenarbeit nur zur Lösung unstrukturierter Aufgaben förderlich.

II. Zwischen einem stark autoritätsbetonten und kontrollierenden 9.1-*Vorgesetzten* (personal enhancement) und der *Leistung* bestand eine enge Beziehung, wenn
die Arbeitsplätze der Mitarbeiter voneinander getrennt waren, die Mitarbeiter untereinander wenig Kontakt hatten, der Arbeitsablauf einfach und der Hierarchieaufbau flach waren.
Es ergab sich eine hohe *Zufriedenheit*, wenn die Unternehmung eher groß als klein war und die Mitarbeiter untereinander viel Kontakt hatten.

III. Der stark beziehungsorientierte 1.9-*Vorgesetzte* (personal interaction oriented) erzielte durch seinen Führungsstil hohe *Leistungen*, wenn das Treffen von Entscheidungen zentralisiert und die Aufgaben strukturiert waren und die Mitarbeiter einfaches Arbeitsgerät (oder auch gar keins) benutzten. Der hohe Grad der Aufgabenstrukturierung und die Tatsache, daß die oberste Leitung die Tätigkeiten vereinfachte und kontrollierte, scheinen mit einem Führungsstil vereinbar zu sein, der selbst nur wenig Bezug zur Arbeit aufweist. Die Arbeitsleistung scheint dadurch erhöht zu werden, daß der Vorgesetzte sich mit seinen Leuten persönlich befaßt und sich als einen der ihren betrachtet.
Eine hohe *Zufriedenheit* ergab sich, wenn die Sicherheit des Arbeitsplatzes niedrig und die oberste Leitung stark leistungs- und aufgabenorientiert waren. Der 1.9-Vorgesetzte scheint hier eine Kompensationswirkung auszuüben.

IV. Der stark ziel- und aufgabenorientierte 9.1-*Vorgesetzte* (dynamic achievement oriented) erzielte hohe *Leistungen*, wenn
die Arbeitsgruppe von ihm getrennt, die Sicherheit des Arbeitsplatzes gering und die Arbeitsgruppe selbst klein waren.
Eine hohe *Zufriedenheit* ergab sich bei hoher Arbeitsplatzsicherheit.

Dieses Ergebnis ist eine Umkehrung des Ergebnisses bei der Leistung. Offensichtlich begünstigt eine Gefährdung des Arbeitsplatzes unter einem stark aufgabenorientierten 9.1-Vorgesetzten die Leistungsanstrengungen der Mitarbeiter, andererseits bewirkt sie aber in hohem Maße Unzufriedenheit (vgl. Pkt. 2.3.2.1).

V. Zwischen dem nicht engagierten 1.1-*Führungsstil* (security and maintenance oriented) und der *Leistung* bestand eine enge Beziehung, wenn die Arbeitsabläufe, Pläne und Verfahren komplex waren und es sich um große Unternehmungen handelte.
Die *Zufriedenheit* war dagegen nur dann hoch, wenn es sich um einfache Pläne und Verfahren handelte.
Auch hier liegt eine Umkehrung des Ergebnisses bei der Leistung vor. Leistung und Zufriedenheit hängen von den gleichen Faktoren, jedoch in entgegengesetzter Ausprägung ab, so daß beide nicht zugleich in vollem Maße erreicht werden können.

Das faktorenanalytische Konzept von *Wofford* ist dem Kontingenzmodell von *Fiedler* in zwei Punkten überlegen:
(1) Das Führungsverhalten wird mehrdimensional gemessen.
(2) Viele Situationsfaktoren werden simultan in die Untersuchung einbezogen und auch nicht nachträglich wieder zu einer Größe zusammengefaßt.
Kritik ergibt sich aber zumindest in drei Punkten; sie schränken die praktische Anwendbarkeit des Modells stark ein:
1. Es wurden in die Untersuchung 88 Unternehmungen in den Größenordnungen von drei bis 36.000 Beschäftigten einbezogen, jedoch insgesamt *nur 177 Beschäftigte.* Das bedeutet im Schnitt pro Unternehmung nur zwei Beschäftigte. Es kann sich folglich nicht um eine repräsentative Stichprobe handeln.
2. Die *Messung* der Leistung und Zufriedenheit erfolgte äußerst ungenau: subjektive Einschätzungen wurden generell als ausreichend angesehen. Die Beschäftigten wurden aufgefordert, die Leistung ihrer Arbeitseinheit (Abteilung, Gruppe) in Ausdrücken der Quantität und der Qualität einzuschätzen. Eine Kombination aus Quantität und Qualität wurde als Leistungsmaß verwendet.
Die Zufriedenheit sollten die Beschäftigten für die Arbeitsgruppe auf einer 9-Punkte-Skala einschätzen. Ob ein differenziertes Zufriedenheitsmaß verwendet oder ob einfach nur eine Frage nach der Zufriedenheit gestellt wurde, bleibt offen.
Da man davon ausgehen kann, daß die Angaben pro untersuchter Arbeitsgruppe nur von einer Person stammen, können die subjektiven Verzerrungen gewaltig sein.
3. Die *Untersuchungspersonen* waren *auf mehreren Hierarchieebenen* angesiedelt (von der untersten Stufe bis zum mittleren Management). Hierarchische Unterschiede hinsichtlich der Auswirkungen des Führungsstils auf die Leistung wie Zufriedenheit konnten damit nicht erfaßt werden, ebenfalls nicht Unterschiede in der Motivationsstruktur, Gruppennormen, u. a.

Trotz der schwerwiegenden Einwände gegen die Untersuchung ist der zugrunde-
liegende, faktorenanalytisch ausgewertete Ansatz zu bejahen. Notwendig sind
sorgfältiger geplante und ausgeführte Untersuchungen.

2.3.2.4 Folgerungen

Fragt man nach den Folgerungen, die aus den Untersuchungen abzuleiten sind,
stehen vier Gesichtspunkte im Vordergrund:

(1) Zahl, Art und Wirkweise der Variablen

Die im Führungsprozeß wirkenden Situationsfaktoren scheinen nach Zahl, Art und
Wirkweise heute noch weitgehend unbekannt zu sein, so daß für vermutete Beziehungen erst einmal Hypothesen zu formulieren sind (z. B. für die Beziehung zwischen Intelligenzparametern und der Zufriedenheit im Führungsprozeß). Um ein
klareres Bild und mögliche Wechselwirkungen besser analysieren zu können, wird
man sich mehr als bisher der mehrfaktoriellen Untersuchungsmethode bedienen
müssen. Anders erscheinen Einsichten in die Wirkweise der intervenierenden
Variablen nur bruchstückhaft. Mit den beiden letzten – wenngleich unzureichenden – Ansätzen scheint ein Weg gewiesen, wie durch systematische Variation der
einzelnen Bedingungen generelle Zusammenhänge erkannt werden können.

(2) Effizienzkriterien

Ein Mangel vieler Untersuchungen liegt in der Verwendung wenig geeigneter
Effizienzkriterien. Zum einen beruht dies darauf, daß zutreffende Maße noch nicht
entwickelt sind (wie zur Messung der Zufriedenheit), zum anderen darauf, daß
Indikatoren falsch gebildet werden (wie z. B. die Messung der Arbeitsleistung
durch die ‚relative Höhe der Hierarchieposition‘). Generell ist Gleichheit in den zu
verwendenden Effizienzkriterien und in den Maßskalen anzustreben; andernfalls
werden Ergebnisse, die auf unterschiedlichen Größen basieren, miteinander verglichen. Beispielsweise werden ordinal-meßbare Kriterien (wie z. B. ‚das
Aussehen eines Tonbandgerätes‘) mit kardinal-meßbaren Kriterien (z. B. ‚Schnelligkeit von Problemlösungen‘, ‚Zahl der übersehenen Lochungen‘) häufig auf eine
Ebene gestellt. Auch finden zum Teil künstliche Aufgabenkriterien Verwendung.
Eine Vergleichbarkeit ist hier nicht gewährleistet. Im Interesse eines hohen Aussa-
gegehalts sollten in Untersuchungen möglichst nur kardinal-meßbare Kriterien eingesetzt werden, die der realen betrieblichen/behördlichen Situation adäquat sind
(vgl. Neuberger, Untersuchungen, S. 195 ff.).

(3) Untersuchungsaufbau

Unter dem methodischen Aspekt ist in Zukunft von besser geplanten und durchge-
führten Untersuchungen auszugehen. Vergegenwärtigt man sich, daß häufig keine
Kontrollgruppen existierten, konnten Aussagen zur Validität und Reliabilität nur in
wenigen Fällen getroffen werden. Auch fehlten in vielen Untersuchungen Angaben
zur Eichstichprobe.

(4) Realitätsbezug

Für Folgerungen ist die Kenntnis wichtig, inwieweit die Untersuchungen reale Arbeitssituationen adäquat abbilden. Bedenkt man, daß die weitaus meisten Untersuchungen zum Führungsstil in künstlichen Untersuchungen stattfinden (die Gruppen werden zum Versuchszweck neu zusammengestellt; nur in wenigen Fällen ist der Gruppenführer auch der gewohnte Vorgesetzte; die Gruppengröße ist in der Regel einheitlich auf vier oder fünf Personen beschränkt; die Versuchsteilnehmer sind häufig Studenten, usw.), muß man Zweifel an der generellen Übertragbarkeit der Ergebnisse auf Großorganisationen haben. In der Zukunft notwendig sind empirische Forschungsvorhaben verstärkt in der realen Berufssituation. Als Bezugsrahmen erscheint dafür das Situationsmodell geeignet.

Fragen zur Lernkontrolle zu Abschnitt 2.3

I Fragen zum Text

Können Sie eine Frage nicht beantworten, blättern Sie bitte im Text zurück!

1. Welche Vorteile weist das Situationsmodell gegenüber einer direkten Verknüpfung der Größen ‚Führungsstil', ‚Leistung' und ‚Zufriedenheit' auf?
2. Erläutern Sie die Unterschiede zwischen den verschiedenen Maßen der bedürfnisorientierten Arbeitszufriedenheit!
3. Inwiefern sollten zur Erhöhung der Leistungsmotivation der Mitarbeiter Belohnungen unmittelbar und kontinuierlich auf gute Arbeitsleistungen folgen?
4. Weshalb ist die Größe des Anspruchsniveaus (Angemessene Belohnung) im Situationsmodell wichtig?
5. Weshalb sind vom theoretischen Standpunkt multifaktorielle Führungsmodelle den einfaktoriellen Ansätzen vorzuziehen?
6. Inwieweit garantieren das Betriebsverfassungsgesetz bzw. die qualifizierte Mitbestimmung die Verwirklichung eines partizipativen Führungsstils?
7. Welche Bedeutung hat zur Erzielung guter Leistungen im Bereich neuartiger Aufgaben die Größe ‚Freiheit bei der Arbeit'?
8. Wie erklären Sie sich, daß sehr leistungs- und innovativ-orientierte Mitarbeiter auf hohe emotionale Zuwendung des Vorgesetzten kaum Wert legen?
9. Nennen Sie Gründe, die eine relativ hohe Arbeitszufriedenheit der Mitarbeiter bei repetiver Aufgabenerfüllung bewirken können!
10. Inwiefern läßt sich eine kleine Subordinationsquote zugleich als kontrollierender 9.1-Führungsstil wie als hochmitwirkungsorientierter 9.9-Führungsstil interpretieren?
11. Welches Kommunikationsnetz entspricht am ehesten dem 9.1-Führungsstil, welches am ehesten dem 9.9-Führungsstil?
12. Worauf ist die relative Langsamkeit von Gruppenentscheidungen zurückzuführen?
13. Erläutern Sie, weshalb Mitglieder großer Gruppen eher bereit sein dürften, einen strengen (tendenziell: kontrollierenden) 9.1-Führungsstil zu akzeptieren als die Mitglieder kleiner Gruppen!
14. Weshalb sollte bei der Zusammenstellung von Arbeitsgruppen neben anderen Faktoren der Mitarbeiterqualifikation und der Aufgabenschwierigkeit besonderes Gewicht zugemessen werden?

15. Charakterisieren Sie das Kontingenzmodell von Fiedler! Wie wird die Gesamtsituation abgebildet?
16. Wie lautet Fiedler's Effizienz-Hypothese?
17. Welche Einwände lassen sich gegen das Kontingenzmodell von Fiedler vorbringen?
18. Worin liegen die Schwächen des Ansatzes von Wofford?

II Fragen zur Vertiefung

Die folgenden Fragen sind als Anregung zur Weiterbeschäftigung mit Führungsproblemen gedacht und sollen Ihnen die Möglichkeit bieten, auf der Grundlage des Gelesenen eigene Überlegungen anzustellen. Fixieren Sie Ihre Antworten am besten schriftlich, ehe Sie die Lösungshinweise auf S. 226 ff. benutzen. Die Lösungshinweise sind vor allem Orientierungshilfen; Ihre Antworten können durchaus abweichen!

1. Erläutern Sie die Beziehung zwischen den beiden Zielsetzungen „Erzielung höchstmöglicher Leistung" und „Erzielung höchstmöglicher Zufriedenheit" für Wirtschaftsunternehmen und Verwaltungsbehörden!
2. Wie beurteilen Sie die unterschiedlichen Ansätze zur Arbeitszufriedenheit (anreiztheoretisch, kognitiv, humanistisch, bedürfnisorientiert) zum gegenwärtigen Zeitpunkt?
3. Wie ist das Ergebnis empirischer Befunde zu interpretieren, daß in Zeiten der Rezession ‚härter', in Zeiten der Hochkonjunktur ‚weicher' geführt wird?
4. Wie läßt sich erklären, daß unter einem 9.1-Führungsstil die Mitarbeiter einmal hohe Leistung und hohe Zufriedenheit zeigen und ein andermal hohe Leistung und niedrige Zufriedenheit?
5. Inwiefern erscheinen Maßnahmen im Rahmen des ‚job enrichment' und ‚job enlargement' geeignet, eine positive Beziehung zwischen hoher Arbeitsleistung und hoher Zufriedenheit bei Routinetätigkeiten herbeizuführen?
6. Überlegen Sie, ob bei Entscheidungen, die unmittelbare Auswirkungen auf das Verhalten der Organisationsteilnehmer erwarten lassen (z. B. Einführung einer neuen Führungskonzeption), eine Beteiligung der Organisationsteilnehmer im Planungsstadium ökonomisch vertretbar ist, wenn dadurch der Entscheidungsprozeß stark verzögert wird!
7. Ein Vorgesetzter, der bisher sehr erfolgreich eine kleine Abteilung von fünf Personen geführt hatte, wird zum Abteilungsleiter einer Abteilung mit 20 Mitarbeitern befördert. Wie würden Sie anstelle des Vorgesetzten den bisher so erfolgreich praktizierten partizipativen Führungsstil modifizieren?
8. Diskutieren Sie den Zusammenhang zwischen den Größen Kommunikation, Kohäsion, Motivation und Zufriedenheit in Abhängigkeit von der Gruppengröße!
9. Skizzieren Sie Möglichkeiten, wie sich ein Vorgesetzter einer Abteilung verhalten kann, wenn die Organisationsspitze eine höhere Arbeitsleistung verlangt und die Arbeitsgruppe sich geschlossen dagegen ausspricht. Von der Abteilung ist allgemein bekannt, daß sie hinter vergleichbaren Leistungen anderer Abteilungen zurückbleibt.
10. Nehmen Sie Stellung zu der Aussage: „Mit zunehmendem Lebensalter sinkt die Leistung, da die sozialen Bedürfnisse für den Menschen dann wichtiger werden und ihn von der Arbeit abhalten".
11. Versuchen Sie eine Interpretation der LPC-Werte im Kontingenzmodell von Fiedler!
12. Wie wird die Zufriedenheit als Effizienzdimension im Kontingenzmodell von Fiedler berücksichtigt?
13. Welche Anforderungen sind an Effizienzuntersuchungen über Führungsverhalten zu stellen?
14. Die Ergebnisse der Führungsforschung stammen fast ausschließlich aus hochindustrialisierten, kapitalistischen Ländern. Sind in Ländern anderer Entwicklungs- und Gesellschaftsstruktur gleiche Ergebnisse zu erwarten?

3. Führungstechniken

3.1 Überblick

Wie aus Abb. 1 hervorgeht, beeinflussen sich Führungstechniken und Führungsstile wechselseitig. Nachfolgend werden einige Führungsinstrumente vorgestellt, die zur Unterstützung eines in der Tendenz kooperativen 9.9-Führungsstils eingesetzt werden können. Insbesondere handelt es sich um Techniken zur effizienten Gestaltung von Einzel- und Gruppenarbeit.

Unter dem Gesichtspunkt der *Einzelarbeit* ist weitgehende Selbständigkeit der Mitarbeiter in der Aufgabenerfüllung durch die Verwirklichung des Delegationsprinzips anzustreben. Auf eine ausführliche Darstellung dieses Prinzips wird verzichtet (vgl. Ulrich, Delegation, Sp. 433 ff.).

In vertikaler Richtung bedeutet *Delegation* die Verlagerung von Aufgaben, Kompetenzen *und* Verantwortung aus vorgelagerten Stellen auf nachgeordnete Ebenen. Da das Delegationsprinzip grundsätzlich auf allen Leitungsebenen Anwendung finden kann, bedeutet dies, daß keine zusätzliche Arbeitsbelastung einer Stelle eintreten muß; sie hat ebenfalls die Möglichkeit zur Delegation (andere Möglichkeiten: Bildung von Parallelstellen, Einsatz vermehrter Sachmittel, horizontale Ausgliederung von Spezialaufgaben, u. a.).
Wichtig ist, daß die Verlagerung von Teilaufgaben eine Neustrukturierung der (vertikalen, horizontalen und diagonalen) Kommunikationswege sowie eine Neubestimmung der Informationsverteilung erforderlich macht. Unter dem Informationsaspekt ergeben sich in starkem Maße beiderseitige Informationsrechte und -pflichten zwischen Vorgesetzten und Mitarbeitern.
Weiter sollte Delegation Erfolgserlebnisse für Mitarbeiter und Vorgesetzte beinhalten. Gestattet die Delegation dem Mitarbeiter nicht auch eine Befriedigung eigener Ziele (Bedürfnisse), kann es zur Rückdelegation oder permanenten Rückversicherung beim Vorgesetzten kommen. Wird der Vorgesetzte nicht systematisch an seine eigentlichen Leitungsaufgaben herangeführt, besteht die Gefahr, daß er seinen Arbeitserfolg im Delegationsbereich der Mitarbeiter sucht und permanent im Detail eingreift.

Die nachfolgenden Instrumente beschäftigen sich u. a. mit der Frage, wie Delegation organisatorisch abgesichert werden kann (z. B. durch Führungsanweisungen, Stellenbeschreibungen usw.).

Unter dem Gesichtspunkt der *Gruppenarbeit* werden neben Gruppenorganisationsformen spezifische Gruppenarbeitstechniken (Diskussionstechniken, Problemlösungstechniken) erörtert.

Ein wichtiges Hilfsmittel für effiziente Führung auf der Grundlage von Zielorientierung, Information und Motivation ist weiter eine systematische *Personalbeurteilung*. Sie wirft eine Reihe von Problemen auf, die eingehend dargestellt werden.
Abschließend folgt das Konzept des ‚*Management by Objectives*‘, das alle zuvor genannten Führungsinstrumente integriert; es wird hinsichtlich seiner Problematik und Einsatzmöglichkeiten diskutiert.

3.2 Führungsanweisungen

3.2.1 Inhalt

> Eine Führungsanweisung ist
> die schriftliche Festlegung der Führungsgrundsätze einer Organisation. Sie
> stellt eine Zusammenfassung verbindlicher Richtlinien für das Verhalten
> von Vorgesetzten und Mitarbeitern im Führungsprozeß bei der Erledigung
> ihrer Sachaufgaben dar.

Geht man davon aus, daß die allgemeinen Vorgesetzten- und Mitarbeiteraufgaben
bis zu einem gewissen Grad gleich sind und gleich geregelt werden können, sind in
der Fixierung einheitlicher Richtlinien folgende Vorteile zu sehen:
– Der Führungsprozeß wird für Vorgesetzte wie Mitarbeiter durchsichtig (Transparenz-
effekt).
– Der Führungsprozeß ist nicht mehr willkürlich gestaltbar (Kontrolleffekt).
– Die einmalige Erstellung erspart das wiederholte Abfassen von im Grunde gleichen Prinzi-
pien (Wirtschaftlichkeitseffekt).
Inhalt und Umfang einer Führungsanweisung hängen vom Einzelfall ab. Die im
Beispiel (Abb. 54) angeführten Punkte können nur als Hinweis für eine fiktive
Führungsanweisung angesehen werden (vgl. Schwarz, Betriebsorganisation.
S. 256 ff.; Hill/Ulrich/Fehlbaum, Organisationslehre 2, S. 546 f.).

1. Kriterien des *Führungserfolges*
2. Grundsätze für die *Delegation* (Festlegung von Aufgaben, Kompetenzen
   und Verantwortung; Trennung Führungsverantwortung – Handlungsverantwortung; Eingriff in den Delegationsbereich nur im Ausnahmefall)
   Vorgesetzter ist nicht für alle Fehler seiner Mitarbeiter verantwortlich,
   nur wenn:
   – unklare Delegation
   – mangelhafte Anleitung
   – ungenügende Auswahl der Mitarbeiter
   – unzureichende Information
   – falsche Kontrolle
3. Regelung der *Pflichten des Vorgesetzten*, z. B.
   – Sorge für fachliche Qualifikation der Mitarbeiter
   – sachliches Lob und Kritik
   – Förderung der Aus- und Weiterbildung der Mitarbeiter
   – Schaffung adäquater Leistungsbedingungen
   – Leistungsbeurteilung der Mitarbeiter
   – Vertretung der Mitarbeiter gegen höhere Instanzen

4. Regelung der *Pflichten der Mitarbeiter*, z. B.
   – Selbständigkeit des Handelns im Normalfall
   – Beratung des Vorgesetzten in außergewöhnlichen Fällen
5. Grundsätze für die *Information*
   – in vertikaler Richtung
   – in horizontaler Richtung
6. Grundsätze zur *Kontrolle*
   – Art
   – Ausmaß
   – Durchführung
7. Grundsätze zur *Gruppenarbeit*
   – Einschaltung
   – Ablauf
   – Ausmaß und Art der Teilnahme der Mitarbeiter
     an der Zielsetzung
     an der Festsetzung von Maßnahmen
     an der Lösung von Einzelproblemen
8. Regelung der *Stellvertretung*
   – Informationsrechte- und pflichten
   – Kompetenzabgrenzung
   – Verantwortungsabgrenzung

Abb. 54. Beispiel für den Inhalt einer Führungsanweisung

3.2.2 Problematik

Die Erarbeitung und Inkraftsetzung einer Führungsanweisung wirft eine Reihe von Problemen auf.

(1) Einheitlicher Führungsstil

Da es einerseits, wie in Pkt. 2.3.2 deutlich wurde, keinen für alle Situationen gleichermaßen ‚optimalen' Führungsstil gibt, andererseits jedoch eine Führungsanweisung einheitlich für alle Mitglieder einer Organisation gelten soll, stellt sich die Frage nach dem Sinn und möglichen Inhalt einer Führungsanweisung.
Der *Sinn* ist vor allem darin zu sehen, daß alle Organisationsmitglieder tendenziell von einheitlichen Annahmen über relevante Bedingungen des Führungsprozesses (Erwartungen, Verhalten, Einstellungen und Motive der Menschen und Erwartungen der Organisation an die Menschen) ausgehen sollen (vgl. Hill/Fehlbaum/Ulrich, Organisationslehre 2, S. 544 f.). In der Grundtendenz sind heute die Erwartungen auf eine Erhöhung des Partizipationsgrades gerichtet.

Dennoch muß der *Inhalt* einer Führungsanweisung notwendig sehr allgemein bleiben, um den Stelleninhabern entsprechend den Situationsbedingungen genügend Spielraum für die individuelle Ausgestaltung des Führungsverhältnisses zu belassen. Andernfalls besteht die Gefahr, einen Einheits-Führungsstil und damit ein in vielen Bereichen inadäquates Führungsverhalten zu institutionalisieren. Diese Gefahr scheint z. B. mit der Führungsanweisung im sogenannten ,Harzburger Modell' vorzuliegen (zur Kritik aus der Sicht der Praxis vgl. Guserl, Harzburger Modell, S. 162 ff.).

(2) Umfang und Detaillierungsgrad der Führungsanweisung

Die in Großorganisationen erstellten Führungsanweisungen sind zum Teil äußerst umfangreich. Kataloge mit 30 Seiten und bis zu 200 (oder mehr!) Organisationsregeln (Guserl/Hofmann, Harzburger Modell, S. 60) sind keine Seltenheit. Vorgesetzte und Mitarbeiter müßten – wollten sie alles ,richtig' machen – ständig mit diesem Katalog herumlaufen. Zu umfangreiche Führungsanweisungen erweisen sich daher als wenig praktikabel und werden von den Organisationsmitgliedern nicht beachtet. Eine Reduzierung ist in jedem Fall – auch zur Vermeidung des Einheits-Führungsstils – notwendig. Andernfalls besteht zusätzlich die Gefahr, daß die Erstellung einer Führungsanweisung nur als Pflichtübung der Personalabteilung gegenüber der Geschäftsleitung angesehen wird (Gottschall, Führungsrichtlinien, S. 78).

(3) Formalisierung der Führungsanweisung

Führungsanweisungen sind häufig sehr formalistisch aufgebaut und berücksichtigen neuere sozialpsychologische Erkenntnisse nur unzureichend. Sie reglementieren zum Teil Einzelheiten, wo Freiheitsspielräume angebracht wären. Ein allzu starres Festlegen von Aufgaben und Befugnissen fördert weder die Identifizierung mit der Organisation noch das Vertrauen zwischen Vorgesetzten und Mitarbeitern. Sätze wie „der Vorgesetzte hat die Arbeit seiner Mitarbeiter zu kontrollieren, selbst wenn er ihnen *vollkommen vertraut*" (aus Gottschall, Führungsrichtlinien, S. 78), dürften die Zusammenarbeit nicht gerade verbessern. Andere Kontrollformen (z. B. Gruppenkontrolle) scheinen adäquater zu sein. Ein Abbau von Formalismen und eine Erweiterung um die Punkte Motivation, Gruppenarbeit und Zusammenarbeit, die in den meisten, angeblich zu ,kooperativem' Führungsverhalten anregenden Führungsanweisungen fehlen, wären angebracht.

(4) Verträglichkeit mit anderen Regelungen

Die in der Führungsanweisung enthaltenen Grundsätze dürfen nicht in Widerspruch zu anderen Organisations- und Personalgrundsätzen stehen (Hill/Ulrich/Fehlbaum, Organisationslehre 2, S. 545). Beispielsweise nutzt die Pflicht des Vorgesetzten, die Weiterbildung seiner Mitarbeiter zu fördern, wenig, wenn keine Einsatzmöglichkeiten für besser ausgebildete Mitarbeiter geschaffen werden.

(5) Konsequenzen bei Verstoß

Welcher Stellenwert der Führungsanweisung in einer Organisation beigemessen wird, läßt sich am besten an den vorgesehenen Konsequenzen bei Nichtbeachtung ablesen. Während im Harzburger Modell bei fortgesetztem Verstoß die Entlassung möglich ist (Höhn, Führungsanweisung, Sp. 571), enthalten die meisten in der Praxis anzutreffenden Führungsrichtlinien keinen Passus zu dieser Frage. Äußerstenfalls wird eine schriftliche Verwarnung/Bestrafung in Aussicht gestellt. Offen bleibt, wer als Kontrollinstanz Fehlverhalten im Führungsprozeß registrieren und ahnden soll (nächst höherer Vorgesetzter oder Personalabteilung?)
Die Vermeidung einer Stellungnahme ist als generelle Unsicherheit einem ‚richtigen' Führungsverhalten gegenüber zu interpretieren. Weiß man doch bis heute nur unzureichend, unter welchen Bedingungen ein bestimmter Führungsstil optimal ist. Insofern ist die Zurückhaltung der Praxis in dieser Frage begründet.

3.2.3 Einsatzmöglichkeiten

Besonders in zwei Fällen eignen sich Führungsanweisungen:

(1) Richtschnur für eine neue Führungskonzeption

Will die Organisationsleitung langfristig eine neue Führungskonzeption durchsetzen, scheint es sinnvoll, diese zunächst in Form bestimmter allgemeiner Richtlinien zu fixieren. Sollvorstellungen werden damit präzisiert und geben für alle Organisationsmitglieder erkennbar die Richtung an, auf die in permanenten Lernprozessen hingearbeitet werden soll.

(2) Grundlage für die Durchführung von Schulungsmaßnahmen

Verhaltensänderungen lassen sich nur schwer verstandesmäßig erreichen. Deshalb ist es auch naiv anzunehmen, daß sich mit der bloßen Einführung von Führungsanweisungen im Vorgesetzten-Mitarbeiter-Verhältnis Wesentliches ändert. Vielmehr müssen über gezielte Verhaltenstrainingsprogramme (z. B. Rollenspiel, Kommunikationstraining, Kooperationstraining, Gesprächstraining usw.) Möglichkeiten zur Selbsterfahrung geschaffen werden. Allein dieses Vorgehen verspricht zur Zeit Erfolg, neue Normen, Werte und Handlungsweisen zu verinnerlichen. Die Führungsanweisung ist in diesem Sinne als eine Zusammenstellung notwendiger Trainingsprogramme für jedes Organisationsmitglied aufzufassen.

3.3 Funktionendiagramme

3.3.1 Inhalt

> Ein Funktionendiagramm ist
> die grafische Darstellung der Aufspaltung von Aufgaben in Funktionen und
> ihre Verteilung auf Stellen

‚Funktion' ist dabei die verantwortliche Teilnahme eines Aufgabenträgers an der Erfüllung einer komplexen Aufgabe (Nordsieck, Funktion, Sp. 603). Schematisch hat ein Funktionendiagramm folgenden Aufbau (vgl. Ulrich/Staerkle, Organisationsstruktur, S. 42):

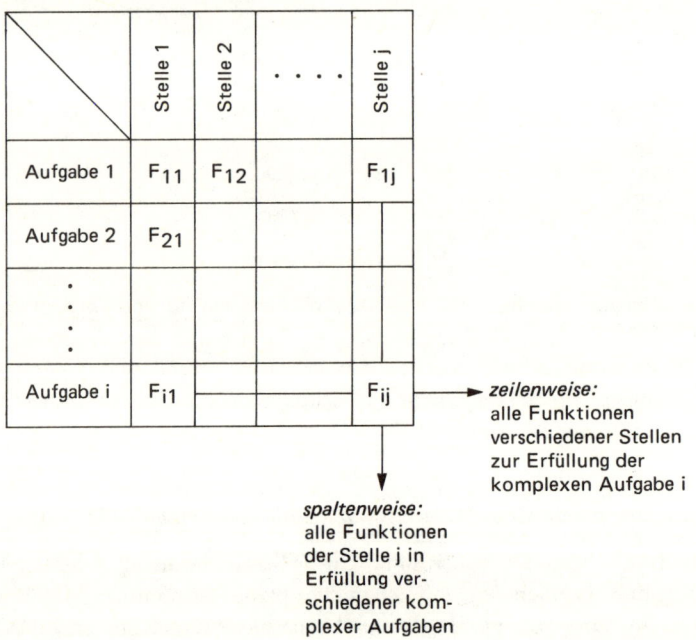

Abb. 55. Schema eines Funktionendiagramms

Es ermöglicht in zweifacher Hinsicht eine differenzierte Betrachtung:
(1) Überblick über die *Stellen*, die an der Erfüllung *einer* Aufgabe mitwirken (zeilenweise Betrachtung)
(2) Überblick über die *Funktionen*, die von *einer* Stelle wahrgenommen werden (spaltenweise Betrachtung)
Unter den verschiedenen Funktionsarten (Übersicht: Nordsieck, Funktion, Sp. 604 ff.) kommt der *Entscheidungsfunktion* bei der Behandlung von Führungs-

Verkaufsabteilung einer Textilunternehmung

Rangstufen

1	Unternehmungs-leitung	●
2	Abteilungschefs	●
3	Departementschefs	● ● ● ●
4	Bürochefs und -angestellte	● ● ● ● ● ● ●

Sachaufgaben	Geschäftsleitung	Verkaufsdirektor	Inland			Export			Dessinateur	Mustererste	Orderbüro	Fertiglager	Spedition
			Verkaufschef	Verkaufsbüro	Vertreter	Verkaufschef	Verkaufsbüro	Vertreter					
1 Verkaufspolitik	E_G	E_M	B		B	B		B	B				
2 Verkaufsprogramm	E_{GW}	E_N	E_M		B	E_M		B	B				
3 Marktforschung	E_G	E_M	E_N	A	A	E_N	A	A					
4 Musterdessins	E_W	E_N	E_M		B	E_M		B	B/A	B			
5 Verkaufsmusterung	E_W	E_N	E_M		B	E_M		B	B	B/A			
6 Preiskalkulation	E_{GW}	E_W	E_N	A		E_N	A						
7 Werbung	E_G	E_W	E_N	A	B/A	E_N	A	B/A					
8 Kundenbesuche	E_W/A_W	E_W/A_W	E_N/A_W		A	E_N/A_W		A	A_W				
9 Kundenempfänge	E_W/A_W	E_W/A_W	E_N/A_W	A	A_W	E_N/A_W	A	A_W	A_W				
10 Verkaufskorrespondenz	E_W	E_W	E_N	A		E_N	A						
11 Verkaufsstatistik	E_W	E	K	A		K	A						
12 Auftragsabwicklung		E_W	E_M			E_M					E_N/A		
13 Fertiglager		E_W	E_M			E_M						E_N/A	
14 Spedition		E_W	E_M			E_M							E_N/A
15 Fakturierung		E_A	E_N	A		E_N	A						
16 Kundenreklamation	E_W	E_W	E_N			E_N	A						

E_G = Entscheidung in Grundsatzfragen
E_N = Entscheidungsbefugnis im Normalfall
E_W = Entscheidungsvorbehalt für wichtige Fälle
E_M = Mitentscheidungsrecht

B = Beratungs- oder Vorschlagsrecht
A = Ausführung oder Sachbearbeitung
A_W = Ausführungsvorbehalt für wichtige Fälle
K = Ergebniskontrolle und -auswertung

Abb. 56. Beispiel für ein Funktionendiagramm (Ulrich/Staerkle, Organisationsstruktur, S.44)

stilen eine besondere Bedeutung zu (vgl. Pkt. 2.1.2; 2.2.1.2); sie läßt sich in verschiedener Weise gliedern, z. B. nach der Entscheidungsart (Ulrich/Staerkle, Organisationsstruktur, S. 42):

E_G: Grundsatzentscheidung

E_W: Entscheidung in wichtigen Fällen

E_A: Entscheidung im Ausnahmefall

E_N: Entscheidung im Normalfall

E_M: Mitentscheidung

E_K: Kollektiv-/Gruppenentscheidung

Eine andere Möglichkeit wäre die Bildung von Teilfunktionen nach den verschiedenen Phasen des Entscheidungsprozesses.

Mit der Aufteilung der Entscheidungsfunktion wird eine klare Kompetenzabgrenzung bei der Erledigung komplexer Aufgaben sowie allen Formen der Gruppenarbeit angestrebt.

Das Beispiel (Abb. 56) verwendet Buchstabenkombinationen für die Darstellung von Teilfunktionen; in gleicher Weise lassen sich Symbole verwenden (z. B. Schmidt, Organisation, S. 127).

3.3.2 Problematik

Das Funktionendiagramm als Führungsinstrument weist neben einer Reihe von Vorteilen eine Reihe von Problemen auf. Die Vorteile sind u. a.:

– Guter Überblick über den Soll-Zustand der Organisation und die bestehende Aufgaben- und Kompetenzverteilung sowie die angestrebte Arbeitsteilung.
– Systematische Abbildung der Phasen eines Entscheidungsprozesses (Entscheidungsvorbereitung, Entscheid, Ausführung, Kontrolle) und Verdeutlichung der Art der Beteiligung einzelner Organisationsmitglieder im Prozeß.
– Grobe Abbildung der Zusammenarbeit und der Interdependenzen verschiedener Organisationsmitglieder bei der Erfüllung vor allem komplexer Aufgaben.

Problematisch erscheinen neben methodischen Schwächen der unzureichenden Abbildung der Funktionen in einem geschlossenen Zeichensystem u. a. folgende Punkte:

(1) Mangelnde Differenzierung der Aufgaben in Funktionen

Die bisher vorliegenden Ansätze (neben Nordsieck, z. B. Acker, Organisationsanalyse, S. 56 ff.) zeigen keine vollständige Aufzählung von Funktionsarten (zur Kritik: Dressler u. a., Funktionendiagramme, S. 195). Eine Aufgabe kann damit nur unvollständig in Teilaspekten beschrieben werden.

(2) Mangelnde Differenzierung der Funktionen in Teilfunktionen

Die Differenzierung z. B. der Entscheidungsfunktion ist in der Regel zu schwach, als daß sich in jedem Fall eine eindeutige Abgrenzung der Kompetenzen erkennen ließe. Die Unterscheidung zwischen ‚Normalfall‘, ‚Ausnahmefall‘ und ‚wichtiger Fall‘ erfordert zum Teil zusätzliche Angaben nach Art und Erfüllungsbedingungen (Wertgrenzen, Zeitgrenzen usw.), die in einer getrennt zu führenden ‚Liste‘ (Schmidt, Organisation, S. 128) unterzubringen sind. Andernfalls wird die Übersichtlichkeit des Funktionendiagramms gefährdet.

(3) Mangelnde Darstellung der Zusammenarbeit

Die Frage nach der Abbildung unterschiedlicher Formen der Zusammenarbeit gewinnt unter dem Aspekt des Führungsverhaltens besondere Bedeutung. Aus den vorliegenden Funktionendiagrammen läßt sich die Art der Zusammenarbeit bisher nur in groben Umrissen erkennen. Grundsätzlich ließen sich Fragen wie ‚wann sollen Zusammenkünfte stattfinden?‘, ‚wie soll die Zusammenarbeit geschehen (Schriftverkehr?, Konferenz? . . .)?‘ zwar in Funktionendiagramme aufnehmen, wären aber im Interesse der Übersichtlichkeit besser in einer gesonderten Liste zu erklären. Weiter wirkt nachteilig, daß bestimmte Beziehungsverhältnisse, wie z. B. die Mehrfachunterstellung, nicht im Funktionendiagramm abgebildet werden können (Schmidt, Funktionendiagramme, S. 1241).

3.3.3 Einsatzmöglichkeiten

Trotz der aufgezeigten Probleme ist das Funktionendiagramm – bei entsprechender Differenzierung der Entscheidungsfunktion und Ausgestaltung des Aspektes der Zusammenarbeit – ein überaus wertvolles Führungsinstrument zur Erfüllung komplexer Aufgaben. Es erlaubt eine schnelle und übersichtliche Orientierung über die Aufgabenverteilung und die Zusammenarbeit verschiedener Organisationsmitglieder. Allerdings sollte es nur in Partialbereichen und spezifischen Situationen eingesetzt werden, z. B., wenn

– die Aufgaben komplex sind,
– die Aufgabenträger aus verschiedenen Bereichen/Abteilungen kommen,
– die Zusammenarbeit in geregelter Form und in gegenseitiger Abstimmung erfolgen soll.

Der Anspruch, mit einem Funktionendiagramm die *gesamte* Organisationsstruktur adäquat abbilden zu können, erscheint zu hoch. Zur detaillierten Beschreibung komplexer Gesamtstrukturen eignen sich Stellenbeschreibungen weitaus besser.

3.4 Stellenbeschreibungen

3.4.1 Inhalt

(1) Begriff und Ziele

> Eine Stellenbeschreibung ist
> die schriftliche, verbindliche und in einheitlicher Form abgefaßte Festlegung
> der Eingliederung einer Stelle in den Organisationsaufbau, ihrer Ziele, Auf-
> gaben, Kompetenzen und Verantwortlichkeiten sowie ihrer wichtigsten
> Beziehungen zu anderen Stellen (vgl. Acker, Stellenbeschreibung,
> Sp. 1582). Häufig enthält die Stellenbeschreibung auch Angaben über die
> Anforderungen an den Stelleninhaber.

In der Stellenbeschreibung werden alle organisatorisch bedeutsamen Regelungen
festgehalten. Die *Arbeitsplatzbeschreibung* dagegen dient der arbeitswissen-
schaftlich-analytischen Untersuchung von Arbeitsplätzen mit dem Ziel der richtigen Bewertung und Einstufung (vgl. Schwarz, Arbeitsplatzbeschreibungen, S. 25).
Als *Ziele*, die mit Stellenbeschreibungen verfolgt werden können, sind die in
Abb. 57 aufgezählten Einführungsgründe zu verstehen (ausführlich: Schwarz,
Arbeitsplatzbeschreibung, S. 15 ff). Häufig wird als Hauptziel die Schaffung einer
klaren, lückenlosen und überschneidungsfreien Zuständigkeitsordnung gesehen.

(2) Inhalt im einzelnen

Den Grundinhalt einer Stellenbeschreibung bilden meist folgende Punkte (vgl.
z. B. Acker, Stellenbeschreibung, Sp. 1526):

1. Bezeichnung der Stelle
2. Unter- und Überordnungsverhältnisse
3. Regelung der Stellvertretung
4. Kurze Beschreibung des Zieles der Stelle
5. Beschreibung der Aufgaben, Kompetenzen und Verantwortlichkeiten im einzelnen (z. B.
   auch: konkrete Festlegung der Informationsrechte und Pflichten; besondere Befugnisse)
6. Regelung der Zusammenarbeit mit anderen Stellen (Berichte; Teilnahme an Ausschüssen)
7. Anforderungen an den Stelleninhaber (Qualifikation, Ausbildung, Erfahrung)
8. Bewertungsmaßstäbe für die Leistung des Stelleninhabers

(3) Beispiel einer Stellenbeschreibung für einen Abteilungsleiter (Schwarz, Arbeits-
platzbeschreibungen, S. 196 ff., gekürzt)

Übersichtsblatt

GHB Gutehoffnungs-Betriebe AG	Stellenbeschreibung für Verwaltungsangestellte Betrieb MS Michelstadt	Blatt 1
1. *Inhaber der Stelle:*	Herr Stange	
2. *Nr. der Stelle:*	815 — 2	
3. *Bezeichnung der Stelle:*	Stelle des Leiters der Abteilung Verkauf A — Produkte — Inland	
4. *Dienstrang des Inhabers:*	Abteilungsleiter	
5. *Abteilung:*	Verkauf — A — Erzeugnisse Inland	
6. *Leitungsbereich:*	Hauptabteilung Absatz	
7. *Vorgesetzter:*	der Hauptabteilungsleiter (HAL), Herr	
8. *dessen Stellvertreter:*	der HAL Materialwirtschaft Herr	
9. *untergeordnete Stellen:*	eine Sekretärin, die 4 Leiter der Gruppen Verkaufsbüro, Vertreterbüro, Auftragsab- wicklung, Kundendienst	
10. *wird vertreten von:* 11. *vertritt:*	Leiter der Abteilung Absatzvorbereitung, Herr Dr. Hunger vertritt auch den Gruppenleiter Auftrags- abwicklung, Frau Staude	
12. *Ziel der Stelle:* Hat das Verkaufsgeschäft ihres Bereiches organisatorisch nach den Vorstellungen des Hauptabteilungsleiters aufzubau- en und so zu leiten, daß eine leistungsfähige und anpassungsfähige Arbeit der unterstellten Mitarbeiter bei möglichst optimaler Nutzung der verfügbaren Mittel gewährleistet ist und die von der Unternehmungsleitung genehmigten und festgesetzten Verkaufsziele mit auf lange Sicht größtmöglichem Gewinn erreicht werden. Hat dabei Interesse, Mitdenken und Initiative der Mitarbeiter zu fördern und zu nutzen.		
13. Diese Stellenbeschreibung enthält .... Blätter. Sie gilt in Verbindung mit den Grundsätzlichen Hinweisen für Mitarbeiter der mittleren und unteren Leistungsebene. 14. Nächste Überprüfung bis zum .... 15. *Verteiler:* alle Gruppenleiter der Abteilung, alle Abteilungsleiter im Absatzbe- reich, der Hauptabteilungsleiter Absatz. 16. Exemplar für: Stelleninhaber		
17. *Unterschriften mit Datum:*		
Abteilung Organisation am:	Hauptabteilungsleiter am:	Stelleninhaber am:

18. Aufgaben, Kompetenzen und Verantwortlichkeiten im einzelnen

a) Preis- und Absatzpolitik

1) Unterbreitet dem Vorstand über seinen Hauptabteilungsleiter Vorschläge zur Absatzpolitik und zu den Verkaufsprogrammen.

2) Unterbreitet ebenso Vorschläge für die Gestaltung des Erzeugungsprogramms, für neue Erzeugnisse, für die Umstellung oder Anpassung von Erzeugnissen sowie für Investitionen. Hierzu kann er vorher mit Mitarbeitern des Fertigungsbereiches, insbesondere der Fertigungsplanung, in Verbindung treten.

3) Bestimmt Art und Umfang des Kundendienstes, die Richtlinien für die Fertigerzeugnisse-Lagerhaltung, die Grundsätze für die Behandlung von Reklamationen.

.
.
.

7) Berät den Hauptabteilungsleiter bei der Festlegung der Listenpreise.

b) Verkauf

1) Orientiert sich täglich über die Verkaufsentwicklung und die Höhe der Kreditverkäufe.

2) Bespricht die festgesetzten Verkaufs-Sollzahlen mit den Gruppenleitern und legt die endgültigen Detailpläne im Rahmen der vorgegebenen Pläne fest.

3) Entwirft nach den Vorarbeiten der Gruppenleiter den Vertriebskostenplan sowie Änderungsanträge dazu zur Vorlage beim Hauptabteilungsleiter. Bespricht den festgelegten Vertriebskostenplan sowie dessen Änderungen mit den Gruppenleitern und teilt die verfügbaren Mittel nach Zeit und Gruppen auf.

4) Berät den Hauptabteilungsleiter bei der Abfassung der Richtlinien für Sonderrabatte und sonstige Sonderbedingungen.

5) Gewährt Sonderrabatte im Rahmen der vertraulichen Richtlinien, entscheidet über andere Sonderbedingungen und Lieferungen von Mustern.

6) Entscheidet in allen Kundenreklamationen über 1000,— DM und in schwierigen Fällen; genehmigt Nachlässe bei Reklamationen bis zu 5000,— DM pro Partie.

.
.
.

c) Personal

1) Schlägt die Einstellung von Gruppenleitern vor, worüber der Hauptabteilungsleiter befindet und endgültig der Personalchef entscheidet. Hat ein Vetorecht bei Entscheidungen, die nicht auf seinen Vorschlägen beruhen.

2) Ist zusammen mit dem jeweils direkt vorgesetzten Gruppenleiter bei den Einstellungsgesprächen von Mitarbeitern bis zur ersten Fachkraft (Sachbearbeiter bzw. Erster Verkäufer) anwesend. Einstellungsgespräche werden grundsätzlich vom Personalchef geführt.

3) Nimmt Einsicht in die von den Gruppenleitern erstellten Personalleistungsbeurteilungen und nimmt dazu ggf. Stellung. Er vergleicht jährlich im Beurteilungsverfahren die Leistungen seiner Gruppenleiter mit deren Kenntnis und Anerkennung gegenüber dem Hauptabteilungsleiter, der die Beurteilung der Personalverwaltung weiterreicht oder diese informiert.

4) Nimmt ebenso Stellung zu Vorschlägen der Gruppenleiter in bezug
auf Lohn- bzw. Gehaltsveränderungen für deren Mitarbeiter und
schlägt selbst Gehaltserhöhungen oder -veränderungen für die Gruppenleiter gegenüber dem Hauptabteilungsleiter vor.
.
.
.

d) Ausbildung

1) Arbeitet an der eigenen Weiterbildung und trägt in zumutbarem
Rahmen bei zur Ausbildung seiner Mitarbeiter auf Bitte und Veranlassung der Abteilung Ausbildung (Vermittlung von Waren- und Fach-
kenntnissen, auch an Lehrlinge).
2) Macht Vorschläge für das Ausbildungsprogramm im Verkaufsbereich.
.
.
.

e) Verwaltung und Organisation

1) Bedient sich bei allen organisatorischen Fragen der Mitarbeit, Fach-
kenntnisse und Vermittlung der Stabsstelle ,,Organisation'', berichtet
darüber seinem Vorgesetzten.
2) Entscheidet im Rahmen der genehmigten Mittel über die Anschaffung
von Einrichtungen und Organisationsmittel seiner Abteilung.
.
.
.

f) Weitere Aufgaben

Hat im übrigen auf Weisung seines Vorgesetzten weitere Aufgaben zu erfüllen, die in sein Tätigkeitsgebiet fallen oder ihm auf Grund seiner
Kenntnisse und Fähigkeiten übertragen werden können.

19. Berichte

a) Erhält folgende Berichte .

1) bei Bedarf:
    — Überziehung des Normalkredites eines Kunden (Finanzbuchhaltung)
    — geplante und laufende Werbemaßnahmen (Absatzvorbereitung)
    — Werbeerfolgsberichte (Gruppe Werbung)
    — wichtige Personalveränderungen (Personalwesen)

2) täglich:
    Verkaufsabschlüsse (Verkaufsbüro, Vertreterbüro)
    Kopie der Besuchsberichte (Vertreterbüro)

3) wöchentlich:
    Berichte der Gruppen Abwicklung und Kundendienst
    Bericht der Abteilungen an Hauptabteilungsleiter (Kopie)
    Besuchsprogramm (Vertreterbüro)
    .
    .
    .

6) jährlich:

b) Erstellt oder veranlaßt folgende Berichte

   1) bei Bedarf:
      Vorschläge und Anregungen für die Gestaltung des Fertigungs- und
      Verkaufsprogramms (Hauptabteilungsleiter, Fertigung)

   2) täglich:
      Postbericht (Hauptabteilungsleiter)

   3) wöchentlich:
      Abteilungsbericht (Hauptabteilungsleiter, andere Abteilungen)
      Stellungnahme zum Besuchsprogramm (Vertreterbüro)
      .
      .
      .

   6) jährlich:

20. Teilnahme an Sitzungen

   a) Leitet die Abteilungsbesprechung
      Zweck: Koordination, Erfahrungsaustausch, Schwerpunkte festlegen
      Zeit: in der Regel am Montag um 15.30 Uhr
      Teilnehmer: Alle Gruppenleiter der Abteilung

   b) Nimmt teil an

      1) Ressortsitzung Absatz

      2) Werbekonferenz

      3) Verkaufsleitersitzung

21. Besondere Befugnisse

   a) Unterschreibt die Post im Rahmen seiner Handlungsvollmacht und legt
      sie dem Prokuristen (Hauptabteilungsleiter) zur Einsicht bzw. Zweit-
      unterschrift vor.

   b) Führt erforderliche Geschäftsreisen bis zu einer Abwesenheitsdauer von
      7 Tagen ohne Genehmigung durch, zeigt sie jedoch vorher beim Sekre-
      tariat des Hauptabteilungsleiters an.
      .
      .
      .

   e) Ist nicht unbedingt an die offizielle Arbeitszeit der Firma gebunden.

22. Besonders wichtige Beziehungen

   a) Pflegt in sinnvoller Arbeitsteilung und Koordinierung mit seinen Grup-
      penleitern und den Inlandsverkaufs- und Exportleiterkollegen die Be-
      ziehungen zu den Abnehmern.

   b) Erhält die Mitteilungen der Industrie- und Handelskammer und nimmt
      nach eigener Entscheidung im Interesse der Firma oder auf Aufforderung
      des Hauptabteilungsleiters an Repräsentationsveranstaltungen teil.
      .
      .
      .

23. Anforderungen an den Stelleninhaber

   a) Ausbildung
      Schulbildung: Abitur oder mittlere Reife und eigene Weiterbildung;
      Fach- oder Hochschulbildung erwünscht.
      Kenntnisse in Englisch.

b) Berufserfahrung
4—7 Jahre kaufmännische Tätigkeit, davon 3 Jahre im Verkauf, davon 2 Jahre in der Firma oder Branche, davon 1 Jahr in verantwortlicher Stellung.

c) Sonstiges
Gewandtheit im Auftreten, Bereitschaft zu persönlichem Einsatz bei unregelmäßigen Arbeitsanforderungen, . . .

24. Beurteilungsmaßstäbe für die Leistung des Stelleninhabers

Der Abteilungsleiter im Verkauf löst seine Aufgaben gut, wenn
— seine Abteilung die Marktchancen flexibel, rasch und auf die Dauer zuverlässig wahrnimmt,
— er in Zusammenarbeit mit der Absatzvorbereitung den Wandel des Marktes und neue Absatzmöglichkeiten rechtzeitig erkennt und auf entsprechende Anpassung hinwirkt,
— er die selbständige und verantwortungsbewußte Mitarbeit seiner Gruppenleiter und deren Initiative fördert,
— er die für seine Arbeit wichtigen Kontakte innerhalb wie außerhalb der Firma pflegt,
— er die Relation $\dfrac{\text{Kosten der Abteilung}}{\text{Umsatz der Abteilung}}$ günstig gestaltet,
— auf lange Sicht der Umsatz seiner Produktgruppen zu gewinnbringenden Preisen und Bedingungen steigt

.
.
.

Jede Stellenbeschreibung – unabhängig von der hierarchischen Ebene – enthält Aussagen über die Aufgaben, Befugnisse und Verantwortung eines Aufgabenträgers, über seine Weisungs- und Informationsbeziehungen sowie über die Anforderungen an den Stelleninhaber und die Bewertungsmaßstäbe der Stelle. Allerdings variiert der Detaillierungsgrad entsprechend der hierarchischen Ebene. Auf der obersten Ebene können keine detaillierten Angaben über die Aufgabenerfüllung gemacht werden, da die Aufgaben größtenteils unvorhersehbar und nicht programmierbar sind. Entsprechend muß die Stellenbeschreibung flexibel gestaltet sein und kann nur allgemeine Ziele enthalten. Mit abnehmender hierarchischer Ebene steigt die Voraussehbarkeit der Aufgaben (hinsichtlich Anfall und Erfüllungsbedingungen), so daß es auf den untersten Ebenen möglich ist, sehr detaillierte Vorschriften über die Aufgabenerfüllung zu treffen. Die Stellenbeschreibung nähert sich dann einer reinen Tätigkeitsbeschreibung.

3.4.2 Problematik

Zunächst sind in der Stellenbeschreibung für eine Organisation eine Reihe von *Vorteilen* zu erkennen (vgl. Acker, Stellenbeschreibung, Sp. 1584):

– die Mitarbeiter kennen ihre Aufgaben, Verantwortlichkeiten und Kompetenzen; sie können

sich darauf bei ihrer Arbeit konzentrieren; Kompetenzstreitigkeiten werden erheblich vermindert;
- die Unterstellungsverhältnisse und die funktionalen Anordnungsrechte sind klar geregelt. Dies begünstigt schnelle und klare Entscheidungen und wirkungsvolle Stabsarbeit;
- die Delegationsbereiche können zwischen Vorgesetzten und Untergebenen klar festgelegt werden;
- die allgemeine Kenntnis der Aufgaben, Verantwortlichkeiten und Kompetenzen der benachbarten Mitarbeiter fördert die Zusammenarbeit;
- wenn mehrere Stellen an der Erfüllung einer Aufgabe gemeinsam mitwirken müssen, gelingt die Koordinierung leichter und besser;
- die Mitarbeiter erhalten Klarheit über Entwicklungs- und Beförderungsmöglichkeiten;
- neue Mitarbeiter können leichter und schneller eingewiesen werden;
- die Leistungen der Mitarbeiter lassen sich leichter messen oder beurteilen;
- die Mitarbeiter können leichter ausgebildet oder beruflich gefördert werden;
- unbesetzte Stellen können leicht ausgeschrieben und die Bewerber besser ausgewählt werden;
- die Ausarbeitung von Arbeitsplatzbeschreibungen für die gerechte Lohn- und Gehaltseinstufung wird erleichtert.

Als problematisch müssen folgende Punkte angesehen werden:

(1) Einführung

Die erstmalige Einführung gliedert zich zweckmäßigerweise in mehrere Schritte:
1. Erarbeitung eines Soll-Zustandes der Organisation;

2. Aufnahme des Ist-Zustandes zur Ermittlung genauer Informationen über
   - das bestehende Zuständigkeitssystem und seine tatsächliche Handhabung,
   - die Einstellungen der Organisationsmitglieder gegenüber dem Ist-Zustand,
   - den Bedingungsrahmen der Organisation;

3. Vergleich von Ist- und angestrebtem Soll-Zustand. Hieraus resultieren Probleme der Entwicklung und Realisierung von Veränderungsstrategien.

Wichtig im Hinblick auf eine erfolgreiche Umsetzung der Veränderungsstrategien ist eine umfassende Informationspolitik und weitestgehende Teilnahme der Organisationsmitglieder von Anfang an. Die Vernachlässigung führt sonst bei Maßnahmen, von denen die Organisationsmitglieder in ihrem Aufgabenbereich unmittelbar betroffen sind, zu verminderten Erfolgsaussichten. (vgl. zur Vorgehensweise: Baumgarten/Kessler/Treuz, Führungskonzeption, S. 136 ff.). Minimal ist für die Einführung eine Zeitdauer von zwei Jahren zu veranschlagen, da mit einer grundlegenden Reorganisation Fragen der Motivations-, Einstellungs- und Verhaltensänderung verbunden sind, die erfolgreich nur über einen längeren Zeitraum gelöst werden können (zu Erfahrungen vgl. Gebert, Organisationsentwicklung, S. 121 ff.).
Insgesamt bedingt die Einführung von Stellenbeschreibungen einen hohen zeitlichen und personellen Aufwand. Immerhin besteht die Möglichkeit, daß die hohen Kosten durch die Aufdeckung und Abstellung von Unwirtschaftlichkeiten (z. B. Vermeidung von Doppelarbeiten) zum Teil kompensiert werden können.

(2) Aktualisierung/Flexibilität

Stellenbeschreibungen haben nur einen Sinn, wenn sie regelmäßig (ca. alle zwei Jahre) an sich ändernde Bedingungen angepaßt werden. Sonst besteht die Gefahr, daß sie überflüssig werden. Da eine Überprüfung der Organisationsstruktur durch eine sich ändernde Umwelt in bestimmten Zeitabständen aber ohnehin erforderlich ist, fallen die direkten Kosten des Änderungsdienstes gegenüber der erstmaligen Einführung nicht sehr ins Gewicht. Ein Rationalisierungseffekt ergibt sich bei laufenden Änderungen und genügendem Umfang eventuell durch den EDV-Einsatz (Heilmann/Hoffmann, Stellenbeschreibungen, S. 190 ff.).

(3) Überorganisation/Mangelnde Entwicklungsmöglichkeiten

Der in Theorie und Praxis häufig erhobene Vorwurf, Stellenbeschreibungen führen durch ein zuviel an Regeln zur Überorganisation und hemmen die personalen Entwicklungsmöglichkeiten (z. B. Guserl, Harzburger Modell, S. 199 ff.; Gottschall, Papierzäune, S. 78), erscheint in allgemeiner Form nicht haltbar.

Überorganisation bedeutet eine übermäßige Einengung des Ermessensspielraumes der Organisationsmitglieder. Der Vorwurf kann sich nur auf die unteren und zum Teil auf die mittleren Ebenen der Hierarchie beziehen, da ansonsten spezifische Aufgabeneigenschaften (z. B. Aufgabe wenig vorhersehbar, in kürzeren Zeitabständen wandelbar, geringer Wiederholungsgrad...) detaillierte Regelungen a priori ausschließen. Inwieweit auf den unteren Ebenen die Festlegung der Aufgabenerfüllung nach Art und Bedingungen in der Stellenbeschreibung den Ermessensspielraum der Organisationsmitglieder, ihre Initiative und Entwicklungsmöglichkeiten tatsächlich hemmen, hängt wesentlich davon ab, inwieweit die Ausgestaltung der Stellenbeschreibung auf persönliche Eigenschaften, Erwartungen, Motive usw. Bezug nimmt. Es kommt damit auf die adäquate Formulierung im Einzelfall an. Unbestreitbar hat die Stellenbeschreibung in vielen Fällen den Mitarbeitern erst die notwendige Sicherheit für die Entwicklung von mehr Selbstvertrauen, Selbständigkeit, Initiative und Verantwortungsgefühl vermittelt (etwa über die Verankerung des Delegationsprinzips). Durch die Angabe von Leistungsmaßstäben schafft sie darüber hinaus Klarheit über die individuellen Aufstiegs- und Beförderungschancen und bildet so die Grundlage für eine systematische Personalentwicklung.

Der Vorwurf der Überorganisation und der mangelnden personalen Entwicklungsmöglichkeiten dürfte nach allem eher auf falsch ausgestaltete Stellenbeschreibungen bzw. auf eine falsche, personale Komponenten nicht genügend berücksichtigende Stellenbesetzungspolitik zurückzuführen sein als auf das System der Stellenbeschreibungen an sich.

3.4.3 Einsatzmöglichkeiten

Stellenbeschreibungen lassen sich generell auf allen hierarchischen Ebenen zur Verfolgung unterschiedlicher Zwecke einsetzen. Einen guten Überblick über Einsatzmöglichkeiten vermitteln die beiden folgenden Abbildungen. Anzumerken ist, daß die Zahlenangaben in Abb. 57 nicht unbedingt repräsentativ sind.

Einführungsgrund	Anzahl der Angaben als . . . wichtigster Grund							Antworten insgesamt
	1.	2.	3.	4.	5.	6.	7.–16.	
Klarstellung der Beziehungen	56	16	5	1	3	1	1	83
Überprüfung und Verbesserung der Organisationsstruktur	26	26	13	6	1	3	4	79
Als Unterlage für eine gerechte Gehaltsstruktur	12	8	10	10	6	1	12	59
Stelleninhaber soll besseres Verständnis zur Arbeit erhalten	10	10	10	10	11	7	10	68
Auswahl der Mitarbeiter (Stellenbesetzung)	6	4	10	9	9	12	13	63
Entlastung der Führungskräfte durch Delegation	3	15	10	6	8	2	5	49
Einführung neuer Stelleninhaber in ihre Aufgaben	2	7	9	14	10	12	12	66
Zwecks Leistungsbewertung der Mitarbeiter	1	6	5	6	8	5	7	36
Als Unterlage für die Personalplanung	1	2	3	4	5	2	9	26
Aufbau eines Informationssystems	1	1	–	3	2	3	8	18
Als Beförderungsunterlagen	–	3	3	1	3	3	8	21
Vergleich örtlich getrennter Stellen	–	2	–	1	2	2	6	13
Erstellung von Leistungsstandards	–	5	–	2	–	3	4	14
Vergleich der Stellen mit solchen anderer Unternehmen	–	2	2	–	2	1	7	14
Bestimmung notwendiger Schulungen	–	–	3	2	1	2	8	16
Sonstige Einführungsgründe	2	–	2	–	–	–	1	5

Abb. 57. Einführungsgründe für Stellenbeschreibungen (entnommen: Krasemann, Stellenbeschreibung, s. 96)

Unternehmung	Hierarchie-Ebenen mit Stellenbeschreibungen	Zahl der beschriebenen Stellen im Unternehmen	Zahl der Angestellten, für die Stellenbeschreibungen gelten	Dauer der Einführung	Praktische Anwendung der Stellenbeschreibungen
HEW (Hamburgische Electricitäts-Werke)	Alle Ebenen außer Vorstand	2500	5600	1961 bis 1963	Hilfsmittel bei der Klärung aller im Unternehmen auftretenden Führungs- und Organisationsfragen, dient vor allem der Arbeits- und Leistungsbewertung.
SEL (Standard Elektrik Lorenz)	Bürobote bis Generaldirektor	15 760	15 760	1965 bis 1968	Markt- und leistungsgerechte Gehaltsfindung, Personalplanung und -kontrolle, Aufstiegsplanung für den einzelnen Mitarbeiter (SEL führte das Arbeitsplatzbewertungs-System des ITT-Konzerns ein).
Kaufhof AG	Erste Verkäufer bis Direktoren	220	6270	1962 bis 1967	„Führung im Mitarbeiterverhältnis". Der Kaufhof hält sich weitgehend an die Richtlinien des Harzburger Modells und verwendet die Stellenbeschreibung vor allem als Kontrollinstrument.
Unilever	Sachbearbeiter bis Hauptabteilungsleiter	etwa 15 500	etwa 15 500	1965 bis 1968	Einführung von Management by Objectives, zur Personalbeurteilung und Personalentwicklung (Das System wurde einheitlich in allen deutschen Unilever-Firmen eingeführt).
Deutscher Ring	Gruppenleiter, Abteilungs- und Hauptabteilungsleiter im Innendienst sowie Direktoren und Büroleiter im Außendienst	490	490	1968 bis 1969	Abgrenzung von Tätigkeits- und Vollmachten-Bereichen und zur Personalplanung. Angestellte mit Leitungsfunktionen sollen veranlaßt werden, Routineaufgaben zu delegieren.
BP	Sachbearbeiter bis Abteilungsleiter	etwa 1000	2500	1968 bis 1972	Mitarbeiter-Information über Aufgaben, Verantwortung, Tätigkeitsart und Einordnung in den Arbeitsablauf im Sinne des Paragraphen 81 BetrVG (Entwicklung eigener Systeme zur Gehaltsfindung und Personalförderung).

Abb. 58. Anwendung und Dauer der Einführung von Stellenbeschreibungen (entnommen Gottschall, Papierzäune, S. 76/77)

3.5 Gruppenorganisationsformen

3.5.1 Arten

Als organisatorischer Rahmen für die Gruppenarbeit bieten sich eine Reihe verschiedener Formen an, z. B.:
– Ausschuß
– Projektgruppe
– Konferenz
– Arbeitsgruppe
– Stabsgruppe
– Beirat
– Gruppenreferat
Da diese Formen in der Organisationsliteratur ausführlich behandelt werden, genügt hier eine exemplarische Kennzeichnung der ersten beiden Formen in Stichworten. Wichtig ist, daß den Formen im Bereich der Wirtschaft und Verwaltung ein zum Teil unterschiedlicher Bedeutungsinhalt beigelegt wird (Literatur: Schwarz, Betriebsorganisation, S. 127 ff.; Schröder, Projekt-Management, S. 75 ff.; Dullien, Organisation, S. 24 ff.; Zimmermann, Projektgruppe, S. 45 ff.; Musiol, Organisation, S. 192 ff.; speziell für die Verwaltung: Kübler, Organisation, S. 62 ff.).

3.5.2 Ausschuß

3.5.2.1 *Inhalt*

Der Ausschuß umfaßt mehrere Stelleninhaber, die ihre Stellen in der Linienorganisation haben. Der Ausschuß selbst ist keine Stelle. Zu unterscheiden sind verschiedene Formen: horizontale, vertikale, diagonale Ausschüsse.
a) Begriffsmerkmale des Ausschusses:
    – keine kontinuierliche Arbeit (zeitliche Abstände nach Bedarf)
    – Mitglieder haben ihre Stelle außerhalb des Ausschusses
    – Berücksichtigung von Kenntnissen aus verschiedenen Tätigkeitsbereichen
    – Gruppenarbeit

b) Beispiel
    Vgl. Abb. 59

3.5.2.2 *Problematik*

– Schwerfälligkeit (bei zu großem Mitgliederkreis)
– Sozialpsychologische Schwächen (Dominanz einer Persönlichkeit, Problem der faktischen Gleichheit)

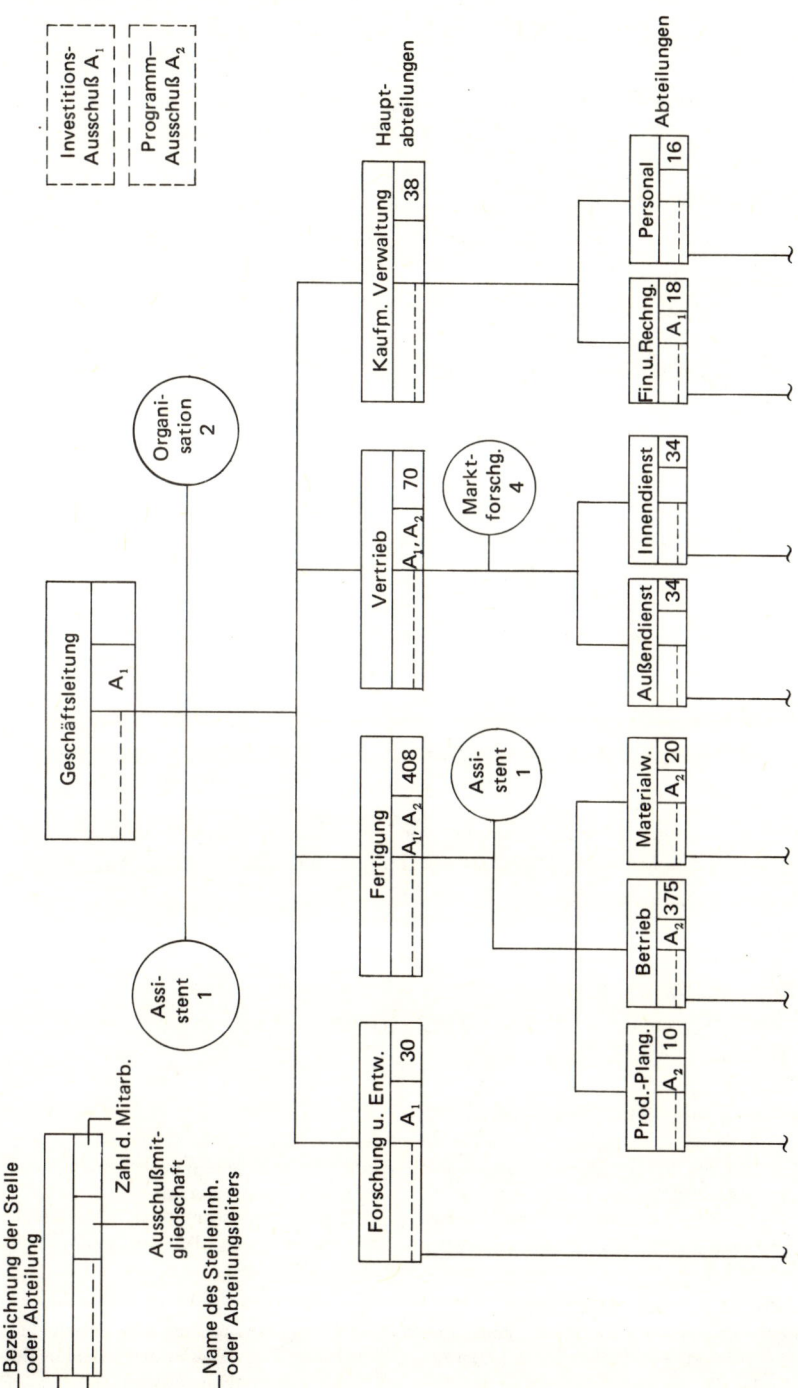

Abb. 59. Grafische Darstellung des Ausschusses im Organisationsplan (entnommen: Schwarz, Betriebsorganisation, S. 244, verkürzt)

– Ressortegoismus
– Verantwortung
Eine ausführliche Behandlung dieser Probleme erfolgt unter Punkt 3.6.1.2.

3.5.2.3 Einsatzmöglichkeiten

Der Einsatz von Ausschüssen empfiehlt sich immer dann, wenn
– eine mehrheitliche (abgewogene) Willensbildung,
– eine Verkürzung der Kommunikationswege,
– eine Verbesserung der Koordination und/oder
– die Förderung der menschlichen Kontakte
angestrebt wird.

Als Beispiele für Einsatzmöglichkeiten finden sich
im Bereich der *Wirtschaft* z. B.
– der Investitionsausschuß,
– der Programmausschuß
im Bereich der *Verwaltung* z. B.
– der Jugendwohlfahrtsausschuß
– der Ausschuß der Bezirksbürgermeister

3.5.3 Projektgruppe

3.5.3.1 Inhalt

Unter einem Projekt ist jeder Komplex von Tätigkeiten zu verstehen, der auf ein eindeutiges, zeitlich festgelegtes Ziel ausgerichtet ist und Spezialkenntnisse von mehreren Personen erfordert.

a) Begriffsmerkmale der Projektgruppe:
   – kontinuierliche Arbeit der Kerngruppe
   – Mitglieder haben ihre Stelle in der Projektgruppe
   – zeitlich begrenzter Bestand der Projektgruppe
   – unterschiedliche Fachspezialisten
   – Gruppenarbeit

b) Formen der Projekt-Organisation:
   (1) *Task Force*: Die Mitglieder einer Task Force werden für die Dauer der Projektaufgabe aus Stellen der bestehenden Organisation „entliehen" und kehren nach Erfüllung der Projektaufgabe in ihre ursprünglichen Stellen in der Organisation zurück.
   (2) *Project Organization:* Die Mitglieder werden eigens für die Erfüllung der Projektaufgabe eingestellt. Für sie sind zunächst keine Stellen im übrigen Teil der Organisation reserviert.

c) Projektleiter und -mitglieder:
   (1) *Projektleiter*: Er koordiniert, plant, überwacht und setzt die optimale Abwicklung des zugewiesenen Projektes im Rahmen der vorgegebenen Zeit, Kosten und Projektziele durch. Dies erfordert eine hohe fachliche und führungstechnische Qualifikation.

Er wird in der Regel ernannt; denkbar wäre aber auch eine Wahl durch die Projektmitglieder.

(2) *Projektmitglieder*: Die Mitarbeiter können grundsätzlich aus allen Stellen oder von außerhalb kommen und voll oder nur teilweise am Projekt mitarbeiten. Die Zusammensetzung der Projektgruppe kann im Zeitablauf wechseln. Die Kerngruppe sollte acht Mitglieder nicht übersteigen.

d) Grafische Darstellung

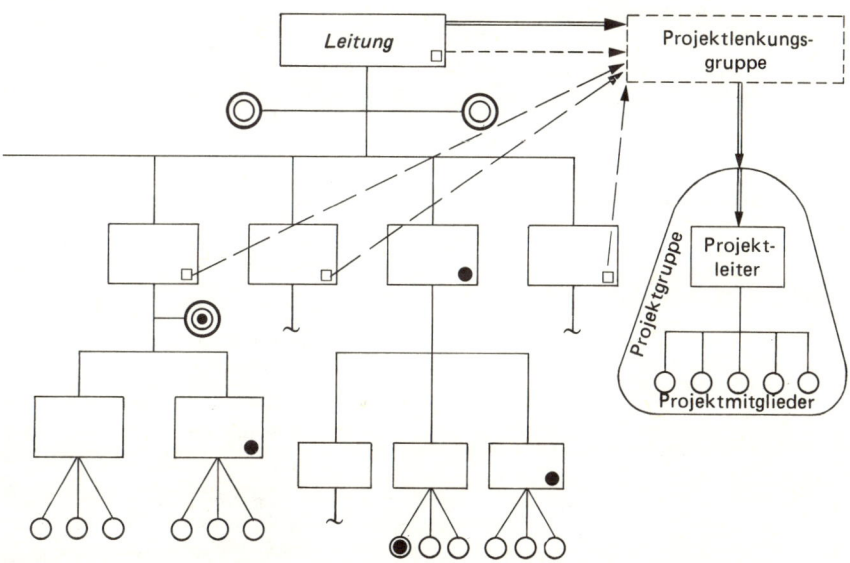

● in die Projektgruppe entsandte Mitarbeiter
□ Mitglieder der Lenkungsgruppe

Abb. 60. Grafische Darstellung einer Projektgruppe

3.5.3.2 Problematik

– Personelle Probleme der Besetzung (Linienstellen, Fachstellen, Externe Bera-
– ter, ...)
– Wiedereingliederung der Projektmitglieder nach Abschluß des Projektes (Entfremdung, bessere Qualifikation)
– zusätzlicher Einsatz qualifizierter Kräfte (hohe Kosten)
– Ressortegoismus
– Verantwortung und Kompetenz des Projektleiters

3.5.3.3 Einsatzmöglichkeiten

Sie sind überall dort gegeben, wo umfangreiche Planungs- und Realisierungsaufgaben effizient zu bewältigen sind.
Beispiele für den erfolgreichen Einsatz finden sich
im *Bereich der Wirtschaft* z. B. zur
– Erstellung eines Marktforschungsprogramms
– Einführung der EDV
im *Bereich der Verwaltung* z. B. zur
– Entwicklung eines kommunalen Informationssystems
– Entwicklung eines Nah-Schnell-Verkehrs-Systems

3.6 Gruppenarbeitstechniken

3.6.1 Diskussionstechniken

3.6.1.1 Inhalt

Die sich innerhalb der Gruppenorganisationsformen abspielenden Arbeitsprozesse bedürfen zu ihrer effizienten Gestaltung der Unterstützung durch eine Reihe spezifischer Arbeitstechniken. Im Hinblick auf die Verwirklichung eines hochmitwirkungsorientierten 9.9-Führungsstils kommt der Beherrschung von bestimmten Diskussions- und Problemlösungstechniken eine besondere Bedeutung zu. Sie sollen dazu beitragen, alle Teilnehmer in einem Prozeß (z. B. Diskussion, Sitzung, Konferenz) einzubeziehen, zu aktivieren und zu motivieren.
In Gruppen, Konferenzen oder Diskussionen muß zunächst die Bereitschaft der Mitarbeiter im Sprechen und Reden gefördert werden. Dabei sind eine Reihe von Regeln zu beachten (Literatur: Siemens, Organisationsplanung, S. 198 ff.; Korff, Gesprächsführung, S. 89 ff.; Ackermann, Führungskräfte, S. 55 ff.; Martens, Konferenztechnik; Hoche, Konferenzen; Weidenmann, Konferenztechnik).

(1) Regeln für den Diskussionsverlauf

1. *Sich auf den anderen einstellen*
   Die Beachtung dieser Regel ist notwendig, damit Kommunikation und Gruppenbildung überhaupt eine Grundlage haben. Sonst besteht die Gefahr, daß ein Zusammengehörigkeitsgefühl sich nicht entwickelt und ein gemeinsames Interesse sich nicht herausbildet.

2. *Diskussion notwendig, nicht Monologe*
   Diese Regel gilt insbesondere für den Vorgesetzten, aber auch für die Mitarbeiter untereinander. Hält der Vorgesetzte Monologe, entsteht bei den Mitarbeitern leicht der Eindruck, daß ihnen etwas diktiert werden soll; halten die Mitarbeiter Monologe, geraten sie leicht in den Verdacht, sich inadäquat profilieren zu wollen. Deshalb die Regel:

3. *Beschränkte Redezeit*

Hier variieren die Vorschläge von der 30-sec-Regel bis zur 3-Minuten-Regel; d. h. kein Teilnehmer sollte in Gruppensitzungen länger als ca. 30 sec (3 Min.) ununterbrochen reden dürfen. Handelt es sich nicht um ausgesprochenes Expertenwissen, sollte die Redezeit eher an der unteren Grenze liegen.

Zweck dieser Regel:

– Konzentration auf das Wesentliche
– Verhinderung langatmiger und abschweifender Monologe
– Möglichkeit der Gesprächsbeteiligung aller Teilnehmer

Durchführung:

– Karte mit Aufschrift „30 sec" zeigen
– Regulierung durch die Gruppe
– Selbstbeschränkung

4. *Beschränkte Teilnehmerzahl: 5 bis max 8*

Die Begründung für die Beschränkung liefern die Ergebnisse in Pkt. 2.3.2.2.2. Ist es aus bestimmten Gründen nicht möglich, eine kleine Gruppe zu bilden, sollte ein Wechsel zwischen Großgruppen- und Kleingruppenarbeit stattfinden (siehe unten).

5. *Runde Sitzordnung*

Die Sitzordnung sollte nicht frontal, sondern eher rund oder hufeisenförmig angelegt sein. Dadurch wird erreicht, daß alle Teilnehmer Augen- und Sprechkontakt haben.

6. *Aktuelles und begrenztes Thema*

Die Tagesordnung sollte vorher bekannt gegeben und Unterlagen sollten, wenn möglich, vorher verteilt werden. Klarzumachen ist, um welche Art der Zusammenkunft es sich handelt; ob z. B. um eine

– Informationskonferenz
– Beratungskonferenz
– Schlichtungskonferenz
– Entscheidungskonferenz

Sitzungen sollten nicht länger als zwei Stunden dauern. Bei unvermeidbar langen Sitzungen sind Pausen (ca. jede Stunde 10 Minuten) einzulegen, um die zunehmend nachlassende Konzentrationsfähigkeit wieder aufzufrischen.

7. *Zurückhaltung des Diskussionsleiters*

Die Funktion des Diskussionsleiters ist vor allem formaler Natur. Daher sollte er nicht mitdiskutieren, es sei denn, er kann sachlich benötigte Informationen geben. Seine Aufgaben sind vor allem:

– Diskussion in Gang bringen
– Keine zu großen Abweichungen vom Thema zulassen
– Von Zeit zu Zeit Diskussionsstand zusammenfassen

8. *Wechselnde Diskussionsleitung*

Ein Wechsel ist empfehlenswert, um der Herausbildung einer formalen Machtstruktur entgegenzuwirken. Da dem Diskussionsleiter mit der Steuerung des Diskussionsverlaufs eine spezifische Machtposition eingeräumt wird, erscheint bei permanentem Gebrauch die Praktizierung eines hoch-mitwirkungsorientierten Führungsstils gefährdet.

9. *Visualisierung der Ergebnisse*

Die Visualisierung von Aussagen erleichtert den Überblick über den Stand der Diskussion, macht Aussagenschwerpunkte deutlich, hilft Wiederholungen zu vermeiden und gewährleistet einen gleichen Informationsstand im Verlauf der Diskussion. (Zu Visualisierungstechniken im einzelnen: Siemens, Organisationsplanung, S. 161 ff.).

(2) Regeln zur Berücksichtigung der Teilnehmer

Die Teilnehmer einer Gruppensitzung unterscheiden sich nach der Art ihrer Beteiligung. Um eine effiziente Diskussion zu gewährleisten, muß sich der Diskussionsleiter auf spezifische Teilnehmertypen einstellen wie:

1. *Der Vielredner*

   Er hat zu allem etwas zu sagen und fürchtet, einen Gedanken zu vergessen, wenn er ihn nicht sofort loswerden kann. Er muß vom Diskussionsleiter im Redefluß gestoppt werden, damit die anderen Teilnehmer nicht unwillig werden.
   Mittel dazu sind:
   – Redezeitbegrenzung (z. B. Einführung der 30-sec-Regel)
   – Unterbrechung von Seiten des Diskussionsleiters, kurze Kommentierung des zuletzt Gesagten und Fortsetzung des Themas.

2. *Der Besserwisser*

   Gruppe zu einer seiner Behauptungen exemplarisch Stellung nehmen lassen und ihn so mit seiner Wirkung auf andere konfrontieren.

3. *Der Uninteressierte*

   Als Diskussionsleiter gezielt nach seinen Aufgaben fragen und Beispiele aus seinem Interessenbereich bringen lassen.

4. *Der Ängstliche*

   – leichte Fragen stellen,
   – Beitrag durch Lob verstärken,
   – Selbstbewußtsein heben.

5. *Der Positive*

   Er ist am Thema interessiert und trägt positiv zur Diskussion bei.
   – ihn bewußt in die Diskussion einschalten,
   – ihn Ergebnisse zusammenfassen lassen.

6. *Der Negative*

   Er hält von Gruppenarbeit sowieso nichts und versucht, die Sitzung auffliegen zu lassen. Als Diskussionsleiter seine Kenntnisse, Fähigkeiten und Erfahrungen anerkennen und versuchen, sie bewußt einzusetzen.

7. *Der Resolute*

   Er folgt zunächst der Diskussion mit mehr oder weniger Geduld. Dann aber steht er auf und sagt, was er eigentlich von der ganzen Sache hält. Damit scheint das Problem endgültig gelöst zu sein.
   Als Diskussionsleiter ‚Ja-aber-Technik' anwenden.

8. *Der Bedeutsame*

   Tritt „von oben" an das Problem heran.
   – Bewußt Gegenmeinung aufbauen,
   – ‚Ja-aber-Technik' anwenden.

(3) Regeln zum Wechsel Großgruppe – Kleingruppen

Die Kommunikation in Großgruppen (> 8 Personen) kommt nur schwerfällig zustande. Auch weisen lange Großgruppenveranstaltungen zum Teil beträchtliche Ineffizienzfolgen auf.

Empfehlenswert ist daher nach der Themenzusammenstellung bzw. nach allgemeinen Informationen die Auflösung der Großgruppe in Kleingruppen mit max. 5 Personen. Jede Kleingruppe erhält einen spezifischen Arbeitsauftrag. Bei der Bildung von Kleingruppen wurde häufig beobachtet, daß Sympathien und Antipathien eine entscheidende Rolle spielen. Kennzeichnend ist auch, daß erfahrene Gruppen leichter und schneller operationale Kleingruppen bilden als zufällig zusammentretende Gruppen.

Damit die Großgruppe als Entscheidungsorgan nicht zerfällt, müssen die Kleingruppen in bestimmten Zeitabständen (nach ca. 30 Minuten) wieder im Plenum zusammenkommen. Hier werden die erarbeiteten Ergebnisse der Kleingruppen in gestraffter Form (ca. 5 bis 10 Minuten je Gruppe) vorgestellt. Der Wechsel zwischen Großgruppe – Kleingruppen kann beliebig häufig vorgenommen werden.

Die Aufgabenteilung zwischen Großgruppe – Kleingruppen läßt sich wie folgt skizzieren (hierzu und zum folgenden Schema vgl. Siemens, Organisationsplanung, S. 201 ff.):

Aufgaben der Großgruppe:
– Strukturierung von Problemen
– Verabschiedung von Lösungsvorschlägen
– Kritik der Ergebnisse der Kleingruppenarbeit
– Initiierung von Kleingruppen – oder Einzelarbeit

Aufgaben der Kleingruppen:
– Erarbeitung von Vorschlägen und Lösungen
– Vertiefung spezifischer Fragen

Plenum Kleingruppen
d. h. mehrfacher Wechsel zwischen Aktivitäten im Plenum und in Kleingruppen

Zweck:
▶ Aktivierung der Teilnehmer
▶ gleichzeitige intensive Behandlung mehrerer Themen in den Kleingruppen
▶ Möglichkeit, Themen in konkurrierenden Gruppen zu bearbeiten

Durchführung:
▶ Themensammlung und -bewertung
▶ freiwillige Kleingruppenbildung (3–5 Personen)
▶ Kleingruppenarbeit (15–30 Min)
▶ Präsentation der visualisierten Kleingruppenergebnisse im Plenum (ca. 5–10 Min)
▶ Diskussion und Ergänzung im Plenum

Abb. 61. Zweck und Durchführung des Wechsels von Großgruppen- und Kleingruppenarbeit (Siemens, Organisationsplanung, S. 201)

3.6.1.2 Problematik

Vor allem drei Punkte lassen eine effiziente Gruppendiskussion problematisch erscheinen.

(1) Akzeptierung der Regeln

Voraussetzung für eine Gruppendiskussion ist, daß sich alle Mitglieder an die Diskussionsregeln halten. Generell tritt das Problem auf, daß durch die Regeln eine weitgehende Disziplinierung der Beteiligten angestrebt wird, die zu einer Einschränkung individueller Eigenarten führen kann. Daher bereitet Vorgesetzten wie Mitarbeitern die Befolgung der Regeln anfangs große Schwierigkeiten. Bei Vorgesetzten haben sie ihre Ursache zum Teil darin, daß sie sich Regeln unterwerfen müssen, die ihrem Selbstverständnis von der Vorgesetztenrolle zuwiderlaufen; bei Mitarbeitern zum Teil darin, daß sie sich aus einer gewohnten passiven Zuhörerrolle heraus plötzlich engagieren sollen. Da in Unternehmen wie in Behörden Gruppenarbeit bis heute nur ansatzweise verbreitet ist, dürften sich Arbeitserfolge erst mit zunehmender Praktizierung einstellen. Zur Vermeidung von Mißerfolgen erscheint es sinnvoll, Gruppendiskussionen in der realen Arbeitssituation anfangs unter der Aufsicht eines Trainers ablaufen zu lassen, bis die Diskussionsregeln akzeptiert und gehandhabt werden.

(2) Formale/Informale Machtpositionen

Trotz Akzeptierung der Regeln ist nicht auszuschließen, daß einzelne Gruppenmitglieder überhöhte Diskussionspositionen (z. B. infolge ihrer formalen Position, besonderer Verbalisierung, besonderer Kommunikationsmöglichkeiten, u. a.) einnehmen. Dem Diskussionsleiter kommt die Aufgabe zu, derartige formale wie informale Differenzierungen rechtzeitig zu erkennen und Maßnahmen im Hinblick auf eine möglichst weitgehende Herstellung faktischer Gleichheit zu ergreifen.

(3) Verantwortungsträger

Führt eine Gruppendiskussion zu einer Gruppenentscheidung, ist es nur konsequent, daß alle Gruppenmitglieder – einschließlich der überstimmten – gemeinsam die Verantwortung tragen (zu Abstimmungsmodalitäten vgl. Schwarz, Betriebsorganisation, S. 101 ff.). Allerdings müssen die überstimmten Mitglieder die Möglichkeit haben, ihre Bedenken gegen die Entscheidung einer höheren Instanz vortragen zu können. Bestätigt die Berufungsinstanz die ursprüngliche Entscheidung, so entlastet sie damit den oder die Überstimmten von der Verantwortung über die Richtigkeit der getroffenen Entscheidung, nicht aber von der Verantwortung für deren Realisierung (Hill/Fehlbaum/Ulrich, Organisationslehre 1, S. 127).
Situationen der gemeinsamen Verantwortung werden in der Praxis häufig als Situationen der Verantwortungslosigkeit und Handlungsunfähigkeit bezeichnet. Lieber benennt man *einen* Verantwortungsträger für die gesamte Gruppe (z. B. den Projektleiter für die Projektgruppe) als die Gruppe selbst als Verantwortungs-

träger anzuerkennen. Ausnahmen finden sich meist nur auf den obersten Hierarchieebenen (Direktorium der Geschäftsleitung, Aufsichtsrat). Entweder – so ist zu schließen – hält die Praxis Gruppenentscheidungen und -diskussionen auf den mittleren und unteren Ebenen von der Aufgabenstellung her für nicht gerechtfertigt oder von den Mitarbeitern her für nicht effizient durchführbar. Es bleibt zu untersuchen, inwieweit diese Meinung auf Vorurteilen beruht. Sollte dies der Fall sein, lägen Ansätze zur Überwindung des gegenwärtigen Zustands in einer entsprechenden Schulung der Mitarbeiter (vgl. Pkt. 1.3.4).

3.6.1.3 Einsatzmöglichkeiten

Sie sind in vielerlei Hinsicht gegeben; drei Aspekte seien herausgegriffen. Die Beherrschung von Konferenztechniken ist überall dann von Vorteil
_ *wenn Aufgaben in Gruppenarbeit zu bewältigen sind.*

Dabei spielt es keine Rolle, ob die Aufgaben eher neuartig, komplex und unstrukturiert sind oder ob es sich um einfache Routineaufgaben handelt. In jedem Fall ermöglicht die Einhaltung der Konferenzregeln eine geordnete Zusammenarbeit und Beteiligung aller.
— *wenn tragfähige Entscheidungen herbeigeführt werden sollen.*

Die Beachtung der Diskussionsregeln fördert eine sachliche Diskussion und das Verständnis für gegenteilige Standpunkte. Sind diese sachlich genügend diskutiert, dürfte eine zu treffende Entscheidung eine breitere Mehrheit finden als im Falle einer ungeordneten Diskussion, in der die Gefahr besteht, daß die gegenteiligen Diskussionsstandpunkte zum Teil emotional verzerrt und nicht genügend klar werden.
— *wenn die Arbeitsmotivation gefördert und gegenseitige Verhaltenskontrolle ausgeübt werden soll.*

Die Motivation hängt wesentlich davon ab, in welchem Maß der einzelne sich an der Gruppenarbeit (-diskussion) beteiligt fühlt (vgl. Pkt. 2.3.2.2.2). Da die Diskussionsregeln u. a. darauf abstellen, *alle* Gruppenmitglieder in die Diskussion einzuschalten, sind positive Auswirkungen auf die Arbeitsmotivation zu erwarten.
Gruppenarbeit impliziert immer auch eine wirksame Gruppenkontrolle, die – da sie von Kollegen und anderen „unverdächtigen" Personen vorgebracht wird – eher akzeptiert wird als eine nur einseitige Kontrolle durch den Vorgesetzten. Stellt ein Mitglied z. B. fest, daß sein Standpunkt in der Gruppe von sonst niemandem geteilt wird, dürfte es eher bereit sein, diesen aufzugeben als im Fall einer gegenteiligen Meinung nur *eines* Kollegen oder des Vorgesetzten.

3.6.2 Problemlösungstechniken

3.6.2.1 Arten

Eine gute Übersicht über gängige Problemlösungstechniken findet sich bei *Siemens* und ist nachfolgend abgebildet.

Technik / Bestimmungsgrößen	Vorbereitende Techniken			Spezielle Techniken				
	Rollenspiel	Utopiespiel	Pro- und Contra-Spiel	Brainstorming	Methode 635	CNB-Methode	Synektik	Morphologische Analyse
Problem	definiert	bekannt	definierte Lösungsansätze	definiert	definiert	Problemfeld bekannt	definiert	definiert und für Morphologische Analyse geeignet
Regeln	wenig	wenig	wenig	wenig	wenig	wenig	viele	viele
Teilnehmerkreis	6–30 Pers. (2–4 Rollen)	4–5 Gruppen von je 4–6 Personen	6–30 Pers. (4–6 aktive Teilnehmer)	5–12 Pers.	in der Regel 6 Pers.	Experten	5–7 geübte Teilnehmer	5–7 Pers.
Durchführungsart	zentral	zentral	zentral	zentral	in der Regel zentral	schriftlich dezentral	zentral	zentral
Steuerung	in Ausnahmefällen Moderatoren	1 Moderator pro Gruppe	keine	1–2 Moderatoren	nur Initiator („Taktgeber")	nur Initiator	Moderator	Moderator
Vorbereitungszeit	ca. 1 Std.	keine	ca. ½ Std.	abhängig von der Beschaffung der Hilfsmittel	gering	1 Sitzung	abhängig von der Beschaffung der Hilfsmittel	keine
Durchführungszeit	15 Min.	20–30 Min. ohne Präsentation	20 Min.	max. 30 Min.	45 Min.	1–10 Wochen	2–6 Std.	½–2 Std.
Auswertungszeit	gering	gering	gering	mittel	mittel	1 Sitzung	Auswertung durch Außenstehende	groß
Ergebnis	Verhaltensänderung Sammlung von Argumenten	Utopien	Argumente	viele Ideen	Vielzahl von Lösungsansätzen	Lösungskonzeption	unkonventionelle Lösungsansätze	Lösungen

Abb. 62. Übersicht über Problemlösungstechniken (Siemens, Organisationsplanung, S. 283)

Von den speziellen Techniken werden das Brainstorming und die Methode 635 genauer dargestellt.

3.6.2.2 Brainstorming („Gehirnsturm")

3.6.2.2.1 Inhalt

Sie ist die bekannteste und wahrscheinlich auch die älteste Methode der Ideen-
findung und wird benutzt, um zu einem vorgegebenen Problem unter Leitung eines
Moderators möglichst viele Ideen zu produzieren. Wesentlich ist, daß während der
Ideenproduktion keine Kritik vorgebracht werden darf, um die Spontaneität nicht
einzuschränken. Den Ablauf einer Brainstorming-Sitzung veranschaulicht
Abb. 63.

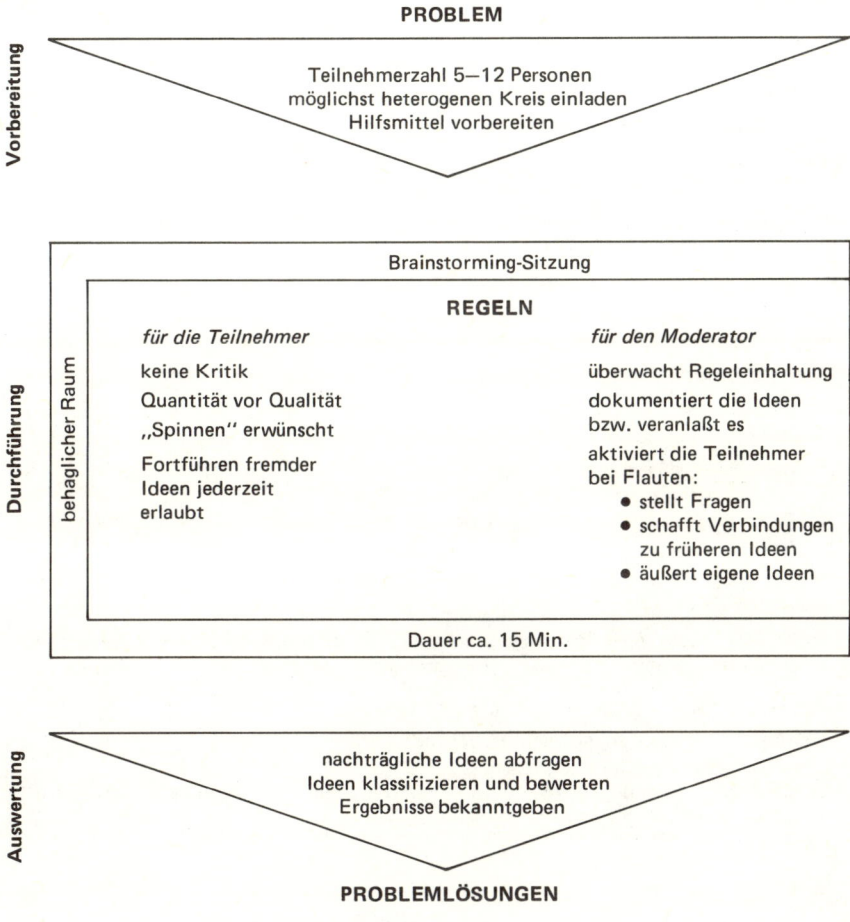

Abb. 63. Ablauf einer Brainstorming-Sitzung (Siemens, Orgnisationsplanung, S. 289)

3.6.2.2.2 Problematik

(1) Auswahl der Teilnehmer

Brainstorming ist eine anspruchsvolle Problemlösungstechnik und sollte überwiegend mit geübten Teilnehmern stattfinden. Anfänger, die diese Methode als einfach und problemlos ansehen, sind – bei konsequenter Anwendung der Regeln – oft enttäuscht. Der Grund dürfte vor allem darin zu sehen sein, daß im normalen Leben das rationale, logische und kritische Urteil zählt, während hier bewußt gegen derartige Prinzipien verstoßen werden soll (Regel 1: Keine Kritik oder Beurteilung der Gedanken anderer). Die Verhinderung der Richtigstellung von abwegigen oder unsinnigen Gedanken („Spinnen" ist ausdrücklich erlaubt) hinterläßt zunächst ein Gefühl der Unzufriedenheit. Anfänger dürften zudem eher als geübte Teilnehmer dazu neigen, schwierige Fragen auszuklammern, die Problemstellung zu verändern oder über deren Sinnfälligkeit zu diskutieren anstatt sich auf die Ideenfindung zu konzentrieren. Derartige Abschweifungen können leicht auftreten, da der Ablauf einer Brainstorming-Sitzung weitgehend von den Teilnehmern selbst gestaltbar ist.

Auf die fehlerhafte Zusammensetzung des Teilnehmerkreises könnte es u. a. zurückzuführen sein, wenn in verschiedenen Experimentiersitzungen häufig mit der Methode des Brainstorming keine besseren Ergebnisse erzielt werden konnten als bei der isolierten Ideensuche (z. B. Taylor/Berry/Block, Group Participation, S. 23 ff.). Möglichkeiten zur Verbesserung der Ergebnisse liegen in der systematischen Vorbereitung der Teilnehmer und einführenden Brainstorming-Sitzungen (Dunette/Campbell/Jaastad, Effect, S. 37).

(2) Auswahl des Moderators

Die Ausübung der Leiterfunktion sowohl in der Vorbereitungs- als auch in der Durchführungsphase stellt hohe Anforderungen. So muß der Leiter
in der Vorbereitungsphase darauf achten, daß
– die Problemstellung nicht zu komplex ist;
– nach Möglichkeit keine Spannungen zwischen den Teilnehmern bestehen; hierarchische Über-/Unterstellungsverhältnisse müssen aufgehoben sein;

in der Durchführungsphase darauf achten, daß
– die Regeln von allen Teilnehmern eingehalten werden;
– eine Visualisierung der Ideen erfolgt;
– bei Ideenstockung er die Teilnehmer wieder aktiviert, indem er Fragen stellt oder Analogien zu geäußerten Ideen bildet.

(3) Urheberrecht an Ideen

Ein Urheberrecht eines einzelnen an einer Idee gibt es nicht, da die Gruppe erst durch das gegenseitige Zusammenwirken neue Ideen hervorbringt und der Beitrag des einzelnen nicht abgrenzbar ist. In der Anfangsphase kann dies zu Schwierigkeiten führen, da einzelne aus einem Prestigedenken „ihre" Ideen für sich behalten wollen, um sie später anderen (z. B. dem Vorgesetzten) nutzbringender mitzuteilen. Hier liegt das Problem für den Moderator darin, der Gruppe gleich zu Beginn ein „Wir-Gefühl" zu vermitteln; später bildet sich dies bei positiven Erfahrungen meist von selbst heraus.

3.6.2.2.3 Einsatzmöglichkeiten

Die Anwendungsmöglichkeiten des Brainstorming sind fast unbegrenzt (vgl. Battelle Institute, Innovation, Tab. 4):

- im Forschungs- und Entwicklungsbereich: Entwicklung hygienischer Türverschlüsse
- im Beschaffungsbereich: Möglichkeiten der Beschleunigung der Lieferantenabfertigung
- im Absatzbereich: Verkaufsargumente für Einrichtungen zur Einbruchssicherung; Auffinden von Marktlücken auf dem Gebiet der Verpackungsfolien
- im Fertigungsbereich: Beseitigungsmöglichkeiten für ausgelaufenes Altöl; Möglichkeiten zur Wiederverwendung von Abfallstoffen
- im Personalbereich: Gestaltung von Stellengesuchen; Wege zur Erhöhung der Beteiligung an freiwilligen Fortbildungsprogrammen
- im Behördenbereich: Möglichkeiten zur Verdeutlichung der Bürgernähe der Verwaltung; Möglichkeiten zur Aktivierung des behördlichen Vorschlagswesens
- im Bereich der Freizeitgestaltung: Nutzung eines Skilifts im Sommer

3.6.2.3 Methode 635

3.6.2.3.1 Inhalt

Sie ist die am weitesten verbreitete Brainwrighting-Methode. Der Name 635 gibt die Elemente als Zahlen an: 6 Teilnehmer mit jeweils 3 Ideen geben ein Formular 5 mal weiter.
Die Ideen werden von den Teilnehmern schriftlich fixiert. Die Methode basiert auf der beim Brainstorming gewonnenen Erkenntnis, daß sehr fruchtbare Ergebnisse durch die Weiterentwicklung bereits geäußerter Ideen über mehrere Stufen hinweg erzielt werden können. Bei der Methode 635 geht es darum, Grundideen durch Assoziation systematisch zu vertiefen. Dies wird dadurch erreicht, daß die Teilnehmer die Lösungsansätze anderer Teilnehmer nachlesen und sich von ihnen zu neuen Ideen stimulieren lassen können.
Den Ablauf einer 635-Sitzung gibt Abb. 64 wieder.

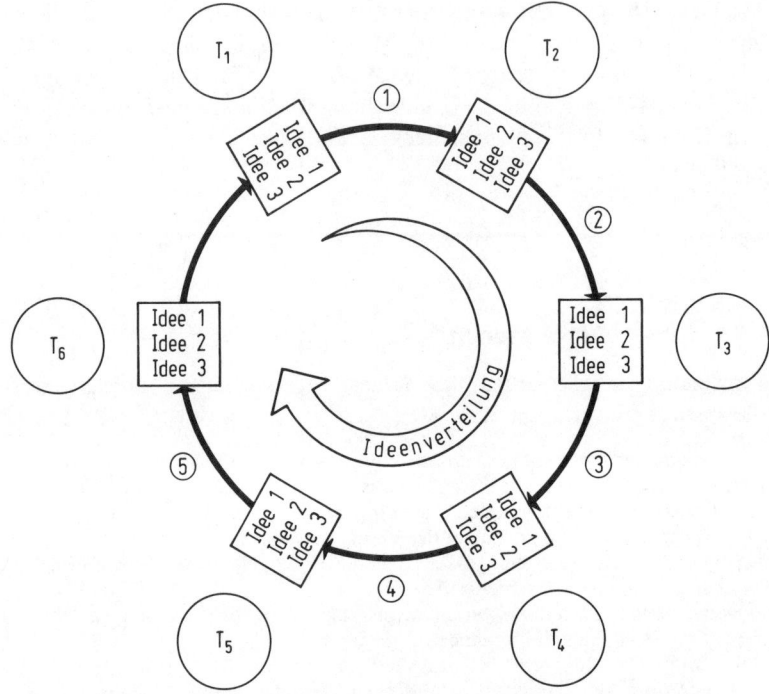

Abb. 64. Ablaufschema der Methode 635 (Siemens, Organisationsplanung, S. 293)

Alle 6 Teilnehmer (T1 bis T6) bekommen je ein Formular, auf das sie in ca. 5 Minuten 3 Lösungswege zum vorgegebenen Problem skizzieren. Danach erhält jeder Teilnehmer das Formular des links (oder rechts) von ihm sitzenden Teilnehmers und ergänzt es um jeweils 3 neue Ideen. Die neuen Ideen sollen sich nach Möglichkeit an die bereits skizzierten anlehnen und diese weiterentwickeln. Es genügt jedoch auch, wenn 3 neue Gedanken skizziert werden. Bei 6 Teilnehmern wird jedes Formular 5 mal weitergereicht und jeweils um 3 weitere Ideen zur Problemlösung angereichert. Es ergeben sich maximal 108 Ideen.

3.6.2.3.2 Problematik

(1) Zeitdruck

Ein bestimmter Weitergaberhythmus ist vorgeschrieben, um Leerzeiten und Ablenkungsmöglichkeiten, die zu einem Konzentrationsverlust führen, zu vermeiden. Die Teilnehmer bleiben dadurch während der gesamten Sitzungsdauer zwangsweise aktiviert.

Für manche Teilnehmer ist der Weitergaberhythmus jedoch zu knapp bemessen und ruft Zeitdruck hervor. Sie haben in den 5 bis 6 Minuten ihre drei Lösungsansätze noch nicht gefunden bzw. nur unvollständig formulieren können, so daß die Gefahr besteht, daß sie von anderen Teilnehmern nicht verstanden werden. Eine Folge ist, daß bereits geäußerte Ideen wiederholt und nicht in dem gewünschten Maß assoziativ weiterentwickelt werden.

Der Vorschlag, die Zeitvorgaben mit zunehmender Rundenzahl zu erhöhen (z. B. in der 1. Runde: 5 Min., in der 2. Runde: 6 Min., . . . , in der 6. Runde: 10 Min.; vgl. Siemens, Organisationsplanung, S. 294) erscheint daher sinnvoll.

(2) Ideenqualität

Durch den Zwang zur Formulierung von jeweils 3 Ideen ist die Ideenanzahl sehr hoch. Sie sind jedoch meist weniger originell als beim Brainstorming, da die wechselseitige Assoziation, spontane Reaktion und sofortige Verarbeitung in der Gruppe entfällt. Die verminderte Ideenoriginalität gegenüber dem Brainstorming dürfte auch darauf zurückzuführen sein, daß im Gespräch eher abwegige Ideen geäußert werden als in schriftlicher Form. Dafür sind die produktiven Ideen bei der Methode 635 insgesamt fundierter.

3.6.2.3.3 Einsatzmöglichkeiten

Prinzipiell eignet sich die Methode 635 zur Lösung der gleichen Problemstellungen wie die Methode des Brainstorming (Pkt. 3.6.2.2.3). Legt man besonders auf fundierte und konkrete Ideen Wert und nimmt dafür eine Einbuße an Originalität in Kauf, ist diese Methode einzusetzen. Ein wesentlicher Vorteil gegenüber dem Brainstorming liegt auch darin, daß an den Leiter keine besonderen Anforderungen zu stellen sind und die Protokollführung (Visualisierung) sich erübrigt.

3.7 Personalbeurteilung

3.7.1 Inhalt

Die Personalbeurteilung (Leistungsbeurteilung) ist eine systematische, planvolle Bewertung der individuellen Eignung und Leistung auf der Grundlage objektivierter Beurteilungskriterien.

Sie kann verschiedenen Zwecken dienen.
Ihre Ergebnisse bilden vor allem die Grundlage für

– eine leistungsangemessene Bezahlung der Organisationsmitglieder
– eine planvolle Förderung der Organisationsmitglieder (Aus- und Weiterbildung,
  Versetzung, Beförderung)
– eine sachliche Information und Motivation der Organisationsmitglieder

Da die Personalbeurteilung primär darüber Aussagen macht, ob und in welchem Ausmaß die Organisationsmitglieder sich für die Übernahme spezifischer Aufgaben eignen und wieviel sie dabei leisten, ist Ausgangunkt der Beurteilung eine Analyse der zu erfüllenden Aufgaben. Sie erfolgt in der Aufgaben- bzw. Arbeitsanalyse und ergibt für jede Stelle einen Aufgabenkatalog, der – sofern vorhanden – in der Stellenbeschreibung seinen Niederschlag findet.

Welche Anforderungen die einzelnen Aufgaben an das Organisationsmitglied stellen und für wie schwierig sie anzusehen sind, erfaßt man in der analytisch ausgerichteten *Arbeitsbewertung*, in der die Arbeitsschwierigkeit in sog. Arbeitswerte umgerechnet wird. Hier erfolgt – unabhängig von einer konkreten Person – die Einstufung der verschiedenen Tätigkeiten (Arbeitsplätze) nach ihrem relativen Schwierigkeitsgrad (zur Kritik: Gottschall, Arbeitsbewertung, S. 36 ff.). Demgegenüber erfolgt in der *Personalbeurteilung* (Leistungsbewertung) eine Bewertung der individuellen Leistung und Eignung. Unter dem Aspekt des Arbeitsentgeltes sind Arbeits- und Leistungsbewertung wie folgt miteinander verknüpft; die Arbeitsbewertung ist Vorstufe der Leistungsbewertung.

Ziel der Arbeitsbewertung	gleiche Bezahlung für gleichschwierige Arbeit
Ziel der Leistungsbewertung	gleiche Bezahlung für gleiche individuelle Leistung bei gleichschwieriger Arbeit

Die zur Personalbeurteilung verwendeten Kriterien sind von Organisation zu Organisation und entsprechend der Hierarchieebene unterschiedlich (zur Häufigkeit der Verwendung bestimmter Kriterien des Arbeits- und Führungsverhaltens vgl. Fischer, Personalbeurteilung, S. 138 ff.). Das folgende Beispiel vermittelt daher nur einen allgemeinen Überblick.

3.7.2 Problematik

Jede Beurteilung wirft eine Reihe von Problemen auf; die wichtigsten werden kurz skizziert.

(1) Auswahl der Beurteilungskriterien

Mithilfe von Beurteilungskriterien soll eine Aussage darüber ermöglicht werden, wie gut/schlecht ein Individuum seine Aufgabe insgesamt und in Teilen erfüllt. Die Kriterien müssen daher unmittelbar aus der zu erfüllenden Aufgabe abgeleitet werden. Sie können quantitativ oder qualitativ formuliert sein.

Welche Kriterien heranzuziehen sind, hängt von der Zielsetzung ab, die mit der Beurteilung verfolgt wird. Mit *Leistungskriterien* läßt sich bevorzugt der Erfüllungsgrad der Zielsetzungen ‚Leistungsangemessene Bezahlung' und ‚Leistungsmotivation' überprüfen, mit *Eignungskriterien* primär der Erfüllungsgrad der Zielsetzung ‚Planvolle Förderung der Organisationsmitglieder' (Eckardstein/Schnellinger, Personalpolitik, S. 283). Die in der Praxis häufig verwendeten Persönlichkeitsmerkmale (z. B. Gedächtnis, Zuverlässigkeit, Einfallsreichtum) erscheinen dagegen als Beurteilungskriterien weitgehend ungeeignet. Mit ihnen wird nicht die Leistung/Eignung eines Organisationsmitgliedes in einer spezifischen Arbeitssituation erfaßt; vielmehr werden – im Sinne der Eigenschaftstheorie – zweifelhafte Aussagen über die Persönlichkeitsstruktur getroffen. Ein Zusammenhang mit der Aufgabenerfüllung dürfte in vielen Fällen nicht vorliegen.

Unter dem Gesichtspunkt eines zweckentsprechenden Führungsstils gewinnt die Aufteilung der Leistungskriterien in Kriterien der *Arbeitsleistung* und Kriterien der *Führungsleistung* besondere Bedeutung (Fragebogen 4). Da unterschiedliche Arbeitssituationen jedoch unterschiedliche Anforderungen an die Arbeits- und Führungsleistung stellen, ist eine allgemeingültige Festlegung der Kriterien nicht möglich. In der Praxis existieren demzufolge unterschiedliche Beurteilungsbögen (z. B. für Auszubildende, Ausführende, Führungskräfte u. a. m.; Beispiele bei Braun, Personalpolitik, S. 172 ff.). Während sich die Kriterien zur Beurteilung der Führungsleistung noch eher generell für eine spezifische Gruppe (z. B. gleiche Hierarchieebene) festlegen lassen, erscheint es sinnvoll, die Kriterien zur Beurteilung der Arbeitsleistung je nach Stelle individuell zu spezifizieren. Eine Differenzierung der Gesamtaufgabe kann z. B. nach den drei wichtigsten Hauptfunktionen vorgenommen werden, die dann unter dem quantitativen und qualitativen Aspekt isoliert zu bewerten sind. Ein pauschales Urteil über die Menge und Art der Arbeitsleistung (z. B. Braun, Personalpolitik, S. 349) befriedigt demgegenüber nicht. Die Festlegung der Hauptfunktionen sollte unter Mitwirkung des zu Beurteilenden auf der Basis seiner Stellenbeschreibung erfolgen.
Die Angabe kardinal meßbarer Arbeits- und Führungsleistungskriterien ist – selbst über Indikatorenbildung – nur in relativ wenigen Fällen möglich (vgl. Pkt. 2.3.1.1).
Vor allem tritt bei den *qualitativen Kriterien* das Problem einer adäquaten operationalen Formulierung auf. Da es im Grunde nicht lösbar ist, kann nur versucht werden, durch Angabe von Standards den willkürlichen Ermessensspielraum des Beurteilers zu verkleinern und die Beurteilung selbst überprüfbar zu machen (Eckardstein/Schnellinger, Personalpolitik, S. 287). Generell sind soweit wie möglich arbeitsergebnisbezogene und nicht arbeitstätigkeitsbezogene Kriterien zu verwenden.

Fragebogen 4

Personalbeurteilungsbogen

Beurteilung von Führungskräften
— bezogen auf die jetzige Stelle —

An den
Personalleiter

Name	Vorname	Geburtstag	Mitarbeiter-Kennziffer
Kennziffer der Stelle	Stellenbezeichnung		Grund der Beurteilung
Kurze Beschreibung des Aufgabenbereichs (sofern Stellenbeschreibung vorliegt)		Wahrnehmung dieser Aufgaben seit	Beurteilungszeitraum

Bitte unterstreichen Sie die zutreffenden Beurteilungsvorschläge und kreuzen Sie auf der Beurteilungsskala entsprechend an (vgl. Merkblatt).

Beurteilungsskala

	5	4	3	2	1
I. *Arbeitsleistung* 1 Qualität in 1.1 Haupt-funktion 1					
1.2 Haupt-funktion 2					

1.3 Haupt-
funktion 3

2. Quantität in
2.1 Haupt-
funktion 1

2.2 Haupt-
funktion 2

2.3 Haupt-
funktion 3

II. *Führungsleistung*

3. Fähigkeit sich
durchzusetzen
und andere zu
motivieren (ihr
Verhalten zu
bestimmen)

| setzt sich auf zwanglose Art durch, gewinnt Mitarbeiter für seine Ideen, erreicht leicht Ziele mit und durch andere | setzt sich durch, entwickelt Aktivität seiner Mitarbeiter, erreicht Ziele mit und durch andere | sieht auf Ordnung in seiner Umgebung, erreicht im wesentlichen die gesteckten Ziele mit und durch andere | hat die Dinge wenig fest in der Hand, kann andere wenig beeinflussen | läßt sich eher bestimmen als er bestimmt, kann andere wenig zu erwünschtem Verhalten bestimmen |

(Unterlagen z. T. aus: Braun, Personalpolitik, S. 348 ff.)

Fortsetzung Fragebogen 4

	5	4	3	2	1
4. Delegation (Aufgaben und Befugnisse)	delegiert sehr viel, delegiert mit großem Erfolg	delegiert viel, delegiert mit Erfolg	delegiert nicht besonders gern, delegiert gern mit unterschiedlichem Erfolg	delegiert wenig, delegiert mit geringem Erfolg	delegiert zu wenig, delegiert mit zu geringem Erfolg
5. Kooperation	verwirklicht immer kooperativen Führungsstil	verwirklicht weitgehend kooperativen Führungsstil	genügend kooperativ	hält nicht viel von Kooperation	nicht kooperativ
5.1 Information	alle erforderlichen Informationen werden gegeben	erforderliche Informationen werden meist gegeben	informiert in genügendem Umfang	informiert nicht immer in ausreichendem Maße	gibt keine Informationen
5.2 Kommunikation	regt Mitarbeiter sehr zu selbständigem Denken an und nutzt dies durch regen Gedankenaustausch, legt großen Wert auf Mitdenken und Mitarbeit	regt Mitarbeiter zu selbständigem Denken an und nutzt dies durch Gedankenaustausch, legt Wert auf Mitdenken und Mit- und Zusammenarbeit	nimmt Anregungen seiner Mitarbeiter an und befaßt sich mit ihren Vorstellungen	erwartet in erster Linie die Durchführung seiner Vorstellungen	lehnt die Anregungen anderer ab
6. Förderung der Leistungsbereitschaft der Mitarbeiter	setzt sich intensiv für die Entwicklung und die Förderung der Leistungsbereitschaft seiner Mitarbeiter ein	setzt sich für die Entwicklung und die Förderung der Leistungsbereitschaft seiner Mitarbeiter ein	bemüht sich um die Leistungsbereitschaft seiner Mitarbeiter	kümmert sich wenig um die Entwicklung und die Leistungsbereitschaft seiner Mitarbeiter	die Entwicklung und die Leistungsbereitschaft seiner Mitarbeiter ist ihm gleichgültig
7. Selbstvertrauen	gesundes Selbstvertrauen	voll zufriedenstellendes Selbstvertrauen	ausreichendes Selbstvertrauen	wenig Selbstvertrauen	zu wenig Selbstvertrauen

Besondere Eigenschaften (z. B. Führungseigenschaften, Initiative, Vielseitigkeit, Kreativität, erfolgsorientiert u. a.)

Besondere Eignung für

Gibt der Beurteilte Umstände an, die sein Leistungs- und Führungsverhalten und die Arbeitsleistung des Bereichs/der Abteilung, Gruppe, Zweigstelle ungünstig beeinflussen?

Die Probezeit läuft am _____ ab. (Nur bei Beurteilungen vor Ablauf der Probezeit)
Befürworten Sie die Weiterbeschäftigung auf unbestimmte Zeit? ☐ ja ☐ Nein

Kenntnisnahme durch den Beurteilten:

_____   _____
Datum   Unterschrift

Beurteilt durch:

_____   _____
Datum   Unterschrift des Vorgesetzten

Gesehen:

_____   _____
Datum   FV/PL

	Verwendungsliste ergänzt am
	Nächste Beurteilung am
	z. d. A.

Kreuzen Sie für jedes Merkmal an, wie darin Ihr Mitarbeiter den Anforderungen seiner Stelle entspricht. Kommentieren Sie — soweit erforderlich — die Bewertung. **Streichen oder ergänzen Sie einzelne Kriterien entsprechend den Anforderungen der Stelle.**
Es bedeuten: .

5 = Entspricht höchsten Anforderungen
4 = Entspricht auch den über das normale Maß hinausgehenden Anforderungen
3 = Entspricht den normalen Anforderungen der Stelle
2 = Entspricht den Mindestanforderungen
1 = Entspricht nicht den Mindestanforderungen

Fortsetzung Fragebogen 4

III. *Förderungswürdigkeit und Aufstieg*

Leistungstrend

stark verbessert ☐   verbessert ☐   gehalten ☐   verschlechtert ☐

Kommen in dieser Stelle die Fähigkeiten ihres Mitarbeiters voll zum Tragen?   Ja ☐   Nein ☐

Wenn nein, welches Tätigkeitsgebiet wird vorgeschlagen?

Vorschläge und Maßnahmen, die zur Verbesserung der Leistung und zur Weiterentwicklung des Mitarbeiters führen können.

Keine

Führungsseminare

Interne Fachseminare oder Kurse   Versetzung in andere Abteilung(en)

Externe Fachseminare oder Kurse   Sonstige Maßnahmen

Ist der Beurteilte für einen Aufstieg geeignet?   Ja ☐   Nein ☐

Wenn ja, welche Stellungen

Zeitpunkt für einen Aufstieg

jetzt ☐   1 Jahr ☐   2 Jahre ☐   3 Jahre ☐

Zusammenfassender Kommentar zum Gespräch

Stellungnahme des Mitarbeiters

Datum   Unterschrift des Vorgesetzten   Unterschrift des Mitarbeiters

Raum für Notizen des Personal- und Sozialwesens/nächsthöheren Vorgesetzten

Für den *Leiter einer Personalabteilung* lassen sich z. B. für eine gute Aufgabenerfüllung folgende Leistungsstandards bilden (Schwarz, Arbeitsplatzbeschreibungen,
S. 211); sie sind z. T. interpretationsbedürftig:

– er hat die Nachwuchsauslese, -förderung und -ausbildung so durchzuführen, daß eine möglichst kontinuierliche Entwicklung der Mitarbeiterpositionen (Aufstieg) erreicht wird und
  Nachwuchs aus den eigenen Reihen für viele Positionen zur Verfügung steht;
– er hat die Lohn- und Gehaltsstruktur so aufzubauen und die Sozialleistungen so einzusetzen,
  daß der Organisation ein breiter, leistungsfähiger Mitarbeiterstamm mit einer auf lange
  Sicht gesunden Altersstruktur zur Verfügung steht;
– er hat sich einen Ruf als unparteiischer Vermittler und gerechter Schiedsrichter bei Streitig-
  keiten zwischen Mitarbeitern oder Abteilungen zu erwerben;
.
.
.
– er hat dafür zu sorgen, daß die Fluktuationsrate niedrig bleibt.

(2) Gewichtung der Beurteilungskriterien

Eine Gewichtung der Beurteilungskriterien wird notwendig, da nicht alle Teilaufgaben einer Stelle gleichermaßen zur Erfüllung der Gesamtaufgabe beitragen. Für
die Gesamtleistung ist es von größter Bedeutung, ob der Stelleninhaber in den
wichtigsten Teilaufgaben sehr/wenig erfolgreich ist. Die Art, wie die *Einzelurteile zu
einem Gesamturteil* über die Arbeits- und Führungsleistung zusammenzufassen
sind, bereitet indes große Schwierigkeiten. Eine wissenschaftlich exakte Methode
gibt es nicht. Zwar gilt grundsätzlich, daß die Teilleistungen entsprechend der
Bedeutung der Teilaufgaben im Rahmen der Gesamtaufgabe zu gewichten sind,
jedoch bleibt die Frage, wie die Bedeutung festgestellt werden kann. Ein gängiger
Vorschlag ist, die Gewichtung entsprechend der für die einzelnen Teilaufgaben
prozentual benötigten Arbeitszeit vorzunehmen. Gegen diesen Vorschlag spricht
jedoch, daß die zur Aufgabenerfüllung aufgewandte Zeit und die Bedeutung der
Aufgabe nicht miteinander korrelieren müssen. Am besten erscheint noch folgendes Verfahren: zunächst erfolgt eine Gewichtung der Kriterien isoliert durch verschiedene Personen (Stelleninhaber, Personalabteilung, Organisationsabteilung,
Vorgesetzter), die mit der betreffenden Aufgabensituation vertraut sind. Anschlie-
ßend vergleichen und besprechen sie ihre Vorstellungen und versuchen, sich auf
einen gemeinsamen Wichtungsfaktor für ein Kriterium zu einigen. In bestimmten
Zeitabständen ist eine Überprüfung der Gewichtung vorzunehmen.
Bei der Verdichtung der hoch- und niedrig-gewichteten Kriterien zu einem
Gesamturteil kann so vorgegangen werden, daß ein negatives Einzelurteil in einem
hoch-gewichteten Kriterium die Abgabe eines positiven Gesamturteils ausschließt
(Eckardstein/Schnellinger, Personalpolitik, S. 284) und auch nicht durch andere,
positive Einzelurteile in anderen hoch-gewichteten Kriterien ausgeglichen werden
kann.

(3) Auswahl der Beurteilungssubjekte

Voraussetzung für eine adäquate Personalbeurteilung ist, daß der Beurteiler sowohl die zu erfüllenden Aufgaben als auch die zu beurteilende Person in Erfüllung der Aufgaben kennen muß. Diese Voraussetzung erfüllt in hohem Maße der *unmittelbare Vorgesetzte,* der auch traditionell mit der Beurteilung seiner Mitarbeiter betraut ist. Da jedoch jeder Beurteiler der Gefahr ausgesetzt ist, bestimmte subjektiv bedingte Beurteilungsfehler zu machen (nächster Pkt.), ist zu erwägen, inwieweit neben dem Vorgesetzten andere Personen in den Beurteilungsprozeß mit eingeschaltet werden sollen. Zu denken ist hierbei an folgende Möglichkeiten:

– *Beurteilung durch den Vorgesetzten des Vorgesetzten.*
Dieses Verfahren, das in der Praxis in Form einer Abzeichnung der Beurteilung durch den nächsthöheren Vorgesetzten sehr verbreitet ist, gewährleistet nur eine geringe Kontrollmöglichkeit über das Urteil des Vorgesetzten. Eine vom nächsthöheren Vorgesetzten erstellte eigene Beurtelung wäre weit wirksamer.

– *Beurteilung durch hierarchisch dem Vorgesetzten Gleichrangige.*
Da die Kollegen des Vorgesetzten nur zum Teil direkte Arbeitsbeziehungen zum Beurteilten unterhalten, kann ihr Urteil nur für Teilaspekte der Leistung Gültigkeit besitzen.

– *Beurteilung durch hierarchisch dem Mitarbeiter Gleichrangige.*
Dieses Vorgehen erscheint immer dann sinnvoll, wenn die Gleichrangigen die Aufgaben genau kennen. Gegen die Einschaltung von Kollegen des Beurteilten wird häufig vorgebracht, daß zwischen Gleichrangigen ausgeprägte persönliche Beziehungen bestehen (negativ geladen als Rivalität, positiv geladen als Freundschaft), die zu einer starken Verzerrung des Urteils führen können (Eckardstein/Schnellinger, Personalpolitik, S. 289; zu ermutigenden Erfahrungen vgl. Schuler, Mitarbeiter, S. 116 f.).

– *Beurteilung des Vorgesetzten durch die Mitarbeiter.*
Hier handelt es sich um die Umkehrung der Mitarbeiterbeurteilung. Entsprechend der eingangs gemachten Voraussetzung kann sich dieses Verfahren nur auf solche Punkte in der Aufgabenerfüllung des Vorgesetzten erstrecken, die die Mitarbeiter kennen. Unbestreitbar ist diese Voraussetzung für die Führungsleistung des Vorgesetzten erfüllt. Daß trotz aller Bekenntnisse zu Delegation, Kooperationsbereitschaft und Gruppenarbeit auf diese Beurteilungsform bisher in der Praxis weitgehend verzichtet wird, kennzeichnet deutlich die Einstellung zu derartigen Fragen. In jüngster Zeit mehren sich allerdings die Berichte über Einführung und positive Annahme einer Vorgesetzten-Beurteilung (z. B. o. Vf., Vorgesetztenbeurteilung, S. 72; Gottschall, Chef, S. 56 ff.; Schuler, Mitarbeiter, S. 117 ff.). An *Vorteilen* sind vor allem zu erwarten: zuverlässige Informationen, wie der Vorgesetzte aus dem Blickwinkel seiner Mitarbeiter wahrgenommen wird; Anstöße zur Einleitung individueller Lernprozesse; Verbesserung des Informationsflusses; Abbau übertriebener hierarchischer Strukturen u. a. m.
Nachfolgend findet sich ein Beispiel (Fragebogen 5). Zur Vorgesetztenbeurteilung läßt sich auch der Fragebogen 1 oder ein modifizierter Fragebogen zur Messung der Arbeitszufriedenheit verwenden.

Fragebogen 5

Die zwölf nachstehenden Angaben kennzeichnen das Führungsverhalten und den Führungsstil eines Vorgesetzten. Bitte nehmen Sie zu jedem der nachstehenden Punkte Stellung, indem Sie die zutreffende Antwort ankreuzen.

	unge-nü-gend	aus-rei-chend	befrie-di-gend	gut	sehr gut
1. Das Ausmaß, in dem ich die gegenwärtigen Ziele meines Hauptbereiches kenne und verstehe, ist					
2. Das Ausmaß, in dem ich die von meinem Vorgesetzten für meinen Bereich festgelegten Ziele akzeptiere, ist					
3. Das Ausmaß, in dem ich an der Planung und Zielsetzung für meinen Bereich mitwirken kann, ist					
4. Das Ausmaß, in dem ich über Geschäftsvorgänge informiert werde, ist					
5. Das Ausmaß, in dem mir Gelegenheit zur Abgabe eines Urteils gegeben wird und ich ermuntert werde, Entscheidungen zu treffen beziehungsweise an Entscheidungen mitzuwirken, ist					
6. Das Ausmaß, in dem die Arbeit im Hauptbereich sinnvoll koordiniert wird, ist					
7. Das Ausmaß, in dem ich mit der erforderlichen Selbständigkeit Autorität ausüben kann und ausreichende Befugnisse und Vollmachten habe um die Arbeit auszuführen, ist					
8. Das Ausmaß, in dem klare Kompetenzen und Verantwortungen festgelegt und vom Vorgesetzten eingehalten werden, ist					
9. Das Ausmaß, in dem mein Vorgesetzter meine Leistung quantitativ und qualitativ richtig bewertet, ist					
10. Das Ausmaß, in dem Mitarbeiter nach ihren Fähigkeiten optimal eingesetzt werden, ist					
11. Das Ausmaß, in dem ich von meinem Vorgesetzten geführt und unterstützt werde, ist					
12. Das Ausmaß, in dem vergeudete und unnötige Arbeit vermieden und Arbeitszeit zweckmäßig eingesetzt wird, ist					
Nennen Sie drei der zwölf Punkte, die sich während des letzten Jahres am meisten verbessert haben. Kreisen Sie drei Zahlen ein!	1 7	2 8	3 9	4 10	5 6 11 12
Nennen Sie drei der zwölf Punkte, die Sie im nächsten Jahr verbessert sehen möchten. Kreisen Sie drei Zahlen ein!	1 7	2 8	3 9	4 10	5 6 11 12

Fragebogen der ESSO-AG zum Verhalten des Vorgesetzten
(o. Vf., Vorgesetztenbeurteilung, S. 72)

– Beurteilung durch eine Kommission.
Im Interesse einer möglichst objektiven Beurteilung sollten stets mehrere der genannten Personen herangezogen werden, die unabhängig voneinander urteilen. Hierdurch erhöht sich die Wahrscheinlichkeit des Fehlerausgleichs. Die Größe der Kommission findet unter Wirtschaftlichkeitsgesichtspunkten ihre Grenze dort, wo die Relation zwischen ‚zusätzlicher Objektivität‘ und ‚zusätzlichen Kosten‘ zu ungünstig wird.

(4) Beurteilungsfehler

Eine objektiv richtige Beurteilung gibt es nicht. Jeder Beurteiler ist der Gefahr ausgesetzt, subjektiv bedingte Vorstellungen (Einstellungen, Erwartungen, Ziele, Motive) in die Beurteilung einfließen zu lassen. Vergegenwärtigt sich der Beurteiler derartige das Urteil verzerrende Faktoren, ist zumindest ein Ansatz zu ihrer Reduzierung gemacht. Nachfolgend werden nur einige Fehlerquellen aufgezeigt (Literatur: Brandstätter, Beurteilung, S. 697 f.; Bartölke, Leistungsbeurteilung, S. 630 ff.; Schuler, Mitarbeiter, S. 21 ff.).

– Halo-Effekt
(Halo, gr. = Lichthof, Heiligenschein). Dieser wohl bekannteste Beurteilungsfehler beruht darauf, daß der Beurteiler bei der Bewertung der Einzelkriterien von dem Gesamteindruck geleitet wird, den er von dem zu Beurteilenden hat. Es fällt dem Beurteiler schwer, einzelne Merkmale isoliert voneinander zu sehen. Er schließt von der Ausprägung des für ihn wichtigsten Merkmals, das für den Gesamteindruck verantwortlich ist, auf die entsprechenden Ausprägungen aller anderen Merkmale. Der ‚erste Eindruck‘ oder das ‚Vorurteil‘ beruhen weitgehend auf dem Halo-Effekt, der, so gesehen, nichts anderes als eine bestimmte Erwartungshaltung darstellt.

– Maßstab-Effekt
Richtet sich der Beurteiler nach seinen persönlichen Wertmaßstäben, d. h. macht er sich selbst zum Maßstab der Beurteilung, entstehen oft dysfunktionale Beurteilungen. Generell besteht die Gefahr, daß diejenigen Personen in ihrer Leistung oder in ihrem Verhalten überbewertet (unterbewertet) werden, die dem Beurteiler in bestimmter Hinsicht ähnlich (unähnlich) sind. Die Ähnlichkeiten können sich sowohl auf äußerliche Merkmale (z. B. Kleidung, Gehalt, Automarke) als auch auf Einstellungen, Meinungen oder Erlebnisse beziehen. Trotz inadäquater Aufgabenerfüllung, unangemessener Leistung und fehlerhaftem Verhalten können Personen positiv beurteilt werden, wenn sie in spezifischen Punkten Ähnlichkeiten mit dem Beurteiler aufweisen. Als Beispiel ist daran zu denken, daß Qualitätsmängel übersehen werden, wenn der Beurteiler vor allem Wert auf Quantität legt und der Beurteilte in dieser Hinsicht viel leistet. Hier stellt sich die Frage, inwieweit das Selbstbild des Beurteilers in ein Beurteilungsverfahren eingebaut werden kann, um derartige negative Effekte auszuschließen (ausführlich: Schuler, Mitarbeiter, S. 51 ff.).

– Häufungs-Effekt
Dieser Effekt bezeichnet die Erscheinung, daß manche Beurteiler relativ einheitliche Urteile über alle zu beurteilenden Personen abgeben. So hat ein Beurteiler immer gute, ein anderer immer schlechte und ein dritter immer mittlere Mitarbeiter. Die Behebung des Fehlers ist in gewissem Umfang dadurch möglich, daß die Beurteiler die zu Beurteilenden in den einzelnen Beurteilungskategorien ·in eine Normalverteilung zu bringen versuchen (Comelli, Mitarbeiter, S. 23).

– Hierarchie-Effekt
Die Auswertung von Personalbeurteilungen in Großorganisationen ergab häufig, daß mit steigenden Arbeitswerten auch die Beurteilungskennziffern steigen. Steigende Arbeitswerte bedeuten – hierarchisch gesehen – höhere Hierarchiepositionen. Da die Leistung von Abteilungsleitern bei genügender Anzahl statistisch jedoch genau so normal verteilt sein dürfte wie von Sachbearbeitern, läßt sich die auf höheren Hierarchiestufen allgemein anzutreffende bessere Beurteilung nicht durch die höhere Leistung erklären. Vielmehr dürfte hier eher die Position als die effektive Leistung zum Maßstab für die Beurteilung genommen werden. Mit wachsendem ‚Image‘ der Tätigkeit oder der Hierarchiestufe steigt offensichtlich das Beurteilungsniveau unabhängig von der im einzelnen zu beurteilenden Person (Comelli, Mitarbeiter, S. 24).

– Alters-Effekt
Interessanterweise existiert in der betrieblichen Praxis zwischem dem Beurteilungsniveau und dem Alter der zu beurteilenden Person ebenfalls ein Zusammenhang. Es wurde festgestellt, daß das allgemeine Beurteilungsniveau bis zum 30. (bzw. 35.) Lebensjahr steil ansteigt, um dann mit zunehmendem Alter ständig zu fallen (Auswertung von ungefähr 9000 Beurteilungen; Comelli, Mitarbeiter, S. 24). Hierin dürfte die zur Zeit verbreitete Wertschätzung bzw. das Vorurteil von der Leistung eines Menschen in Abhängigkeit vom Alter zum Ausdruck kommen. Nicht von ungefähr finden Menschen höheren Alters auch nicht mehr so leicht einen neuen Arbeitsplatz.

Um diese sowie weitere Fehlerquellen der Beurteilung (z. B. Kontakt-Effekt, Sympathie-Effekt, Zielsetzungs-Effekt) zu reduzieren, empfiehlt sich in jedem Fall ein systematisches Beurteilertraining (z. B. in Form des Rollenspiels).

(5) Beurteilungsgespräch

Allein aufgrund der aufgezeigten Irrtumsmöglichkeiten sollte jede Beurteilung mit einem Beurteilungsgespräch verbunden sein. Mit § 82 II BetrVG besitzt der Mitarbeiter überdies das Recht, eine Erörterung der Beurteilung seiner Leistung zu verlangen. Das Beurteilungsgespräch, das vor allem als Möglichkeit zur ‚konstruktiven Kritik‘ (Schuler, Mitarbeiter, S. 67) genutzt werden sollte, ist unter zwei Aspekten sowohl für den Beurteilten als auch für die Organisation von Bedeutung: diese sind
– der Informationsaspekt
– der Motivations- und Lernaspekt.

Unter dem *Informationsaspekt* erhält der Beurteilte Kenntnis, wie sein Verhalten bewertet wird. Da sich die Wahrnehmung des eigenen Verhaltens von der durch andere Personen erheblich unterscheidet, ist diese Rückkopplung von äußerster Wichtigkeit. Der Beurteilte kann ermessen, wie weit sein Ist-Verhalten von einem angestrebten Soll-Verhalten entfernt ist. In manchen Fällen kann bereits das Wissen um den eigenen Leistungsstand motivierend wirken. Hinreichende Information ist hier Voraussetzung für eine Verhaltensänderung. Dem Beurteilungsgespräch kommt unter dem Informationsaspekt weiter die Funktion zu, Falschbeurteilungen, die auf Fehlbeobachtungen oder -informationen des Beurteilers beruhen, zu korrigieren. Die Korrektur als Ergebnis des Beurteilungsgesprächs kann schriftlich im Beurteilungsbogen (unter ‚Kommentar zum Gespräch‘, vgl. Fragebogen 4) fixiert werden.

Unter dem *Motivations-* und *Lernaspekt* soll das Beurteilungsgespräch den Beurteilten zu einem bestimmten Verhalten aktivieren. Insbesondere geht es darum, durch Anerkennung und konstruktive Kritik ein erwünschtes Verhalten aufzubauen bzw. zu verstärken und ein unerwünschtes Verhalten zu reduzieren. Der Lernerfolg dürfte am größten sein, wenn gleichzeitig mit den Mitteln der Belohnung (Lob) und Bestrafung (Tadel) gearbeitet wird: richtiges Verhalten wird belohnt, falsches wird gerügt; jedes Verhalten hat also eine bestimmte Konsequenz (Neuberger, Mitarbeitergespräch, S. 167). Bei dem Versuch der Aktivierung/Verstärkung eines bestimmten Verhaltens sind verschiedene Komponenten zu berücksichtigen (z. B. die Bedürfnisstruktur, die Erwartungshaltung, die Erfolgsbewertung u. a. m.).

Regeln zur Durchführung des Beurteilungsgesprächs
(ausführlich: Neuberger, Mitarbeitergespräch, S. 170 ff.)

- Gespräch am besten unter vier Augen
- Gespräch nicht auf Statussymbolen und Amtsautorität aufbauen
- Gespräch der Persönlichkeitsstruktur des Beurteilten anpassen (z. B. Ängstliche: häufig anerkennen, werden dadurch sicherer)
- Positiven Kontakt aufbauen (wenn der Beurteilte schlecht ist, frühere oder vergleichbare Leistungen loben)
- Merkmale der Leistung, nicht der Person besprechen
- Keine übertriebene und keine schematische Kritik
- Stellungnahme des Beurteilten erfragen
- Konkrete Hinweise zur Verbesserung von Fehlern geben und Vertrauen bekunden
- Gemeinsam nach Möglichkeiten zur Förderung des Mitarbeiters suchen und neue Arbeitsziele festlegen

(6) Häufigkeit und Konsequenzen der Beurteilung

Nach Möglichkeit sollten Beurteilungen regelmäßig etwa jedes Jahr vorgenommen werden. Längere oder kürzere Beurteilungszeiträume erscheinen wenig zweckmäßig. Bei längeren Zeiträumen besteht zum einen die Gefahr, daß Aspekte der letzten Zeit auf Kosten der länger zurückliegenden stärker gewichtet werden; zum anderen können Konsequenzen aus der Beurteilung (z. B. spezifische Förderungsmaßnahmen) erst unangemessen spät eingeleitet werden. Bei Beurteilungszeiträumen unter einem Jahr besteht dagegen die Gefahr, daß Verhaltens- und Leistungsänderungen nicht deutlich genug erkennbar sind und daher die letzte Beurteilung nur wiederholt wird. Auf Beurteilungen zu speziellen Anlässen (z. B. Versetzung, Beförderung; (anders: nach Ablauf der Probezeit) sollte man nach Möglichkeit verzichten, da der spezielle Anlaß das Beurteilungsergebnis häufig a priori festlegt und die Beurteilung dann nur noch eine Rechtfertigungsfunktion erfüllt. Hier sollte man die letzte reguläre Beurteilung zugrunde legen.

Strikt zu trennen von der einjährigen systematischen Personalbeurteilung ist die Forderung nach *unmittelbarer Rückkopplung* im Verlauf des Jahres. Eine unmittelbare Rückmeldung ist für jeden notwendig, der einen bestimmten Soll-Zustand anstrebt bzw. anstreben soll. Insofern obliegt dem Vorgesetzten die Pflicht, Anerkennung und Kritik im Verlauf des Jahres ohne Verzögerung auszusprechen. Wird der Beurteilte erst nach einem Jahr mit dem Bild konfrontiert, das der Beurteiler von ihm hat, so liegt ein schweres Versäumnis seitens des Beurteilers vor (Schuler, Mitarbeiter, S. 137).

Die Frage nach den Konsequenzen einer guten/schlechten Beurteilung wird häufig ausgeklammert. Es dürfte einsichtig sein, daß dauerhaft gute Leistungen auch belohnt werden müssen (z. B. durch Prämien, Beförderung ...), da sonst kein Anreiz zu weiter guten Leistungen besteht. Bei ungenügenden Leistungen sind Förderungsmaßnahmen oder Umsetzungen einzuleiten. Gerade im Bereich der *Öffentlichen Verwaltung* zeigt sich in dieser Beziehung ein besonders großes Mißverhältnis: derjenige, der recht und schlecht seine Arbeit erledigt, ist finanziell in der Regel genauso gestellt wie derjenige, der leistungsmäßig herausragt. Bei Beförderungen herrscht eher das Prinzip des Wohlwollens, der Dienstzeit und des Alters als das der Leistung. Erste Ansätze zu einer Änderung befinden sich im Versuchsstadium (Kübler, Organisation, S. 209 ff.).

3.7.3 Einsatzmöglichkeiten

Die Einsatzmöglichkeiten ergeben sich aus den mit der Beurteilung verfolgten Zielsetzungen, also für
– die leistungsangemessene Gehaltsfestsetzung,
– die systematische Personalentwicklung und -förderung,
– die sachliche Information und Motivation der Organisationsmitglieder,
– die Verbesserung des Gruppenklimas.

3.8 Management-by-Formen

3.8.1 Arten

Management-by-Formen sind Führungsprinzipien, die aus der praxisorientierten amerikanischen Management-Literatur stammen. Ihr Einsatz soll eine Steigerung der Leistungsfähigkeit der Organisation und der Zufriedenheit der Organisationsmitglieder bewirken. Ausgehend von den im Führungsbegriff enthaltenen Teilaufgaben (Zielsetzung, Information, Entscheidung, Kontrolle, Koordination, Motivation, . . .) wird ein Merkmal besonders herausgestellt und zum allgemeinen Prinzip erhoben. Unter diesem Aspekt wird dann die Aufgabenerfüllung der Mitarbeiter vorrangig gesteuert (z. B. Management by Objectives, M. by Information, M. by Decision, . . .). In der Regel handelt es sich nicht um irgendwie neuartige, sondern um ,amerikanisierte' Führungsprinzipien. Von der Vielzahl der angebotenen Management-by-Formen sind ein großer Teil Schlagworte bzw. ironische Spötteleien (z. B. Management by surprise, M. by ideas, M. by comics strips, M. by champignon . . .).
Es existieren nur wenige eigenständige Management-by-Formen, die zum Teil schwer voneinander abzugrenzen sind. Die wichtigsten dürften sein:
– Management by Exception (MBE, Führung durch Ausnahmeregelung)
– Management by Delegation (MBD, Führung durch Delegation)
– Management by Objectives (MBO, Führung durch Zielvereinbarung)
Sie sind in ihren wesentlichen Zielsetzungen, Kennzeichen, Voraussetzungen und Anwendungsbereichen in Abb. 65 skizziert. Im Unterschied zu den Führungsgrundsätzen von MBE und MBD ist das MBO ein geschlossenes, partizipatives Führungskonzept und enthält fast alle in Pkt. 3 aufgeführten Führungstechniken; MBE und MBD sind ebenfalls Bestandteile von MBO.
Während sich Beispiele für das erfolgreiche Praktizieren der Grundsätze von MBE und MBD in zahlreichen Richtlinien und Arbeitsanweisungen finden (z. B. in der Führungsanweisung, in der Stellenbeschreibung oder im Zeichnungsrecht: für Hamburg vgl. KGSt-Bericht 3/1971-Funktionelle Organisation, Anlage 3; für Berlin: GGO I für die Berliner Verwaltung vom 18. 2. 75), bereitet die Einführung von MBO in Wirtschaft und Verwaltung größere Schwierigkeiten. Auf die Darstellung des MBE und MBD wird im folgenden verzichtet.

3.8.2 Problematik des MBO

Wesentliches Kennzeichen von MBO ist, daß die Organisationsmitglieder mit spezifischen Zielen arbeiten, an deren Festlegung sie beteiligt sind. Die Probleme resultieren vor allem aus den Anforderungen, die an die Zielformulierung zu stellen sind. Hierbei handelt es sich um folgende Punkte (Frese, Ziele, S. 230 ff.):

(1) Formulierung operationaler Teilziele

Ausgehend von Stellenbeschreibungen sind die Hauptergebnisgebiete jeder Stelle in sachlicher, umfangmäßiger und zeitlicher Hinsicht als Standards zu präzisieren (zu Beispielen: Humble, MBO-Fibel, S. 60 ff., S. 83 f.). Dabei ist darauf zu achten, daß die Ziele für den jeweiligen Stelleninhaber klar, exakt und verständlich formuliert sind. Andernfalls ist eine spätere Zielerreichung fraglich. Ihren Niederschlag findet die operationale Zielformulierung u. a. in der jeweiligen Leistungsbeurteilung.

(2) Vereinbarkeit der Einzelziele mit dem Gesamtziel

Es ist festzustellen, welche Beziehungen zwischen den Teilzielen einerseits und zwischen ihnen und dem Gesamtziel andererseits bestehen. In Frage kommen (teil)komplementäre, (teil)konkurrierende und (teil)indifferente Zielbeziehungen. Wenn in der Literatur bei der Aufstellung von Zielsystemen häufig von strikten Zweck-Mittel-Ketten ausgegangen wird (Unterziele sind Mittel zur Erreichung von Oberzielen), trifft diese Vereinfachung nur selten die Realität. Beim Aufbau eines geschlossenen Zielsystems stellt sich daher das Problem, wie die Einzelziele mit dem Gesamtziel verträglich und entsprechend den Zielbeziehungen zu gewichten sind.

(3) Realistische Zielvorgaben

Zielvorgaben dürfen weder zu hoch noch zu niedrig sein. Im ersten Fall ist mit vorzeitiger Resignation des Stelleninhabers zu rechnen, im zweiten Fall besteht kein Leistungs-Anreiz-Effekt mehr. Die Zielvorgaben müssen vom Stelleninhaber als ‚unter Anstrengungen erreichbar‘ angesehen werden.

(4) Flexible Zielvorgaben

Aus zwei Gründen erscheint es wichtig, Zielvorgaben flexibel zu formulieren. Zum einen muß bei Umweltveränderungen eine rasche Anpassung an geänderte Datenkonstellationen erfolgen können, zum anderen ist aus Motivationsüberlegungen heraus eine zu starre Zielfestlegung zu vermeiden; sie beließe dem einzelnen kaum noch einen Autonomiespielraum. Zu beachten ist jedoch, daß eine zu häufige Datenanpassung das ganze System der Zielvorgaben diskreditieren kann.

(5) Partizipative Zielformulierung

Ausgehend von der Hypothese, daß jemand, der in der Phase der Erarbeitung von Vorschlägen aktiv beteiligt ist, sich nachdrücklicher für deren Realisierung einsetzt als jemand, dem die Entscheidung vorgegeben wird, ist zu fordern, daß die Stelleninhaber selbst die Zielvorgaben formulieren. Sie sind dann mit anderen Stellen (Vorgesetzten, Kollegen, Projektteam) abzustimmen. Durch das partizipative Vorgehen wird eine hohe Identifizierung mit dem Vorgabewert erreicht und die individuelle Verantwortung für die Realisierung gestärkt. Allerdings hängt der Zusam-

	Management by Exception (MBE)	Management by Delegation (MBD)	Management by Objectives (MBO)
Kurz-definition	– Führung durch Abweichungskontrolle und Eingriff im Ausnahmefall	– Führung durch Aufgabendelegation	– Führung durch Zielvereinbarung
Hauptziele	– Entlastung der Vorgesetzten von Routineaufgaben – Systematisierung der Informationsflüsse und Regelung der Zuständigkeiten	– Abbau der Hierarchie und des autoritären Führungsstils, Ansatz zur partizipativen Führung – Entlastung der Vorgesetzten wie bei (MBE) – Förderung von Eigeninitiative, Leistungsmotivation und Verantwortungsbereitschaft – Entscheidungen sollen auf der Führungsebene getroffen werden, wo sie vom Sachverstand her am ehesten hingehören – Mitarbeiter sollen lernen, wie man eigenverantwortlich Entscheidungen trifft	– Entlastung der Führungsspitze – Förderung der Leistungsmotivation, Eigeninitiative, Verantwortungsbereitschaft und Selbstregelungsfähigkeit der Mitarbeiter – partizipative Führung, Identifikation der Mitarbeiter mit Organisationszielen – Mitarbeiter sollen ihr Handeln an klaren Zielen ausrichten, objektiv beurteilt, leistungsgerecht bezahlt und nach Fähigkeiten gefördert werden – systematische Berücksichtigung von Verbesserungsmöglichkeiten
Wichtige Bestandteile/Instrumente	– Festlegung von Sollergebnissen – Informationsrückkopplung – Abweichungskontrolle(-analyse)	– Delegation von Aufgaben (mit Kompetenzen und Handlungsverantwortung) – Verbot der Rückgabe und Rücknahme der Delegation – Stellenbeschreibung – Regelung für Ausnahmefälle – Regelung für Dienstaufsicht und Erfolgskontrolle – Regeln für den Informationsverkehr	– organisatorisch institutionalisierter Zielbildungs- und Planungsprozeß, Einzelziele werden durch „Herunterbrechen" aus Organisationszielen abgeleitet – periodische Wiederholung eines kybernetischen Management-Zyklus – Zielbilder, Stellenbeschreibungen (MBD) und Ausnahmeregelungen (MBE) – Präzisierung der vereinbarten Ziele durch Leistungsstandards und Kontrolldaten – regelmäßige Ziel-Ergebnis-Analysen (ZEA) – objektivierte, zielorientierte Leistungs- bzw. Personalbeurteilung – Management-Developement-System, das an die ZEA anknüpft und in den Management-Zyklus integriert ist

	MBE	MBD	MBO
Voraussetzungen	– Anwendungsbereich auf programmierbare Entscheidungsprozesse beschränkt – alle Beteiligten müssen Ziele, Abweichungstoleranzen und Definition der Ausnahmefälle kennen – entsprechendes Kontroll- und Berichtssystem – klare Regelung der Zuständigkeiten	– Delegationsbereitschaft der Vorgesetzten und Delegationsfähigkeit der Mitarbeiter – Klärung delegierbarer und nichtdelegierbarer Aufgaben, Kompetenzen und Verantwortung – entsprechendes Kontroll- und Berichtssystem – ausreichende Information der Mitarbeiter (durch Querschnittsinformation)	– Delegation wie bei MBD – zielorientierte Organisation – gut organisiertes, leistungsfähiges Planungs-, Informations- und Kontrollsystem – entsprechende Informationsversorgung und Ausbildung der Mitarbeiter
Kritik	– einseitig (Beschränkung auf Abweichungsfälle) und fehlendes feed forward (Vorkopplung) – über Ziele und Pläne als Grundlage für Sollgrößen und Kontrolle wird nichts gesagt – fördert nicht unbedingt Eigeninitiative und Verantwortungsfreude, Tendenz zur „Delegation nach oben"	– Hierarchie wird nicht abgebaut, sondern unter Umständen gefestigt – Prinzip beruht auf statistischem Denkansatz, vernachlässigt dynamische Prozeßaspekte und Zielorientierung – partizipative Führung wird hiermit allein kaum erreicht (gemeinsame Entscheidungen von Vorgesetzten und Mitarbeitern?) – Motivationsaspekte ungenügend berücksichtigt – Vorgesetzte delegieren unter Umständen nur uninteressante Routineaufgaben – Prinzip vernachlässigt die notwendige Querkoordination und übergreifende Zielabstimmungen	– bei unsachgemäßer Anwendung: Gefahr überhöhten Leistungsdrucks (Folge: Mißerfolgsmotivierung, Frustration) – partizipativer Planungs- und Zielbildungsprozeß ist zeitaufwendig – Tendenz zur Konzentration auf meßbare Ziele (Leistungsstandards), obwohl qualitative Ziele unter Umständen wichtiger sind – relativ hohe Einführungskosten (kein echtes Argument: bei konsequenter Anwendung von MBE und MBD ähnlich) – Schwierigkeiten bei Zielabhängigkeiten über Abteilungsgrenzen hinweg (Zielpooling) nicht immer lösbar
Gesamturteil	– kein eigenständiges Modell, lediglich einfaches generelles Prinzip – löst nur kleinen Teil der Management Probleme, geht aber in andere Modelle ein	– als einfaches Prinzip allgemeingültig verwendbar, aber nur begrenzt wirksam – in Form des Harzburger Modells zwar leistungsfähiger, aber zu statisch und daher stark erweiterungsbedürftig. Im Vergleich zum MBO bleibt vieles offen	– modernste, umfassende und am weitesten entwickelte Management-Konzeption – berücksichtigt den Stand moderner Führungstheorie und die zentrale Rolle der Ziele für die Steuerung sozialer Systeme

Abb. 65. Übersicht über MBE, MBD, MBO
(Verkürzte Fassung aus: Wild, Management by..., S. 62 f.)

menhang zwischen Partizipation, Motivation und Leistung von einer Reihe weiterer Größen ab (vgl. Pkt. 2.3.2.2.2).

(6) Eigenkontrolle der Zielvorgaben

Aus der Partizipationsforderung resultiert neben dem Einräumen eines Autonomiebereiches die Forderung nach Eigenkontrolle. Unbestreitbar benötigt primär der Stelleninhaber selbst Kontrollinformationen, um die gewünschten Ziele erreichen zu können. Jedoch erscheint die im MBO-Konzept erhobene Forderung nach *weitestgehender* Ablösung der Fremdkontrolle durch die Eigenkontrolle infolge des Phänomens der kognitiven Dissonanz bedenklich (Pkt. 2.1.3.1).

(7) Weitere Probleme

Neben den spezifischen Problemen der Ermittlung von Zielvorgaben gibt es eine Reihe allgemeiner Probleme, die bei den anderen Führungstechniken bereits angesprochen wurden.
– Kostenaspekte: Der für die Einführung des Programms anzusetzende Zeitraum ist mit ca. drei bis fünf Jahren zu veranschlagen, in dem hohe Kosten für Schulungsmaßnahmen, Organisationsuntersuchungen usw. anfallen. Hinzu kommen durch den jährlichen Soll-Ist-Vergleich und die Abweichungsanalyse laufend Folgekosten.
– Erfolgsaussichten: Die durch die Einführung des MBO-Konzeptes zu erwartenden Leistungs- und Motivationssteigerungen lassen sich nicht unbedingt auf das MBO-System zurückführen, sondern können ebensogut Folge der mit der Einführung verbundenen grundlegenden Reorganisation sein. Insofern ist eine verursachungsgerechte Zurechnung von Kosten und Erträgen nicht möglich; der Erfolg läßt sich nicht berechnen.

3.8.3 Einsatzmöglichkeiten

Das MBO-Konzept ist als umfassendes, hoch-mitwirkungsorientiertes Führungssystem anzusehen, in dem die einzelnen Führungstechniken integriert sind und so ihren Stellenwert erhalten. Welche praktische Bedeutung dem MBO-Konzept beigemessen wird, läßt sich am besten aus dem Schrifttum beurteilen, das in letzter Zeit stark angewachsen ist. Inzwischen gibt es eine eigene Zeitschrift ‚Management by Objectives‘ (Hrsg. Carpenter), die über Probleme der Einführung, Erfahrungen und Lösungsansätze berichtet (weitere Literatur: Humble (Hrsg.): Praxis des MBO; O'Hea, J. J., Questions; Eiffe, MBO). Die bisherigen Erfahrungen legen die Vermutung nahe, daß das Konzept vorwiegend auf den mittleren Hierarchieebenen erfolgreich eingesetzt werden kann, während es sich für die oberen Ebenen aufgrund der unbefriedigenden Möglichkeiten einer längerfristigen Zielformulierung nicht so sehr eignet (Frese, Ziele, S. 235, FN 59, 60). Für die einzelnen Stellen im mittleren Bereich kann die Einführung wie folgt ablaufen (Abb. 66).

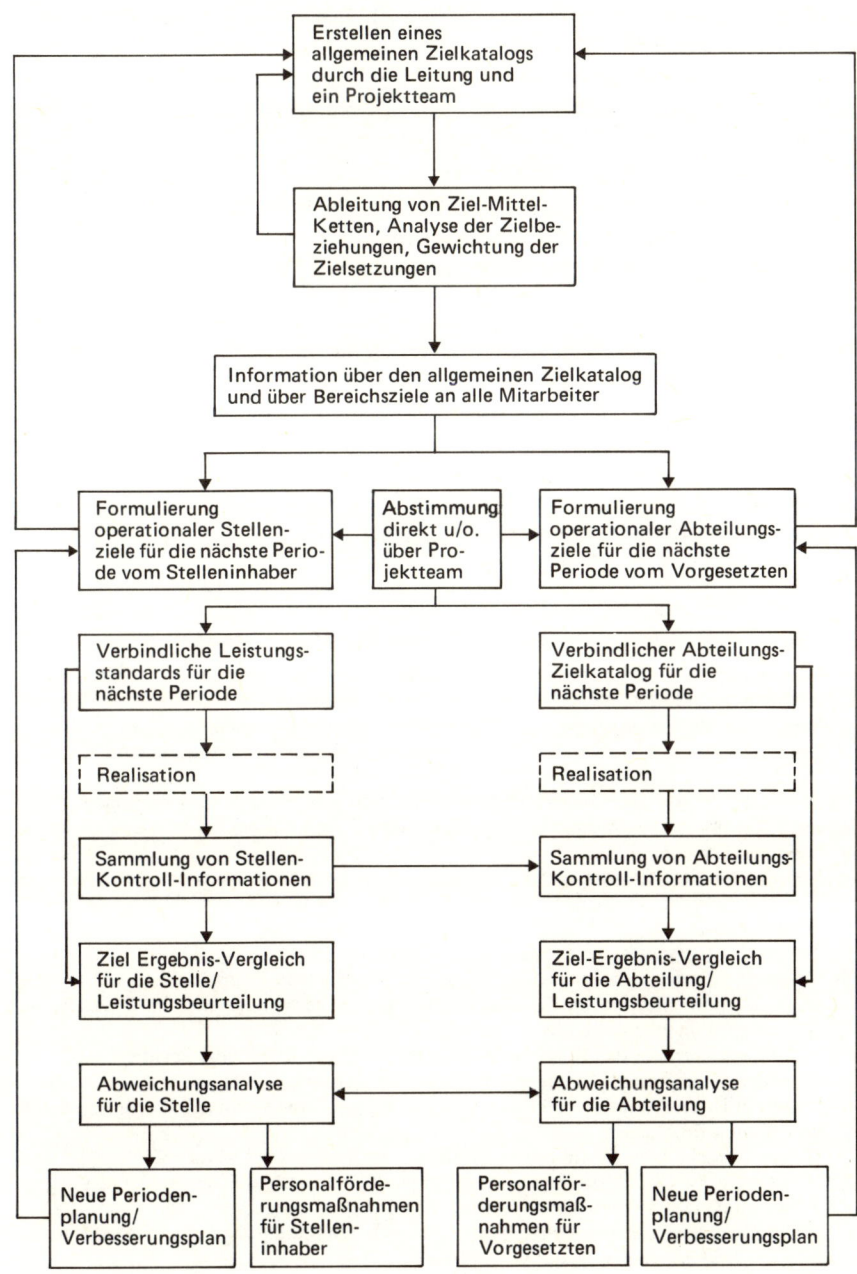

Abb. 66. Ablaufschema zur Einführung von MBO

Neuerdings wird das MBO-Konzept auch im *Verwaltungsbereich der BRD* diskutiert (z. B. Böttcher, Führung, S. 31 ff.; Bundesakademie für Öffentliche Verwaltung, Führung, S. 1 ff.; Wild, MBO, S. 283 ff.). Trotz einer positiven Einschätzung aufgrund von Anfangserfolgen dürfen die Schwierigkeiten nicht übersehen werden, die der Einführung entgegenstehen. Im Bereich der Öffentlichen Verwaltung sind sie besonders gravierend, da
- die Zielbildung im politischen Bereich äußerst komplex ist,
- operationale Ziele weitgehend fehlen,
- Leistungsbeurteilungen als Grundlage leistungsorientierter Vergütungen unbekannt sind,
- Ansätze zu einer systematischen Personalförderung unterentwickelt sind.
Innerhalb des Verwaltungssektors dürften sich am ehesten noch der kommunale und nachgeordnete Bereich für die Anwendung des MBO eignen, nicht so sehr dagegen die Ministerialverwaltung, da für sie klare und dauerhafte Ziele nur selten formuliert werden können.

Fragen zur Lernkontrolle zu Abschnitt 3

I Fragen zum Text

Können Sie eine Frage nicht beantworten, blättern Sie bitte im Text zurück!

1. Was beinhaltet das Prinzip der Delegation unter den Aspekten der Information, Kommunikation und Motivation?
2. Worin liegt die Problematik einer Allgemeinen Führungsanweisung?
3. Bestimmen Sie den Aufbau und Einsatzbereiche von Funktionendiagrammen!
4. Nennen Sie die grundlegenden Bestandteile einer Stellenbeschreibung!
5. Skizzieren Sie die Gemeinsamkeiten und Unterschiede einer Stellenbeschreibung und einer Arbeitsplatzbeschreibung! Weshalb ist unter Führungsaspekten die Stellenbeschreibung vorzuziehen?
6. Nehmen Sie Stellung zu folgender Aussage: „Stellenbeschreibungen sind ohne Wert für die Mitarbeiter, da sie die persönliche Initiative und individuelle Entwicklungsmöglichkeiten hemmen!"
7. Welches sind gemeinsame Probleme aller Gruppenorganisationsformen?
8. Erläutern Sie die wichtigsten Regeln für den Verlauf von Gruppensitzungen! Welche Möglichkeiten sehen Sie, die Einhaltung der Regeln zu gewährleisten, insbesondere, wenn sie zum erstenmal angewendet werden sollen?
9. Worin liegt der Sinn der Regel beim Brainstorming, daß Kritik oder Richtigstellung von unsinnigen Äußerungen in der ersten Phase verboten sind?
10. Inwiefern ist die Methode 635 eine Modifizierung des Brainstorming? Worin liegen ihre spezifischen Probleme?
11. Welche Zwecke können mit einer Personalbeurteilung verfolgt werden?
12. Nennen Sie die Gesichtspunkte, nach denen die Kriterien für die Personalbeurteilung zu wählen und zu gewichten sind! Welche Schwierigkeiten treten auf?
13. Welche Probleme ergeben sich im einzelnen bei der Durchführung einer Personalbeurteilung und wie können sie verringert werden?
14. Weshalb ist jede Personalbeurteilung durch ein Beurteilungsgespräch zu ergänzen?
15. Welche Vorteile weist eine systematische Personalbeurteilung für die Beurteilten auf?
16. Wodurch unterscheiden sich beim Management by Objectives die ‚autoritäre' und die ‚partizipative' Variante?

II Fragen zur Vertiefung

Die folgenden Fragen sind als Anregung zur Weiterbeschäftigung mit Führungsproblemen gedacht und sollen Ihnen die Möglichkeit bieten, auf der Grundlage des Gelesenen eigene Überlegungen anzustellen. Fixieren Sie Ihre Antworten am besten schriftlich, ehe Sie die Lösungshinweise auf S. 232 ff. benutzen. Die Lösungshinweise sind vor allem Orientierungshilfen; Ihre Antworten können durchaus abweichen!

1. Gegen die Delegation werden eine Reihe von Einwänden vorgebracht. Nehmen Sie zu folgenden Argumenten Stellung:
   a) Führung bedeutet Verhaltensbeeinflussung. Da sich mit zunehmender Delegation die Einflußmöglichkeiten des Vorgesetzten auf die Arbeit seiner Mitarbeiter verringern, bedeutet die konsequente Verwirklichung des Prinzips der Delegation gleichzeitig den Zustand der Nicht-Führung (laisser-faire-Verhalten).
   b) Wenn im Bereich des Vorgesetzten etwas schief läuft, ist er dran. Er trägt die ungeteilte Verantwortung für alle in seiner Abteilung vorkommenden Fehler. Dabei spielt es keine Rolle, ob Aufgaben delegiert sind oder nicht.
   c) Bei konsequenter Delegation ist der Vorgesetzte nicht mehr über alles informiert, so daß er seine Aufgaben nur noch unvollständig erledigen kann.
2. Zeigen Sie die Gemeinsamkeiten und Unterschiede zwischen einem Funktionendiagramm und einer Stellenbeschreibung auf!
3. Welche Gründe sprechen für eine Differenzierung der Stellenbeschreibungen nach Hierarchieebenen?
4. Worin liegen unter Führungsgesichtspunkten spezifische Probleme der Projektgruppe?
5. Nehmen Sie Stellung zu folgender Aussage: „Gruppenarbeit impliziert wirksame Gruppenkontrolle!"
6. Inwiefern ergänzen sich ein partizipativer Führungsstil und das Brainstorming bei der Lösung innovativer Aufgaben?
7. Diskutieren Sie die Vorteile einer Vorgesetztenbeurteilung durch die unterstellten Mitarbeiter!
8. Nehmen Sie Stellung zu der Aussage: „Personalbeurteilungen und Stellenbeschreibungen dienen letztlich nur dazu, vorhandene Leistungsreserven der Arbeitnehmer zu aktivieren, um sie besser ausbeuten zu können!"
9. Welche Vorteile lassen sich von einem partizipativen MBO-Konzept für den Mitarbeiter, den Vorgesetzten und die Organisation insgesamt erwarten?
10. Welche Unterschiede zwischen Wirtschaftsunternehmen und Verwaltungsbehörden dürften zu Anwendungsproblemen bei der Verwirklichung von MBO in der Verwaltung führen?
11. Welche Faktoren sprechen am stärksten gegen die Möglichkeit der Realisierung eines geschlossenen, widerspruchsfreien MBO-Systems?
12. Inwiefern läßt sich auch die ‚partizipative Variante' des MBO als repressives System interpretieren?
13. Wie vollzieht sich zweckmäßig die Einführung von MBO? Soll man oben oder unten in der Hierarchie beginnen?

Lösungshinweise zu Abschnitt 1

1. Die Bedeutung von Führungsfragen innerhalb der Unternehmungspolitik zeigt sich daran, daß für den Mißerfolg einer Unternehmung häufig der Führungsstil der obersten Leitungsperson(en) verantwortlich gemacht und personelle Konsequenzen gezogen werden. Zwar erscheint diese Handlungsweise in vielen Fällen inadäquat, da sie von einem überholten, der Realität nicht mehr entsprechenden Unternehmerbild ausgeht (unumschränkte Machtfülle und alleinige Entscheidungsbefugnis des obersten Leitungsor-

gans); sie weist jedoch darauf hin, daß die Entscheidung über die Führungskonzeption unmittelbar und nachhaltig die Effizienzgrößen (Arbeitsleistung und Zufriedenheit) auf allen
Hierarchieebenen beeinflußt.

Während früher aufgrund einer stark mechanistischen Betrachtungsweise („Mensch = Produktionsfaktor') Führungsprobleme kaum auftraten, sind Unternehmungen heute – insbesondere wegen der eingetretenen sozialen, technischen und wirtschaftlichen Strukturwand-
lungen – gezwungen, sich intensiv mit ihnen auseinanderzusetzen. Andernfalls bestehen
nur geringe Chancen, Leistungs- und Rationalisierungsreserven zu aktivieren. Für viele
Unternehmungsleitungen ergibt sich daher das Problem, eine Führungskonzeption zu ent-
wickeln und zu realisieren, die modernen sozialwissenschaftlichen Erkenntnissen gerecht
wird. Dazu gehört auch die Notwendigkeit, Organisationmaßnahmen frühzeitig mit Füh-
rungsmaßnahmen abzustimmen.

Aus allem wird ersichtlich, weshalb die Entscheidung über die Führungskonzeption heute
einen wesentlichen Teil der Unternehmungspolitik ausmacht und gleichrangig neben der
über das Produktionsprogramm, den Standort, die Rechtsform, die Organisationsstruktur
usw. stehen muß.

2. Unter *institutionellem Aspekt* stehen zwei Fragen im Vordergrund:
   (1) Welche Führungspositionen gibt es?
   (2) Welche Führungsaufgaben sind in den einzelnen Führungspositionen zu erfüllen?
   zu (1). In einer hierarchischen Organisationsstruktur liegen die Führungspositionen
   a priori fest. Entsprechend der Hierarchieebene lassen sich solche des Top-, Middle- und
   Lower Management unterscheiden. In einer ‚hierarchiefreien' Organisationsstruktur sind
   dagegen die Zahl, Art und Dauer der Führungspositionen erst zu bestimmen.
   zu (2). Es ergibt sich das Problem, inwieweit neben allgemeinen Führungsaufgaben (etwa
   Ziele setzen, Informieren, Motivieren, Kontrollieren) spezifische Führungsaufgaben den
   Charakter einer Führungsposition festlegen. Sie ergeben sich z. B. aufgrund des Ranges in
   der Hierarchie, der zu erfüllenden Aufgabe, der Freiwilligkeit der Mitgliedschaft usw.

   Unter *prozessualem Aspekt* stehen folgende Fragen im Vordergrund:
   (1) Welche Probleme treten in den Teilphasen des Führungsprozesses auf?
   (2) Wie können diese Probleme im Sinne eines effizienten Führungsablaufes gestaltet
   werden?
   zu (1). Gliedert man den Führungsprozeß in die Teilphasen der Willensbildung und der
   Willensdurchsetzung, die weiter zu unterteilen sind, tauchen eine Reihe von Problemen
   auf; etwa in der
   Problemstellungsphase: wie lassen sich möglichst viele und gute Ideen gewinnen?
   Durchsetzungsphase: wie läßt sich der Widerstand gegen Maßnahmen minimieren?
   usw.
   zu (2). Eine im Hinblick auf Arbeitsleistung und Zufriedenheit der Mitglieder effiziente
   Gestaltung kann z. B. vermutet werden in der
   Problemstellungsphase: durch den Einsatz spezifischer Ideenfindungsmethoden wie etwa
                          das Brainstorming, die Synektik usw.
   Durchsetzungsphase: durch die Vergabe besonderer Anreize für eine schnelle Durch-
                          führung; durch eine umfassende Informationspolitik von Anfang
                          an usw.

3. Führung und Manipulation sind Prozesse, die auf die *bewußte Beeinflussung* des Verhaltens anderer Personen gerichtet sind. In beiden Fällen kann die Beeinflussung an den nicht
   hinreichend befriedigten Bedürfnissen ansetzen, deren Erfüllung in Aussicht gestellt wird.
   Insoweit unterscheiden sich Führung und Manipulation nicht.
   Ein wesentliches Kennzeichen von Manipulation ist jedoch, daß der Beeinflussende für sich
   einen Vorteil zu erlangen sucht, den er dem Beeinflußten nicht offenlegt. Diesem bleiben
   das Ziel und häufig auch die Art und Weise der Beeinflussung unklar und unbewußt (etwa
   in Form unterschwelliger Werbung). Der ‚manipulativen' Führung steht eine ‚offene' Füh-

rung gegenüber; hier sind dem Beeinflußten Ziele und Art der Beeinflussung durchschaubar, und er hat die Möglichkeit, Stellung zu beziehen.

Wird Führung in Organisationen manipulativ ausgeübt, geschieht dies zumeist über eine entsprechende *Informationssteuerung.* Es lassen sich verschiedene Formen unterscheiden. etwa durch
- falsche Information
- selektive Informationen (bezüglich Art und Menge)
- zu späte Informationen

Die Eingangsthese geht davon aus, daß sich Erfolge leichter erzielen lassen, wenn man die Geführten über seine wahren Ziele im unklaren läßt bzw. ihnen andere ‚verkauft‘. Insbesondere in Situationen, in denen von Seiten der Geführten entgegenstehende Ziele vermutet werden, läßt sich Widerstand vermeiden und die Zustimmung der Geführten leichter erreichen.

Selbst im günstigsten Fall stimmt diese These jedoch nur so lange, bis die Geführten die Manipulation einmal erkannt haben. Dann behindert die erkannte Manipulation jede weitere Zusammenarbeit und verursacht permanent Mißtrauen. Häufig wird viel Zeit darauf verwendet, vordergründige Argumente zu entkräften bzw. ihnen mit gleichfalls vordergründigen Argumenten zu begegnen. Je nach persönlicher Betroffenheit dürfte Führung entweder nur noch unter erschwerten Bedingungen (Problem der Zurückgewinnung der Glaubhaftigkeit) oder überhaupt nicht mehr möglich sein. Auf längere Sicht zahlt sich Manipulation im gleichen Personenkreis vermutlich nicht aus.

4. ‚Direkte‘ Führung liegt vor, wenn Führer und Geführte unmittelbar miteinander in Kommunikation treten, ‚indirekte‘ Führung, wenn Mittlerpersonen dazwischen treten. Da Führung ein Vorgang ist, der sich gleichzeitig auf zwei Ebenen abspielt, nämlich auf der intellektuellen, verstandesmäßigen und auf der emotionalen, gefühlsmäßigen, muß sich eine Beurteilung der indirekten und der direkten Führung an diesen beiden Ebenen ausrichten. Die Vorteile der einen Führungsform sind gleichzeitig die Nachteile der anderen.

Vorteile der direkten Führung
- Bessere Möglichkeiten zur persönlichen Motivation infolge direkter Beziehungen.
- Größere Einflußmöglichkeiten der Mitarbeiter hinsichtlich der Durchsetzung eigener Vorstellungen.
- Keine Gefahr der Informationssteuerung durch Mittlerpersonen.
- Vermeidung von Kommunikationsstörungen semantischer Art, die auf Mittlerpersonen zurückzuführen sind.
- Größere Schnelligkeit der Informationsübermittlung und unmittelbare Rückkopplung.
- Höhere Zuverlässigkeit der Informationsübermittlung.
- Bessere Möglichkeiten zur Praktizierung nichtsprachlicher Kommunikation (etwa durch Gesten, anerkennendes Auf-die-Schulter-klopfen usw.).
- Kein Zwang zu höchster Ausdrucksdisziplin, da unmittelbare Rückkopplung gegeben ist.

Vorteile der indirekten Führung
- Größerer Personenkreis führbar.
- Bessere Zusammenarbeit mit unsympathischen Mitarbeitern möglich; Reibungsaspekte persönlicher Art (z. B. aufgrund unterschiedlicher Wertvorstellungen) entfallen und belasten nicht das Arbeitsklima.
- Bessere Möglichkeiten zur Motivation infolge indirekter Beziehungen (z. B. durch höhere Überzeugungskraft der Mittlerperson).

5. Aufgrund ihrer geringeren Positionsautorität verfügen Mitarbeiter in hierarchischen Strukturen nicht über gleiche Einflußmöglichkeiten. Üblicherweise sind sie ‚Objekt‘ der Führung. Dennoch gibt es für sie eine Reihe von Möglichkeiten, ihre Vorgesetzten wirksam zu beeinflussen, da sie sich in gleicher Weise die Motivationsgrundlagen von Führungsprozessen zu eigen machen können.

Allgemeine Maßnahmen sind etwa:

– Analyse der Motivationsstruktur des Vorgesetzten und Einsatz geeigneter Anreize zur Erzielung eines gewünschten Verhaltens. Aufbau einer langfristigen Belohnungsstrategie, die sich etwa auf fachliche Leistungen, menschliche Qualitäten oder spezifische Gruppenzugehörigkeiten richten kann; situationsadäquate Bestätigung bzw. Vorenthaltung von Anerkennung.

– Nutzung der informellen Kommunikationskanäle.

– Bewirkung eines guten Klimas unter den Kollegen, um – wenn im Konfliktfall notwendig – Gruppensolidarität auch gegenüber dem Vorgesetzten üben zu können.

– Erzielung guter Leistungen – nach Möglichkeit in einem selbständigen Arbeitsbereich – und Bekanntmachung derselben auch außerhalb der Abteilung. Dieses Vorgehen zwingt den Vorgesetzten, an den Aufstieg des Mitarbeiters zu denken.

– Analyse der Position des Vorgesetzten und der eigenen gegenüber dem nächsthöheren Vorgesetzten oder einflußreichen dritten Stellen. Ist beispielsweise die Beziehung zwischen dem Mitarbeiter und dem nächsthöheren Vorgesetzten gut, ist sein Einfluß auf seinen unmittelbaren Vorgesetzten relativ stark.

(Weiterführende Literatur: Gasch/Hess, Chef, S. 21 ff.)

6. Führung ist ohne Ziele nicht möglich, wobei wegen der Leistungsmotivation auf eine weitgehende Zielidentifikation (zumindest Akzeptanz) Wert zu legen ist. Um mögliche Differenzen zwischen formalen Führungszielen (Zielen der Organisation) und informalen Führungszielen (informale Gruppen- und Individualziele) zu minimieren, könnten folgende Maßnahmen angestrebt werden:

– Reduzierung der formalen Zielerreichungsforderung.

– Partizipative Zielformulierung und Zielabsprachen (Ansatz der Theorie Y und des MbO: eröffnet Möglichkeiten zu höherer Identifikation).

– Schriftliche Fixierung der Ziele.

– Präzisierung vereinbarter Ziele durch Leistungsstandards und Kontrolldaten, so daß Selbstkontrolle wirksam praktiziert werden kann.

– Verbesserung des Informationssystems für den einzelnen Mitarbeiter, so daß er nicht nur über seinen Aufgabenbereich, sondern auch gesamtbetrieblich und unter sozio-emotionalem Aspekt gut unterrichtet ist.

– Objektive und angemessene Belohnungen (z. B. Lob, Anerkennung, Aufstieg, Bezahlung). Unzureichende Leistungen sollten kein Grund zur Bestrafung, sondern Anlaß zu persönlicher Förderung durch Fortbildung und Unterstützung sein.

– Einsatz höherer Anreize monetärer wie nicht-monetärer Art.

– Änderung von Aufgabenbereichen entsprechend den Vorstellungen der Betroffenen (z. B. hinsichtlich Inhalt, Autonomiespielraum, Ergebnisverantwortlichkeit), so daß verstärkt die Möglichkeit von Erfolgserlebnissen eintritt.

– Regelmäßige Ergebnisrückkopplungen und Ursachenanalysen, so daß unzulässige Abweichungen durch geplante Verbesserungsmaßnahmen behoben und systematisch in Verhaltens-, Ausbildungs- und Systemänderungen umgesetzt werden.

– Verstärkte Praktizierung von Gruppenarbeit.

7. Der nachfolgend skizzierte *Stufenplan* ist nur eine mögliche Vorgehensweise. Zwar scheint er in vielen Fällen geeignet; er muß jedoch flexibel ausgestaltet werden.
Phase 1: *Informationsphase*
In dieser Phase erhalten die Teilnehmer allgemeine Informationen über effizientes Führungsverhalten im Hinblick auf Leistung und Zufriedenheit und werden befähigt, selbständig Fragen und Lösungsvorschläge zu bestimmten Führungssituationen zu erarbeiten.
Angestrebt wird eine theoretische Durchdringung der Zusammenhänge zwischen zentralen Größen des Führungsprozesses wie: Führungsstil, Motivation, Organisation, Arbeitsleistung, Zufriedenheit, Anspruchsniveau, Anreizwirkungen von Belohnungen, spezifische Situationsfaktoren usw.

Als Veranstaltungsform eignen sich Vortrags-, Film-, Diskussions- und Kleingruppenveranstaltungen.

Diese Phase ist Grundlage und Voraussetzung für eine Veränderungsbereitschaft der Teilnehmer, jedoch bewirkt sie selbst – wie die Erfahrungen zeigen – kaum eine Veränderung des Führungsverhaltens. Rationale Einsicht reicht für eine wirksame Verhaltensänderung allein nicht aus; ein gezieltes Training ist notwendig (Phasen 2 bis 4).

Phase 2: *Analysephase*
Das von den Teilnehmern tatsächlich praktizierte Führungsverhalten wird in Einzel- und Gruppenarbeit (z. B. Rollenspiele) durchleuchtet.

Phase 3: *Auflockerungsphase*
In einfachen Spiel- und Entscheidungssituationen ist zu versuchen, das alte Führungsverhalten aufzulockern und zu einem situationsadäquaten Führungsverhalten umzugestalten.

Phase 4: *Bewährungsphase*
In schwierigen Spiel- und Entscheidungssituationen ist eine Verfestigung des adäquaten Verhaltens anzustreben.

Phase 5: *Anwendungsphase*
Das neue Verhalten wird in der realen Berufssituation angewendet. Dazu muß gewährleistet sein, daß es auch wirksam praktiziert werden kann.
Außenstehende Berater sollten zur Verfügung stehen, um die Bewältigung neuer Situationen zu erleichtern. Eventuell empfiehlt sich die Einrichtung einer Beratungsstelle.

Phase 6: *Kontrollphase*
Im zeitlichen Abstand von ca. 6 bis 12 Monaten ist ein Erfahrungsaustausch der Teilnehmer vorzusehen. Wünschenswert wäre es, wenn sich zwischen den Teilnehmern ein fester Kontakt entwickelt, so daß die Funktion des Beraters mit fortschreitender Zeit wegfallen kann.

Lösungshinweise zu Abschnitt 2.1

1. ‚Kooperative Führung' in Literatur und Praxis kann u. a. heißen:

‚*Humanisierte Führung*'
Gegenüber traditionellen Vorstellungen unterscheidet sich diese Variante nur durch den freundlicheren Umgangston. Der Vorgesetzte tritt nicht mehr mürrisch und befehlend auf, sondern gibt sich nach außen eher liebenswürdig und gütig. Anstelle von ‚Anordnungen' und ‚Befehlen' spricht er ‚Empfehlungen' oder ‚Ratschläge' aus. Dies ist seine Konzession an die veränderte Zeit; seine Grundeinstellung vom Befehl-Gehorsam-Verhältnis bleibt davon unberührt.

‚*Führung durch Mitarbeiterbesprechungen und Konferenzen*'
An dem Ablauf derartiger Sitzungen kann man ihren Stellenwert ablesen, den sie im Führungsverständnis des Vorgesetzten besitzen. Verlaufen sie als Ansprachen oder dienen sie lediglich der besseren Informationsvermittlung von Seiten des Vorgesetzten an die Mitarbeiter, erfüllen sie eine Alibifunktion. Erst wenn sie zu wirksamer Gruppenarbeit genutzt werden, bei der die Mitarbeiter ein Entscheidungsrecht haben, sind sie als Mittel eines kooperativen Führungsstils anzusehen.

‚*Mitarbeiterorientierte Führung*'
Der Vorgesetzte stellt die Bedürfnisse der Mitarbeiter in den Mittelpunkt seines Handelns und versucht, durch emotionale Zuwendung eine entspannte Arbeitsatmosphäre zu schaffen.

‚*Zielorientierte Führung*'
Der Vorgesetzte versucht, über Zielklarheit, quantitative Leistungsmaßstäbe und ein hohes Maß an Informationen die Mitarbeiter zu hoher Arbeitsleistung zu aktivieren.

‚*Integrative Führung*'
Sie ist eine Kombination der mitarbeiter- und der zielorientierten Führung. Der Vorgesetzte versucht, die Arbeitsbedingungen so zu gestalten, daß die Mitarbeiter ihre persönlichen Ziele im Rahmen der Organisationsziele erreichen können. Dazu erhalten die Mitar-

2. a) Situationen, in denen der jeweilige Führungsstil angemessen erscheint:

1	2	3	4	5	6	7
Generell: Notsituationen. z. B. direkter Polizei-, Feuerwehreinsatz zur Abwendung unmittelbarer Gefahr	Entscheidung eines Baustellenleiters, die Baustelle nachts durch Betriebsfremde bewachen zu lassen, nachdem größere Mengen Baumaterial abhanden gekommen sind u. einige Mitarbeiter vermutlich nach Feierabend schwarz arbeiten	Durchführung der Mitarbeiterbeurteilung in hierarchischen Organisationen	Personalauswahl zur Einstellung eines neuen Mitarbeiters/Assistenten des Vorgesetzten	Generell: Investitionsentscheidungen, etwa Anlagenauswahl zur Beschaffung einer EDV	Entscheidung über Einführung oder Veränderung der Gleitenden Arbeitszeit; Durchführung einer Organisationsuntersuchung	Fachausschußarbeit; Schwurgericht; Entscheidung über Betriebsausflug; Erarbeitung einer neuen Werbekonzeption

b) Bestimmung genereller Faktoren aus den Beispielen:

1	2	3	4	5	6	7
Eilbedürftigkeit; Folgewirkungen einer (Nicht) Entscheidung	Verantwortung	Organisationsform	Persönl. Betroffenheit durch die Entscheidung; Akzeptierungschance der Entscheidung	Art der Aufgabe (neuartig – bekannt); Fachkenntnisse	Bedeutung der Entscheidung für Mitarbeiter; Gruppennormen; Freiheit bei der Arbeit	Art der Entscheidung; Fachkenntnisse

3. Abstufung des Merkmals ‚Verteilung von Entscheidungsaufgaben'

1	2	3	4	5	6	7
Vorgesetzter (V) delegiert überhaupt keine Entscheidung; trifft alle Entscheidungen allein	V delegiert nur sehr selten; delegiert mit zu geringem Erfolg	V delegiert manchmal; delegiert mit geringem Erfolg	V delegiert nicht besonders gern; delegiert mit unterschiedlichem Erfolg	V delegiert in mittlerem Maße; delegiert mit mittlerem Erfolg	V delegiert relativ viel; delegiert mit gutem Erfolg	Entscheidungen werden dezentral getroffen; V delegiert sehr viel; delegiert mit sehr großem Erfolg

beiter ein Mitspracherecht bei der Zielformulierung (MbO-Ansatz, 9.9-Führungsstil).

‚Gruppenorientierte Führung'
Nicht ein formal ernannter Vorgesetzter führt, sondern die Gruppe, die sich aus prinzipiell gleichberechtigten Mitgliedern zusammensetzt, bestimmt, was wie zu tun ist. Gewählte Gruppenmitglieder üben nach außen Koordinationsfunktionen aus. Möglich wird damit die Ablösung der Hierarchie als Organisationsform und ihre Ersetzung durch ein generelles Gruppensystem.

4. *Vorteile für den Mitarbeiter*

– Seinen Bedürfnissen nach Selbständigkeit, Selbstentfaltung und Verantwortung wird durch die Arbeitsgestaltung entsprochen; dadurch kann er sich besser mit der Arbeit identifizieren.
– Weitgehende Freiheit bei der Verwirklichung eigener Arbeitsvorstellungen.
– Anpassungsleistungen an die individuellen Vorstellungen des Vorgesetzten im Hinblick auf Stil und äußere Gestaltung der Arbeitsergebnisse entfallen weitgehend.
– Der Vorgesetzte kann die Leistungen des Mitarbeiters nicht für sich in Anspruch nehmen und kann auch nicht die ihm unangenehmen Tätigkeiten von Fall zu Fall einfach auf den Mitarbeiter abschieben; tüchtige Mitarbeiter sind leichter erkennbar.
– Bessere Aufstiegschancen durch den Nachweis qualifizierter Arbeit.
– Verstärkung der Informationsrechte des Mitarbeiters.
– Wegfall der Tätigkeits-, und Detailkontrolle.
– Der Mitarbeiter erfährt insgesamt eine Aufwertung, da seine Initiative, sein Mitdenken und Mithandeln benötigt werden.

Vorteile für den Vorgesetzten

– Entlastung von Durchführungs-, und Detailaufgaben.
– Möglichkeit zur intensiven Beschäftigung mit Sachaufgaben, die infolge hoher Priorität nicht delegiert werden können.
– Möglichkeit zur intensiven Beschäftigung mit Führungsaufgaben (z. B. Zielsetzungs-, Planungs-, Koordinations-, Informations-, Motivationsaufgaben usw.).
– Wirksame Unterstützung durch kompetente Mitarbeiter bei schwierigen und neuartigen Problemen.
– Möglichkeit zur Heranbildung von Nachwuchskräften für Führungsaufgaben.

Vorteile für die Organisation

– Erhöhte Wirtschaftlichkeit durch Spezialisierung der Kenntnisse und Tätigkeiten.
– Beschleunigung des Arbeitsablaufes durch
  Vermeidung von Doppelarbeiten beim Vorgesetzten und Mitarbeiter,
  Verkürzung der Entscheidungszeiten bei einfachen Problemen.
– Verbesserung der Qualität von Grundsatzentscheidungen und neuartigen, komplexen Problemen.
– Entlastung dritter Personen (z. B. Entlastung von Schreibkräften, da Mehrfachschreiben von Texten allein aus stilistischen Gründen wegfällt).
– Verbesserung des Betriebsklimas durch stärkeres Vertrauen in die Leistungen und Fähigkeiten aller Mitarbeiter.
– Geringere Abwesenheits- und Fluktuationsquoten.
– Tendenz zu einem kooperativen Führungsstil.
– Insgesamt eine leistungsmäßig ‚höherwertige' Organisation, die flexibler und innovationsbereiter ist.

5. Es werden nur einzelne Probleme skizziert:

Problem	Hierarchie	Teamorganisation
Zielsetzung u. -formulierung (Aufgabenplanung u. -festlegung)	durch Vorgesetzten (V) allein oder gemeinsam im Wege gegenseitiger Abstimmung; Zwischenformen	durch alle Gruppenmitglieder gemeinsam in gegenseitiger Abstimmung; Zieldiskussionen sind häufiger u. mit stärkerem Engagement zu erwarten
Weisungsproblem	V ist im Rahmen seiner Führungsaufgaben weisungsbefugt	Weisungsfunktion ist innerhalb einer Gruppe aufgehoben; wird extern weitgehend durch die Koordinationsfunktion ersetzt
Verantwortung und Kontrolle	Trennung in Führungs- u. Handlungsverantwortung; V trägt Führungsverantwortung; Mitarbeiter (M) trägt Handlungsverantwortung; V übt Kontrolle im Rahmen der Führungsverantwortung aus	Gruppe insgesamt ist der Verantwortungsträger; daher gegenseitige Kontrolle und Disziplinierung in der Gruppe; extern: bestimmte Gruppen haben evtl. gegenüber anderen ein Kontroll- u. Disziplinarrecht. Problem der Gruppenverantwortung: Entlastungsmöglichkeit bei abweichenden Meinungen
Prozeß der Entscheidungsfindung	Entscheidung durch V allein oder gemeinsame Entscheidung; Entscheidungsprozeß bei gemeinsamen Entscheidungen kann vom V aufgrund seiner Positionsmacht stark gesteuert u. auch abgebrochen werden	gemeinsame Entscheidungen; Entscheidungsprozeß kann nicht abrupt von einem Gruppenmitglied abgebrochen werden. Entscheidung einstimmig oder mit Mehrheitsbeschluß
Motivation	bevorzugt durch Handlungen des V.	bevorzugt durch die Gruppe; jedes Mitglied übt Motivationsfunktionen aus
Information	vertikales Informationsgefälle. Informationsmanipulation durch V u. M möglich	Bessere Informationsverteilung u. in etwa gleicher Informationsstand aller Gruppenmitglieder. Informationsmanipulation wird schnell aufgedeckt u. dürfte zu starken Sanktionsmaßnahmen führen (etwa Abwahl aus Sprecherfunktion)
Koordination	durch V	Selbstkoordination durch alle Gruppenmitglieder; extern: durch Sprecher

| Konflikte | werden häufig unter-drückt; wenig gegen-seitiges Infragestellen und wenig Aufgaben-kritik | Konfliktentstehung u. -bewältigung nimmt relativ breiten Raum ein; stärkeres gegenseitiges Infragestellen; viel Aufgabenkritik; konformes Verhalten u. Anpassungsbereitschaft kann nicht so stark erwartet werden |
| Personalbeurteilung | verschiedene Formen denkbar; traditionell: V beurteilt M | jeder beurteilt jeden; Gruppen beurteilen Gruppen |

6. Geht man die verschiedenen Führungsfunktionen durch, die einem Vorgesetzten zuge-schrieben werden, ist zu fragen, ob sie sich dauerhaft anderen Personen/Gruppen/Institu-tionen zuordnen lassen. Die Möglichkeit der Übertragung auf autonome Gruppen wurde in der vorangehenden Frage erörtert und ist generell zu bejahen. Allerdings scheint auf formale Vorgesetzte derzeitig aus zwei Gründen nicht vollständig verzichtet werden zu können:
– unter ökonomischem Aspekt ist ein *durchgängiges* Gruppensystem zu aufwendig;
– unter personalem Aspekt scheinen hohe Loyalität, die Fähigkeit zur Zusammenarbeit und die Anerkennung gemeinsamer hoher Leistungsziele *nicht durchgängig* gewähr-leistet.
In Teilbereichen von Unternehmungen und Behörden jedoch (z. B. Werbeabteilung, For-schungsabteilung, Planungsteams) erscheint ein Verzicht auf formale Vorgesetzte ausge-sprochen wertvoll für die Aufgabenerfüllung.

Lösungshinweise zu Abschnitt 2.2

1. Während mit der Methode der *Beobachtung* das tatsächliche Führungsverhalten von Ein-zelpersonen (z. B. Vorgesetzter) und Gruppen (z. B. informelle Gruppe) erfaßt werden kann – und zwar unabhängig von der Bereitschaft der beobachteten Person(en) –, ermög-licht die Methode der *Befragung* eine Bewertung dieses Führungsverhaltens; sie liefert Auskünfte über die Einstellungen, Erwartungen und Motivationen zur Führung aus der Sicht der Befragten. Tatsächliches Führungsverhalten und die Bewertung dieses Verhaltens brauchen sich jedoch bei einer Person nicht zu decken.
Durch die kombinierte Anwendung der beiden Methoden lassen sich allgemeine Zusam-menhänge zwischen den verschiedenen Größen aufzeigen, die die Führungseffizienz einer Situation beeinflussen. Es läßt sich beschreiben, in welcher Situation ein bestimmtes Füh-rungsverhalten besonders effizient gewesen ist. Somit führt die Anwendung der beiden Methoden zu einer ersten Hypothesenbildung über die Effizienz von Führungsverhalten. Allerdings gestatten die beiden Methoden keine Analyse der Wirkungsrichtung einzelner Größen im Führungsprozeß.
Erst im *Experiment* können allgemeine Hypothesen durch systematische Variation der Situ-ationsbedingungen auf die Kausalrichtung der einzelnen Größen geprüft und die Auswir-kungen bestimmter Einflußgrößen (etwa des ‚kooperativen' Führungsstils) auf abhängige Variable (etwa das Anspruchsniveau, Leistung oder Zufriedenheit) ermittelt werden. Auch läßt sich im Experiment die Frage stellen, ob eine von der allgemeinen Hypothese nicht erfaßte Situationsbedingung (z. B. die Rollenerwartungen der Geführten) eventuell zu einer Falsifizierung der Ausgangshypothese führt, während dies in nicht-experimentellen Situationen nicht möglich ist.

Insgesamt lassen sich durch die Methoden der Beobachtung und der Befragung nur erste, vorläufige Hypothesen gewinnen, die im Experiment – vor allem in Extremsituationen – erhärtet oder falsifiziert werden können. Der Nachteil des Experiments liegt darin, daß es sich häufig nur in ‚künstlichen‘, nicht dagegen auch in realen Situationen einsetzen läßt. (Weiterführende Literatur: Atteslander, Methoden, S. 85 ff.)

2. Jede Abteilung/Gruppe hätte nach diesem Vorschlag zwei formale Führungspositionen mit zwei verschiedenen Personen zu besetzen. In der Regelung könnten folgende *Vorteile* gesehen werden:
   – *Kosteneinsparung*: die aufwendige Schulung von Vorgesetzten in Richtung auf den ‚idealen‘ Führer könnte entfallen.
   – *Institutionalisierung der Individualziele*: es würde deutlich, daß die Organisation neben dem Leistungsaspekt den Zufriedenheitsaspekt der Mitarbeiter als eigenständige Zielkategorie verfolgt.
   – *Zufriedenheits- und Leistungssteigerung:* die Betonung der sozio-emotionalen Komponente läßt langfristig über eine Steigerung der Zufriedenheit der Mitarbeiter auch eine Leistungssteigerung erwarten.
   Einer Realisierung stehen jedoch folgende Punkte entgegen:
   – *Mangelnde Spezialisierung*: es ist zu bezweifeln, daß Führungspersonen a priori in der geforderten Weise als ‚Aufgabenspezialist‘ bzw. als ‚sozio-emotionaler Spezialist‘ existieren.
   – *Diskriminierung des Aufgabenspezialisten*: die personale Trennung der beiden Führungsdimensionen dürfte zu einem übertrieben negativen Bild des Aufgabenspezialisten führen.
   – *Schwierige Kompetenzabgrenzung*: Da der sozio-emotionale Führer zur Durchsetzung seiner Ziele ebenso über formale Macht verfügen müßte wie der Aufgabenspezialist (z. B. um jemanden vorübergehend von der Arbeit freizustellen), müßte eine klare Abgrenzung der Kompetenzen vorgenommen werden. Die gängigen Lösungsansätze zur Regelung der Mehrfachunterstellung (Linieninstanz entscheidet über das ‚ob überhaupt‘, das ‚wer‘, ‚wann‘ und ‚wo‘ des Aufgabenvollzugs, während die Fachinstanz für das ‚wie‘ zuständig ist) scheinen hier wenig hilfreich zu sein, da die beiden Spezialisten enger als anderswo sonst zusammenarbeiten müßten; eine zeitliche Aufgabentrennung erscheint praktisch nicht durchführbar. Wirksame Führung hängt besonders von einem guten Klima der Zusammenarbeit ab; schon geringe Konflikte zwischen den beiden Führern würden zentral den Aufgabenvollzug beeinträchtigen. Auch stellt sich die Frage, wer im Konfliktfall Entscheidungsinstanz sein soll: der nächsthöhere Aufgabenspezialist, der nächsthöhere sozio-emotionale Spezialist oder ein gesondertes Gremium?
   – *Mangelnde Integration:* zu bezweifeln ist, daß bei einer bewußten Trennung die Integration von Individual- und Organistionszielen noch zu erreichen ist.
   Insgesamt läßt der Einsatz zweier komplementärer Führer zumindest einen hohen Reibungs-, Zeit- und Arbeitsverlust erwarten. Offen bleibt, ob die Individualziele der Mitarbeiter tatsächlich besser erreicht werden können. Sinnvoll erscheint nicht so sehr eine Institutionalisierung der sozio-emotionalen Dimension, sondern die Stärkung der Mitspracherechte der Mitarbeiter in der Arbeitsgruppe, so daß sie ihre Individualziele im Rahmen der Organisationsziele besser als bisher erreichen können. Möglichkeiten hierzu bieten sich z. B. durch ein partizipatives MbO-Konzept, eine alljährliche Vorgesetztenbeurteilung usw.

3. Zu unterscheiden sind zwei Aspekte der Frage
   a) Feststellung eigener Arbeitsmotive
   b) Feststellung fremder Arbeitsmotive
   zu a)
   Um etwas über die eigenen Motive zu erfahren, eignet sich vor allem die *Selbstbeobachtung* oder *Introspektion*. Man muß sich fragen, warum man gerade dies tut und bestimmte andere Dinge nicht (z. B. ‚warum erledige ich bestimmte Tätigkeiten gern und schiebe

andere immer vor mir her?'; ‚warum suche ich häufig meine Arbeitskollegen auf und versuche ein Zusammentreffen mit dem Vorgesetzen zu vermeiden?').

Bei der Selbstbeobachtung sind die Beweggründe nur dem Individuum selbst direkt zugänglich, nicht dagegen außenstehenden Beobachtern. Insofern sind die ermittelten Ergebnisse rein subjektiv und nicht überprüfbar. Aufgrund eines zu positiven Selbstbildes und des Wirkens von Verdrängungs- und Rationalisierungsmechanismen führt die Introspektion häufig zu falschen Ergebnissen. Eine Objektivierung läßt sich durch Einschaltung außenstehender Personen erreichen (siehe unter b).

zu b)

Die Feststellung der Arbeitsmotive fremder Personen (z. B. der Mitarbeiter) kann auf dem Weg über *Befragungen, Gespräche* oder *Diskussionen* erfolgen. Diese Methoden regen beim Mitarbeiter die Introspektion an und machen ihm häufig die Motive seines Handelns erst bewußt (etwa ‚Haben Sie Freude an Ihrer Tätigkeit?'; ‚wo sehen Sie Möglichkeiten für eine bessere Zusammenarbeit?').

Daneben liefert die Methode der *Fremdbeobachtung* gute Aufschlüsse über die Arbeitsmotivation. Die Registrierung häufigen Fernbleibens vom Arbeitsplatz, Ausdehnung der Pausen etc. kann auf Unzufriedenheit mit bestimmten Aspekten der Arbeitsorganisation hindeuten. Allerdings ist vor einer zu schnellen Urteilsbildung zu warnen: Der Beobachter unterliegt der Gefahr, daß er von seiner eigenen Motivationslage auf die des Gegenübers schließt. Zur Reduzierung dieser Gefahr sollten die Urteile mehrerer unabhängiger Beobachter herangezogen werden.

Auch die *Analyse von Verhaltensergebnissen,* bei der man aus den Ergebnissen eines Verhaltens, das man selbst nicht beobachtet hat, auf die Motivation des Verhaltens schließt, ist nicht frei von möglichen Fehlern. So muß die in einem Vierteljahresbericht zum Ausdruck kommende Leistungssteigerung eines Mitabeiters nicht in einer höheren Leistungsmotivation begründet sein, sondern kann – in Zeiten hoher Arbeitslosigkeit – durch die Angst vor dem Verlust des Arbeitsplatzes hervorgerufen sein.

Generell ist es wichtig, die besonderen Umstände zu erfassen, unter denen die Motivation auftrat. Auch ist zu berücksichtigen, daß die menschliche Motivationsstruktur sich häufig mit dem Arbeitsplatz, der außerbetrieblichen Einflußsphäre und im Zeitablauf ändert. Eine einmal ermittelte Motivationsstruktur zeigt nur eine Momentaufnahme.

(Weiterführende Literatur: v. Rosenstiel, Motivation, S. 27 f., S. 49 ff.)

4. – Generell gilt: monetäre Anreize, die zur Selbstverständlichkeit werden, verlieren ihre leistungssteigernde Wirkung (wie z. B. das Weihnachtsgeld).
   – Ist das monetäre Ausgangsniveau (z. B. das monatliche Gehalt) relativ hoch und die für eine Mehrleistung in Aussicht gestellte zusätzliche Vergütung im Verhältnis dazu relativ unbedeutend, wirken monetäre Anreize kaum leistungsfördernd.
   – Mit monetären Anreizen können bevorzugt die physiologischen und die Sicherheits-Bedürfnisse befriedigt werden. Ihre dauerhafte Erfüllung ist eine notwendige Voraussetzung für die Wirksamkeit anderer Anreizfaktoren.
   – Mit monetären Anreizen lassen sich die höheren Bedürfnisse nur noch teilweise und indirekt befriedigen. Geld bildet zwar in vielen Fällen die Grundlage für die Befriedigung dieser Bedürfnisse (etwa in Form von Mitgliedsbeiträgen an Clubs: soziale Bedürfnisse; durch den Kauf von Statussymbolen: Geltungsbedürfnisse; zur Beschaffung spezifischer Arbeitsmittel: Selbstverwirklichungsbedürfnisse), reicht allein aber häufig nicht aus.
   – Die Wirksamkeit monetärer Anreize hängt auch von den sozialen Normen des Arbeitslebens ab. Gruppennormen, die unter den offiziellen Leistungsnormen liegen, lassen sich durch monetäre Anreize nur selten steigern.

Insgesamt sind monetäre Anreize heute nur beschränkt geeignet, die Leistungsmotivation zu fördern. Sie müssen durch andere Anreize ergänzt bzw. ersetzt werden. Hierzu zählen beispielsweise:

für die *sozialen Bedürfnisse*: Möglichkeiten zur Gestaltung des Arbeitsplatzes im Hinblick

auf Vermeidung von Isolation; Verstärkung von Gruppenbeziehungen; Äußerung sozialer Anerkennung und persönlichen Interesses;
für die *Geltungsbedürfnisse*: Beförderungsmaßnahmen; begehrte und leistungsabhängige Statussymbole; angemessenes Lob und konstruktive Kritik;
für die *Leistungs-* und *Selbstverwirklichungs-Bedürfnisse*: Erweiterung des Aufgabeninhalts; dauerhafte Übertragung eines wichtigen Aufgabengebiets, mehr Entscheidungsspielraum und Autonomie; Möglichkeiten zur Fortbildung (als Quelle für interessantere Arbeit).
(Weiterführende Literatur: Nick, Management, S. 171 ff.)

5. Ob der prognostizierte Produktionszuwachs eintritt, hängt nicht so sehr von den Zulagen ab, sondern von der Stärke der Gruppennormen als Reaktion auf die drohende Kurzarbeit. Kurzarbeit muß als Vorstufe von Entlassungen angesehen werden. Zwei Möglichkeiten sind denkbar:
a) Für den Fall *fester Gruppennormen* und eines allgemeinen Solidaritätsgefühls unter den Beschäftigten ist als Reaktion auf die Gefährdung der Arbeitsplätze mit einer Produktionsdrosselung zu rechnen. Allerdings darf die Arbeitsgeschwindigkeit nicht durch das Fließband oder ähnliche Einrichtungen vorherbestimmt sein. Die höheren Leistungszulagen wirken in keiner Weise verhaltensbestimmend, da die in der Bedürfnishierarchie niedrigeren Sicherheitsbedürfnisse aller Beschäftigten gefährdet sind.
b) Die Gefährdung des Arbeitsplatzes zwingt den Einzelnen zu höheren Arbeitsleistungen, da er aus der Erfahrung weiß, daß die Leistungsschwächsten zuerst entlassen werden. Der Einzelne fühlt sich in einer *Konkurrenzsituation* mit seinen Kollegen und wird durch hohe Leistung den Fertigungsleiter zu überzeugen suchen, daß seine Entlassung für die Unternehmung die schlechteste Lösung wäre. Mit hohen Leistungen versuchen die Arbeitnehmer – jeder für sich – ihren Anspruch auf Arbeit zu untermauern. Ein hoher Produktionszuwachs ist die Folge, jedoch nicht – wie die Unternehmungsleitung angenommen hatte – aufgrund der hohen Prämien, sondern wegen der drohenden Kurzarbeit und der in dieser Situation fehlenden Solidarität. (Vgl. auch: Die Zeit, Nr. 10 vom 28. 2. 75, S. 32: ,Auf Pausen verzichtet': Die Pelikan-Werke in Hannover verordneten Kurzarbeit, um Lager abzubauen. Der unerwartete Effekt: es wurde noch mehr produziert).

6. Motive sind über die Wahl angemessener Anreize zu beeinflussen. Bevor ein Vorgesetzter bestimmte Anreize einsetzt, sollte er sich fragen, weshalb der Mitarbeiter so stark an sozialem Kontakt interessiert ist. Gründe könnten sein: relative Isoliertheit im Privatleben; häufige Mißerfolge beim Versuch, gute Leistungen zu erzielen; uninteressante Tätigkeit usw. Entsprechend den Hauptursachen sind solche Anreize einzusetzen, die über die Befriedigung der sozialen Bedürfnisse gleichzeitig die Leistungsbedürfnisse aktivieren. Nachfolgend werden nur einige Möglichkeiten genannt (vgl. auch die Antwort zu Frage 4):

– Übertragung einer Tätigkeit, zu deren Erfüllung der Mitarbeiter häufigen Kontakt mit anderen Personen aufnehmen muß.
– Verstärkter Einsatz des Mitarbeiters bei Gruppenarbeit. Insbesondere eignen sich kleine Gruppen mit festen Leistungsnormen. Je kleiner die Gruppe ist, desto größer ist die Wahrscheinlichkeit intensiver Kontakte zwischen den Gruppenmitgliedern, hoher Kohäsion, Motivation und Zufriedenheit. In Gruppen mit hoher Kohäsion wiederum gibt es nur selten Personen, die in der Leistung stark zurückbleiben.
– Verstärkung der Kommunikation über arbeitsrelevante Vorgänge.
– Äußerung sozialer Anerkennung.
– Unmittelbare Anerkennung der Arbeitsleistungen und konstruktive Kritik.
– Gemeinsame Festlegung von Arbeitszielen.
– Einbeziehung in Konferenzen und Problemlösungsgespräche.
– Übertragung einer interessanten Tätigkeit mit mehr Selbständigkeit, Entscheidungsbefugnissen und Verantwortung.

7. Während dieser Grundsatz für die höheren Hierarchieebenen sowieso nur geringe Bedeutung besitzt, wird er für die untergeordneten, insbesondere für die ausführende Ebene postuliert und praktiziert. Unter technisch-ökonomischen Gesichtspunkten befürwortet man eine weitgehende Spezialisierung und eine strikte personale Trennung von Planungs-, Ausführungs- und Kontrollaufgaben. Hier ist zu fragen: unter welchen Bedingungen und bis zu welchem Ausmaß tritt tatsächlich ein Leistungsvorteil ein? Zu denken geben u. a. die Statistiken über hohe Krankenstände, hohe Abwesenheits- und Fluktuationsquoten in Organisationen mit extrem spezialisierter Arbeit.

Man kann davon ausgehen, daß die Bedürfnisse auch während der Arbeitszeit verhaltensbestimmend wirken. Kann infolge einer stark spezialisierten Stellenbildung nur ein Teil der Bedürfnisse befriedigt werden, muß die Erfüllung der anderen entweder in die Freizeit verlagert werden (Kompensationswirkung), oder sie verkommen infolge mangelnder Erfüllungsgelegenheit. Die Folge ist, daß die Beschäftigten sich entsprechend der Theorie X verhalten: sie empfinden die Arbeit als Last, die sie von wichtigeren Dingen (beispielsweise Hobbytätigkeiten) abhält, und strengen sich nicht mehr als zur Erhaltung des Arbeitsplatzes und des Lohnes notwendig an.

Würde dagegen die Stellenbildung sich stärker an wichtigen individuellen Bedürfnissen bzw. an den Normen der sozialen Schicht, denen die Beschäftigten zugehören, ausrichten, ist zu erwarten, daß langfristig nicht nur die Arbeitnehmer zu höherer Zufriedenheit gelangen, sondern auch die Organisation insgesamt leistungsfähiger wird. Erfahrungsberichte über neue Formen der Arbeitsstrukturierung (job enrichment, teilautonome Gruppenarbeit) bestätigen im wesentlichen diese Voraussage. Vor einer pauschalen Anwendung ist allerdings zu warnen, da sie auf die konkrete betriebliche Situation abgestellt sein müssen. (Zu Erfahrungen vgl. Lauterberg, Produktivität, (1) bis (16) Gottschall/Jander, Arbeiter, S. 36 ff.; weiterführende Literatur: Eckardstein/Schnellinger, Personalpolitik, S. 201 ff.)

8. 1.1-Vorgesetzter: Drückeberger, Schläfer, Laisser-faire-Vorgesetzter, Bote
   9.1-Vorgesetzter: Antreiber, Schinderhannes
   1.9-Vorgesetzter: Freund und Helfer, Kumpeltyp
   5.5-Vorgesetzter: Kompromißler
   9.9-Vorgesetzter: Idealist, Superstar, Integrationsförderer

9. In diesem Fall praktiziert der Vorgesetzte das *Prinzip der Delegation,* das den Mitarbeitern relativ viel Freiheit bei der Aufgabenerfüllung gewährt. Die Mitarbeiter haben nicht das Gefühl, ‚gegängelt' zu werden (keine Detailkontrolle), sondern innerhalb des gesteckten Rahmens (nur allgemeine Arbeitsziele) selbständig und eigenverantwortlich handeln zu können. Durch den eigenen Aufgabenbereich besteht für sie die Möglichkeit, eine persönliche Beziehung zu ihrer Arbeit zu entwickeln. Sie fühlen sich gefordert und wichtig, während im ersten Fall eher eine Unterforderung vorliegt und eine persönliche Profilierung nicht stattfinden kann. Die Möglichkeit, Ideen und Initiative für ‚eigene' Ziele zu entfalten und Einfluß auf die Organisationsziele zu nehmen (Besprechung der Arbeitsziele zwischen Vorgesetztem und Mitarbeitern), führt zu einer hohen Identifikation mit den formalen Organisationszielen.

10. Die Handlungsweise ist typisch für den 1.1-Vorgesetzten. Den Mitarbeitern bleibt es überlassen, eigene Ziele zu verfolgen und sich selbst zu verteidigen. Dies führt dazu, daß der Vorgesetzte nicht mehr anerkannt wird. Je nach Zusammenhalt der Mitarbeiter sind unterschiedliche Folgen zu erwarten:
   – Die Kontrahenten können sich selbst einigen.
   – Infolge Nicht-Einigung kommt es zu einem Machtkampf mit Sieg oder Niederlage, in dessen Verlauf die Arbeitsgruppe zerfallen kann. Diese Folge ist um so eher zu erwarten, je wichtiger für beide Seiten das Problem ist und je mehr die Erwartung überwiegt, daß eine Einigung nicht möglich ist.

– Eine Konfliktverschiebung bewirkt, daß der Vorgesetzte in den Mittelpunkt rückt und auf Druck seiner Mitarbeiter gehen muß.

– Konflikte werden vom informellen Führer entschieden. Da dieser nicht über formale Macht verfügt, muß er eine Vermittlerposition einnehmen. Über Fragen und Einwände kann er versuchen, die Kontrahenten selbst zu einer Einigung zu bringen. Langfristig läßt sich so der Fortbestand der Gruppe sichern, das Arbeitsklima entspannen und Intrigen abbauen. Konfliktverschiebungen werden vermieden.

– Konflikte werden vom nächsthöheren Vorgesetzten entschieden. Entsprechend seinem Führungsstil erfolgt die Beilegung im Wege der Vermittlung (1.9-, 9.9-Führungsstil) und führt zu einem tragbaren Kompromiß (wie skizziert), oder er agiert als Schiedsrichter (9.1-Führungsstil) und setzt seine Meinung ohne Rücksicht auf die Beteiligten durch. In diesem Fall sind als langfristige Folgen ein schlechtes Betriebsklima, Intrigen und Konfliktverschiebungen zu erwarten, da die Ursachenfindung nicht gelingt und eine Kommunikation zwischen den Kontrahenten nicht mehr stattfindet.

(Weiterführende Literatur: Rosenstiel/Molt/Rüttinger, Organisationspsychologie, S. 90 ff.)

11. Eine Verallgemeinerung in dieser Weise erscheint falsch. Bedenkt man, daß hinter jeder Leistung eine Motivation steht, kommt es für erfolgreiches Führungsverhalten darauf an, diese Motivation zu wecken bzw. zu verstärken. Sind Mitarbeiter vor allem durch soziale Bedürfnisse gekennzeichnet, bildet der 1.9-Führungsstil die Basis für eine gute Zusammenarbeit. Durch sorgfältige Beachtung der zwischenmenschlichen Beziehungen schafft er eine entspannte Atmosphäre, die in vielen Fällen (z. B. bei wenig-selbstsicheren Mitarbeitern) Voraussetzung für hohe Leistung ist. Über die Erreichung hoher Zufriedenheit besteht die Chance, zu hoher Leistung zu gelangen.

12. Autoritär erzogene Personen werden sich aufgrund ihrer Persönlichkeitsstruktur zunächst besser unter einem 9.1-Führungsstil mit strikten Arbeitsanweisungen und engen Kontrollen zurechtfinden. Er entspricht ihrer Erwartungshaltung. Mit der unter einem 1.9-Führungsstil gebotenen Freiheit würden sie nichts anzufangen wissen; sie sind Fremdbestimmung gewöhnt. Verunsicherung, Leistungsabfall und Unzufriedenheit wären vermutlich die Folgen.

Eine Möglichkeit, autoritäre Personen langfristig an kooperatives Verhalten und kooperative Wertvorstellungen zu gewöhnen, wäre, sie in kooperative Arbeitsgruppen einzubinden. Gruppen mit ihren spezifischen Normen bewirken durch Gruppendruck in stärkerem Maße Verhaltensänderungen als einzelne Personen (etwa der Vorgesetzte). Welche Ziele, Ansichten, Erwartungen und Vorurteile jemand hat, wird in starkem Maße von seiner Gruppenzugehörigkeit beeinflußt. Will jemand, nachdem er einer Gruppe zugeordnet wurde, die Gruppenzugehörigkeit erhalten, muß er sich den Gruppennormen unterwerfen. Im vorliegenden Fall kommt es entscheidend darauf an, wie attraktiv der autoritären Person die Zugehörigkeit zu der kooperativen Arbeitsgruppe ist. Wichtig für die Attraktivität dürften u. a. sein, daß in der Gruppe Personen sind, die von der autoritären Person geschätzt werden, daß die Gruppenarbeit mit besonderen Anreizen ausgestattet ist (z. B. Befreiung von der üblichen Arbeitszeit, Benutzung von außergewöhnlichen Arbeitsmitteln, Zuweisung besonderer Statussymbole) usw.

(Weiterführende Literatur: Cartwright, Anwendung, S. 248 ff.)

Lösungshinweise zu Abschnitt 2.3

1. In vereinfachter Form kann die Verknüpfung zwischen den Zielgrößen ‚Leistung‘ und ‚Zufriedenheit‘ wie folgt gesehen werden:

(1) (Un)Zufriedenheit   verursacht   Leistung

(2) (Nicht)Leistung   verursacht   Zufriedenheit

(3) (Un)Zufriedenheit und (Nicht)Leistung beeinflussen sich zwar gegenseitig, hängen primär jedoch von anderen Größen ab (z. B. Anspruchsniveau, Anreizfaktoren, Führungsstil).

Die direkten Verknüpfungen (1) und (2) erscheinen zu einfach, um als generell-gültige Erklärung für das Verhältnis der beiden Größen dienen zu können. Eine strikte Zweck-Mittel-Beziehung, wie sie z. B. von der Human-Relations-Bewegung angenommen wurde, läßt sich nach heutigem Erkenntnisstand nicht mehr postulieren. Das in diesem Buch skizzierte Situationsmodell folgt Ansatz (3): beide Zielgrößen beeinflussen sich nur unter Vor-, Zwischen- und Nachschaltung anderer Größen (u. a. organisations-, gruppen- und individualspezifische Faktoren).

Die Entscheidung – egal ob in Unternehmungen oder Verwaltungsbehörden –, nur einseitig eine Größe als Zielgröße (z. B. Leistung) vorzugeben, wäre damit falsch, da, würde die andere Größe (Zufriedenheit) vernachlässigt, die Zielgröße ‚Leistung‘ infolge der indirekten Wirkungen nicht voll erfüllt werden könnte. Beide Größen sind als gleichberechtigte, unabhängige Ziele anzusehen, die um ihrer selbst willen zu verfolgen sind. Allerdings ist darauf hinzuweisen, daß der Leistung so lange eine gewisse Vorrangstellung eingeräumt werden muß, wie die Existenz der Organisation und die Arbeitsplätze der Beschäftigten bedroht sind.

(Weiterführende Literatur: Neuberger, Messung, S. 168 ff.)

2. ‚Arbeitszufriedenheit‘ steht für viele Bedeutungen. Die Vielzahl der unterschiedlichen Ansätze deutet darauf hin, daß es bis heute keine Übereinkunft über die Definition und die theoretische Stellung dieses Begriffs gibt. Entsprechend variieren die Meßverfahren. *Neuberger* weist darauf hin, zu welch unterschiedlichen Ergebnissen die verschiedenen Konzeptionen führen (Neuberger, Arbeitszufriedenheit, S. 178):

„Je größer beispielsweise die bedürfnisorientierte Arbeitszufriedenheit, desto geringer ist die Aktivität;

je größer die anreiztheoretische oder humanistische Arbeitszufriedenheit, desto größer ist die Aktivität;

je größer die kognitive Arbeitszufriedenheit, desto geringer ist die Handlungsbereitschaft.“

Generell herrscht Unsicherheit, welches Konzept am geeignetsten ist. Dem Einzelnen bleibt es überlassen, für welchen Ansatz er sich entscheidet. Allerdings sollte er sein Verständnis von ‚Arbeitszufriedenheit‘ dadurch klar machen, daß er das Konstrukt in größere theoretische Zusammenhänge einbaut und die Beziehungen zu anderen Größen aufzeigt.

(Weiterführende Literatur: Neuberger, Arbeitszufriedenheit, S. 140 ff.)

3. Generell gilt dieses Ergebnis mehr für Wirtschaftsunternehmen als für die Verwaltung. Unterschiedliche Interpretationen sind denkbar:

– Vorgesetzte haben ein bestimmtes Bild von der Vorgesetztenrolle, das durch Erziehung und Erfahrung im Berufsleben geprägt ist. Wichtige Bestandteile dieses Bildes sind die Positionsautorität, ein bestimmter Machtanspruch und der 9.1-Führungsstil zur Durchsetzung der Organisationsziele. Allerdings läßt sich dieses Verhalten in Zeiten der Hochkonjunktur nicht praktizieren, da die Mitarbeiter eine starke Stellung haben. Vorgesetzte müssen sich während dieser Zeit hinter einer ‚Führungsfassade‘ verstecken und den ‚sozialen Klimbim‘ mitmachen. Erst in der Rezession werden ihre eigentlichen Führungsqualitäten wieder geschätzt.

– Vorgesetzte werden üblicherweise danach beurteilt, wieviel in ihrer Abteilung geleistet wird. Während vorübergehende Minderleistungen in Zeiten der Hochkonjunktur in aller Regel keine sehr schwerwiegenden Konsequenzen haben, bedeuten sie in Zeiten der Rezession eine Gefährdung des Arbeitsplatzes. Aus dieser Sorge und infolge des spürbaren Konkurrenzdrucks durch die Kollegen reagieren Vorgesetzte (wie Mitarbeiter) empfindlicher und weniger rational, da sie sich in Gefahr fühlen. Um der Bedrohung zu entgehen, versuchen sie ihre Umgebung zu kontrollieren, indem sie sich um alles kümmern, die Mitarbeiter antreiben und energisch handeln. Die Vorgesetzten stehen unter Druck und geben diesen nach unten weiter.

4. Verschiedene Faktoren können als Erklärungsursache herangezogen werden.
Unterschiedliche Aufgabenart: bei neuartigen, unstrukturierten Aufgaben tritt oft – entsprechende Motivationsstruktur der Aufgabenträger (hohe Leistungsmotivation, Streben nach Autonomie und Selbstverwirklichung) vorausgesetzt – eine Kopplung von hoher Zufriedenheit mit hoher Leistung ein. Bei einfachen Routineaufgaben dagegen fühlen sich die gleichen Arbeitskräfte unterfordert. Sie erbringen infolge des hohen Leistungsdrucks zwar eine hohe Arbeitsleistung, sehen jedoch in der Arbeit nur ungenügende Möglichkeiten zur Erfüllung ihrer dominanten Leistungs- und Selbstverwirklichungsbedürfnisse und fühlen sich daher unzufrieden.
Unterschiedliche Motivationsstruktur: bei einfachen Routineaufgaben konnte man neben dem oben angegebenen Fall auch häufig feststellen, daß hohe Leistung mit hoher Zufriedenheit verbunden ist. Hierfür existieren verschiedene Erklärungen: die Aufgabenträger sind vor allem durch die physiologischen und Sicherheitsbedürfnisse motiviert; da diese hinreichend erfüllt werden, sind sie zufrieden. Oder: die Aufgabenträger haben Angst, anspruchsvollere Aufgaben zu übernehmen, da sie sich ihnen nicht gewachsen fühlen; folglich äußern sie sich über ihre jetzige Arbeitssituation zufrieden. Oder: die Arbeitskräfte identifizieren sich starr mit den Normen ihrer sozialen Schicht, von der die Aufgabenart und die Arbeitsbedingungen nicht in Frage gestellt werden. Usw.

5. Mit den Maßnahmen des ‚job enlargement' und des ‚job enrichment' wird versucht, die Routinearbeit für die Beschäftigten interessanter zu gestalten. Beide Maßnahmen bezwecken eine inhaltliche Vergrößerung stark zerlegter Arbeit: beim ‚job enlargement' durch eine Vermehrung der Anzahl der auszuführenden gleichartigen Verrichtungen, beim ‚job enrichment' durch eine Erhöhung des Schwierigkeitsgrades der Arbeit (z. B. durch die Aufnahme von Entscheidungs-, Planungs- und Kontrollelementen). Ziel ist es letztlich, dem Mitarbeiter durch Übertragung eines größeren Arbeitsabschnitts mehr Möglichkeiten zur Identifizierung mit der Arbeit zu bieten.
Durch die horizontale Arbeitserweiterung *(job enlargement)* scheint dieses Ziel nicht erreichbar zu sein, da sie lediglich eine Addition verschiedenartiger, häufig beziehungsloser Verrichtungen darstellt. Nicht die generelle Vermehrung der Arbeitsverrichtungen, sondern die Schaffung eines integrierten, bedeutungsvollen Aufgabenkomplexes ist die Voraussetzung für höhere Identifikationsmöglichkeiten. Mit den Maßnahmen des *job enrichment'* wird eine echte qualitative Arbeitsanreicherung angestrebt. Sie schafft für den einzelnen die Möglichkeit, Arbeitsprobleme, die ihn selbst betreffen, auch selbst lösen zu können. Ohne vertikale Aufgabenerweiterung lassen sich auf Dauer wahrscheinlich weder höhere Leistungsmotivation und höhere Arbeitszufriedenheit noch höhere Arbeitsleistungen erzielen.
(Weiterführende Literatur: Nick, Management, S. 94 ff.)

6. Eine Beteiligung dürfte unter ökonomischen Aspekten nicht nur vertretbar, sondern unbedingt erforderlich sein.
Gegen diese These spricht nur scheinbar, daß dadurch der Zeitraum bis zur Entscheidungsreife stark verzögert wird. Für die Beurteilung ist vielmehr eine Gesamtbetrachtung notwendig, die auch die Durchsetzungsphase einschließt. In ihr dürfte eine Verkürzung der Durchsetzungszeit gegenüber dem Fall eintreten, daß die Betroffenen im Planungsstadium nicht beteiligt waren. Andernfalls vergeht viel Zeit, um den Betroffenen klar zu machen, daß die getroffene Entscheidung keine Bedrohungen oder Sanktionen enthält. Bis derartige Bedenken ausgeräumt sind, benötigt man in aller Regel mehr Zeit, als wenn die Betroffenen von Anfang an beteiligt gewesen wären.
Auch ist zu bedenken, daß eine Nichtbeteiligung die Gefahr des Scheiterns eines derartigen Projektes stark erhöht. Die Organisationsmitglieder verfügen meist über genügend Mittel, um nachzuweisen, daß mit der neuen Regelung überwiegend Nachteile für die

Organisation verbunden sind. Gerade wenn Organisationsmitglieder sich in einer gleichen, frustrierenden Situation erleben, schließen sie sich zu informellen Gruppen zusammen, an deren Normen die Mitglieder ihr individuelles Handeln ausrichten. Häufig konnte bei der Einführung von Neuerungen im Arbeitsablauf beobachtet werden, daß die informellen Gruppen ihre Produktivität herabsetzten, um die Neuerungen zu sabotieren. Der Widerstand nahm mit der Stärke der Gruppenkohäsion zu.
(Weiterführende Literatur: Rosenstiel/Molt/Rüttinger, Organisationspsychologie, S. 45 ff.)

7. Es kann davon ausgegangen werden, daß – wo es arbeitstechnisch möglich ist – kleine Gruppen im Verhältnis zur großen Gruppe leistungsfähiger sind. Je größer eine Gruppe wird, desto mehr vermindert sich die Interaktionsdichte und desto stärker wird die Arbeitsteilung. Dadurch geht für den Einzelnen das Gefühl verloren, am gesamten Arbeitsergebnis unmittelbar beteiligt zu sein; auch dürfte die Arbeitsmotivation sinken, die Kohäsion abnehmen und sogar die Gefahr der Cliquenbildung auftreten. Um diesen Erscheinungen vorzubeugen, kann der Vorgesetzte (sofern es die Aufgabenstellung erlaubt)
   – die Großgruppe in teilautonome Kleingruppen aufteilen, in denen spezifische Fragestellungen vertieft und Lösungsvorschläge erarbeitet werden;
   – Arbeitsteilung zwischen den Gruppen vorsehen;
   – zur Koordination der Gruppen regelmäßige Informationsveranstaltungen einberufen, in denen neben allgemeinen Informationen aus den Kleingruppen über den jeweiligen Arbeitsstand berichtet wird;
   – Arbeitssitzungen in der Großgruppe zur Strukturierung neuer Probleme sowie zur Diskussion und Verabschiedung der Lösungsvorschläge der Kleingruppen vorsehen;
   – keinen so persönlichen Führungsstil mit allen 20 Personen mehr pflegen, sondern in stärkerem Maße als bisher arbeitsstrukturierend wirken und die notwendigen Informationen geben.

8. Mit steigender Gruppengröße verringert sich allgemein die *Kommunikationsintensität* zwischen den einzelnen Mitgliedern. Die Abnahme erfolgt jedoch nicht gleichmäßig; vielmehr entsteht ein starkes Kommunikationsgefälle zwischen dem aktivsten Mitglied (in der Regel: dem Gruppenführer) und dem passivsten Mitglied. Infolge der verringerten Kommunikationsmöglichkeiten der meisten Gruppenmitglieder sinken die *Gruppenkohäsion* und die *Motivation*. Wer nicht aktiv im Kommunikationsprozeß eingeschaltet ist, dürfte weiter nur wenig Einfluß auf die Gestaltung des Arbeitsergebnisses ausüben. Sieht der einzelne damit seinen Einfluß auf das Endergebnis eingeschränkt, wird sich seine *Zufriedenheit* vermindern, da seine Bedürfnisse (z. B. nach sozialem Kontakt, Geltung oder Selbstverwirklichung) infolge der verringerten Interaktionsmöglichkeiten nicht mehr hinreichend befriedigt werden. Damit verbunden ist, daß mit steigender Gruppengröße die Anzahl derjenigen Personen abnimmt, die ihre Informationen anderen freiwillig zur Verfügung stellen. Dies fördert die Cliquenbildung, die wiederum negativ auf die *Gruppenkohäsion* und die *Zufriedenheit* der Mitglieder wirken dürfte.
Zunehmende Gruppengröße hat also überwiegend negative Wirkungen auf die angegebenen Größen. Lediglich für den Gruppenführer dürften sich – infolge seiner zentralen Position – positivere Werte in vielen Dimensionen ergeben.

9. Die Leistungszurückhaltung einer Gruppe ist generell als Hinweis auf von den Formalzielen abweichende *Gruppennormen* zu verstehen. Im vorliegenden Fall bilden die formal zu einer Abteilung gehörenden Organisationsmitglieder gleichzeitig eine festgefügte informale Gruppe. Die Leistungsrestriktion läßt auf Unzufriedenheit und geringes Vertrauen zur Organisation wie zum Vorgesetzten schließen.
Versucht der Vorgesetzte mit Androhung formaler Sanktionen und erhöhtem Leistungsdruck (z. B. Anregung eines Leistungswettbewerbs zwischen den Abteilungen) die Mitarbeiter zu größerer Anstrengung zu bewegen, ist zu erwarten, daß die Mitarbeiter sich noch

enger zusammenschließen und die Kohäsion der informellen Gruppe sich erhöht; die Leistungsrestriktion wird dadurch nicht abgebaut.

Erfolgversprechender erscheint ein Vorgehen, das darauf abzielt, von seiten der Formalorganisation die Belohnungen zu gewähren, um deretwillen sich die Mitarbeiter fest zusammengeschlossen haben. Der Vorgesetzte muß dazu die Arbeitssituation der Mitarbeiter analysieren.

– Der feste Zusammenschluß könnte etwa an einer Arbeitssituation liegen, die durch soziale Isolation, zu geringe Information, zu geringe Entscheidungspartizipation oder zu wenig Achtung der Person der Mitarbeiter gekennzeichnet ist.

Dann bietet sich an, die Arbeit so zu strukturieren und das Führungsverhalten so zu verändern, daß in vermehrtem Maße Gruppenarbeit praktiziert wird (z. B. durch kurzfristige Bildung von Teams zur Erledigung von Sonderaufgaben, Mitarbeiterbesprechungen, Problemlösungskonferenzen). Auch könnte durch Schaffung überlappender Arbeitsgruppen (mit den hochproduktiven Abteilungen) eine mehrfache Mitgliedschaft einzelner Gruppenmitglieder angestrebt werden; dadurch werden die Gruppennormen an denen anderer Gruppen überprüft und gegebenenfalls eher verändert.

– Basiert der feste Zusammenschluß vorwiegend auf übereinstimmenden Wertvorstellungen (etwa parteipolitischer Art) oder gemeinsamer privater Betätigung (z. B. gleiche Vereinsangehörigkeit), gibt es nur begrenzte Möglichkeiten, von seiten der formalen Organisation die Normen zu beeinflussen. Häufig bleibt allein die Umsetzung einzelner Gruppenmitglieder.

10. Die Aussage ist in dieser Form falsch. In hohem Alter gibt es – genauso wie in jüngerem Alter – hoch-leistende und wenig-leistende Personen. Zwar ist aufgrund der Untersuchung von *Friedländer* (vgl. S. 142 ff.) zu schließen, daß mit höherem Alter eine Verschiebung in der empfundenen Wichtigkeit der zur Arbeit motivierenden Bedürfnisse eintritt, nämlich derart, daß für hoch-leistende Personen höheren Alters die sozialen Bedürfnisse eine größere Rolle spielen als für hoch-leistende jüngeren Alters. Damit wird aber nicht gesagt, daß die Leistung mit zunehmendem Lebensalter sinkt. Wesentlich für die Leistungshöhe dürfte sein, auf welchen Faktoren sie beruht. Während die rein körperliche Leistungsfähigkeit (z. B. Muskelkraft, Sehvermögen, Widerstandskraft gegenüber Dauerbelastung) mit zunehmendem Alter sinkt, steigt – wie neuere Längsschnittuntersuchungen ergaben – die geistige Leistungsfähigkeit in vielen Bereichen bis ins hohe Alter an; so z. B. hinsichtlich Eigenschaften wie: Urteilsfähigkeit, verbale Intelligenz, Erfassen von Sinnzusammenhängen, Selbständigkeit und die Fähigkeit zu planendem Denken, Treffsicherheit bei Zuordnungs- und Konstruktionsaufgaben etc.

Die These vom altersbedingten Leistungsverfall, die zur Zeit noch weitverbreitet ist, daß nämlich die geistige Leistungskurve ab dem 25. Jahr einen Knick macht und zu Folgen führt, daß 45jährige Arbeitnehmer aufgrund ‚altersbedinger Vermittlungsschwierigkeiten' in Krisenzeiten kaum noch einen Arbeitsplatz finden können, muß als unsinnig und diskriminierend bezeichnet werden. Sie ist vor allem darauf zurückzuführen, daß

– die herkömmlichen Intelligenztests die menschliche Leistungsfähigkeit in einer verzerrten Optik spiegeln (Überbetonung schulisch geförderter Fähigkeiten);

– bisherige Leistungsergebnisse in Abhängigkeit vom Lebensalter überwiegend durch Querschnittuntersuchungen gewonnen wurden.

Aus allem wäre zu folgern, daß die mit zunehmendem Lebensalter ohnehin steigende geistige Leistungsfähigkeit weiter durch einen Führungsstil gefördert werden kann, der die für ältere Mitarbeiter wichtigen Bedürfnisse nach Kontakt und sozialer Arbeitsumwelt angemessen berücksichtigt.

(Weiterführende Literatur: Baltes/Schaie, Intelligenzabbau, S. 61 ff.; o. Vf., Mythos, S. 132 ff.)

11. Die 1967 von *Fiedler* vertretene Interpretation, daß der LPC-Score generell eine ‚Mitglieder- versus Aufgabenorientierung' anzeige, erscheint ihm 1970 nur noch als ein

annäherungsweise richtiges Bild, das grob vereinfacht ist (Mertens, LPC-Wert, S. 88). Kritik am theoretischen Konzept der dichotomisierenden Betrachtungsweise und gewisse widersprüchliche Ergebnisse in verschiedenen Untersuchungen haben zu einer Neuinterpretation geführt.

Die seit 1970 von *Fiedler* vertretene Interpretation sieht den LPC-Wert als einen Indikator für eine *Hierarchie von Individualzielen* an (und weist damit eine Verwandtschaft zum Maslow-Konzept auf):

— Personen mit *hohem LPC-Wert* streben als *primäres Ziel* die Einrichtung und Aufrechterhaltung guter zwischenmenschlicher Beziehungen und als *sekundäres Ziel* die Erlangung einer herausragenden Stellung und Selbsterhöhung an.

— Personen mit *niedrigem LPC-Wert* streben dagegen als *primäres Ziel* die Ausführung von Aufgaben und die Erlangung materieller Belohnung an, während sie als *sekundäres Ziel* gute zwischenmenschliche Beziehungen zu entwickeln suchen.

Je nach Situation werden die primären und sekundären Ziele in unterschiedlichem Ausmaß realisiert.:

— In *günstigen Situationen* (Zelle I im Situationswürfel) versucht der Führer, sowohl primäre als auch sekundäre Ziele gleichzeitig zu verwirklichen.

— In *ungünstigen Situationen* (Zelle VIII im Situationswürfel) ist er gezwungen, sich auf das primäre Ziel zu beschränken.

Trotz dieser Neuinterpretation befindet man sich immer noch auf schwankendem Boden, wie u. a. eine Untersuchung von *Neuberger/Roth*, Führungsstil, S. 133 ff. zeigt. In dieser Studie zur Überprüfung des *Fiedler'*schen Kontingenzmodells konnten sie keinen Zusammenhang zwischen dem LPC-Wert und den – auch von *Fiedler* in der Neuinterpretation – zugrunde gelegten Dimensionen des LBDQ ,Consideration' und ,Initiating Structure' finden.

Insgesamt muß man sich fragen, ob eventuell im LPC-Konzept nicht die Größe des Führungsverhaltens als ursächliche Größe hoher Leistungen überbetont und andere, im vorliegenden Situationsmodell skizzierte Größen wie z. B. die Zufriedenheit, das Anspruchsniveau oder organisations-, gruppen- und individualspezifische Faktoren zu sehr vernachlässigt werden.

(Weiterführende Literatur: Mertens, LPC-Wert, S. 37 ff.; Neuberger/Roth, Führungsstil, S. 133 ff.)

12. In Fiedler's Kontingenzmodell findet sich keine Aussage zur Zufriedenheit der Mitglieder oder deren Motivationsstruktur. Offensichtlich interessiert Fiedler die Zufriedenheit nicht als zentrale Effizienz- oder Einflußgröße.

13. — Die Führungseffizienz resultiert vorwiegend aus dem Verhalten, den Einstellungen und den Leistungen der *Geführten*. Untersuchungen sollten deshalb mehr als bisher auf die Geführten und nicht so sehr auf die Führungspersonen abstellen.

— Die Untersuchungen sollen stärker als bisher die *Wechselwirkungen und Zusammenhänge* zwischen den verschiedenen Größen des Führungsprozesses berücksichtigen. Dafür bietet sich eher ein mehr- als ein einfaktorielles Vorgehen im Rahmen eines umfassenden Situationsmodells an.

— Effizienzkriterien bzw. Indikatoren sollten so gebildet werden, daß sie realitätsnähere Aussagen erlauben. Auch ist *Gleichheit bzw. Vergleichbarkeit* der Effizienzkriterien in verschiedenen Untersuchungen anzustreben.

— Unter methodischem Aspekt sind in Zukunft *besser geplante* und durchgeführte Untersuchungen zu fordern.

— Mehr als bisher sollten *reale* und nicht so sehr künstliche *Führungssituationen* erfaßt werden.

14. Die Ergebnisse werden in Ländern unterschiedlicher Entwicklungs- und Gesellschaftsstruktur vermutlich anders ausfallen, da die Bedingungen des Führungsprozesses andere

sind. Im Rahmen des Situationsmodells könnten z. B. variieren
– die Motivationsstruktur von Führern und Geführten. Während bei uns berufliche Arbeit
  zu einer fast allseits akzeptierten sozialen Norm mit hohem Leistungsbezug geworden
  ist, herrschen in anderen Kulturen (etwa aufgrund religiöser oder ideologischer Überzeugungen) andere Einstellungen zur Arbeit vor.
– die Bestimmungsfaktoren des Anspruchsniveaus.
– die Auswahlkriterien für Vorgesetzte und für Beförderungen.
Usw.

Lösungshinweise zu Abschnitt 3

1. a) Diese Sichtweise erscheint falsch. Im Rahmen der Delegation obliegt dem Vorgesetzten die Erfüllung von Sach- und Führungsaufgaben. Zu den Führungsaufgaben gehören insbesondere die Festlegung der Zielsetzungen und der Aufgabenbereiche für die
   Mitarbeiter, die Koordination der Aufgabenbereiche, die notwendige Information und
   Kommunikation, die richtige Besetzung der Stellen, Motivation und Kontrolle der Mitarbeiter, Anerkennung und konstruktive Kritik. In Erfüllung dieser Aufgaben übt der
   Vorgesetzte in hohem Maße Einfluß aus. Von einem laisser-faire-Verhalten (1.1-Füh-
   rungsstil) kann keine Rede sein.
   b) Diese Aussage ist falsch. Der Vorgesetzte trägt neben der Verantwortung für die Erfüllung seiner Sachaufgaben (Handlungsverantwortung) zwar eine Führungsverantwortung. Diese erstreckt sich jedoch nur auf die Erfüllung der Führungsaufgaben. Er ist damit nicht für alle Fehler seiner Mitarbeiter verantwortlich, sondern nur, wenn unklare
   Delegation, mangelhafte Anleitung, ungenügende Auswahl der Mitarbeiter, unzureichende Information, fehlerhafte Kontrolle usw. vorliegt.
   c) Diese Sicht erscheint ebenfalls unzutreffend. Der Vorgesetzte muß seinen Mitarbeitern seinen Informationsbedarf bekanntgeben, damit sie wissen, welche Informationen er
   von ihnen benötigt. Dadurch erhält der Vorgesetzte Zugang zu allen Informationsquellen,
   die durch die Delegation zum Teil verloren gehen. Die Mittel der Information sind andere
   als die abschließende Entscheidung oder Unterschriftsleistung des Vorgesetzten. Etwa:
   gezielte Fragen an Mitarbeiter, Mitarbeiterbesprechungen, Anforderungen von Einzel-
   berichten, Statistiken, Durchsicht der Eingänge usw.

2. *Gemeinsamkeiten:*
   Beide Instrumente gestatten die Abbildung einer Soll- oder Iststruktur und machen Aus-
   sagen zur Kompetenzabgrenzung.
   Unterschiede:
   – Während die Stellenbeschreibung (SB) ein verbales Hilfsmittel darstellt, ist das Funk-
     tionsdiagramm (FD) ein grafisches Hilfsmittel mit hohem Anschauungsgrad. Es liefert
     einen schnellen Überblick über die bestehende Aufgabenverteilung einer Organisation.
   – Während die SB alle Aufgaben einer Stelle im einzelnen enthält, zeigt das FD nur einen
     Ausschnitt aus dem Aufgabenbereich eines Stelleninhabers. Das FD enthält nur kom-
     plexe Aufgaben, zu deren Erfüllung verschiedene Personen zusammenarbeiten. Die SB
     liefert zusätzliche Angaben über die Zielsetzung der Stelle, Informationsrechte und
     -pflichten, Anforderungen an den Stelleninhaber, Bewertungsmaßstäbe für die Lei-
     stung des Stelleninhabers, die Stellvertretung usw.
   – Während in der SB eine detaillierte Kompetenzabgrenzung vorgenommen wird, zeigt
     das FD nur eine grobe Kompetenzabgrenzung (die Differenzierung in Funktionen ist in
     der Regel zu schwach, als daß in jedem Fall eine eindeutige Abgrenzung vorliegt; die
     Art der Zusammenarbeit kann nicht immer erkannt werden).

3. Eine Differenzierung der Stellenbeschreibungen nach Hierarchieebenen ergibt sich aus
   der unterschiedlichen *Qualität der Stellenaufgaben.*

Während auf den untersten Hierarchieebenen vor allem programmierbare Routineaufgaben anfallen, dominieren auf der obersten Hierarchieebene wenig-strukturierte, unvorhersehbare und nicht eindeutig vorausbestimmbare Aufgaben. Für die *untersten Ebenen* ist es möglich, detaillierte Stellenbeschreibungen zu erstellen. Sie stellen häufig eine Tätigkeitsbeschreibung zur Einhaltung der Regelungen eines vorhergedachten, zweckmäßigen Arbeitsvollzuges dar und gehen davon aus, daß die Aufgaben bis in den letzten Handgriff vorausgeplant sind. Wird dagegen teilautonome Gruppenarbeit praktiziert, müssen die Stellenbeschreibungen auch auf der ausführenden Ebene allgemeiner werden und größere Freiheitsspielräume enthalten. Generell werden Stellenbeschreibungen entsprechend der abnehmenden Konkretisierbarkeit der Aufgaben mit zunehmender Hierarchieebene allgemeiner. Auf der *obersten Ebene* lassen sich kaum noch Aufgaben festlegen. Hier empfiehlt es sich, die Kompetenzen der Stelleninhaber gegeneinander abzugrenzen (etwa die Abgrenzung der Entscheidungsrechte des Vorstands gegenüber dem Aufsichtsrat oder die interne Kompetenzabgrenzung der Mitglieder eines mehrköpfigen Vorstands).

Neben dem Gesichtspunkt der *Voraussehbarkeit* und *Vorherbestimmbarkeit* von Aufgaben ergibt sich eine Differenzierung der Stellenbeschreibungen auch unter dem Gesichtspunkt der unterschiedlichen *sozialen Verhaltensweisen* und *sozialpsychologischen Eigenarten* der Stelleninhaber verschiedener Rangstufen.
(Weiterführende Literatur: Schwarz, Arbeitsplatzbeschreibungen, S. 94 ff.)

4. – Der Projektleiter wird in der Regel ernannt. Wenn die Projektgruppe als Team arbeiten soll, verträgt sich damit nicht unbedingt ein von außen eingesetzter, formaler Vorgesetzter.
   – Die Projekgruppenmitglieder kennen sich zum Teil vorher nicht. Ungewiß ist daher, ob sie im Sinne eines Teams überhaupt miteinander kooperieren können.
   – Arbeiten bestimmte Projektgruppenmitglieder nur teilweise am Projekt mit (und haben gleichzeitig noch eine andere Beschäftigung) oder sind sie nur für kurze Zeit in der Projektgruppe (wie z. B. externe Berater), besteht das Problem, wie sie in die Gruppe integriert werden können.
   – Weichen die Gruppenbeschlüsse von der Entscheidung des Projektleiters ab, stellt sich die Frage, welcher Beschluß weiterverfolgt werden soll. Gruppenentscheidungen bedingen in der Konsequenz Gruppenverantwortung. Auch die überstimmten Mitglieder (etwa der Projektleiter) müssen daher den Gruppenbeschluß mittragen, allerdings mit der Möglichkeit der Entlastung bei einer Berufsinstanz (Projektlenkungsgruppe).

5. Dieser Aussage ist zuzustimmen. Gruppen verfügen über feste Verhaltensmuster oder -normen, die den einzelnen Gruppenmitgliedern und der Gruppe selbst als Bezugsgröße dienen. Die Normen sind um so verbindlicher, je kohäsiver die Gruppe ist. Die Stärke und Richtung der Gruppenkontrolle im Hinblick auf die Einhaltung der Gruppennormen wächst
   – je mehr sich die Mitglieder mit den Gruppenzielen, -werten und -normen identifizieren;
   – je stärker die Gruppe Möglichkeiten zur Befriedigung aktualisierter individueller Bedürfnisse bereithält;
   – je stärker das wahrgenommene Prestige der Gruppe ist;
   – je einheitlicher die Anschauungen der Gruppenmitglieder sind;
   – je größer die Macht der Gruppe über ihre Umwelt ist.

Die Sanktionsmaßnahmen zur Bewirkung konformen Verhaltens sind unterschiedlich. So müssen z. B. Mitglieder, deren Leistungen unter den Leistungsnormen der Gruppe liegen, mit Beschimpfungen rechnen; stärkeren Sanktionen sind häufig jene ausgesetzt, die die Normwerte überbieten (etwa durch Behinderung bei der Arbeit).
(Weiterführende Literatur: Nick, Management, S. 112 ff.; Rosenstiel/Molt/Rüttinger, Organisationspsychologie, S. 42 ff.)

6. Durch wechselseitige Kommunikation in der Gruppe erhofft man sich mit dem *Brain-storming* eine quantitativ und qualitativ bessere Ideenausbeute. Voraussetzung dafür ist, daß alle Teilnehmer in freier Kommunikation Ideen suchen und sich durch geäußerte Ideen zu immer neuen Ideen stimulieren lassen können. Hierarchische Über- und Unter-ordnungsverhältnisse (etwa in Form einer festen Redeordnung) oder ein autoritäres Füh-rungsverhalten würden den angestrebten Erfolg nur gefährden. So kommt dem Modera-tor bei Ideenstockungen die Aufgabe zu, die Teilnehmer wieder zu aktivieren, indem er Fragen stellt und Analogien bildet, jedoch nicht, indem er den Teilnehmern die von ihm präferierte Idee zu ,verkaufen' oder die Qualität einer Idee zu beurteilen sucht. Für wirksames Brainstorming ist ein kooperativer Führungsstil unabdingbar.

7. *Für* eine Vorgesetztenbeurteilung spricht eine Reihe von Gründen, etwa
   – Die Mitarbeiter sind die geeignetsten Beurteiler des Führungsverhaltens, da sie unmit-telbar ,Objekt' der Führung sind. Ihr Urteil erfüllt eine wichtige Ergänzungsfunktion im Rahmen einer Gesamtbeurteilung des Vorgesetzten.
   – Die Vorgesetztenbeurteilung bewirkt einen Abbau der Machtstellung des Vorgesetzten gegenüber seinen Mitarbeitern, da die einseitige ,von-oben-nach-unten-Beurteilung' durch eine entgegengerichtete ergänzt wird. Langfristig ist hiervon ein Abbau von über-triebenen, den Arbeitsfluß hemmenden, hierarchischen Strukturen zu erwarten.
   – Von der Vorgesetztenbeurteilung sind Anstöße zur Einleitung individueller Lernprozesse beim Vorgesetzten zu erwarten. Er hat die Möglichkeit, aus der Beurtei-lung eine Bestätigung oder Korrektur seines Verhaltens abzuleiten.
   – Von der Einführung von Vorgesetztenbeurteilungen sind positive Auswirkungen auf die Zufriedenheit der Mitarbeiter zu erwarten. Die Mitarbeiter erfahren eine soziale Auf-wertung.
   Gegen eine Vorgesetztenbeurteilung werden folgende Argumente angeführt, etwa
   – Organisierte Kritik von unten provoziert eine Gruppenbildung gegen den Vorgesetzten und führt zu ,Racheakten' der Mitarbeiter.
   – Der Vorgesetzte wird zur Anpassung an die Wünsche der Mitarbeiter gezwungen.
   – Für die Mitarbeiter sind unangenehme Konsequenzen zu erwarten, da – selbst bei Anonymität – der Vorgesetzte weiß, wer ihn schlecht beurteilt hat.
   Zum Teil scheinen die Gegenargumente widersprüchlich und nur Schutzbehauptungen zu sein. Sie dürften die Vorteile einer Vorgesetztenbeurteilung nicht aufwiegen. Eine Ein-führung erscheint zumindest versuchsweise ratsam.
   (Weiterführende Literatur: Schuler, Mitarbeiter, S. 117 ff.)

8. Personalbeurteilungen und Stellenbeschreibungen sind systemindifferente Instrumente zur Festlegung und Überprüfung von Arbeitsleistungen und dienen u. a. der Leistungs-aktivierung. Sie fixieren die Kriterien für normale, gute und schlechte Leistungen, so daß Leistungsvergleiche möglich und objektivierbar werden. Ihre Funktion der Leistungs-motivierung· verlieren sie jedoch, wenn in der Sicht der Betroffenen entsprechenden Arbeitsleistungen keine entsprechenden Belohnungen folgen.
   Ob mit ihnen die Arbeitskraft der Mitarbeiter ausgebeutet wird, kann erst beurteilt wer-den, wenn die Konsequenzen einer guten bzw. schlechten Beurteilung bekannt sind. Bei ,angemessener' bzw. ,leistungsadäquater' Honorierung von Arbeitsleistungen kann nicht von Ausbeutung gesprochen werden, es sei denn, man definiert Ausbeutung als jede un-selbständige, gegen Bezahlung verrichtete Arbeit, bei der nur ein Teil des geschaffenen Mehrwerts dem menschlichen Produktionsfaktor zugeteilt wird. Ob Arbeitsleistungen ,leistungsadäquat' honoriert werden, läßt sich nur im Einzelfall und rein subjektiv beur-teilen.
   In der BRD wird aufgrund der gesetzlichen Regelungen (z. B. des Betriebsverfassungs-gesetzes) und vor allem der Machtposition der Gewerkschaften in gewissem Maße ge-währleistet, daß beim Vorliegen bestimmter Kriterien die Leistungen der Arbeitnehmer nicht ausgebeutet werden.

Stellenbeschreibungen und Personalbeurteilungen kommt damit im Hinblick auf die Fragestellung eine weitgehend neutrale Funktion zu.

9. Die Vorteile decken sich großenteils mit denen der Frage 4 aus Abschnitt 2.1, nur sind die Vorteilswirkungen beim MbO wesentlich stärker. Nachfolgend werden zusätzliche Vorteile skizziert.

Zusätzliche Vorteile für den Mitarbeiter
– Möglichkeit zu zielorientiertem Handeln.
– Aktive Teilnahme am Zielbildungsprozeß. Er hat die Möglichkeit, seine persönlichen Ziele mit einzubringen und durchzusetzen.
– Systematische Fähigkeitsförderung aufgrund objektivierter Leistungsbeurteilungen und regelmäßiger Ziel-Ergebnis-Analysen.
– Hoher Informationsfluß. Er lernt dadurch, die Auswirkungen seiner Arbeit auf andere Bereiche abzuschätzen.
– Größere Gewähr, daß bei Nichterreichung der Ziele keine ‚Bestrafung‘ erfolgt, sondern versucht wird, durch gezielte Maßnahmen die Hinderungsgründe auszuräumen.

Zusätzliche Vorteile für den Vorgesetzten
– Bessere Möglichkeiten zur Motivation der Mitarbeiter.
– Bessere Möglichkeiten zur Praktizierung eines partizipativen Führungsstils durch vermehrte Gruppenarbeit.
– Bessere Möglichkeiten zu sachlich fundierter Kritik und Hilfe auf der Grundlage klarer Zielvereinbarungen.

Zusätzliche Vorteile für die Organisation
– Die Organisation erhält eine klare Zielstruktur und ist nicht mehr tätigkeitsorientiert ausgerichtet.
– Vermeidung gegenläufigen Arbeitens durch Aufdeckung der Zielbeziehungen.
– Entstehung eines guten Gruppenklimas.
– Erhöhung der Flexibilität durch einen geregelten Prozeß der Zieländerung und -fortschreibung.

10. *Stärkere Komplexität und Umweltverbundenheit des Zielsystems im politischen Bereich*

Die Zielbildung muß in starkem Maße auf gesellschaftliche und politische Abhängigkeiten (z. B. Parteitagsbeschlüsse, Regierungserklärung) Rücksicht nehmen. Auch ist Transparenz des Zielsystems unerwünscht, wenn es taktische Nachteile im politischen Tagesgeschäft mit sich bringt.

Geringer Autonomiegrad bei der Setzung der Oberziele

Es besteht eine geringere Autonomie bei der Setzung der Oberziele. Die obersten politischen Ziele sind eigentlich ‚Ziele der Gesellschaft‘ und unterliegen starken Außeneinflüssen. Sie sind zum Teil durch Gesetze fest vorgegeben und entziehen sich einer Zielvereinbarung durch die Organisationsmitglieder.

Schwierigkeit einer operationalen Zielformulierung

Das Verwaltungssystem erstellt primär Informationen und Dienstleistungen, die unterschiedliche gesellschaftliche Bedürfnisse erfüllen. Der Erfolg ist nur schwer erfaßbar, da er großenteils erst im Außenbereich (etwa im Verhältnis zum Bürger) eintritt. Auch beinhalten quantitative Zielmaßstäbe häufig nur einen Aspekt.

Starke Zielinterdependenzen

Im gesamten Verwaltungssystem liegt ein hoher Grad der Arbeitsteilung vor, der die Zielerreichung einzelner Behörden stark vom Handeln anderer Stellen abhängig macht (etwa im Verhältnis Bund-Länder-Gemeinden; spezifische Außenverknüpfungen einzelner Behörden zur Legislative und zu nachgeordneten Behörden).

Andere Motivationslage der Mitarbeiter

Das Verwaltungssystem hat im Laufe der Zeit die Verhaltensweisen und Motive der Beschäftigten geprägt. Nur durch langfristige Lernprozesse lassen sich Einstellung-, Verhaltens- und Organisationsänderungen bewirken.
(Weiterführende Literatur: Wild MbO, S. 307 ff.)

11. In der Konzeption des MbO arbeiten die Organisationsmitglieder auf der Grundlage spezifischer Ziele. In vielen Fällen bereitet die *operationale Zielformulierung* erhebliche Mühe.
Weitaus größere Schwierigkeiten auf dem Wege eines *geschlossenen widerspruchsfreien Zielsystems* dürfte jedoch die *Präzisierung der Zielbeziehungen* zwischen den verschiedenen Teilzielen aufwerfen. Für ein geschlossenes MbO-System ist die Kenntnis der Zielbeziehungen wichtig, um die Auswirkungen untergeordneter Teilziele auf übergeordnete Abteilungs- oder Bereichsziele quantifizieren und das Gesamtoptimum erreichen zu können. MbO geht davon aus, daß die Lenkung und Koordination der Organisation vom Standpunkt der Gesamtorganisation aus zu erreichen ist. Bestehende Zielantinomien müßten durch entsprechende Zielgewichtung in der Kennzahlenvorgabe berücksichtigt werden. Jedoch läßt die Vielfalt der Beziehungen und Beziehungsinterdependenzen und die mangelnde Kenntnis und Voraussehbarkeit tatsächlicher und potentieller Konfliktsituationen zwischen hierarchisch gleichen oder hierarchisch unterschiedlichen Zielen die Lösung dieses Problems insgesamt sehr fraglich erscheinen. Ein vollständiges Zielsystem scheint nach den vorliegenden Erfahrungen nicht realisierbar. Damit entfällt auch weitgehend die Möglichkeit, betriebliche Effizienzgrößen in ihrer Wirkung zueinander zu analysieren.
Statt eines geschlossenen, widerspruchsfreien MbO-Systems bleibt in aller Regel nur eine induktive Zielverdichtung von den unteren Hierarchieebenen nach oben bzw. eine direkte Ableitung untergeordneter Ziele aus den obersten Zielen aufgrund vermuteter Beziehungen.

12. MbO wird häufig als System postuliert, das dem einzelnen ein Höchstmaß an individueller Freiheit und Selbstbestimmung gewährt. Wenngleich dies im Verhältnis zu alternativen Führungskonzeptionen allgemein richtig ist, darf nicht übersehen werden, daß im Konfliktfall zwischen individuellen und betrieblichen Zielsetzungen die betriebliche Komponente Vorrang genießt.
Die Oberziele sind als Ausgangsziele häufig vorgegeben und nicht mehr Bestandteil eines intensiven Zielbildungsprozesses. Individualziele können daher nur insoweit berücksichtigt werden, wie sie nicht die Oberziele in Frage stellen. So richtet sich die kooperative Zielvereinbarung vor allem auf die quantitative Formulierung von Leistungsstandards. Die im Wege der Partizipation erreichte schriftliche Festlegung dieser Standards bedeutet für das Organisationsmitglied eine Verpflichtungserklärung zu hoher Leistung. Insofern ist das MbO ein Konzept zur Erzielung hoher betrieblicher Leistungen durch ‚freiwillige‘ Verpflichtung. Individuale werden unterdrückt, sofern sie die anvisierten Leistungsstandards gefährden.

13. Unerläßliche Voraussetzung für die Einführung von MbO ist neben einer frühzeitigen und umfassenden Information und Motivation aller Organisationsmitglieder die aktive Unterstützung des Vorhabens durch die oberste Organisationsleitung. Eine nur passive Teilnahme oder abwartendes Verhalten gefährden die Verwirklichung. Die *Organisationsspitze* muß die Änderung überzeugend propagieren und nach Möglichkeit auch *als erste* praktizieren. Hierdurch wird eine *Vorbildwirkung* erzeugt, die die zu erwartenden Widerstände reduziert und frühzeitig abzubauen hilft.

MbO führt zunächst zu einer Verunsicherung der Organisationsmitglieder auf allen Ebenen, da die berufliche Tätigkeit und individuelle Aufgabenerfüllung neu strukturiert werden. Der größte Widerstand dürfte von denen kommen, die durch die neue Führungskonzeption eine starke Einfluß- und Machteinbuße erwarten gemäß der Auffassung: „Was einer an Einfluß gewinnt, muß ein anderer an Einfluß verlieren." Obwohl, wie eine Untersuchung von *Likert*, Unternehmungsführung, S. 60 ff., zeigt, diese Auffassung nicht der Realität entspricht, vielmehr bei kooperativer Führung auf allen Ebenen, – zumindest subjektiv – mehr Einfluß als vorher ausgeübt wird, ist sie sehr verbreitet. Sie äußert sich in Rationalisierungsversuchen der Betroffenen (etwa bei der Delegation: „... ist aufgrund unzureichender Qualifikation bzw. mangelnder Verantwortungsbereitschaft der Mitarbeiter nicht durchführbar').

Der stärkste Widerstand ist generell von den höheren Hierarchieebenen zu erwarten, da sie befürchten, am meisten Einfluß abgeben zu müssen. Demzufolge ist es wichtig, sie gleich zu Anfang in den Veränderungsprozeß zu integrieren. Bei anhaltendem Widerstand der höheren Ebenen können sonst mittlere und untere Ebenen kaum jemals erfolgreich am Zielfindungs- und -vereinbarungsprozeß partizipieren. Die Einführung von MbO würde stark verzögert, wenn nicht auf Dauer blockiert.

(Weiterführende Literatur: Baumgarten/Kessler/Treuz, Führungskonzeption, S. 136 ff.; Rosenstiel/Molt/Rüttinger, Organisationspsychologie, S. 139 ff.).

Literaturverzeichnis

I Abkürzungen

ASQ	Administrative Science Quarterly
HBR	Havard Business Review
HO	Human Organization
HWO	Handwörterbuch der Organisation, E. Grochla, Stuttgart 1973
IO	Industrielle Organisation
JAP	Journal of Applied Psychology
JASP	Journal of Abnormal and Social Psychology
JP	Journal of Psychology
JSP	Journal of Social Psychology
mm	Manager Magazin
OHBP	Organizational Behavior and Human Performance
PP	Personnel Psychology
ZfB	Zeitschrift für Betriebswirtschaft
ZO	Zeitschrift für Organisation

II Schriften und Zeitschriftenaufsätze

Acker, H. B.: *Organisationsanalyse.* 2. Aufl. Baden-Baden, Bad Homburg v. d. H. 1966.

Acker, H. B.: *Stellenbeschreibung.* In: HWO, Sp. 1582–1587.

Ackermann, A.: Praktische Psychologie für *Führungskräfte.* Die Kunst der Menschenführung. 5. Aufl. München 1972.

Alderfer, C. P.: An Empirical *Test* of a New Theory of Human Needs. In: OBHP 4 (1969), 142–175.

Andrews, F. M. u. G. F. Farris: Supervisory *Practices* and Innovation in Scientific Teams. In: PP 20 (1967), 497–515.

Atteslander, P.: *Methoden* der empirischen Sozialforschung. 4. Aufl. Berlin, New York 1975.

Bales, R. F.: Instrumentelle und soziale *Rollen* in problemlösenden Experimentalgruppen. In: Kunczik, M. (Hrsg.): Führung. Theorien und Ergebnisse. Düsseldorf, Wien 1972, 199–214.

Baltes, P. B. u. K. W. Schaie: Das Märchen vom *Intelligenzabbau* bei älteren Menschen. In: Psychologie Heute (Sept. 1974), 61–65.

Barnard, C.: Die *Führung* großer Organisationen. Essen 1970.

Bartölke, K.: Probleme und offene Fragen der *Leistungsbeurteilung*. In: ZfB 9 (1972), 629−648.

Bartram, P.: Die innerbetriebliche *Kommunikation*. Ihre organisatorische Gestaltung und ihre ungeregelte Entwicklung im Betriebsgeschehen. Berlin 1969.

Bass, B.: *Leadership*, Psychology, and Organizational Behavior. New York 1960.

Bastine, R.: *Gruppenführung*. In: Handbuch der Psychologie 7,2: Sozialpsychologie. Hrsg. C. F. Graumann. Göttingen 1972.

Battelle Institute: (Innovation)

Baumgarten, R.: Das *Maslow-Konzept:* Wunschbild oder Wirklichkeit? In: ZO 2 (1975), 72−78.

Baumgarten, R.: Betriebliche *Führungsstile*. Eine Untersuchung zur Typologie und Effizienz von Führungsstilen. Diss. TU Berlin 1974.

Baumgarten, R., A. Kessler u. W. Treuz: Weg zur Erarbeitung einer *Führungskonzeption* in der Öffentlichen Verwaltung. In: ZO 3 (1973), 134−141.

Berger, K. H.: *Unternehmensgröße* und Leitungsaufbau. Berlin 1968.

Berliner Verwaltung: Gemeinsame Geschäftsordnung für die Berliner Verwaltung *(GGOI)*, I. Allg. Teil. In: Amtsblatt für Berlin 25. Jg. Nr. 13 vom 27. 2. 1975.

Berthel, J.: *Informationen* und Vorgänge ihrer Bearbeitung in der Unternehmung. Berlin 1967.

Bihl, G.: Von der Mitbestimmung zur *Selbstbestimmung*. Das skandinavische Modell der selbststeuernden Gruppen. München 1973.

Blake, R. u. J. S. Mouton: *Verhaltenspsychologie* im Betrieb. Das Verhaltensgitter, eine Methode zur optimalen Führung in Wirtschaft und Verwaltung. Düsseldorf, Wien 1968.

Blau, P. M. u. W. R. Scott: Formal *Organizations:* A Comparative Approach. San Francisco 1963.

Bleicher, K.: *Führungsstile,* Führungsformen und Organisationsformen. In: ZO (1969), 1−2.

Bleicher, K.: Perspektiven für *Organisation* und Führung von Unternehmungen. Baden-Baden, Bad Homburg v. d. H. 1971.

Böttcher, S.: „*Führung* durch Ziele" und die öffentliche Verwaltung. In: Verwaltung und Fortbildung. Schriftenreihe der Bundesakademie für Öffentliche Verwaltung 1 (1974), 31−41.

Bornemann, E.: *Betriebspsychologie*. Wiesbaden 1974.

Brandstätter, H.: Die *Beurteilung* von Mitarbeitern. In: Handbuch der Psychologie 9: Betriebspsychologie. Göttingen 1970.

Braun, K.: *Personalpolitik* in Unternehmen und Verwaltungen. Wiesbaden 1975.

Bridges, E. M., W. J. Doyle u. D. J. Mahzan: *Effects* of Hierarchical Differentiation on Group Productivity, Efficiency, and Risk Taking. In: ASQ (Sept. 1968), 305−319.

Der Neue Brockhaus: Der Neue Brockhaus. Lexikon und Wörterbuch in fünf Bänden. 5. Aufl. Wiesbaden 1968.

Bundesakademie für Öffentliche Verwaltung: „*Führung* durch Ziele" − für die

Verwaltung – Möglichkeiten und Grenzen der Verwendung. F 4-250711-3-10 (1974), 1–17.

Calvin, A. D., F. K. Hoffmann u. E. L. Harden: The *Effect* of Intelligence and Social Atmosphere on Group Problem Solving Behavior. In: JSP 45 (1975), 61–74.

Carter, L. F.: Evaluating the *Performance* of Individuals as Numbers of Small Groups. In: PP 7 (1954), 477–484.

Cartwright, D.: Wie man Menschen verändern kann. Praktische *Anwendung* der gruppendynamischen Theorie. In: Rohr, Ch. (Hrsg.): Verhaltensänderung. Psychologische Theorien der Veränderung menschlichen Verhaltens. München 1972, 248–264.

Cartwright, D.: *Influence,* Leadership, Control. In: Handbook of Organization. Ed. James G. March. Chicago 1965, 1–47.

Cartwright, D. u. A. Zander: *Group Dynamics,* Research and Theory. 2. Aufl. London 1960.

Carzo jr., R. u. J. N. Yanouzas: *Effects* of Flat and Tall Organization Structure. In: ASQ 14 (1969), 178–191.

Comelli, G.: Warum wir *Mitarbeiter* falsch beurteilen. In: plus 1 (1973), 19–25.

Dale, E.: *Management,* Theory and Practice. New York 1965.

Dirks, H.: Wechselnde *Führungsformen* bei wechselnden Machtverhältnissen? In: Mensch und Arbeit 19 (1967), 49–50.

Dressler, W., u. a.: *Funktionendiagramme* oder Stellenbeschreibungen? Eine vergleichende Analyse der Ziele und Anwendungsmöglichkeiten. In: ZO 4 (1975), 191–198.

Drever, H. u. W. D. Fröhlich:*Wörterbuch* zur Psychologie. 6. Aufl. München 1972.

DuBrin, A. J.: The *Practice* of Managerial Psychology. Concepts and Methods for Manager and Organization Development. New York u. a. 1972.

Dullien, M.: Flexible *Organisation.* Praxis, Theorie und Konsequenzen des Projekt- und Matrix-Managements. Opladen 1972.

Dunette, M. D., J. Campbell u. K. Jaastad: The *Effect* of Group Participation on Brainstorming Effectiveness for Two Industrial Samples. In: JAP 47 (1963), 30–37.

von Eckardstein, D. u. F. Schnellinger: Betriebliche *Personalpolitik.* 2. Aufl. München 1975.

Eiffe, F. F.: *Management By* Objectives. Gernsbach 1975.

ElSalmi, A. M. u. L. L. Cummings: Manager's *Perceptions* of Needs and Need Satisfactions as a Function of Interactions among Organizational Variables. In: PP 21 (1968), 465–477.

Etzioni, A.: Dual *Leadership* in Complex Organizations. In: American Sociological Review 30 (1965), 688–698.

Evans, M. G.: Conceptual and Operational *Problems* in the Measurement of Various Aspekt of Job Satisfaction. In: JAP 53,2 (1969), 93–101.

Ewen, R. B.: (Components) Weighting *Components* of Job Satisfaction. In: JAP 51,1 (1967), 68–73.

Faust, W. L.: *Group* Versus Individual *Problem Solving.* In: JASP 15 (1959), 68–72.

Fiedler, F. E.: Das *Kontingenzmodell:* Eine Theorie der Führungseffektivität. In: Kunczik, M. (Hrsg.): Führung. Theorien und Ergebnisse. Düsseldorf, Wien 1972, 179–198.

Fiedler, F. E.: A *Theory* of Leadership Effectiveness. New York u. a. 1967.

Fiedler, F. E.: *Validation* and Extension of the Contingency Model of Leadership Effectiveness: A Review of Empirical Findings. In: Psychological Bulletin 76, 2 (1971), 128–148.

Fischer, R.: Die häufigst verwendeten Kriterien für die *Personalbeurteilung.* In: Personal, Mensch und Arbeit 4 (1973), 138–139.

Fittkau-Garthe, H.: Die *Dimensionen* des Vorgesetztenverhaltens und ihre Bedeutung für die emotionalen Einstellungsreaktionen der unterstellten Mitarbeiter. Diss. Hamburg 1970.

Fleishman, E. A.: The *Description* of Supervisory Behavior. In: JAP (1953), 1–6

Fleishman, E. A.: The *Measurement* of Leadership Attitudes in Industry. In: JAP (1953), 153–158.

Forehand, G. A. u B. H. Gilmer: Environmental *Variation* in Studies of Organizational Behavior. In: Psychological Bulletin 62 (1964), 361–382.

Franke, J.: Psychologische Überlegungen zu einer zeitgemäßen *Führungsform.* In: IO 11 (1970), 467–473.

Fournet, G. P., M. K. Distefano jr. u. M. W. Pryer: *Job Satisfaction:* Issues and Problems. In: PP 19 (1966), 165–183.

Frese, E.: Die hierarchische *Struktur* des Entscheidungssystems in der Unternehmung. Unveröff. Habilitationsschrift Köln 1970. Zitiert nach G. Zepf: *Führungsstil.*

Frese, E.: *Ziele* als Führungsinstrumente – Kritische Anmerkungen zum „Management by Objectives". In: ZfO 5 (1971), 227–237.

Gasch, B. u. U. Hess: Wie behandle ich meinen *Chef?* Falken Fernseh-Begleitbuch 5030. Wiesbaden 1976.

Gaugler, E.: *Instanzenbildung* als Problem der betrieblichen Führungsorganisation. Berlin 1966.

Gebert, D.: *Organisationsentwicklung.* Stuttgart u. a. 1974.

Ghiselli, E. E. u. D. A. Johnson: *Need Satisfaction*, Managerial Success, and Organizational Structure. In: PP 23 (1970), 569–576.

Gibb, C. A.: *Leadership.* In: Lindzey, G. (Hrsg.): Handbook of Social Psychology. Cambridge (Mass) 1954, Vol. II, 877–920 und 2. Aufl. 1969, Vol. 4, 203–282.

Gibson, J. L. u. S. M. Klein: *Employee Attidudes* as a Function of Age and Lenght of Service: A Reconceptualization. In: Academy of Management Journal 13,4 (1970), 411–425.

Goldman, M.: A *Comparison* of Individual and Group Performance for Varying

Combinations of Initial Ability. In: Journal of Personality and Social Psychology 1 (1965), 210−216.

Goodstadt, B. u. D. Kipnis: *Situational Influences* on the Use of Power. In: JAP 54,3 (1970), 201–207.

Gottschall, D.: *Arbeitsbewertung.* Geprüft, gewichtet und gerecht bezahlt. In: mm 1 (1974), 36−41.

Gottschall, D.: Der *Chef* ist nicht mehr unantatbar. In: mm 8 (1974), 56−61.

Gottschall, D.: *Führungsrichtlinien.* Am Menschen vorbeigeschrieben? In: mm 2 (1975), 76–79.

Gottschall, D.: *Papierzäune* für Angestellte. In: mm 5 (1973), 76–79.

Gotschall, D. u. P.-M. Jander: Den *Arbeiter* vom Diktat der Maschine befreien. In: mm 7 (1973), 37−45.

Graen, G., K. Alvares, J. B. Orris u. J. A. Martella: *Contingency Model* of Leadership Effectiveness: Antecedent and Evidential Results. In: Psychological Bulletin 74 (1970), 285−296.

Grochla, E.: *Unternehmungsorganisation.* Neue Ansätze und Konzeptionen. Reinbek bei Hamburg 1972.

Guilford, J. S. u. D. E. Gray: *Motivation* and Modern Management. Menlo Park, Cal., u. a. 1970.

Guserl, R.: Das *Harzburger Modell.* Idee und Wirklichkeit. Wiesbaden 1973.

Guserl, R. u. M. Hofmann: *Harzburger Modell:* Bürokratie statt Kooperation. In mm 2 (1972), 60−65.

Hackman, R. J.: *Effects* to Task Characteristics on Group Products. In: Journal of Experimental Social Psychology 4 (1968), 162–187.

Hackman, R. J.: *Nature* of the Task as a Determiner of Job Behavior. In: PP 22 (1969), 435–444.

Häusler, J.: Grundfragen der *Betriebsführung.* Wiesbaden 1966.

Hall, R. H.: Die dimensonale Struktur bürokratischer *Strukturen.* In: Mayntz, R. (Hrsg.) Bürokratische Organisation. Köln, Berlin 1968, 69−81.

Halpin, W. u. B. J. Winer: A Factorial *Study* of the Leader Behavior Description. In: Stogdill, R. M. u. A. E. Coons (Eds.): Leader Behavior: Its Description and Measurement. Bureau of Business Research, Columbus, Ohio, 1957, 39−51.

Hare, A. P.: *Handbook* of Small Group Research. New York 1962.

Haslinger, E.: *Managementtechniken* anhand des Projekts Datenverarbeitung für die Olympischen Spiele. In: Perspektiven 1 (1973), 2−6.

Heilmann, W. u. N. Hoffmann: *Stellenbeschreibungen* aus dem Computer. In: Heilmann, W. (Hrsg.): Jahrbuch der EDV-Akademie I. Stuttgart, Wiesbaden 1972.

Heinen, E.: Grundlagen betriebswirtschaftlicher Entscheidungen. Das *Zielsystem* der Unternehmung. 2. Aufl. Wiesbaden 1971.

Heller, F. A. u. G. Yukl: *Participation,* Managerial Decision-Making, and Situational Variables. In: OBHP 4 (1969), 227−241.

Hemphill, J. K.: Leader Behavior *Description*. Personnel Research Board, Columbus, Ohio, 1950.

Hill, W., R. Fehlbaum u. P. Ulrich: *Organisationslehre* 1 u. 2. Bern, Stuttgart 1974.

Hills, R. J.: The Representative *Function:* Neglected Dimension of Leadership Behavior. In: ASQ (1963/64), VIII.

Hoche, K.: *Konferenzen.* Planung – Vorbereitung – Durchführung – Auswertung. München 1972.

Höhn, R.: *Führungsanweisung.* In: HWO, Sp. 568–576.

Hofstätter, P. R.: *Faktorenanalyse.* In: Handbuch der Empirischen Sozialforschung. Hrsg. R. König. Stuttgart 1962, 385–414.

Hulin, C. L. u. P. C. Smith: A Linear *Model* of Job Satisfaction. In: JAP 49 (1965), 209–216.

Humble, J. W. (Hrsg.): *Praxis* des *Management By* Objectives. München 1972.

Humble, J. W.: *MBO-Fibel.* Grundsätze des Management by Objectives. Frankfurt, New York 1973.

Hunt, J. G.: *Leadership Style* Effects at Two Managerial Levels in a simulated Organization. In: ASQ 16 (1971), 476–485.

Irle, M.: *Führungsprobleme,* psychologische. In: HWO, Sp. 583–595.

Irle, M.: *Führungsverhalten* in organisierten Gruppen. In: Handbuch der Psychologie 9: Betriebspsychologie. 2. Aufl. Göttingen 1970, 521–551.

Janowsky, B.: *Bürokratie.* In: HWO, Sp. 324–328.

Kahn, R. L.: *Productivity* and Job Satisfaction. In: PP 13 (1960), 275–287.

Kelley, H. H. u. J. W. Thibaut: Group *Problem Solving.* In: Lindzey, G. (Hrsg.): Handbook of Social Psychology 4. Reading u. a. 1969, 68 ff.

KGST-Bericht: *3/1971 Funktionelle Organisation, Anlage 3.* Kommunale Gemeinschaftsstelle für Verwaltungsvereinfachung. Köln 1971.

Kilbridge, M. D.: *Turnover,* Absence and Transfer Rates as Indicators of Employee Dissatisfaction with Repetitive Work. In: Industrial and Labor Relations Review XV (1961), 21–32.

Kilbridge, M. D.: Do *Workers* Prefer Larger Jobs? In: Personnel 37 (1960), 45–48.

Kirsch, W.: *Entscheidungsprozesse* 1: Verhaltenswissenschaftliche Ansätze der Entscheidungstheorie. Wiesbaden 1970.

König, R. (Hrsg.): *Soziologie.* Fischer Lexikon 10. Frankfurt 1968.

Korff, E.: Technik und Psychologie erfolgreicher *Gesprächsführung* und Diskussion. München 1974.

Korman, A. K.: „*Consideration",* „Initiating Structure", and Organization Criteria: A Review. In: PP 19,4 (1966), 349–361.

Korman, A. K.: *Task Success,* Task Popularity and Self-Esteem as Influences on Task Liking. In: JAP 52,6 (1968), 484–490.

Korten, D. C.: Situationale *Determinanten* der Führungsstruktur. In: Kunczik, M. (Hrsg.): Führung. Theorien und Ergebnisse. Düsseldorf, Wien 1972, 124–141.

Kosiol, E.: *Organisation* der Unternehmung. Wiesbaden 1962.

Krasemann, B.-J.: Aktuelle Daten zur *Stellenbeschreibung* in der Bundesrepublik. In: ZO 2 (1973), 94–101.

Krech, D., R. S. Crutchfiel u. E. L. Ballachey: *Individual* in Society. New York u. a. 1962.

Kübler, H.: *Organisation* und Führung in Behörden. Stuttgart 1974.

Kunczik, M.: Der Stand der *Führungsforschung.* In: Kunczik, M. (Hrsg.): Führung. Theorien und Ergebnisse. Düsseldorf, Wien 1972, 260–302.

Kunze, H. H.: *Wandlung* des Führungsstils im industriellen Unternehmen. In: Unternehmensführung auf neuen Wegen. Hrsg. Stöhr. Wiesbaden 1967, 279–302.

Kupsch, P.: Der Beitrag der *Kontingenztheorie* zur Bestimmung des optimalen Führungsstils. In: Arbeit und Leistung 8 (1974), 197–202.

Landwehrmann, F.: *Autorität.* In: HWO, Sp. 269–273.

Laughlin, P. R. u. H. H. Johnson: *Group* and Individual *Performance* on a Complementary Task as a Function of Initial Ability Level. In: Journal of Experimental and Social Psychology 2 (1966), 407–414.

Lauterberg, Ch.: *Produktivität* und Motivation. Serie (1) bis (16). In: Blick durch die Wirtschaft (FAZ) v. 30. 10. 73 bis 21. 12. 73, jeweils S. 1 (2mal wöchentlich).

Leavitt, H. J.: Applied Organizational *Change* in Industry: Structural, Technological and Humanistic Approaches. In: Handbook of Organizations. Hrsg. J. G. March. Chicago 1965, 1144–1170.

Lehmann, H.: *Leitungssysteme.* In: HWO, Sp. 928–939.

Lennerlöf, L.: *Consideration* and Structure: Two Dimensions of Supervisory. Psycological Research Bulletin 5,1 (1965).

Lewin, K.: *Feldtheorie* in den Sozialwissenschaften. Bern, Stuttgart, 1963.

Likert, R.: Neue Ansätze der *Unternehmungsführung.* Übersetzung von: „New Patterns of Management". Bern, Stuttgart 1972.

Likert, R.: New *Patterns* of Management. New York, Toronto, London 1961.

Likert, R.: Die Integrierte *Führungs-* und Organisations*struktur.* Übersetzung. Frankfurt, New York 1975.

Lindner, T. A.: Möglichkeiten und Grenzen organisierter *Zusammenarbeit.* In: Neue Erkenntnisse der Organisationsforschung und ihre Anwendung in der Praxis. Hrsg. von der RKW-Landesgruppe NRW. Düsseldorf o. J.

Locke, E. A. u. J. F. Bryan: *Performance Goals* as Determinants of Level of Performance and Boredom. In: JAP 71 (1967), 120–130.

Lückert, H.-R.: *Mitarbeiter* auswählen, beurteilen und führen. München 1966.

Lukasczyk, K.: Zur *Theorie* der Führer-Rolle. In: Psychologische Rundschau XI, 3 (1960), 179–188.

Lukatis, I.: *Organisationsstrukturen* und Führungsstile in Wirtschaftsunternehmen. Frankfurt a. M. 1972.

Maier, N. R. u. L. R. Hoffmann: *Quality* of First and Second Solution in Group Problem Solving. In: JAP 44 (1960), 278–283.

Mann, F. C.: Toward an *Understanding* of the Leadership Role in Formal Organization. In: Dubin, R., G. C. Homans, F. C. Mann u. D. C. Miller: Leadership and Productivity. San Francisco 1965, 68–101.

Martens, J. U.: *Konferenztechnik.* Arbeitsweise und Aufgabenverteilung. Eine programmierte Unterweisung. Stuttgart 1972.

Maslow, A. H.: *Motivation* and Personality. New York, Evanston, London 1954, 2. Aufl. 1970.

Mayntz, R.: Die soziale *Organisation* des Industriebetriebes. Stuttgart 1966.

McClelland, D. C.: Die *Leistungsgesellschaft.* Stuttgart u. a. 1966.

McGrath, J. E. u. J. Altmann: Small Group *Research:* A Synthesis and Critique of the Field. New York 1966.

McGregor, D.: Der *Mensch* im Unternehmen. Düsseldorf, Wien 1970.

McGregor, D.: *Theorie* X: Theorie Y. In: Handbuch für Manager. Hrsg. B. Folkertsma. Herne, Berlin 1971, 401–414.

McKeachie, W. J.: Student Centered Versus Instructor Centered *Instruction.* In: Journal of Educ. Psychology 45 (1954), 143-150.

Mertens, W.: Der *LPC-Wert* des Kontingenzmodells von *Fiedler* – Ergebnisse und Probleme. In: Problem und Entscheidung 7 (München 1972), 37–101.

Misumi, J. u. F. Seki: *Effects* of Achievement Motivation on the Effectiveness of Leadership Patterns. In: ASQ (1971), 51–59.

Misumi, J. u. S. Shirakashi: An Experimental *Study* of the Effects of Supervisory Behavior on Productivity and Morale in a Hierarchical Organization. In: Human Relations 19 (1966), 297–306.

Morse, J. J. u. J. W. Lorsch: Beyond *Theory* Y. In: HBR (Mav. June 1970), 61–68.

Müller, W.: *Kaderentwicklung* und Kaderplanung. Theoretische und instrumentelle Grundlagen. Berlin, Stuttgart, Wien 1971.

Mulder, M.: Communication Structure, *Decision Structure* and Group Performance. In: Sociometry (1960), 1–14.

Musiol, A.: *Organisation* von Organisationsprozessen in der Industrie, Teil 1: In: ZO 4 (1974), 192–206.

Nealey, S. M. u. M. R. Blood: *Leadership Performance* of Nursing Supervisors at Two Organizational Levels. In: JAP 52 (1968), 414–422.

Neuberger, O.: Theorien der *Arbeitszufriedenheit.* Stuttgart u. a. 1974.

Neuberger, O.: *Messung* der Arbeitszufriedenheit. Stuttgart u. a. 1974.

Neuberger, O.: Das *Mitarbeitergespräch.* München 1973.

Neuberger, O.: Experimentelle *Untersuchung* von Führungsstilen. In: Gruppendynamik. Forschung und Praxis (1972), Heft 2/3, 192–219.

Neuberger, O. u. B. Roth: *Führungsstil* und Gruppenleistung. Eine Überprüfung von Kontingenz-Modell und LPC-Konzept. In: Zeitschrift für Sozialpsychologie 5 (1974), 133–144.

Nick, F. R.: *Management* durch Motivation. Stuttgart u. a. 1974.

Nordsieck, F.: *Funktion*. In: HWO, Sp. 602—616.

O'Brien, G. E. u. A. G. Owens: *Effects* of Organizational Structure on Correlations between Member Abilities and Group Productivity. In: JAP 53,6 (1969), 525—530.

O'Hea, J. J.: *Questions* and Answers on MBO, London 1970.

o. Vf.: *Management-Stile* auf dem Prüfstand. In: mm 5 (1973), 65—69.

o. Vf.: Der *Mythos* von Verfall des Intellekts. In: mm 11 (1974), 132—136.

o. Vf.: *Vorgesetztenbeurteilung*. Kritik von unten. In: mm 9 (1973), 72.

Opp, K.-D.: *Methodologie* der Sozialwissenschaften. Einführung in Probleme ihrer Theorienbildung. Reinbek bei Hamburg 1970.

Pawlik, K.: *Dimensionen* des Verhaltens. Bern, Stuttgart 1967.

Payne, R.: *Factor Analysis* of a Maslow-Type Need Satisfaction Questionnaire. In: PP 23 (1970), 251—268.

Pelz, D. C.: *Einfluß:* Ein Schlüssel zu effektiver Führung von Vorgesetzten der unteren Hierarchiestufe. In: Kunczik, M. (Hrsg.): Führung. Theorien und Ergebnisse, Düsseldorf, Wien 1972, 235–245.

Peres, S. H.: Performance *Dimensions* of Supervisory Positions. In: PP 15,4 (1962), 405—410.

Pheysey, D. C., R. L. Payne u. D. S. Pugh: *Influence* of Structure at Organizational and Group Levels. In: ASQ (March 1971), 61—73.

Philipsen, H.: Het meten van *Leidershap*. In: Mens en Ouderneming 19,3 (1965), 153–171.

Porter, L. W.: A *Study* of Perceived Need Satisfactions in Bottom and Middle Management Jobs. In: JAP 45, 1 (1961), 1–10.

Porter, L. W. u. E. E. Lawler: Managerial *Attitudes* and Performance. Homewood, III., 1968.

Porter, L. W. u. E. E. Lawler: The *Effects* of „Tall" Versus „Flat" Organization Structures on Managerial Job Satisfaction. In: PP 17 (1964), 135—148.

Porter, L. W. u. J. Siegel: *Relationships* of Tall und Flat Organization Structures to the Satisfactions of Foreign Managers. In: PP 18 (1965), 379–392.

Pugh, D. S. u. a.: *Dimensions* of Organization Structure. In: ASQ XIII (1968), 65—105.

Reddin, W. J.: Managerial *Effectiveness*. New York u. a. 1970.

Roberts, K., R. E. Miles u. L. V. Blankenship: Organizational *Leadership* Satisfaction and Productivity: A Comparative Analysis. In: Academy of Management Journal 11,4 (1968), 401-414.

Rosenbaum, L. L. u. W. B. Rosenbaum: *Morale* and Productivity Consequences of Group Leadership Style, Stress, and Type of Task. In: JAP 55,4 (1971), 343—348.

von Rosenstiel, L.: *Motivation* im Betrieb. Bd. 1 der München-Augsburger Studienreihe für Psychologie im Betrieb. München 1972.

von Rosenstiel, L., W. Molt u. B. Rüttinger: *Organisationspsychologie.* Stuttgart u. a. 1972.

Rowland, K. M. u. W. E. Scott jr.: Psychological *Attributes* of Effective Leadership in a Formal Organization. In: PP 21 (1968), 365−377.

Rühl, G.: Untersuchungen zur *Arbeitsstrukturierung.* In: Industrial Engineering 3 (1973), 147−197.

Sachverständigenkommission. *Mitbestimmung* im Unternehmen. Bericht der Sachverständigenkommission zur Auswertung der bisherigen Erfahrungen bei der Mitbestimmung (Mitbestimmungskommission). Stuttgart u. a. 1970.

Sales, S. M.: Supervisory *Style* and Productivity: A Review and Theory. In: PP 19 (1966), 275−285.

Scharmann, Th.: *Teamarbeit* in der Unternehmung. Bern, Stuttgart 1972.

Scheuch, E. K.: *Skalierungsverfahren* in der Sozialforschung. In: Handbuch der Empirischen Sozialforschung. Hrsg. R. König. Bd. 1. Stuttgart 1962, 348−384.

Scheuing, E. E.: *Unternehmensführung* mit Kennzahlen. Baden-Baden, Bad Homburg v. d. H. 1967.

Scheuplein, H.: Die *Aufgaben* unternehmerischer Führungskräfte und ihre Förderung. In: Die Industrielle Entwicklung, Bd. 123. Köln, Opladen 1967.

Schmidt, G.: *Organisation* − Methode und Technik. Gießen 1974.

Schmidt, G.: *Funktionendiagramme* − das Ende der Stellenbeschreibung? BTA + BTO (1974), 1239 ff.

Schnelle, E.: *Entscheidungen* im Management. Wege zur Lösung komplexer Aufgaben in großen Organisationen. Quickborn 1966.

Schott, G.: *Kennzahlen* − Instrument der Unternehmensführung. 3. Aufl. Stuttgart 1970.

Schröder, H. J.: *Projekt-Management.* Eine Führungskonzeption für außergewöhnliche Vorhaben. Wiesbaden 1970.

Schuler, H.: Das Bild vom *Mitarbeiter.* 2. Auf. München 1972.

Schulze, H.-H.: Zum *Problem* der Messung des wirtschaftlichen Handelns mithilfe der Bilanz. Berlin 1966.

Schuster, J. R. u. B. Clark: Individual *Differences* Related to Feelings towards Pay. In: PP (1970), 591−604.

Schuster, J. R., B. Clark u. M. Rogers: Testing *Portions* of the Porter and Lawler Model Regarding the Motivational of Pay. In: JAP 55,3 (1971), 187−195.

Schwarz, H.: *Arbeitsplatzbeschreibungen.* 5. Aufl. Freiburg i. Br. 1973.

Schwarz, H.: *Betriebsorganisation* als Führungsaufgabe. 7. Aufl. München 1974.

Seifert, K. H.: *Untersuchungen* zur Frage der Führungseffektivität. In: Psychologie und Praxis 13 (1969), 49−64.

Senghaas, D.: *Konflikt* und Konfiktforscung. In: Kölner Zeitschrift für Soziologie und Sozialpsychologie, (1969), 31−59.

Shaw, M. E.: Some Effects of *Problem Complexity* upon Problem Solution Efficiency in Different Communication Nets. In: Journal of Experimental Psychology 48 (1954), 211–217.

Shaw, M. E. A Comparison of Two *Types of Leadership* in Various Communication Nets. In: JASP 50 (1955), 127–134.

Shaw, M. E. u. J. M. Blum: *Effects* of Leadership Style upon Group Performance as a Function of the Task Structure. In: Journal of Personality and Social Psychology, Bd. 3, 238–242.

Siemens (Hrsg.): *Organisationsplanung*. Planung durch Kooperation. Berlin/München 1974.

Slater, P. E.: Contrasting *Correlates* of Group Size. In: Sociometry 21 (1958), 129–139.

Slocum, J. W.: *Motivation* in Managerial Levels: Relationship of Need Satisfaction to Job Performance. In: JAP 55,4 (1971), 312–316.

Sommer, K.: Die *Bedeutung* interpersonaler Beziehungen für die Organisation der Unternehmung. Berlin 1968.

Staehle, W. H.: *Kennzahlen* und Kennzahlensysteme als Mittel der Organisation und Führung von Unternehmen. Wiesbaden 1969.

Staehle, W. H.: *Organisation* und Führung sozio-technischer Systeme. Stuttgart 1973.

Stogdill, R. M.: *Persönlichkeitsfaktoren* und Führung: Ein Überblick über die Literatur. In: Kunczik, M. (Hrsg.): Führung. Theorien und Ergebnisse. Düsseldorf, Wien 1972, 86–123.

Stogdill, R. M.: *Validity* of Leader Behavior Descriptions. In PP 22 (1969), 153–158.

Stogdill, R. M. u. A. E. Coons (Hrsg.): Leader *Behavior*: Its Description and Measurement. Research Monograph No. 88. Bureau of Business Research, Columbus, Ohio, 1957.

Stogdill, R. M., O. S. Goode u. D. R. Day: The *Leader Behavior* of Presidents of Labor Unions. In PP 17 (1964), 49–57.

Stogdill, R. M., O. S. Goode u. D. R. Day: *New Leader Behavior* Description Subscales. In: JP 54 (1962), 259–269.

Stogdill, R. M., O. S. Goode u. D. R. Day: The Leader Behavior of United States *Senators*. In: JP 56 (1963), 3–8.

Strauss, G.: Some Notes on *Power Equalization*. In: The Social Science of Organization. Four Perspectives. Hrsg. H. J. Leavitt. Englewood Cliffs 1963, 39–84.

Strauss, G.: The *Set-up Man*: A Case Study of Organizational Change. In: Human Organization 13 (1974), 17–25.

Streufert, Streufert u. Castore: *Leadership* in Negotiations and the Complexity of Conceptual Structure. In: JAP 52,3 (1968), 218–223.

Tannenbaum, R., J. R. Weschler u. F. Massarik: *Leadership* and Organization: A Behavioral Science Approach. New York u. a. 1961.

Taylor, D. W., P. C. Berry u. C. H. Block: Does *Group Participation* when Using Brainstorming Facilitate or Inhibit Creative Thinking? In: ASQ 3 (1958/59), 23–47.

Taylor, D. W. u. W. C. Faust: Twenty *Questions*: Efficiency in Problem Solving as a Function of Size of Groups. In: Journal of Experimental Psychology 44 (1952), 360–368.

Tenopyr, M. L.: The Comparative *Validity* of Selected Leadership Scales Relative to Success in Production Management. In: PP 22 (1969), 77–85.

Tietz, B.: Bildung und Verwendung von *Typen* in der Betriebswirtschaftslehre, dargelegt am Beispiel der Typologie der Messen und Ausstellungen. Köln, Opladen 1960.

Tillmann, R.: Höflichkeit als Variable differentieller *Führungsstile*. Eine empirische Untersuchung in schüler- und lehrerzentrierten Unterrichtsformen einer höheren Handelsschule. Köln 1968.

Timmermann, M.: *Matrix-Management*. In: IO 7 (1971), 315–319.

Trebesch, K. u. D. Jäger: *Status-Symbole* im Büro. In: bürotechnik 4 (1973), 386–392.

Trow, D. B.: *Autonomy* and Job Satisfaction in Task-Oriented Groups. In: JASP 54 (1957), 204–209.

Türk, K.: *Gruppenentscheidungen*. Sozialpsychologische Aspekte der Organisation kollektiver Entscheidungsprozesse. In: ZfB 4 (1973), 295–322.

Überla, K.: *Faktorenanalyse*. Eine systematische Einführung für Psychologen, Mediziner, Wirtschafts- und Sozialwissenschaftler. 2. Aufl. Berlin, Heidelberg, New York 1971.

Ullrich, R. u. R. Ullrich de Muynck: *Selbstsicherheit* kann man lernen. In: Psychologie heute 10 (1975), 33–40.

Ulrich, H.: *Delegation.* In: HWO, Sp. 433–437.

Ulrich, H.: *Kontrollspanne* und Instanzenaufbau. In: TFB-Handbuchreihe Bd 1. Berlin, Baden–Baden 1961, 267–288.

Ulrich, H. u. R. Staerkle: Verbesserung der *Organisationsstruktur* von Unternehmungen. 2. Aufl. Bern 1962.

Vroom, V. H.: *Work* and Motivation. New York 1964.

Wallach, M. A., N. Kogan u. D. J. Bem: *Group Influence* on Individual Risk Taking. In: JASP 65 (1962), 75–86.

Wanous, J. P. u. E. E. Lawler: *Measurement* and Meaning of Job Satisfaction. In: JAP 56, 2 (1972), 95–105.

Weber, G.: Einführung in die *Faktorenanalyse*. Stuttgart 1974.

Weber, M.: *Wirtschaft* und Gesellschaft. 2 Bde, Studienausgabe. Köln, Berlin 1964.

Weidenmann, B.: *Konferenztechnik.* Arbeitsweise und Aufgabentechnik – Eine programmierte Unterweisung. Stuttgart 1972.

Weissenberg, P. u. M. J. Kavanach: The *Independence* of Initiating Structure and Consideration: A Review of the Evidence. In: PP 25 (1972),119–130.

Wernimont, P. F. u. S. Fitzpatrick: The *Meaning* of Money. In: JAP 56, 3 (1972), 218–226.

Wild, J.: *Grundlagen* und Probleme der betriebswirtschaftlichen Organisationslehre. Berlin 1966.

Wild, J.: Neuere *Organisationsforschung* in betriebswirtschaftlicher Sicht. Berlin 1967.

Wild, J.: *Management by* . . . In: mm 10 (1972).

Wild, J..: *MBO* als Führungsmodell für die öffentliche Verwaltung. In: Die Verwaltung 3 (1973), 283–316.

Wispè, L. G. u. K. E. Lloyd: Some *Situational* and Psychological *Determinants* of the Desire for sructured Interpersonal Relations. In: JASP 51 (1955), 57–60.

Witte, E.: *Entscheidungsprozesse.* In: HWO, Sp. 497–506.

Witte, E.: *Führungsstile.* In: HWO, Sp. 595–602.

Wöhe, G.: Einführung in die Allgemeine *Betriebswirtschaftslehre.* 11. Aufl. München 1974.

Wofford, J. C.: Managerial *Behavior*, Situational Factors, and Productivity and Morale. In: ASQ (March 1971), 10–17.

Wofford, J. C.: *Factor Analysis* of Managerial Behavior Variables. In: JAP 54, 2 (1970), 169–173.

Worthy, J. C.: Organizational *Structure* and Employee Morale. In: American Sociological Review XV (1950), 169–179.

Zepf, G.: Kooperativer *Führungsstil* und Organisation. Zur Leistungsfähigkeit und organisatorischen Verwirklichung einer kooperativen Führung in Unternehmungen. Wiesbaden 1972.

Zimmermann, K.: *Projektgruppe* als Organisationsform zur Lösung komplexer Aufgaben. In ZO (1970), 45–51.

Sachregister